Didaktische Perspektiven der Phraseologie in der Gegenwart

Formelhafte Sprache
Formulaic Language

Herausgegeben von
Natalia Filatkina, Kathrin Steyer und Sören Stumpf

Wissenschaftlicher Beirat
Harald Burger (Zürich), Joan L. Bybee (New Mexico),
Dmitrij Dobrovol'skij (Moskau), Stephan Elspaß (Salzburg),
Christiane Fellbaum (Princeton), Raymond Gibbs (Santa Cruz),
Annelies Häcki Buhofer (Basel), Claudine Moulin (Trier),
Jan-Ola Östman (Helsinki), Stephan Stein (Trier),
Martin Wengeler (Trier), Alison Wray (Cardiff)

Band 5

Didaktische Perspektiven der Phraseologie in der Gegenwart

Ansätze und Beiträge zur deutschsprachigen
Phraseodidaktik in Europa

Herausgegeben von
Wenke Mückel

DE GRUYTER

Die freie Verfügbarkeit der E-Book-Ausgabe dieser Publikation wurde durch
35 wissenschaftliche Bibliotheken und Initiativen ermöglicht, die die Open-Access-
Transformation in der Germanistischen Linguistik fördern.

ISBN 978-3-11-153453-4
e-ISBN (PDF) 978-3-11-077437-5
e-ISBN (EPUB) 978-3-11-077445-0
ISSN 2625-1086
DOI https://doi.org/10.1515/9783110774375

Dieses Werk ist lizenziert unter der Creative Commons Namensnennung 4.0 International
Lizenz. Weitere Informationen finden Sie unter http://creativecommons.org/licenses/by/4.0.

Die Creative Commons-Lizenzbedingungen für die Weiterverwendung gelten nicht für Inhalte
(wie Grafiken, Abbildungen, Fotos, Auszüge usw.), die nicht im Original der Open-Access-
Publikation enthalten sind. Es kann eine weitere Genehmigung des Rechteinhabers
erforderlich sein. Die Verpflichtung zur Recherche und Genehmigung liegt allein bei der
Partei, die das Material weiterverwendet.

Library of Congress Control Number: 2022942702

Bibliografische Information der Deutschen Nationalbibliothek
Die Deutsche Nationalbibliothek verzeichnet diese Publikation in der Deutschen
Nationalbibliografie; detaillierte bibliografische Daten sind im Internet über
http://dnb.dnb.de abrufbar.

© 2024 bei den Autorinnen und Autoren, Zusammenstellung © 2023 Wenke Mückel,
publiziert von Walter de Gruyter GmbH, Berlin/Boston
Dieser Band ist text- und seitenidentisch mit der 2023 erschienenen gebundenen Ausgabe.
Dieses Buch ist als Open-Access-Publikation verfügbar über www.degruyter.com.

Satz: Integra Software Services Pvt. Ltd.

www.degruyter.com

Open-Access-Transformation in der Linguistik

Open Access für exzellente Publikationen aus der Germanistischen Linguistik: Dank der Unterstützung von 35 wissenschaftlichen Bibliotheken und Initiativen können 2022 insgesamt neun sprachwissenschaftliche Neuerscheinungen transformiert und unmittelbar im Open Access veröffentlicht werden, ohne dass für Autorinnen und Autoren Publikationskosten entstehen.

Folgende Einrichtungen und Initiativen haben durch ihren Beitrag die Open-Access-Veröffentlichung dieses Titels ermöglicht:

Dachinitiative „Hochschule.digital Niedersachsen" des Landes Niedersachsen
Universitätsbibliothek Bayreuth
Staatsbibliothek zu Berlin – Preußischer Kulturbesitz
Universitätsbibliothek der Humboldt-Universität zu Berlin
Universitätsbibliothek Bochum
Universitäts- und Landesbibliothek Bonn
Staats- und Universitätsbibliothek Bremen
Universitätsbibliothek Chemnitz
Universitäts- und Landesbibliothek Darmstadt
Technische Universität Dortmund, Universitätsbibliothek / Universitätsbibliothek Dortmund
Sächsische Landesbibliothek – Staats- und Universitätsbibliothek Dresden
Universitätsbibliothek Duisburg-Essen
Universitäts- und Landesbibliothek Düsseldorf
Universitätsbibliothek Johann Christian Senckenberg, Frankfurt a. M.
Albert-Ludwigs-Universität Freiburg – Universitätsbibliothek
Bibliothek der Pädagogischen Hochschule Freiburg
Niedersächsische Staats- und Universitätsbibliothek Göttingen
Universitätsbibliothek Greifswald
Staats- und Universitätsbibliothek Hamburg Carl von Ossietzky
Gottfried Wilhelm Leibniz Bibliothek – Niedersächsische Landesbibliothek, Hannover
Technische Informationsbibliothek (TIB) Hannover
Universitätsbibliothek Kassel – Landesbibliothek und Murhardsche Bibliothek der Stadt Kassel
Universitäts- und Stadtbibliothek Köln
Universitätsbibliothek der Universität Koblenz-Landau
Zentral- und Hochschulbibliothek Luzern
Universitätsbibliothek Magdeburg
Bibliothek des Leibniz-Instituts für Deutsche Sprache, Mannheim
Universitätsbibliothek Marburg
Universitätsbibliothek der Ludwig-Maximilians-Universität München
Universitäts- und Landesbibliothek Münster
Universitätsbibliothek Osnabrück
Universitätsbibliothek Vechta
Universitätsbibliothek Wuppertal
ZHAW Zürcher Hochschule für Angewandte Wissenschaften, Hochschulbibliothek
Zentralbibliothek Zürich

Vorwort

Der Gedanke dazu beizutragen, innerhalb der Phraseologie ein auf den muttersprachlichen wie fremdsprachlichen Unterricht bezogenes Anwendungsfeld systematischer und auf national übergreifender Ebene zu erschließen, wurde in mir auf der *Europhras*-Tagung 2012 ausgelöst. In seinem Plenarvortrag stellte damals Prof. Jarmo Korhonen, einer der prominenten Vertreter der Europäischen Gesellschaft für Phraseologie (*Europhras*), als eines der Desiderate für die künftige Forschung innerhalb der *Europhras* den umfassenderen Auf- und Ausbau einer Disziplin ‚Phraseodidaktik' und ihre Etablierung in der *Europhras* dar. Auf dieser Tagung in Maribor/ Slowenien erfuhr dann – in einem noch sehr überschaubaren Sektionssetting – dieses Anliegen einen ersten Umsetzungsschritt. Dadurch ermutigt, initiierte ich auf der *Europhras*-Tagung in Trier 2016 selbst eine phraseodidaktische Sektion und dies wurde zum Ausgangspunkt des vorliegenden Phraseodidaktikbandes. Bei dieser Sektionsarbeit lernte ich Herrn Dr. Stefan Ettinger kennen, der mich von da an bei dem Vorhaben, einen international ausgerichteten Phraseodidaktikband zu publizieren, immer wieder tatkräftig unterstützt hat. Für diese Unterstützung und die beharrlichen, stets wohlwollenden Ermutigungen bin ich ihm sehr dankbar wie ich es in gleicher Weise auch Frau Prof. Dr. Natalia Filatkina bin. Sie hat mein Buchprojekt ebenfalls seit der Tagung in Trier kontinuierlich gefördert und hat mir ermöglicht, diese Publikation in der von ihr und ihren Kolleg/innen Dr. Kathrin Steyer und PD Dr. Sören Stumpf herausgegebenen Reihe *Formelhafte Sprache* zu realisieren.

Mein Konzept für den vorliegenden Band sah zweierlei Aspekte vor: Zum einen sollte dem Charakter der *Europhras* gemäß eine internationale Perspektive eingebracht werden und zum anderen sollte ein aussagekräftiger Querschnitt von sprach- und literaturdidaktischen wie auch von primär- und fremdsprachlichen Ansätzen aufgezeigt werden, um neue Impulse für die phraseodidaktische Forschung zu geben und zu vielfältigen Fortsetzungen anzuregen. Dass ich diese Intentionen verwirklichen konnte, verdanke ich der aktiven, engagierten Mitarbeit aller Beiträger/innen dieses Bandes, die über den langen Zeitraum des Buchprojekts hinweg meinen Anliegen immer ansprechbereit, kooperativ und bei Verzögerungen geduldig begegnet sind. Diese großartige Bereitschaft, eine gemeinsame phraseodidaktische Publikation entstehen zu lassen, erstreckte sich auch auf die intensive Einarbeitung der Gutachten, bei der z. T. größere inhaltliche Umarbeitungen nicht gescheut wurden. An dieser Stelle bedanke ich mich auch bei den Gutachter/innen der Beiträge, die mit ihren konstruktiven Hinweisen ihren Anteil am Gelingen der Publikation haben.

Mein Dank gilt außerdem dem Verlag Walter de Gruyter und hier insbesondere Frau Dr. Carolin Eckardt, die mich umsichtig und fürsorglich in einem Metier begleitet hat, das mir nicht in allem geläufig ist. Dazu gehörte auch die Vermittlung einer redaktionellen Betreuung, die Herr Dr. Moritz Bensch durch sein gründliches, kompetentes und zielstrebiges Korrektorat hervorragend geleistet hat. Zu danken habe ich Frau Albina Töws, die in der finalen Phase die Fertigstellung des Bandes im Verlag übernommen, sich zügig eingearbeitet und die Publikation bis zu einem Abschluss ohne weiteren Zeitverlust vorangetrieben hat.

Zuletzt möchte ich dem Menschen danken, ohne den alles – weit über dieses Buch hinaus – nicht möglich gewesen wäre: meiner Mutti, Dr. Margit Mückel. Ihr widme ich dieses Buch.

Rostock, im Sommer 2022　　　　　　　　　　　　　　　　　　　　Wenke Mückel

Inhaltsverzeichnis

Vorwort —— VII

Wenke Mückel
Zur Einleitung: Phraseodidaktik – ein streitbarer Gegenstand? —— 1

Erla Hallsteinsdóttir
Fachdidaktische Positionierung der Phraseodidaktik —— 15

Heinz-Helmut Lüger
Phraseopragmatische Aspekte in der Fremdsprachenvermittlung —— 33

Stephan Stein
Primärsprachenunterrichtliche Phraseodidaktik aus textlinguistischer Perspektive —— 61

Britta Juska-Bacher
Idiome im Primarschulalter —— 91

Ulrike Preußer
Literarisches Lernen in der Grundschule mit sprachlicher Formelhaftigkeit —— 113

Anna Reder
Moderne fremdsprachendidaktische Ansätze für die Phrasemvermittlung —— 135

Joanna Targońska
Welche Kollokationsdidaktik brauchen wir? Didaktische Aspekte der Arbeit an Kollokationen im DaF- bzw. Fremdsprachenunterricht —— 155

Brigita Kacjan, Milka Enčeva, Saša Jazbec
Didaktisches Modell zur Vermittlung von phraseologischen Einheiten im Fremdsprachenunterricht —— 177

Marios Chrissou
Zur Bestimmung einer sinnvollen Progression für die Entwicklung der phraseologischen Kompetenz im DaF-Unterricht — 201

Nils Bernstein
Literarische Texte und Phraseodidaktik — 219

Hana Bergerová
Phraseodidaktisches Potenzial der Textsorten *Fotoroman* und *Beratungstext* in Jugendzeitschriften — 241

Tamás Kispál
Verwendung von sprachlichen Mustern in textproduktiven Aufgaben im universitären DaF-Unterricht — 265

Hrisztalina Hrisztova-Gotthardt
Sprichwortdidaktik kontrastiv — 285

Florentina Mena Martínez, Carola Strohschen
Interlinguistische Äquivalenzen (L2 und L3) und ihr Einfluss auf das Erlernen phraseologischer Einheiten am Beispiel spanischer DaF-Lernender — 303

Autorinnen und Autoren — 339

Register — 341

Wenke Mückel
Zur Einleitung: Phraseodidaktik – ein streitbarer Gegenstand?

Bewegt man sich als Muttersprachdidaktikerin durch die deutschdidaktische Fachwelt, so hat man mit einem Arbeitsschwerpunkt Lexikodidaktik, die sich als Verbindung von (genereller) Wortschatz- und (speziellerer) Phraseodidaktik versteht, einen schweren Stand: Unumstritten für den schulischen Primärsprachenunterricht aller Klassenstufen ist die Bedeutung von Schreib-, Rechtschreib-, Grammatik-, Lese- und Literaturdidaktik sowie inzwischen der Mediendidaktik. Zwar als praktisch bedeutsam halbwegs akzeptiert, aber als fachdidaktische Disziplin nicht gleichwertig werden die unterrichtliche Wortschatzarbeit und die Wortschatzdidaktik angesehen.[1] Gründe dafür versucht beispielsweise Kilian (vgl. Kilian 2011: 139–140) zu benennen, der ebenfalls feststellt:

> Dezidierte Forderungen nach der didaktischen Modellierung einer systematischen (und nicht lediglich zufälligen) Wortschatzerweiterung und Wortschatzvertiefung im Unterricht des Deutschen als Erstsprache werden zwar immer wieder erhoben [...], harren jedoch nach wie vor der Umsetzung. (Kilian 2011: 138–139)

Wird nun bereits die Wortschatzdidaktik im Primärsprachenunterricht vernachlässigt, so gilt dies erst recht für die Phraseodidaktik „als einem noch sehr unterrepräsentierten Feld in der muttersprachlichen Deutschdidaktik" (Kuhs & Merten 2015: 4). Dies trifft zwar vor allem für den Primärsprachenunterricht zu, aber auch für den Fremdsprachenunterricht wird eine noch stärkere Beachtung phraseodidaktischer Forschungsansätze und Fragestellungen eingefordert (vgl. z. B. Lüger 2004: 122; Konecny, Hallsteinsdóttir & Kacjan 2013: 156, 163–164). Die Klagen über die fehlende oder unzureichende Anerkennung wurden von L1- wie auch z. T. von L2-Phraseodidaktiker/innen oft wiederholt und haben mitunter Schlagwortcharakter gewonnen, besonders in den häufig zitierten Ausdrücken „das Stiefkind der Didaktik" (Wotjak 1996: 4), „der [noch unerfüllte] redensartendidaktische/ phraseodidaktische Wunschzettel" (Kühn 2005: 30; 2007: 889–890), „der phraseodidaktische Dornröschenschlaf" (Kühn 2005: 25) und „das noch wenig bestellte sprachdidaktische Feld der Phraseologie" (Hartmann & Schlobinski 2005: 3).

---

1 Einen Abriss zur Problematik der Etablierung von primärsprachenunterrichtlicher Wortschatzarbeit gibt z. B. Ulrich 2011: 18 ff.

Open Access. © 2023 bei den Autorinnen und Autoren, publiziert von De Gruyter. Dieses Werk ist lizenziert unter der Creative Commons Namensnennung 4.0 International Lizenz.
https://doi.org/10.1515/9783110774375-001

Die Phraseodidaktik, deren Hauptgegenstand „das wissenschaftlich fundierte systematische Lehren und Lernen von Phrasemen im Sprachunterricht" (Ettinger 2019: 86) ist, kann entweder als ein spezifisches Arbeitsgebiet der Wortschatzdidaktik angesehen werden (vgl. Mückel: 2015b) oder als ein zwar vergleichbares, aber separat existierendes didaktisches Handlungsfeld *neben* der Wortschatzdidaktik: „Zuweilen ergeben sich in der Phraseodidaktik nützliche Analogien und Parallelen zur Wortschatzdidaktik, aber im allgemeinen erfordert das Lehren und Lernen der Phraseme eine eigene Didaktik." (Ettinger 2019: 86) Möglicherweise ist die Frage nach der Stellung der Phraseodidaktik als einer Paralleldisziplin oder einer von der Wortschatzdidaktik überdachten Disziplin damit verbunden, ob die Muttersprachperspektive in Fortsetzung des natürlichen L1-Erwerbs (wie bei Mückel) oder die Fremdsprachenperspektive in Form gesteuerten L2-Erwerbs (wie bei Ettinger) eingenommen wird. Unabhängig davon wird aber der Phraseodidaktik ein eigener, besonderer Stellenwert als didaktische Disziplin zugesprochen, sofern sie im Kreise von Phraseolog/innen bewertet wird; dies führte zum schrittweisen Herausarbeiten eines Selbstverständnisses, eines Forschungsrahmens sowie einer Wesens- und Aufgabenbestimmung.[2]

Diese Entwicklung der Phraseodidaktik innerhalb der Phraseologie, die sich selbst erst allmählich seit Ende der 1960er Jahre als eine eigenständige Forschungsrichtung herausgebildet hat (vgl. Rothkegel 2001: 211), vollzog sich in etwa 40 Jahren: Die ersten markanten phraseodidaktischen Veröffentlichungen stammen aus den späten 1970er Jahren und wurden überwiegend von Schulpraktiker/innen verfasst; in diese Zeit fällt auch ein erstes Auftreten des Begriffs *Phraseodidaktik*, und zwar 1979 von Wolfgang Eismann auf die sowjetische Phraseologie angewendet (vgl. Ettinger 2019: 89). Die Ausdehnung des Begriffs *Phraseodidaktik* auf generelle sprachdidaktisch-phraseologische Themenstellungen leisteten endgültig Martine Lorenz-Bourjot und Heinz-Helmut Lüger 2001, indem sie ihn im Titel ihres Sammelbandes „Phraseologie und Phraseodidaktik" verwendeten (vgl. Ettinger 2019: 89). Nachdem dieser Begriff damit geprägt und ins Bewusstsein gerückt wurde, hat die *inhaltliche* Ausdifferenzierung des Arbeitsgebiets insofern begonnen, als die *universitäre* fremdsprachliche Phraseodidaktik der 1990er Jahre[3] zwar weiterhin fortgeschrieben wurde, aber allmählich rückten und rücken zusätzlich dazu auch *schulische* Aspekte der Phraseodidaktik hinsichtlich des Fremd- und

---

[2] Ein Abstecken des Forschungs- und Aufgabengebiets der Phraseodidaktik erfolgte u. a. im Ergebnis des Workshops „Phraseodidaktik" auf der EUROPHRAS-Tagung 2012 in zwei getrennten, sich aber auf diesen Workshop beziehenden Publikationen: Konecny, Hallsteinsdóttir & Kacjan 2013 und Mückel 2015a.
[3] Eine Auflistung einschlägiger Autor/innen aus der Geschichte der Phraseodidaktik findet sich bei Ettinger 2019: 89.

Muttersprachenunterrichts in den Blick. *Universitäre* Aspekte der Erstsprachendidaktik, d. h. beispielsweise Fragen der phraseodidaktischen Qualifizierung von Lehramtsstudierenden des Faches Deutsch für den Muttersprachenunterricht, wurden dagegen – zumindest bezüglich der deutschsprachigen Phraseodidaktik – bislang kaum behandelt.[4] In der Zusammenschau der Entwicklungslinien der Phraseodidaktik könnte somit im Allgemeinen ein Viererfeld der Handlungsräume abgesteckt werden: universitäre fremdsprachliche Phraseodidaktik – schulische fremdsprachliche Phraseodidaktik – schulische erstsprachliche/muttersprachliche Phraseodidaktik – universitäre erstsprachliche/muttersprachliche Phraseodidaktik. Innerhalb dieser Grobrahmung ergeben sich vielfältige Themenstellungen, die primär an die Linguistik und deren Zweige gebunden sind. Darüber hinaus zeichnen sich aber auch kleinere, spezifische phraseodidaktische Teilthemen ab, die ihrerseits Anschlüsse an benachbarte Gebiete ermöglichen, wobei dieses Andocken in verschiedenen Dimensionen und Richtungen erfolgen kann:

- Anschlüsse an Querschnittsthemen, wie z. B. Digitalisierung und Lehr-/Lernmittel bzw. Lehr-/Lernformen, Migration und Zweitspracherwerb, Interkulturalität, Unterrichtskommunikation, Heterogenität und Diversität in Lehr-Lern-Gefügen,
- Anschlüsse an die Untersuchung von Besonderheiten der unterschiedlichen Schul- und Ausbildungsformen, wie z. B. Elementar-, Primar-, Sekundarstufenbildung, Berufs(schul)bildung, Studium, ggf. Fortbildung (z. B. von bereits berufstätigen DaF-Lehrkräften),
- Anschlüsse an (psycho)linguistische, entwicklungspsychologische und pädagogische Studien zu sprachlichen Lehr- und Lernprozessen in der Erwachsenenbildung vs. in der frühkindlichen und kindlichen Bildung vs. bei Vorgängen sprachlich-literarischer Bildung in der Adoleszenzphase,

---

[4] Phraseodidaktische Überlegungen zur universitären Lehramtsausbildung für den L1-Unterricht müssten neben der Gestaltung von originär phraseologischen Lehr- und Lernprozessen im muttersprachlichen Unterricht (angebunden vor allem an Psycholinguistik und Felder der Systemlinguistik) auch übergreifendere Aspekte der Unterrichtsgestaltung einbeziehen und somit die Anschlüsse zur pädagogischen, allgemeindidaktischen und generellen methodischen Fachlehrkraftausbildung eines Deutschlehrers/einer Deutschlehrerin für den L1-Unterricht schaffen. Solche Anknüpfungspunkte der Phraseodidaktik an die Allgemeine Didaktik, die Pädagogik, die (allgemeine) Methodik und die Unterrichtsforschung könnten bezüglich des Lehramtsstudiums im Fach Deutsch z. B. bei den Querschnittsthemen *Digitalisierung*, *Inklusion* und *Unterrichtskommunikation* liegen (vgl. Mückel 2020a, 2020b, 2022). In diesem Band finden sich in den Beiträgen von Erla Hallsteinsdóttir und von Stephan Stein ebenfalls Hinweise auf phraseologische und phraseodidaktische Aspekte im Lehramtsstudium Deutsch, die die sprachlichen und didaktischen Kompetenzen der Studierenden betreffen.

– Anschlüsse an die Erfassung der Sprachnutzung in verschiedenen Kontexten bzw. an die Kennzeichnung von Sprachformen in Bildungszusammenhängen, wie z. B. phraseodidaktische Ansätze bei der Ausbildung von allgemeiner Kommunikationsfähigkeit bzw. Alltags- und Standardsprachlichkeit (z. B. in der Fremdsprache), von Fach-, Bildungs- und Schriftsprachlichkeit (z. B. im muttersprachlichen Deutschunterricht der Sekundarstufen und der Berufsschule) und von sprachlichem Varietätenbewusstsein (z. B. literarästhetische, mediensprachliche und stilistische Schulung im Fremd- und Erstsprachenunterricht).

Dass die Phraseodidaktik der Fremdsprachen sowohl für den schulischen als auch für den universitären Unterricht fortgeschrittener als die der Erstsprache[5] ist, wird auch an den Proportionen in diesem Band erkennbar und ist insbesondere auf die starken Impulse aus der Romanistik in der Gegenwart[6] sowie der Slawistik in Fortsetzung ihrer langen phraseologischen Traditionen zurückzuführen. Außerdem scheint die Erstsprachendidaktik bezüglich der Phraseologie die Primar- und Elementarstufe stärker zu berücksichtigen als die Sekundar- und berufsbildenden Stufen, für die noch wenige Studien existieren (im berufsbildenden Bereich noch weniger als für die Sekundarstufen). Ebenso schlägt sich in diesem Band nieder, dass die Phraseodidaktik derzeit vorrangig als eine *sprach*didaktische Kategorie betrachtet wird und von der *Literatur*didaktik erst noch großflächiger entdeckt werden muss, obwohl auch hier bereits Arbeiten zu finden sind; die zwei literaturdidaktischen Beiträge dieses Bandes sollen diese Tendenz bestärken und können zur weiteren Erschließung einer *literaturdidaktischen* Sichtweise auf die Phraseologie anregen.

Anders als innerhalb der Phraseologie gestaltet sich die Anerkennung der Phraseodidaktik „nach außen" dagegen schwieriger: Im fachdidaktischen Spannungsfeld der verschiedenen sprach- und literaturdidaktischen Einzeldisziplinen muss die Phraseodidaktik noch um Akzeptanz ringen, obwohl ihr Gegenstand von größter Relevanz ist:

> Die Phraseologie ist genau genommen ein in der Muttersprachendidaktik des Deutschen zu Unrecht verkannter „Glücksfall"; denn kaum ein anderer Bereich des Wortschatzes

---

[5] Prägend für die primärsprachliche Phraseodidaktik waren die Arbeiten von Annelies Häcki Buhofer, vor allem zu Spracherwerbsaspekten (zusammenfassend von ihr noch einmal dargestellt in Häcki Buhofer 2007), sowie von Peter Kühn zum muttersprachlichen Deutschunterricht (zusammenfassend von ihm noch einmal dargestellt in Kühn 2007).
[6] Stellvertretend für die Bandbreite der phraseodidaktischen Ansätze und Konzeptionen aus der Romanistik sei an dieser Stelle auf Stefan Ettinger, Heinz-Helmut Lüger, Günter Schmale und Christine Konecny verwiesen.

> bietet vergleichbare Ansatzpunkte für derartig vielfältige Perspektiven der Sprachvermittlung: von der Sensibilisierung für sprach- und kulturgeschichtliche Zusammenhänge über Einblick in sprachstrukturelle Charakteristika (auf unterschiedlichen Ebenen) und in rhetorische Gestaltungsformen bis zur Vergegenwärtigung varietätenbezogener und pragmatischer Aspekte, die sich text- und textsortenorientiert auf allen Schulstufen umsetzen lassen. (Stein 2011: 276)

Was hier als Potenzial für die Muttersprachendidaktik formuliert wird, gilt in ähnlicher Weise auch für den Fremdsprachenunterricht. Dem trägt zumindest die phraseodidaktische Entwicklung *innerhalb* der Phraseologie zunehmend Rechnung, indem die Etablierung der Phraseodidaktik als phraseologische Teildisziplin voranschreitet: Auf den EUROPHRAS-Tagungen seit Beginn der 2000er Jahre gibt es stets Beiträge (in den letzten Jahren auch vollständige Sektionen) zur Phraseodidaktik; die Phraseodidaktik hat unter der Rubrik „Spracherwerb und Didaktik der Phraseme" als eigenständiges Kapitel Eingang in das einschlägige internationale Handbuch der Phraseologie (Burger et al. 2007) gefunden; die Zahl phraseodidaktischer Publikationen wächst kontinuierlich an.[7] In diesem Zusammenhang bestehen Ziele dieses Bandes darin,

- einen Querschnitt phraseodidaktischer Diskussions- und Forschungsansätze abzubilden, sie überblicksartig zu bündeln und dadurch eine Standortbestimmung vorzunehmen,
- einen Einblick in die Bandbreite der aktuellen phraseodidaktischen Forschung zu geben,
- Potenziale der Phraseodidaktik als einer Form der angewandten Phraseologie aufzuzeigen und auszuloten,
- Anknüpfungsmöglichkeiten an andere *phraseologische* wie auch *linguistische* (und ggf. *literaturwissenschaftliche*) Fachgebiete zu eröffnen,
- die didaktische Vielschichtigkeit einer Phraseodidaktik zu umreißen, die sich beispielsweise zwischen den Polen Muttersprachendidaktik/Primärsprachendidaktik – Fremdsprachendidaktik, Spracherwerb – Sprachenlernen – Sprachvermittlung, Sprachdidaktik – Literaturdidaktik – Mediendidaktik, Fachdidaktik(en)/Sprach- und Literaturdidaktik(en) – Fachwissenschaft(en)/Sprach- und Literaturwissenschaft(en), Didaktik – Pädagogik – Unterrichtsforschung – Lehr- und Lernmittelforschung, Schulunterricht/Schul(form)didaktik – Universitätslehre/Hochschuldidaktik bewegt,
- Zielrichtungen der phraseodidaktischen Forschung zu klären sowie Weiterführungen und Perspektiven zu skizzieren.

---

[7] Eine Auswahl von analogen und digitalen Publikationen stellen z. B. Konecny, Hallsteinsdóttir & Kacjan (2013: 153 ff.) vor.

Im Kern besteht das Anliegen des Bandes folglich darin, die Phraseodidaktik als eine wissenschaftliche Teildisziplin der Phraseologie zu bestätigen, ihre fachlichen Konturen zu schärfen sowie ihre Bedeutung bei der Durchsetzung eines erweiterten Phrasembegriffs zu verdeutlichen, der Phraseme nicht auf Idiome beschränkt, sondern sie grundsätzlicher als formelhafte Spracheinheiten erfasst. Durch diese Bestätigung, Konturierung und Bedeutungsklärung soll es gelingen, den Wert der Phraseodidaktik für das Gesamtfeld der Phraseologie zu bestimmen.

Zu den Beiträgen in diesem Band

Anlage und Aufbau des Bandes

Alle Beiträge dieses Bandes manifestieren ein klares Selbstverständnis der Phraseodidaktik, d. h. die Phraseodidaktik selbst betrachtet sich als eine legitimierte und etablierte Teildisziplin der Phraseologie. Noch 2012 und 2016 gestalteten sich die phraseodidaktischen Sektionen auf den jeweiligen EUROPHRAS-Tagungen[8] zugleich als Konsolidierung, Standortbestimmung innerhalb der Phraseologie und Suche nach einer festen Verankerung. Inzwischen hat sich die Arbeit auf dem Gebiet der Phraseodidaktik so intensiviert, dass ihre Konturen und Handlungsfelder sowie ihre Potenziale und die Breite ihres Spektrums immer deutlicher hervortreten. Damit geht der Anspruch einher, als wissenschaftliche Teildisziplin wahrgenommen, anerkannt, ausgebaut und weiterentwickelt zu werden, was in einer Vielzahl der Beiträge dieses Bandes entweder als direktes, offensives Plädoyer oder aber als indirektes, zum Nachdenken aufforderndes Statement formuliert wird. Jeder Beitrag fundiert auf seine Weise und an seinem ausgewählten Gegenstand diese Forderung nach Akzeptanz innerhalb der Phraseologie sowie vor allem auch außerhalb der phraseologischen Forschung. Dabei werden die Fortschritte im Inneren der „phraseologischen Community" gewürdigt, die noch nicht angemessene externe Beachtung – die die Phraseodidaktik mit der gesamten Phraseologie gemein hat – wird in mehreren Beiträgen offen beklagt.

Um diesen übergeordneten Blick auf die Stellung der Phraseodidaktik als Wissenschaftsdisziplin zu lenken sowie eine Positionierung, einschließlich einer daran geknüpften vorläufigen Wesensbestimmung, vorzunehmen, wird der Band mit drei Beiträgen von genereller Natur eröffnet: **Erla Hallsteinsdóttir, Heinz-Helmut**

---

8 Das diesbezügliche Ergebnis der EUROPHRAS-Tagung 2012 ist bei Konecny, Hallsteinsdóttir & Kacjan (2013) festgehalten; die Resultate von 2016 fließen in diesen Band ein.

Lüger und **Stephan Stein** befassen sich in ihren Beiträgen mit phraseodidaktischen Grundfragen. Ein Schlaglicht auf phraseodidaktische Aspekte der Muttersprachendidaktik, und zwar bezüglich der Primarstufe, werfen in einem zweiten Abschnitt des Bandes **Britta Juska-Bacher** und **Ulrike Preußer**. Dem Verhältnis des phraseologischen Forschungsstandes zwischen Erstsprachen- und Fremdsprachendidaktik entsprechend, folgt diesem kurzen Bezug auf die Muttersprachendidaktik ein ausführliches Beleuchten der Fremdsprachendidaktik. Dabei werden die Facetten der phraseodidaktischen Ansätze im Bereich Deutsch als Fremdsprache sichtbar, die von prinzipielleren Fragestellungen in den Beiträgen von **Anna Reder**, **Joanna Targońska**, **Marios Chrissou**, **Brigita Kacjan/ Milka Enčeva/ Saša Jazbec** und **Nils Bernstein** bis hin zu spezifischeren Themen reichen. Letztere sind in diesem Band die Behandlung von Phrasemen in Jugendzeitschriften, der sich **Hana Bergerová** widmet, sowie die Verwendung von Phrasemen durch DaF-Studierende bei einem bestimmten Typ von Textproduktionsaufgaben, die **Tamás Kispál** bespricht. Einen populären Phrasemtyp, nämlich Sprichwörter, behandelt **Hrisztalina Hrisztova-Gotthardt**, wobei sie in ihrem Beitrag gleichzeitig das Element der Mehrsprachigkeit durch eine Gegenüberstellung von Deutsch und Englisch als Fremdsprache einbringt. Diese mehrsprachige Komponente, allerdings auf Spracherwerbsfragen bezogen, steht auch im letzten Beitrag des Bandes im Mittelpunkt, in dem **Florentina Mena Martínez** und **Carola Strohschen** den Zweit- und Drittsprachenerwerb unter phraseodidaktischen Gesichtspunkten vergleichen.

Inhaltliche Akzentuierungen

Die drei einführenden Beiträge von **Erla Hallsteinsdóttir**, **Heinz-Helmut Lüger** und **Stephan Stein** geben einen Einblick in die Stellung der Phraseodidaktik, ihre Ansprüche, ihre Ausrichtungen und in Desiderata. Den Ausgangspunkt bilden jeweils kurze Skizzen zur Entwicklung und zum aktuellen Stand der Phraseodidaktik, die einhellig darin münden, dass phraseodidaktische Forschungsergebnisse noch zu wenig Eingang in die fremd- und primärsprachliche Fachdidaktik finden. In allen drei Beiträgen werden Lösungsansätze aufgezeigt, die bei **Erla Hallsteinsdóttir** schwerpunktmäßig bei einer Verankerung phraseologischer und phraseodidaktischer Komponenten in schulischen und universitären Curricula ansetzen. Bei **Heinz-Helmut Lüger** und **Stephan Stein** werden die Textbindung und Kontextualisierung bei der unterrichtlichen Arbeit an und mit Phrasemen als zentral erachtet, was beide zur Kernidee einer Phraseopragmatik bzw. Textsortenorientierung im Fremdsprachenunterricht (**Heinz-Helmut Lüger**) und Primärsprachenunterricht (**Stephan Stein**) führt. Die drei Beiträge zeigen, dass die wachsende Bedeutung von Phraseologie und Phraseodidaktik aus der Erweiterung des Phrasembegriffs resultiert: **Erla Hallsteinsdóttir** beklagt ausdrücklich, dass außerhalb der Phraseologie(forschung) diese Einsichten in eine grundsätzlichere Formelhaftigkeit von Sprache nicht angenommen werden und die Phraseologie noch immer zu stark auf Idiome und Sprichwörter reduziert wird. Sie spricht sich für eine Verbindung von phraseologischer und lexikologischer Arbeit aus und versteht die Phraseodidaktik als einen Teil der Wortschatzdidaktik. Auch **Stephan Stein** stellt die Bezüge zwischen Phraseo- und Wortschatzdidaktik her, fokussiert aber die textlinguistische Perspektive noch stärker als die lexikologische. Insofern stellt er das primärsprachliche Pendant zum fremdsprachenunterrichtlichen Beitrag von **Heinz-Helmut Lüger** dar, der seinerseits den erweiterten Phrasembegriff und die Textorientierung verknüpft, indem er Routineformeln und Kollokationen in seinen phraseopragmatischen Betrachtungen gleichwertig neben die Idiome stellt.

Ähnlich wie **Erla Hallsteinsdóttir** sieht auch **Britta Juska-Bacher** eine enge Verbindung von Wortschatzdidaktik und Phraseodidaktik. Sie bezieht sich dabei auf die sprachliche Bildung im Kindesalter und bietet damit eine schulstufenbezogene Diskussion phraseodidaktischer Herangehensweisen ähnlich wie **Ulrike Preußer**. Beide thematisieren die muttersprachliche phraseologische Entwicklung in der Primarstufe, und zwar für den Sprachunterricht (**Britta Juska-Bacher**) und für den Literaturunterricht (**Ulrike Preußer**). Anknüpfend an Erkenntnisse zum Phrasemerwerb bei Kindern unterbreitet **Britta Juska-Bacher** Vorschläge für eine unterrichtliche Behandlung von Phrasemen, die besser als in der bisherigen schulischen Praxis auf die Verarbeitungsvorgänge beim Erwerb von Phrasemen durch muttersprachliche Kinder abgestimmt ist. Zur Illustration nutzt sie Lehrbuchauszüge, die einer kritischen Bewertung unterzogen und auf notwendige Veränderungen hin überprüft werden. Illustrierende Beispiele verwendet auch **Ulrike Preußer**, nur geht es ihr nicht um eine Kritik, sondern vielmehr um das Aufzeigen von Möglichkeiten, mithilfe von Phrasembetrachtungen anhand von Kinderliteratur eine relevante literaturdidaktische Zielsetzung zu erfüllen, nämlich bei Schüler/innen aller Jahrgangsstufen ein literarisches Lernen zu initiieren. Um dieses Anliegen zu verdeutlichen, stellt sie zunächst literaturdidaktische Prämissen dar, zu denen als zentrales Konstrukt auch das literarische Lernen mit seinen elf Aspekten – ein in der Literaturdidaktik gängiges und vielfältig diskutiertes Modell zur Aufgabenbestimmung von Literaturunterricht – gehört. Wie **Britta Juska-Bacher** die schon ab dem Kindesalter vorhandenen Potenziale von Phrasemen für die *sprachliche* Bildung hervorhebt, arbeitet **Ulrike Preußer** dies mit Einbettung in das Gesamtfeld des Literaturunterrichts für den Bereich der Entwicklung *literarischer* Fähigkeiten und das literarische Lernen heraus.

Einen wesentlichen Bestandteil literarischen Lernens, nämlich eine Einsicht in die Poetizität der Literatursprache zu gewinnen, thematisiert auch **Nils Bernstein**, jedoch – in der Perspektive anders als **Ulrike Preußer** – nicht auf eine bestimmte Altersstufe bezogen und an fremdsprachlichen Lernenden orientiert. Er sieht in der Arbeit mit Phrasemen in literarischen Texten die Möglichkeit, bei DaF-Lernenden ein (fremd)sprachliches mit einem literarischen Bewusstsein zu vernetzen, indem ein Kontrasterlebnis zwischen literarischer und pragmatischer Verwendung von Phrasemen geschaffen wird. Es wird eine dem Beitrag von **Ulrike Preußer** vergleichbare Intention deutlich, und zwar die phraseodidaktischen Ressourcen von Literatur zu erschließen, wobei begründet wird, warum Literatur für grundsätzlich geeignet beim fremdsprachlichen Phrasemerwerb gehalten wird. Die kurzen literarischen Beispiele im Verlauf des Beitrags sowie die ausführliche Beschreibung eines konkreten literarischen Beispiels und seiner Umsetzung im DaF-Unterricht unterstützen die von **Nils Bernstein** geführte literaturdidaktische Argumentation.

Bezüglich der literaturdidaktischen Ausrichtung kann der Beitrag von **Nils Bernstein** in Relation zum Beitrag von **Ulrike Preußer** gesehen werden, hinsichtlich seiner generellen Gedanken zum DaF-Unterricht lässt er sich in die Reihe der sprachdidaktischen Beiträge von **Anna Reder**, **Joanna Targońska**, **Marios Chrissou** und **Brigita Kacjan/ Milka Enčeva/ Saša Jazbec** einordnen. **Anna Reder** klärt prinzipielle didaktische Ansätze der Phrasemvermittlung im Fremdsprachenunterricht und nimmt insofern Modifizierungen vor, als sie auf die Ausdehnung der Phrasemvorstellung reagiert und folglich die Kollokationen als eine stärker zu beachtende Größe in die fremdsprachliche Phraseodidaktik einbezieht. Sie zeigt auf, worin die Erweiterungen der phraseodidaktischen Zugriffe bestehen und wie die Gewichtung von Kollokations- und Idiombehandlung arrangiert werden könnte, wenn von einem umfänglicheren Phrasembegriff ausgegangen wird. Korrespondierend zum Beitrag von **Anna Reder** kann der Beitrag von **Joanna Targońska** gelesen werden. Sie setzt sich explizit mit dem Verhältnis von Phraseodidaktik und Kollokationsdidaktik auseinander und favorisiert tendenziell – anders als **Anna Reder** – eine Trennung bzw. zumindest eine klare Unterscheidung bei der unterrichtlichen Vermittlung in Abhängigkeit davon, ob Phraseme im engeren Sinne (primär Idiome) oder Phraseme im weiteren Sinne (primär Kollokationen) behandelt werden. Aus dieser Auffassung resultiert ihr Angebot für eine Kollokationsdidaktik, die sie sowohl im Hinblick auf allgemeine Richtlinien als auch hinsichtlich einer lehrwerksbezogenen Methodik umreißt. Eine Brücke zwischen Kollokationsdidaktik und eng gefasster Phraseodidaktik könnte das von **Brigita Kacjan/ Milka Enčeva/ Saša Jazbec** präsentierte Zwei-Ebenen-Modell zur Vermittlung phraseologischer Einheiten im Fremdsprachenunterricht schlagen, in das auf der Mikroebene ein in der Fremdsprachendidaktik generiertes Vierphasenmodell des fremdsprachlichen Phrasemerwerbs integriert ist. Das didaktische Modell ist universell für phraseologische Einheiten und deren unterrichtliche Aufbereitung konzipiert und könnte Freiräume für die Behandlung jeglicher Phrasemtypen im Fremdsprachenunterricht bieten. Die in diesem Vermittlungsmodell enthaltene Schrittfolge für das Erlernen eines Phrasems im Unterricht impliziert auch die weitergehende Analyse eines Phrasems bezüglich seiner Eignung zu einem bestimmten Zeitpunkt des Erwerbs. Diesen Aspekt stellt **Marios Chrissou** in das Zentrum seiner Betrachtungen zu einer angemessenen Auswahl von Phrasemen und einer sinnvollen Reihenfolge der Einführung über die Lernstufen verteilt. Er strebt eine Steuerung phraseologischer Erwerbsprozesse im Sinne einer systematisch aufgebauten Lernprogression an, für die Faktoren aufgeführt werden, die ihrerseits auf die Auswahl der im Unterricht zu vermittelnden Phraseme rückwirken. Ähnlich wie bei **Brigita Kacjan/ Milka Enčeva/ Saša Jazbec** bildet auch bei **Marios Chrissou** der „Gemeinsame Europäische Referenzrahmen für Sprachen" (GERS) einerseits den *Ausgangspunkt* für die Fragen nach der Phrasemauswahl und der Schrittigkeit ihrer Einführung (in *einer* Lehreinheit bei **Brigita Kacjan/ Milka Enčeva/ Saša Jazbec**, über die Lernlevels und Lernstufen gezogen bei **Marios Chrissou**), andererseits aber auch einen besonderen *Reibungspunkt* bezüglich der dort vertretenen Auffassungen zu Phrasemen beim Fremdsprachenlernen.

Spezielleren phraseodidaktischen Themen des DaF-Unterrichts wenden sich **Hana Bergerová** und **Tamás Kispál** zu. Beide legen eine Textsortenorientierung zugrunde, die sich mit dem von **Heinz-Helmut Lüger** und **Stephan Stein** Dargestellten deckt. **Hana Bergerová** macht in ihrem Beitrag auf zwei Textsorten in Jugendzeitschriften aufmerksam, den Fotoroman und den Beratungstext, die ihres Erachtens für die Phrasembehandlung im schulischen DaF-Unterricht prädestiniert sind. Neben Gründen für die generelle Eignung von Jugendzeitschriften zur Vermittlung von Phrasemen führt sie an Beispielen den Gehalt und Wert vor allem dieser zwei Textsorten aus und verdeutlicht auf diese Weise die phraseodidaktischen Chancen, die sich hierbei für den Fremdsprachenunterricht mit Schüler/innen ergeben. Eine ausgewählte Textsorte in Verbindung mit einem konkreten Beispiel, das expliziert wird, bildet auch bei **Tamás Kispál** die Basis seines Beitrags. Er untersucht für die Textsorte *Grafikbeschreibung*, die im Rahmen der DSH-Prüfung von den Studierenden in der Fremdsprache Deutsch schriftlich verfasst werden muss, wie die Prüflinge die im Unterricht erarbeiteten textsortenspezifischen Formulierungsbausteine einsetzen und beherrschen. In diesem Zusammenhang wird die Bedeutung formelhafter Sprache für die wissenschaftliche Textproduktion erörtert, ihre Stützfunktion für Studierende mit fremdsprachlichem Hintergrund wird herausgestellt und bei der Auswertung der Studie durch deren Ergebnisse belegt. Außerdem wird der Beitrag genutzt, um die gängige Bezeichnung solcherart Formulierungsmuster als „wissenschaftssprachliche Redemittel" zu präzisieren, denn es handelt sich dabei um feste Wendungen, die auch außerhalb von „Rede", und zwar in der Schriftlichkeit, genutzt werden (was sich allein schon daraus erklären lässt, dass auch die mündliche Wissenschaftssprache *konzeptionell* schriftlich und nur *medial* mündlich angelegt ist). Damit deutet **Tamás Kispál** auf eine weitere Ebene hin, und zwar auf die textkonstituierenden Potenziale formelhafter Sprache in mündlicher wie schriftlicher Textproduktion, vor allem in bildungs- und wissenschaftssprachlichen Kontexten.

Eine neue Komponente fügen **Hrisztalina Hrisztova-Gotthardt** und **Florentina Mena Martínez** & **Carola Strohschen** hinzu, indem sie in ihren Beiträgen phraseologische Charakteristika von *zwei* Fremdsprachen und daraus resultierende phraseodidaktische Konsequenzen für den DaF- und den EaF-Unterricht (Englisch als Fremdsprache) besprechen. Allerdings unterscheiden sich die Zielrichtungen der Beiträge:

Hrisztalina Hrisztova-Gotthardt unterstreicht die Bedeutsamkeit der Vermittlung von Sprichwörtern im Fremdsprachenunterricht, womit sie die dritte exponierte phraseologische Einheit neben Kollokationen und Idiomen ins Blickfeld rückt. Sie führt die Möglichkeiten aus, die sich aus ihrer Sicht gerade durch Sprichwörter auf phonetischer, syntaktischer, semantischer, lexikalischer, pragmatischer und soziokultureller Ebene eröffnen. Aufgrund der Sprachverwandtschaft – linguistisch betrachtet – und infolge ähnlicher Erkenntnisse in der deutsch- und englischsprachigen Parömiologie – didaktisch gesehen – verhandelt sie ihr sprichwortdidaktisches Konzept für beide Fremdsprachendidaktiken (DaF, EaF) zusammen. Bezüglich der Auswahl und Erwerbsreihenfolge rekurriert sie in ihrem sprichwortdidaktischen Entwurf wie **Brigita Kacjan/ Milka Enčeva/ Saša Jazbec** und **Marios Chrissou** auf den „Gemeinsamen Europäischen Referenzrahmen für Sprachen" und dessen offene (bei den anderen Beiträger/innen als vage bemängelte) Formulierungen sowie – ebenfalls den anderen Beiträger/innen vergleichbar – auf bereits vorhandene phraseologische Minima und Optima.

Florentina Mena Martínez/ Carola Strohschen stellen den Zusammenhang zwischen DaF und EaF aus einer anderen Perspektive als **Hrisztalina Hrisztova-Gotthardt** dar. Sie beziehen sich auf einen neueren Forschungsansatz der Fremdsprachendidaktik, der die Einflüsse einer ersten Fremdsprache (L2) auf den Erwerb von Phrasemen in einer zweiten Fremdsprache (L3) untersucht. Dem Ansatz folgend, ergibt sich eine Art System von Wechselwirkungen und gegenseitigen Beeinflussungen während des mehrsprachigen Phrasemerwerbs, was phraseodidaktische Konsequenzen hat. Wenn phraseologische Äquivalenzen von L2 und L3 zum Auslösen von Transferstrategien führen, kann dies vor allem für den Unterricht in der L3 genutzt werden. Neben die Anwendung des traditionellen kontrastiven Vorgehens, das Phraseme der Mutter- und Fremdsprache gegenüberstellt, kann eine Kontrastierung von Zweit- und Drittsprache beim Phrasemlernen treten. Mitunter sei Letztere wegen der Transferstrategien sogar erfolgreicher als die Gegenüberstellung von L1 und L2. Diese Facette der fremdsprachlichen Phraseodidaktik, die das Zusammenspiel von mehreren Fremdsprachen beim phraseologischen Spracherwerb betrifft, wird in dem Beitrag auf Idiome beschränkt, jedoch verspricht der zugrunde gelegte (psycho)linguistische Ansatz perspektivisch eine Übertragung auf weitere Phrasemtypen.

Literatur

Burger, Harald, Dmitrij Dobrovol'skij, Peter Kühn & Neal R. Norrick (Hrsg.) (2007): *Phraseologie. Ein internationales Handbuch der zeitgenössischen Forschung. 2. Halbband.* Berlin, New York: De Gruyter.
Ettinger, Stefan (2019): Leistung und Grenzen der Phraseodidaktik. Zehn kritische Fragen zum gegenwärtigen Forschungsstand. *Philologie im Netz* 87, 84–124. http://web.fu-berlin.de/phin/phin87/p87t6.htm (letzter Zugriff 25.05.2020).
Häcki Buhofer, Annelies (2007): Spracherwerb und Didaktik der Phraseme. In Harald Burger, Dmitrij Dobrovol'skij, Peter Kühn & Neal R. Norrick (Hrsg.), *Phraseologie. Ein internationales Handbuch der zeitgenössischen Forschung. 2. Halbband*, 854–869. Berlin, New York: De Gruyter.
Hartmann, Dietrich & Peter Schlobinski (2005): Feste Wortverbindungen in Wissenschaft und Unterricht. *Der Deutschunterricht* 57 (5), 2–3.
Kilian, Jörg (2011): Wortschatzerweiterung und Wortschatzvertiefung. In Inge Pohl & Winfried Ulrich (Hrsg.), *Wortschatzarbeit*, 133–142. Baltmannsweiler: Schneider.
Konecny, Christine, Erla Hallsteinsdóttir & Brigita Kacjan (2013): Zum Status quo der Phraseodidaktik: Aktuelle Forschungsfragen, Desiderata und Zukunftsperspektiven. In Christine Konecny, Erla Hallsteinsdóttir & Brigita Kacjan (Hrsg.), *Phraseologie im Sprachunterricht und in der Sprachendidaktik. ZORA* 94, 153–172. Maribor: Universitätsverlag.
Kühn, Peter (2005): Redensartendidaktik. Ansätze und Perspektiven. *Der Deutschunterricht* 57 (5), 25–32.
Kühn, Peter (2007): Phraseme im Muttersprachenunterricht. In Harald Burger, Dmitrij Dobrovol'skij, Peter Kühn & Neal R. Norrick (Hrsg.), *Phraseologie. Ein internationales Handbuch der zeitgenössischen Forschung. 2. Halbband*, 881–893. Berlin, New York: De Gruyter.
Kuhs, Katharina & Stephan Merten (Hrsg.) (2015): *Arbeiten am Wortschatz. Sprache und Sprachgebrauch untersuchen. KOLA 14.* Trier: Wissenschaftlicher Verlag.
Lüger, Heinz-Helmut (2004): Idiomatische Kompetenz – ein realistisches Lernziel? Thesen zur Phraseodidaktik. *Beiträge zur Fremdsprachenvermittlung. Sonderheft* 7, 121–169.
Mückel, Wenke (2015a): Primärsprachliche Phraseodidaktik – Skizze eines Aufgabenfeldes. *Neuphilologische Mitteilungen* 4/2014, 391–399.
Mückel, Wenke (2015b): Phraseologische Arbeit als Wortschatzarbeit im muttersprachlichen Deutschunterricht? In Jörg Kilian & Jan Eckhoff (Hrsg.), *Deutscher Wortschatz – beschreiben, lernen, lehren. Beiträge zur Wortschatzarbeit in Wissenschaft, Sprachunterricht, Gesellschaft*, 257–277. Frankfurt a. M.: Peter Lang.

Mückel, Wenke (2020a): Potenziale elektronischer Schulbücher für die muttersprachliche Phraseodidaktik. In Florentina Mena Martínez & Carola Strohschen (Hrsg.), *Phraseologie lehren und lernen im 21. Jahrhundert*, 159–174. Frankfurt a. M.: Peter Lang.

Mückel, Wenke (2020b): Phraseodidaktische Ansätze zur Inklusion. In Mariangela Albano & Julia Miller (Hrsg.), *Contexts and Plurality in Phraseology: Didactics, Learning and Translation*, 73–86. Bialystok: University of Bialystok Publishing House.

Mückel, Wenke (ersch. vorauss. 2023): Typisierte Rede als Element von Bildungssprachlichkeit. In Christine Konecny, Erika Autelli, Andrea Abel & Lorenzo Zanasi (Hrsg.), *Lexemkombinationen und typisierte Rede im mehrsprachigen Kontext*. Tübingen: Stauffenburg.

Rothkegel, Annely (2001): Zu neuen Ufern – eine Reise durch die Phraseologie(forschung). In Annelies Häcki Buhofer, Harald Burger & Laurent Goutier (Hrsg.), *Phraseologiae Amor. Aspekte europäischer Phraseologie*, 211–220. Baltmannsweiler: Schneider.

Stein, Stephan (2011): Phraseme und Phrasemsemantik. In Inge Pohl & Winfried Ulrich (Hrsg.), *Wortschatzarbeit*, 256–279. Baltmannsweiler: Schneider.

Ulrich, Winfried (2011): Gegenwärtige Situation: Forderung einer lexikonorientierten Reflexion über Sprache. In Inge Pohl & Winfried Ulrich (Hrsg.), *Wortschatzarbeit*, 18–26. Baltmannsweiler: Schneider.

Wotjak, Barbara (1996): Redewendungen und Sprichwörter: Ein Buch mit sieben Siegeln? *Fremdsprache Deutsch* 15, 4–9.

Erla Hallsteinsdóttir
Fachdidaktische Positionierung der Phraseodidaktik

Abstract: In diesem Beitrag wird der fachdidaktische Stellenwert der Phraseodidaktik diskutiert und der Versuch unternommen, eine Standortbestimmung und eine mögliche Positionierung zu skizzieren. Die Diskussion erfolgt unter Einbeziehung von fachdidaktischen Überlegungen aus der Perspektive von Sprachausbildungen für Deutsch und Dänisch sowie fachdidaktischen Praktiken von ausgewählten Institutionen in Dänemark und Schleswig-Holstein. Die Grundlage bildet eine Analyse der gymnasialen Lehrpläne und der Curricula der universitären Lehrkräfteausbildungen. Die Ergebnisse der Analysen zeigen, dass Phraseologie in den Ausbildungen zwar vorkommt, jedoch nicht als eigene Disziplin wahrgenommen wird. Der Beitrag argumentiert dafür, Phraseologie und Phraseodidaktik innerhalb der Sprachausbildungen innerhalb einer ganzheitlich orientierten Wortschatzdidaktik zu verorten. Der Beitrag wurde im Jahr 2017 fertiggestellt und spiegelt den Stand der Forschung zu diesem Zeitpunkt wider.

Keywords: Phraseodidaktik, Wortschatz, Wortschatzdidaktik, Sprachausbildungen, Erstsprache, Fremdsprache, Deutsch, Dänisch

1 Einleitung

Aus einer Innenperspektive der Phraseologie betrachtet ist die deutschsprachige Phraseodidaktik ein etablierter Bereich der Phraseologieforschung, der auf gut 30 Jahre Forschungstradition zurückblicken kann (vgl. z. B. die Übersicht über die deutschsprachige Phraseologie und Phraseodidaktik in Lüger 2019). Auch in anderen Sprachen gibt es bereits forschungsbasierte Ansätze der didaktischen Aufarbeitung und Vermittlung von Phrasemen, wenn auch meist in einem etwas bescheideneren Umfang (vgl. z. B. die Beiträge in Konecny, Hallsteinsdóttir & Kacjan 2013 und Martínez & Strohschen 2020).

Aus einer Außenperspektive – sei es einer bildungspolitischen, institutionell-schulischen oder wissenschaftlichen – werden die Phraseologie als Gegenstand und somit auch die Phraseodidaktik hingegen immer noch unzureichend beachtet. Diese Feststellung wird im Beitrag mit Beispielen erläutert, um eine Verortung der Phraseologie in den Bereichen zu versuchen, die für eine fachdidaktische Standortbestimmung und Positionierung relevant sind. Es handelt sich dabei um die fachdidaktische Positionierung einer linguistisch orientierten Phraseologie und Phraseodidaktik. Darin werden einerseits fachdidaktische Überlegungen aus den Perspektiven der relevanten Wissenschaftsdisziplinen, insbesondere der Wortschatzforschung und der Erst-, Zweit- und Fremdsprachendidaktik, erörtert. Andererseits werden die didaktischen Inhalte von Sprachausbildungen und deren fachpolitische Umsetzung in relevanten Ausbildungsinstitutionen einbezogen.

2 Phraseodidaktik

Zunächst stellt sich die Frage, was unter Phraseodidaktik zu verstehen ist. Die allgemein verbreitete Auffassung ist, dass Phraseodidaktik

> [...] der Teilbereich der Phraseologie [ist], der sich mit der systematischen Vermittlung von Phraseologismen im mutter- oder fremdsprachlichen Unterricht befasst.
>
> (Ettinger 2001: 87)

Der Gegenstandsbereich der Phraseodidaktik umfasst laut dieser Definition Phraseologie als ein sprachliches und ggf. als ein kulturelles Phänomen und die Art und Weise ihrer Vermittlung im Mutter- und/oder Fremdsprachenunterricht.

Mutter- und fremdsprachlicher Unterricht wird jedoch in diesem Beitrag nicht nur auf den Sprachunterricht bezogen, sondern im weite(ste)n Sinne als jeglicher Unterricht verstanden, in dem potentiell Phraseologie vermittelt werden kann. Dazu gehören dementsprechend sowohl die Vermittlung von Phraseologie im Erst-, Zweit- und Fremdsprachenunterricht als auch die (fach-/bildungs-)sprachliche Vermittlung der Phraseologie im Fachunterricht. Weiterhin sollte die Phraseodidaktik die Vermittlung der Phraseologie im wissenschaftlichen Kontext der Lehrkräfteausbildung umfassen. Als zentrale Bereiche der Phraseodidaktik werden hier jedoch der Sprachunterricht und der sprachsensible Fachunterricht betrachtet. Die fachlichen Inhalte und Elemente der Phraseodidaktik sind vorwiegend sprachlicher Natur, die aber Berührungspunkte mit anderen, insbesondere visuellen Elementen wie Farben und bildlichen Darstellungen haben können (vgl. Bergerová 2011; Hallsteinsdóttir 2011; Kralj & Kacjan 2011; Rentel 2011).

Die Phraseodidaktik als wissenschaftliche Disziplin baut interdisziplinär auf Ergebnissen aus unterschiedlichen Bereichen der Phraseologieforschung sowie anderen Disziplinen auf, die sich mit Spracherwerb, Sprachunterricht und Sprachdidaktik, aber auch anderen Inhalten wie Literatur oder Computerlinguistik befassen. Entsprechend vielfältig sind die Fragestellungen und Forschungsansätze der Phraseodidaktik. Den meisten wissenschaftlichen Arbeiten zur Phraseodidaktik ist ein Fokus auf den Fremdsprachenunterricht gemeinsam. Den Ausgangspunkt für die folgenden Darstellungen bildet die deutschsprachige Forschung zur Phraseodidaktik. Es überwiegen dabei Arbeiten zum Deutschen als Fremdsprache, aber auch zu anderen Sprachen gibt es einzelne Arbeiten. Für einen Überblick über die Forschungsbereiche und die inhaltlichen Schwerpunkte der Phraseodidaktik sowie praxisbezogene Ansätze des Lehrens und Lernens von Phraseologie sei an dieser Stelle exemplarisch auf die Beiträge in den Themenheften von Hallsteinsdóttir & Farø (2006), Hallsteinsdóttir, Winzer-Kiontke & Laskowski (2011) und Wotjak (1996), den Sammelbänden von Gonzáles Rey (2013), Jesenšek & Fabčič (2007), Konecny, Hallsteinsdóttir & Kacjan (2013), Lorenz-Bourjot & Lüger (2001) sowie die Arbeiten von Chrissou (2012), Ettinger (2001, 2007, 2011), Hallsteinsdóttir (2001), Hallsteinsdóttir, Šajánková & Quasthoff (2006), Hessky (2007), Kühn (1987, 1992, 1994, 2007), Lüger (1997) Meunier & Granger (2008), Mückel (2015) und Reder (2011) verwiesen.

Auf die unbestrittene Relevanz und den großen Stellenwert der Phraseologie sowohl für den Unterricht in Zweit- und Fremdsprachen als auch für den Erstsprachenunterricht wurde in der Forschung bereits mehrfach hingewiesen (vgl. z. B. Lüger 2020). Phraseme gelten als unverzichtbar für die Kommunikation. Inzwischen wird sogar davon ausgegangen, dass eine begrenzte Kommunikation in einer Fremdsprache ohne eine minimale Beherrschung der Phraseologie kaum möglich sei. Dies gilt insbesondere für Phraseologie im weiten Sinne, zu der grundlegende Wortschatzeinheiten wie Kollokationen und Routineformeln gezählt werden. Aus dieser Forschungsperspektive müsste eine fachdidaktische Positionierung der Phraseodidaktik eine zentrale Stelle in erst-, zweit- und fremdsprachlichen Sprachausbildungen einräumen.

Für eine fachdidaktische Positionierung ist aber auch ein Blick auf die Praxis in den Sprachausbildungen notwendig, um die aktuelle fachdidaktische Relevanz der Phraseologie zu ermitteln. Daher wird im Folgenden eine Antwort auf die Frage zu geben versucht, welchen Stellenwert die Phraseologie in den Sprachausbildungen von Erst-, Zweit- und Fremdsprachen einnimmt. Als Beispiel dienen die Sprachausbildungen für Deutsch und Dänisch in Schleswig-Holstein sowie die Deutschausbildungen in Dänemark.

3 Phraseologie in Sprachausbildungen: Beispiel Deutsch und Dänisch

3.1 Phraseologie in Curricula der universitären Sprachausbildungen am Beispiel Schleswig-Holstein

Am Beispiel der beiden Universitäten in Schleswig-Holstein, Christian-Albrechts-Universität zu Kiel (CAU) und Europa-Universität Flensburg (EUF), sollen die phraseologischen bzw. phraseodidaktischen Inhalte der Studiengänge der universitären Sprachausbildungen für Deutsch und Dänisch kurz dargestellt werden.[1] Diese Darstellung, das soll hier hervorgehoben werden, ist nur eine Bestandsaufnahme für die Phraseologie und sie soll nicht als Kritik an den fachlichen Inhalten der Sprachausbildungen verstanden werden.

Die Auswahl der Universitäten erfolgte durch das geographische Kriterium der Nähe zu Dänemark. An beiden Universitäten werden Lehrkräfte für Deutsch und Dänisch (als Fremdsprache) ausgebildet, wobei der Schwerpunkt in Flensburg auf der Grundschule und der Sekundarstufe I liegt, während in Kiel sowohl für Sekundarstufe I als auch für Sekundarstufe II für das Lehramt an Gymnasien, Gemeinschafts- und Handelsschulen ausgebildet wird.

Eine Einschätzung der Rolle der Phraseologie in den Sprachausbildungen an der CAU erfolgte anhand der Durchsicht der Inhalte der Fachbeschreibungen für die angebotenen Lehrveranstaltungen im UnivIS, dem Informationssystem der Universität Kiel, im WS 2014/2015, SS 2015, WS 2015/2016, SS 2016, WS 2016/2017 und SS 2017. Es handelt sich um die Lehrveranstaltungen, die am Germanistischen Seminar in den Bereichen Deutsch als Fremdsprache, Deutsche Sprachwissenschaft und Didaktik der deutschen Sprache angeboten wurden, also die Lehramtsausbildung für Deutsch als Erst-, Zweit- und Fremdsprache. Es wird konstatiert, dass es zur Phraseologie kaum selbstständige Seminare gibt. Vielmehr wird die Phraseologie in benachbarten Disziplinen, z. B. als Teil der Lexikologie, behandelt. Wie viel Raum der Phraseologie hier eingeräumt wird, ist der jeweiligen Lehrkraft überlassen, denn die Modulbeschreibungen geben zumeist nur die Rahmen vor, nicht aber deren inhaltliche Ausgestaltung. Einzig im Bereich des Niederdeutschen wurde im SS 2016 ein Seminar „Lexikologie und Phraseologie (unter besonderer Berücksichtigung des Niederdeutschen)" angeboten. Hier lag der Schwerpunkt auf regionaler Variation und auf das Niederdeutsche bezogenen Fragestellungen. Auch

---

[1] Die folgenden Ausführungen entsprechen dem Stand der untersuchten Materialien zum Zeitpunkt des Verfassens und der Erstabgabe des Beitrags im Jahr 2017.

spezifische Lehrangebote zur Wortschatzarbeit und zum Wortschatzerwerb umfassen laut Inhaltsbeschreibung ausschließlich Wörter. Demnach, so das Fazit der Durchsicht, wird die Phraseologie in den Fachbeschreibungen der Lehrkräfteausbildung für den Erst-, Zweit und Fremdsprachenunterricht des Deutschen an der CAU nicht als eigenständiges Fach bzw. Forschungsdisziplin thematisiert. Dies gilt ebenfalls für die Dänischausbildung der Skandinavistik.

An der EUF werden sowohl für Deutsch als auch für Dänisch eine Bachelor-Ausbildung in Bildungswissenschaften und Studiengänge mit dem Abschluss Master of Education für das Lehramt an Grundschulen, an Sekundarschulen und beruflichen Schulen angeboten. Um die Relevanz der Phraseologie zu ermitteln, wurden die aktuellen Modulkataloge für Deutsch und Dänisch durchgesehen.[2] Auch hier ist das Ergebnis eine fast vollständige Abwesenheit der Phraseologie in den Sprachausbildungen. Phraseologie kommt weder in den Beschreibungen der BA-Module noch in den Modulen des Masterstudiengangs für Deutsch vor. In einem einzigen Modul, dem BA-Modul „Mündlichkeit und Schriftlichkeit der dänischen Sprache", lernen die Studierenden „phraseologische Ähnlichkeiten und Unterschiede zwischen dem Deutschen und dem Dänischen zu erkennen"[3] und „sie eignen sich sprachliche Analysemethoden an, sowohl in Grundfragen der Semantik und Phraseologie [...]." In den Modulen des Masterstudiengangs Dänisch kommt Phraseologie in den Beschreibungen nicht vor.

Als Ergebnis der Durchsicht der Fachbeschreibungen kann festgehalten werden, dass Phraseologie und somit die Phraseodidaktik in den universitären Sprachausbildungen in Schleswig-Holstein kaum als selbstständiges Fach vorkommt. Kommende Lehrerinnen und Lehrer erhalten dementsprechend nicht in ausreichendem Maße das theoretisch-methodische Wissen, das als Grundlage für eine wissenschaftlich fundierte phraseodidaktische Umsetzung des phraseologischen Wortschatzes in ihrem Unterricht notwendig wäre.

Ob und wie Phraseologie im Unterricht überhaupt eine Rolle spielen sollte, wird maßgebend durch die Kompetenzbeschreibungen der Bildungsstandards

---

2 Die Modulkataloge für BA in Bildungswissenschaften waren 2017 online abrufbar unter: http://www.uni-flensburg.de/portal-studium-und-lehre/im-studium/dokumente-zum-stu dium/ordnungen-bachelor/ba-bildungswissenschaften/ordnungen-2015/ und für die Masterstudiengänge für das Lehramt an Grund- und Sekundarschulen unter: https://www.uni-flens burg.de/portal-studium-und-lehre/im-studium/dokumente-zum-studium/ordnungen-master/ med-lehramt-an-sekundarschulen-mit-schwerpunkt-sekundarstufe-i/ (27.08.2017).
3 Zum Zeitpunkt der Untersuchung im Jahr 2017 online abrufbar unter: http://www.uni-flens burg.de/fileadmin/content/portale/studium_und_lehre/dokumente/po-studiengaenge/bachelor-of-arts/bildungswissenschaften/2015/modulkataloge/mk-babw-po2015-daenisch.pdf (Seite 4, ohne Seitenzahl).

der Kultusministerkonferenz[4] und die Fachanforderungen und Lehrpläne der Länder vorgegeben.[5] Um ein Bild von der Rolle der Phraseologie in den schulischen Sprachausbildungen zu erhalten, wird im Folgenden das Vorkommen der Phraseologie in den Fachanforderungen für Deutsch und Dänisch in Schleswig-Holstein skizziert.

3.2 Phraseologie im schulischen Sprachunterricht

Die Beschreibung der Phraseologie als Lehr-Lern-Inhalt im schulischen Sprachunterricht in den Fachanforderungen für die Fächer Deutsch und Dänisch an den Schulen in Schleswig-Holstein wird im Folgenden dargestellt.

In den Fachanforderungen für Dänisch für die Sekundarstufe I und II in Schleswig-Holstein findet die Phraseologie Erwähnung. Die Beschreibung der kommunikativen Teilkompetenzen, Hör- und Hörsehverstehen, umfasst ‚das Verstehen gängiger idiomatischer Wendungen' (vgl. MfSB 2016: 58), und im Kompetenzbereich Wortschatz wird die Verwendung ‚hochfrequenter idiomatischer Ausdrücke' für Anfängerinnen und Anfänger und die Verwendung ‚gängiger idiomatischer Ausdrücke beim Verfassen von Texten' als Ziel angegeben (vgl. MfSB 2016: 65). Weiterhin wird der „Gebrauch von Kollokationen und idiomatischen Wendungen" (MfSB 2016: 81) in den Bewertungskriterien für Sprache angeführt.

In den Fachanforderungen für Deutsch spielt Phraseologie dagegen kaum eine Rolle. Nur unter Kompetenzbereich IV: „Sprache und Sprachgebrauch untersuchen" werden „idiomatische Wendungen" mit Bezug auf den Gebrauch eines differenzierten Wortschatzes nach den KMK-Bildungsstandards erwähnt. Als Mittel zur Konkretisierung werden „Redewendungen, Sprichwörter und Metapher" (MfSB 2014: 31) angeführt.

---

4 Überblick: https://www.kmk.org/themen/qualitaetssicherung-in-schulen/bildungsstandards.html und beispielsweise für das Fach Deutsch: https://www.kmk.org/fileadmin/Dateien/veroeffentlichungen_beschluesse/2012/2012_10_18-Bildungsstandards-Deutsch-Abi.pdf (07.09.2017).
5 IQSH für Schleswig-Holstein: https://fachportal.lernnetz.de/sh.html (22.02.2022).

3.3 Phraseologie in den Ausbildungen mit Deutsch als Fremdsprache an den dänischen Universitäten

Deutsch als Fremdsprache wird in den Studiengängen „Deutsche Studien" (Lehrkräfteausbildung für Deutsch an den dänischen Gymnasien[6]), „Organisationskommunikation" und „Wirtschaftssprache" an den Universitäten in Kopenhagen, Aarhus, Aalborg und Odense angeboten. Phraseologie und Phraseodidaktik – sowie Lexikologie und Wortschatzdidaktik insgesamt – kommen in keinem Curriculum für diese Ausbildungen vor. Allerdings sind die Inhaltsbeschreibungen in der Regel sehr allgemein, so dass eine Einbindung der Phraseologie ggf. möglich wäre, auch wenn sie in der Aufzählung der vorgesehenen linguistischen Bereiche nicht vorkommt. Eine fachdidaktische Positionierung gestaltet sich allerdings durch die Abwesenheit der Phraseologie in den Curricula als schwierig und wäre hier nur in Form einer Wunschliste möglich. Stattdessen soll ein Erklärungsversuch unternommen werden, warum Wortschatzdidaktik und insbesondere Phraseodidaktik in den genannten Ausbildungen keine Rolle spielt.

In Dänemark arbeitende Wissenschaftlerinnen und Wissenschaftler, die sich mit Phraseologie beschäftigen, kann man an den Fingern einer Hand abzählen. Dies gilt für alle Sprachen und Disziplinen. In den Deutschausbildungen an den dänischen Universitäten gibt es z. Z. nur eine einzige festangestellte Wissenschaftlerin, die zur Phraseologie arbeitet.[7] Die dänische sprachwissenschaftliche Forschungstradition ist immer noch stark strukturalistisch geprägt, und Wortschatzforschung und Sprachdidaktik haben keinen großen Stellenwert. Außerdem besteht die primäre Aufgabe der Universitäten darin, die Studierenden in den Sprachausbildungen mit den fachlichen Inhalten (Linguistik, Literaturwissenschaft, Kulturwissenschaft) vertraut zu machen. Die sprachdidaktische Ausbildung erfolgt erst später im Rahmen des einjährigen Referendariats. Demnach sind sprachdidaktische Inhalte im Studium eigentlich nicht vorgesehen – und z. T. auch fachpolitisch nicht gewollt, da das Studium primär fachfachliche Inhalte vermitteln soll. Sprachdidaktische Inhalte erwerben Lehrerinnen und Lehrer gesondert im Pädagogikum,[8] das sie am Anfang ihres Berufslebens absolvieren müssen, um die Unterrichtsqualifikation für die Sekundarstufe II (dänisches Gymnasium) zu erhalten. Die Kurse des Pädagogikums werden von

---

6 Die dänischen Gymnasien umfassen die letzten drei Jahre vor dem Abitur und sie entsprechen so in etwa der Sekundarstufe II in Deutschland.
7 Die Verfasserin dieses Beitrags an der Aarhus Universität. Stand: Herbst 2020.
8 Vgl. Informationen dazu unter https://www.uvm.dk/gymnasiale-uddannelser/undervisning-og-laeringsmiljoe/paedagogikum/om-paedagogikum (16.10.2020).

den Universitäten als eine Art Masterstudium gegen Bezahlung durchgeführt und sie stellen somit eine zusätzliche Einnahmequelle für die beteiligten Universitäten dar.

Hinzu kommt, dass die Situation im sprachwissenschaftlichen Bereich der Deutschausbildungen insgesamt nicht gut ist, was z. T. auf politisch verordnete Sparmaßnahmen in den Geisteswissenschaften, aber auch auf fachpolitische Entscheidungen der Universitäten zurückzuführen ist. So gibt es mit Ausnahme der Aarhus Universität für den Sprachbereich der Deutschausbildungen kaum noch Stellen mit Forschungsverpflichtung. Die Kopenhagener Universität hat 2020 nach mehreren Jahren ohne Forschungsstellen wieder eine Professur im Bereich der germanistischen Sprachwissenschaft ausgeschrieben, an der Süddänischen Universität hingegen ist die germanistische Sprachwissenschaft inhaltlich nicht mehr vertreten. 2020 wurde die Schließung der Deutsch-Studiengänge an der Aalborg Universität angekündigt, während die Copenhagen Business School und die Roskilde Universität bereits alle Sprachausbildungen geschlossen haben.

3.4 Phraseologie im Fach Deutsch als Fremdsprache in den gymnasialen Ausbildungen in Dänemark

Um die Rolle der Phraseologie im schulischen Sprachunterricht festzustellen, wurde das Vorkommen der Phraseologie in Lehrplänen für das Fach Deutsch in den gymnasialen Ausbildungen in Dänemark untersucht.

Im Jahr 2017 wurden neue Lehrpläne mit Inhaltsbeschreibungen und Lernzielen für das Fach Deutsch implementiert.[9] Darin wird der mündliche Gebrauch von häufig vorkommenden festen Wortverbindungen und Ausdrücken als ein Lernziel für Anfängerinnen und Anfänger bzw. der mündliche Gebrauch von relevanten festen Wortverbindungen und Ausdrücken bei fortgeschrittenen Lernenden formuliert. Außerdem wird die Beherrschung eines nuancierten Wortschatzes und der Idiomatik als Kriterium für die schriftliche Prüfung sowohl für Anfängerinnen und Anfänger als auch für fortgeschrittene Lernende (hier jedoch nur für Deutsch als Leistungsfach) angegeben. Weitere Angaben zur Phraseologie gibt es nicht.

---

[9] Das dänische allgemeine Gymnasium umfasst die letzten drei Jahre vor dem Abitur. Zusätzlich gibt es wirtschaftlich und technisch-handwerklich orientierte gymnasiale Ausbildungen, die z. T. kürzer sind. Hier werden beispielhaft die Lehrpläne für allgemeine Gymnasien herangezogen: https://www.uvm.dk/gymnasiale-uddannelser/fag-og-laereplaner/laereplaner-2017/stx-laereplaner-2017 (27.08.2017). Zwischen den unterschiedlichen gymnasialen Ausbildungen gibt es bei den Deutschlehrplänen und -anleitungen nur minimale inhaltliche Unterschiede.

Zu den Lehrplänen gehören Anleitungen für Lehrkräfte. In den Anleitungen werden Angaben für die Umsetzung und Relevanz der fachlichen Inhalte im Unterricht gemacht und Kriterien für ihre Beurteilung in den abschließenden Prüfungen vorgegeben. In den Anleitungen wird betont, dass der Wortschatzerwerb einen zentralen Platz im Unterricht einnehmen solle (Undervisningsministeriet 2017b: 10), ohne jedoch die Art des Wortschatzes zu spezifizieren. Phraseologie wird vereinzelt genannt, z. B. werden relevante idiomatische Wendungen und Phrasen als ein wichtiger Bestandteil der mündlichen Sprachfertigkeit angeführt (Undervisningsministeriet 2017b: 7–8). In den Beurteilungskriterien für die schriftliche Prüfung wird zudem explizit gefordert, dass die Lernenden einen nuancierten Wortschatz sowie Idiomatik beherrschen sollen, und angegeben, dass bei der Beurteilung der Sprachfertigkeit die Korrektheit und Präzision im Bereich der Grammatik, des Wortschatzes und der Idiomatik der deutschen Sprache beurteilt werden (Undervisningsministeriet 2017b: 18). Weiterhin wird der Grad des sicheren Umgangs mit der relevanten Idiomatik in den Kann-Beschreibungen für die einzelnen Noten als Kriterium angeführt (Undervisningsministeriet 2017b: 21). Die Angaben in Anleitungen für Deutsch für Fortgeschrittene bzw. Deutsch als Leistungsfach für Fortgeschrittene sind ähnlich (vgl. Undervisningsministeriet 2017; 2017a).

3.5 Fachdidaktische Positionierung: Phraseologie in Sprachausbildungen

Die Bestandsaufnahme zur Bedeutung der Phraseologie an den beiden Universitäten in Schleswig-Holstein und den dänischen Universitäten zeigt die Phraseologie als eine Disziplin, die in der Lehre in den untersuchten Sprachausbildungen kaum Beachtung findet. Trotz der Tatsache, dass Phraseologie seit mehreren Jahren in der Forschung als eine etablierte selbstständige Disziplin betrachtet wird, innerhalb derer die Phraseodidaktik ihren festen Platz hat, haben die Forschungsergebnisse in die hier untersuchten Studienordnungen kaum Eingang gefunden.

Die Durchsicht der Fachanforderungen für die schulischen Sprachausbildungen bestätigt für den Erstsprachenunterricht Deutsch das Ergebnis, dass die Phraseologie insgesamt nur eine geringe Rolle in den muttersprachlichen Sprachausbildungen in Schleswig-Holstein spielt, das Phänomen Phraseologie aber schon in der Sprachausbildung Dänisch als Fremdsprache vorkommt, wenn auch in einem sehr bescheidenen Umfang.

Phraseologie kommt in den Sprachausbildungen für Deutsch als Fremdsprache im Nachbarland Dänemark an den Universitäten nicht vor, das gilt auch für die Lehrkräfteausbildungen. Etwas positiver stellt sich der Befund bei den Vorgaben zu Deutsch als Fremdsprache in gymnasialen Sprachausbildungen dar. Hier werden Einheiten der Phraseologie als Lehrstoff genannt, was aus fachdidaktischer Perspektive eine paradoxe Situation darstellt, denn die Lehrkräfte sollen demnach Inhalte vermitteln, mit denen sie während des Studiums nicht in Berührung gekommen sind.

Es können hier keine Generalisierungen für die Sprachausbildungen für Deutsch als Erstsprache in den anderen Bundesländern oder für andere Sprachen als Deutsch in Dänemark vorgenommen werden, denn dafür müssten weitere, tiefergehende Untersuchungen der Studieninhalte der Lehramtsausbildungen und der Umsetzung von Lehrplänen im Unterricht vorgenommen werden. Das – für die Phraseologieforschung wenig erfreuliche – Ergebnis der vorgenommenen Untersuchungen lässt aber berechtigte Zweifel aufkommen, inwieweit eine fachdidaktische Positionierung einer Disziplin überhaupt sinnvoll ist, die in der Praxis der Sprachausbildungen keine große Relevanz zu haben scheint.

4 Phraseodidaktik als Wortschatzdidaktik?

„Phraseologismen sind ganz normale Wortschatzeinheiten" war der programmatische erste Satz eines 2006 erschienenen Themenheftes von *Linguistik online* zu neuen theoretischen und methodischen Ansätzen in der Phraseologieforschung (Hallsteinsdóttir & Farø 2006: 3). Diese Auffassung, die hier ebenfalls den Ausgangspunkt bildet,

> erfordert einen holistisch-integrativen Zugang, in dem auch Beziehungen von Phraseologismen zu anderen Sprachzeichen erfasst werden können; eine umfassende Erforschung und Beschreibung der Phraseologie kann nur in Relation zu anderen sprachlichen Einheiten erfolgen. (Hallsteinsdóttir & Farø 2006: 3)

Eine solche ganzheitliche Betrachtung des Wortschatzes ist nicht neu, und obwohl sie in der Forschung nicht sehr verbreitet ist, hat sie trotzdem Eingang in sprachdidaktische Werkzeuge gefunden. Sie wurde z. B. bereits im „Gemeinsamen Europäischen Referenzrahmen für Sprachen" implementiert (Europarat 2001).[10] Der GeR unterteilt die zu erwerbenden linguistischen Kompetenzen[11] in

---

10 Es wurde allerdings mehrfach konstatiert, dass das Vorkommen der Phraseologie in Lehrwerken sehr unterschiedlich ausfällt (vgl. z. B. Winzer-Kiontke 2016) und die GeR-Empfehlungen zur Phraseologie nur selten in den Lehrwerken umgesetzt werden.
11 Vgl. Europarat (2001: Kap. 5.2.1), (https://www.goethe.de/Z/50/commeuro/50201.htm, 06.09.2017).

eine lexikalische, eine grammatische, eine semantische und eine phonologische Kompetenz. Die lexikalische Kompetenz[12] „umfasst die Kenntnis des Vokabulars einer Sprache [...] sowie die Fähigkeit, es zu verwenden". Das Vokabular besteht aus lexikalischen und grammatischen Elementen, wobei die lexikalischen Elemente wiederum in feste Wendungen und Einzelwörter unterteilt werden. Die Phraseologie wird demnach im GeR als einer von drei übergeordneten Bereichen des Wortschatzes angeführt.

Bei vielen in der Forschung diskutierten Aspekten der Phraseodidaktik handelt es sich um Phänomene, die nicht phraseologiespezifisch sind. Viele dieser Phänomene wurden bisher jedoch in Bezug auf die Phraseodidaktik nicht genügend erforscht und beschrieben oder für den Sprachunterricht fruchtbar gemacht. Das Ziel der hier vorgenommenen Positionierung der Phraseodidaktik als eine Teildisziplin einer Wortschatzdidaktik sollte folglich nicht eine Abschottung der Phraseodidaktik innerhalb der Wortschatzforschung zur Folge haben, sondern vielmehr das Vorantreiben ihrer Integration in allen Bereichen des Sprachenlernens und -lehrens. Berührungspunkte mit anderen Kompetenzbereichen des GeR und seinen Disziplinen wie Phonetik (phonologische Kompetenz), Syntax (grammatische Kompetenz), Semantik und Textlinguistik (semantische Kompetenz) sollten produktiv genutzt und in den entsprechenden Disziplinen in den Sprachausbildungen implementiert werden.

Eine neue Perspektive für die Integration der Phraseologie in eine ganzheitliche Wortschatzdidaktik bietet die aktuelle sprachdidaktische Entwicklung für Deutsch als Erst- und Zweitsprache, in der ein immer stärkerer Fokus auf den sprachsensiblen Fachunterricht (Sprache im Fach) gelegt wird. Dies bedeutet, dass die Sprache in ihrer Funktion als Bildungssprache eine immer größere Rolle einnimmt. Im Kontext des sprachsensiblen Fachunterrichts geht es demnach um die Ermittlung und – darauf aufbauend – die Vermittlung fachsprachlicher Phraseologie als Teil der Bildungssprache des jeweiligen Faches. In einem solchen – fach(sprachen)didaktischen – Kontext eröffnen sich neue Möglichkeiten für phraseodidaktische Zugriffe auf den Fachwortschatz. Solche Zugriffe setzen allerdings die Behebung bestehender phraseodidaktischer Forschungsdefizite voraus (vgl. die Listen mit offenen Forschungsfragen in Hallsteinsdóttir 2011 und Konecny, Hallsteinsdóttir & Kacjan 2013 sowie die didaktischen Vorschläge in Mückel 2015). Für den sprachsensiblen Fachunterricht und die Auswahl des dazugehörigen Wortschatzes ist u. a. die Frage hochaktuell, welche Einheiten des Wortschatzes, darunter der Phraseologie (phraseologisches Optimum bzw.

---

[12] Europarat (2001: Kap. 5.2.1.1), (https://www.goethe.de/Z/50/commeuro/5020101.htm, 06.09.2017).

phraseologischer Kernwortschatz, vgl. Hallsteinsdóttir, Šajánková & Quasthoff 2006), wann vermittelt werden sollen. Eng verbunden mit dieser Frage ist die Entwicklung von Methoden und theoretischen Grundlagen, um bildungssprachliche Grundwortschätze zu bestimmen. Für Einzelwörter gibt es bereits erste Ansätze der forschungsbasierten Ermittlung,[13] für die Phraseologie steht die Forschung in diesem Bereich allerdings noch aus, auch wenn es bereits Arbeiten gibt, die sich mit der Relation zwischen Einzelwörtern und Phrasemen im Grundwortschatz des Deutschen beschäftigen (vgl. Möhring 2011).

5 Verständlich(er)e Terminologie: *Formelhafte Wendung* als übergeordneter Terminus?

Obwohl es aktuell einen Konsens darüber gibt, den Terminus *Phrasem* als Oberbegriff für alle Einheiten der Phraseologie zu verwenden, ist die terminologische Vielfalt nach wie vor ein Hindernis für eine effektive Verbindung von linguistischer und phraseologischer bzw. phraseodidaktischer Forschung und Lehre einerseits und der sprachdidaktischen Implementierung und Vermittlung von Phraseologie in Bildungsmedien und in der Unterrichtspraxis andererseits. Als eine weitere Maßnahme zur fachlichen und fachdidaktischen Bewusstmachung und Integration der Phraseodidaktik soll hier daher für eine Vereinfachung der Terminologie bzw. die Entwicklung einer transparenten Terminologie, die intuitiv – auch für linguistische Laien – verständlich ist, plädiert werden.

Eine terminologische Umorientierung zeichnet sich in der Forschung durch die Nutzung des Terminus *formelhafte Sprache*[14] bereits ab (vgl. Reder 2017), der die Formelhaftigkeit von Phrasemen in den Mittelpunkt rückt (vgl. z. B. Aguado 2002, Barkowski et al. 2014: 26–47 und die Diskussion der Terminologie in Stumpf 2015: 18–22). Die Kombination von *formelhaft* mit dem Terminus *Wendung*[15] – eine sowohl in der (älteren) Phraseologieforschung als auch in der Alltagssprache bekannte Bezeichnung – ermöglicht eine Anknüpfung an die üblichen Termini der Lexikologie, analog zum Terminus *Wort*. Der Terminus *formelhafte Wendung* hat zudem bereits in Lehr- und Lernmaterialien für Deutsch als Fremdsprache Eingang gefunden, wobei z. B. von Barkowski et al.

---

13 Vgl. Tschirner (2019) und die laufende Forschungsarbeit dazu am Herder-Institut der Universität Leipzig.
14 So der Titel der EUROPHRAS 2016 in Trier.
15 Vorschlag von Anna Reder, Vortrag am 4. August 2017 auf der IDT in Freiburg/Schweiz.

(2014) die *Formelhaftigkeit* als eine Eigenschaft hervorgehoben wird, die allen sprachlichen Einheiten eigen ist, die der Phraseologie angehören:

> Die Meinungen darüber, was in der Sprache formelhaft ist, gehen auseinander. Deshalb finden sich in der Literatur verschiedene Termini für dieses Phänomen, [...]. Dazu zählen z. B. Phraseologismus, Redewendung, komplexe Einheit, Chunk oder auch Wortverbindung, Phrasem, Kollokation, Nomen-Verb-Verbindung, Idiom, Routineformel, Funktionsverbgefüge, Sprichwort, geflügeltes Wort und vieles mehr. Die verschiedenen Termini sind sinnvoll. Im Rahmen dieser Einheit können wir jedoch nicht detailliert auf diese Differenzierungen eingehen. Wir konzentrieren uns im Folgenden auf eine gemeinsame Eigenschaft aller dieser sprachlichen Mittel: die Formelhaftigkeit. Alle sprachlichen Einheiten, die diese Eigenschaft aufweisen, bezeichnen wir als formelhafte Wendungen. (Barkowski et al. 2014: 33)

Es kann ohnehin diskutiert werden, inwieweit die terminologische Differenzierung eine Rolle in Sprachausbildungen, insbesondere im schulischen Sprachunterricht, spielen sollte. Denn hinter der Ausdifferenzierung der Phraseologie in Unterbereiche verbirgt sich in erster Linie ein methodischer Zugriff, der für die Forschung sinnvoll und wichtig ist, in der Praxis des Unterrichts aber, zumindest in der Phase der Sensibilisierung für das Phänomen Phraseologie, eher für Verwirrung sorgen dürfte.

Die Verwendung des Terminus *formelhafte Wendung*[16] als Oberbegriff würde einen terminologisch unbelasteten Einstieg in die Phraseodidaktik und somit eine erste Beschäftigung mit den vielfältigen sprachlichen Einheiten der Phraseologie ermöglichen, ohne dass man als Lehrkraft gleichzeitig eine komplizierte Terminologiediskussion führen muss.

6 Zusammenfassung und Ausblick

Auf die Relevanz der Phraseologie sowohl für den Unterricht in Zweit- und Fremdsprachen als auch für den Erstsprachenunterricht wurde in der Forschung bereits mehrfach hingewiesen. Trotz dieser großen Relevanz haben die Phraseologie und ihre didaktische Umsetzung in der Phraseodidaktik, das zeigt die vorgestellte Bestandsaufnahme, kaum den Weg in Curricula der Lehrkräfteausbildungen an den Universitäten gefunden und auch in den Fachbeschreibungen und Lehrplänen

---

[16] Der Terminus *formelhafte Wendung* wurde u. a. deshalb hier gewählt, weil er im von Barkowski et al. (2014) herausgegebenen Band *Deutsch als fremde Sprache* verwendet wird. Dieser Band gehört zur *Deutsch Lehren Lernen* Reihe, die vom Klett Verlag und dem Goethe Institut herausgegeben wird. Die DLL-Reihe gilt international als Standardwerk für die Unterrichtspraxis für Deutsch als Fremdsprache.

der anderen untersuchten Sprachausbildungen an den Schulen und Universitäten in Dänemark und in Schleswig-Holstein kommt Phraseologie als Lehr-Lern-Gegenstand kaum vor.

Die im vorliegenden Beitrag diskutierten Untersuchungen zur Phraseologie in den Sprachausbildungen zeigen eine nicht allzu erfreuliche Tendenz bezüglich des Status der Phraseologie. Phraseologie kommt in den Beschreibungen zu den schulischen Sprachausbildungen vor, in den Beschreibungen der universitären Ausbildungen wird sie nicht explizit erwähnt. Die Phraseologie wird aber dem Großbereich Lexikologie zugeordnet und in diesem Zusammenhang behandelt, wobei die Behandlung der jeweiligen Lehrkraft überlassen wird. Angesichts der Seltenheit in den Beschreibungen ist jedoch davon auszugehen, dass viele der Lehrkräfte in ihren Ausbildungen mit der Phraseologie nicht in Berührung gekommen sind und daher selbst kaum Voraussetzungen für die Vermittlung von Phraseologie haben. Um eine fachdidaktische Relevanz der Phraseologie zu erreichen, die als Voraussetzung einer fachdidaktischen Positionierung vorhanden sein sollte, muss dieser Teufelskreis durchbrochen werden.

Auch wenn der Begriff Teildisziplin der phraseologieinternen Selbstauffassung einer selbstständigen Disziplin nicht entspricht, soll hier abschließend nochmals dafür plädiert werden, Phraseologie und Lexikologie als Teildisziplinen unter dem Dach einer ganzheitlich orientierten Wortschatzforschung zu integrieren. Zusammen mit einer terminologischen Vereinfachung, die Phraseologie auch für linguistische Laien verständlicher macht, könnte dies ein erster Schritt sein, um das (fachliche, sprachdidaktische und bildungspolitische) Bewusstsein für die Relevanz der Phraseologie in Sprachausbildungen zu schärfen und somit auch die phraseodidaktische Forschung und Vermittlung von formelhaften Wendungen zu stärken.

Literatur

Aguado, Karin (2002): Formelhafte Sequenzen und ihre Funktionen für den L2-Erwerb. *Zeitschrift für Angewandte Linguistik* 37, 27–49.

Barkowski, Hans, Patrick Grommes, Beate Lex, Sara Vicente, Franziska Wallner & Britta Winzer-Kiontke (2014): *Deutsch als fremde Sprache: Fort- und Weiterbildung weltweit* (DLL 03). München: Klett-Langenscheidt.

Bergerová, Hana (2011): Zum Lehren und Lernen von Phraseologismen im DaF-Studium. Überlegungen zu Inhalten und Methoden ihrer Vermittlung anhand eines Unterrichtsmodells. *Linguistik online* 47, 108–117.

Chrissou, Marios (2012): *Phraseologismen in Deutsch als Fremdsprache. Theoretische Grundlagen und didaktische Umsetzung eines korpusorientierten Ansatzes*. Hamburg: Dr. Kovač.

Ettinger, Stefan (2001): Vom Lehrbuch zum autonomen Lernen. Skizze eines phraseologischen Grundkurses für Französisch. In Martine Lorenz-Bourjot & Heinz-Helmut Lüger (Hrsg.), *Phraseologie und Phraseodidaktik* (Beiträge zur Fremdsprachenvermittlung, Sonderheft 4), 87–104. Wien: Edition Praesens.

Ettinger, Stefan (2007): Phraseme im Fremdsprachenunterricht. In Harald Burger, Dmitrij Dobrovol'skij, Peter Kühn, Neal R. Norrick (Hrsg.), *Phraseologie: Ein internationales Handbuch der zeitgenössischen Forschung / Phraseology. An International Handbook of Contemporary Research*, 893–908. Berlin, New York: De Gruyter.

Ettinger, Stefan (2011): Einige kritische Fragen zum gegenwärtigen Forschungsstand der Phraseodidaktik. In Patrick Schäfer & Christine Schowalter (Hrsg.), *In mediam linguam. Mediensprache – Redewendungen – Sprachvermittlung* (Festschrift für Heinz-Helmut Lüger), 231–250. Landau: Empirische Pädagogik.

Europarat (2001): *Gemeinsamer europäischer Referenzrahmen für Sprachen: lernen, lehren, beurteilen*. Berlin u. a.: Langenscheidt. https://www.goethe.de/Z/50/commeuro/i5.htm (letzter Zugriff 27.08.2017).

Gonzáles Rey, Isabel (Hrsg.) (2013): *Phraseodidactic Studies on German as a Foreign Language / Phraseodidaktische Studien zu Deutsch als Fremdsprache*. Hamburg: Dr. Kovač.

Hallsteinsdóttir, Erla (2001): *Das Verstehen idiomatischer Phraseologismen in der Fremdsprache Deutsch*. Hamburg: Dr. Kovač.

Hallsteinsdóttir, Erla (2011): Aktuelle Forschungsfragen der deutschsprachigen Phraseodidaktik. *Linguistik online 47*, 3–31.

Hallsteinsdóttir, Erla, Monika Šajánková & Uwe Quasthoff (2006): Phraseologisches Optimum für Deutsch als Fremdsprache. Ein Vorschlag auf der Basis von Frequenz- und Geläufigkeitsuntersuchungen. *Linguistik Online 27*, 117–136.

Hallsteinsdóttir, Erla & Ken Farø (2006): Neue theoretische und methodische Ansätze in der Phraseologieforschung: Einleitung zum Themenheft. *Linguistik online 27*, 3–10.

Hallsteinsdóttir, Erla, Britta Winzer-Kiontke & Marek Laskowski (Hrsg.) (2011): *Phraseodidaktik / Phraseodidactics*. *Linguistik online 47*.

Hessky, Regina (2007): Perspektivenwechsel in der Arbeit mit Phraseologie im DaF-Unterricht. In Vida Jesenšek & Melanija Fabčič (Hrsg.), *Phraseologie kontrastiv und didaktisch. Neue Ansätze in der Fremdsprachenvermittlung*, 9–16. Maribor: Slavisticno društvo, Filozofska fakulteta.

Jesenšek, Vida & Melanija Fabčič (Hrsg.) (2007): *Phraseologie kontrastiv und didaktisch. Neue Ansätze in der Fremdsprachenvermittlung*. Maribor: Slavisticno društvo, Filozofska fakulteta.

Konecny, Christine, Erla Hallsteinsdóttir & Brigita Kacjan (Hrsg.) (2013): *Phraseologie im Sprachunterricht und in der Sprachendidaktik / Phraseology in language teaching and in language didactics* (Zora 94). Bielsko-Biala u. a.: Mednarodna založba Oddelka za slovanske jezike in književnosti.

Kralj, Nataša & Brigita Kacjan (2011): Phraseologieunterricht in der Zeit der neueren Lernmedien. *Linguistik online 47*, 95–106.

Kühn, Peter (1987): Deutsch als Fremdsprache im phraseodidaktischen Dornröschenschlaf. Vorschläge für eine Neukonzeption phraseodidaktischer Hilfsmittel. In Gert Henrici & Ekkehard Zöfgen (Hrsg.), *Fremdsprachen lehren und lernen 16. Themenschwerpunkt: Neue Medien im Fremdsprachenunterricht*, 62–79. Tübingen: Narr.

Kühn, Peter (1992): Phraseodidaktik, Entwicklungen, Probleme und Überlegungen für den Muttersprachenunterricht und den Unterricht DaF. In Gert Henrici & Ekkehard Zöfgen (Hrsg.), *Fremdsprachen lernen und lehren 21. Themenschwerpunkt: Neue Medien im Fremdsprachenunterricht*, 169–189. Tübingen: Narr.

Kühn, Peter (1994): Pragmatische Phraseologie: Konsequenzen für die Phraseographie und Phraseodidaktik. In Barbara Sandig (Hrsg*.), Europhras 1992. Tendenzen in der Phraseologieforschung*, 411–428. Bochum: Brockmeyer.

Kühn, Peter (1996): Redewendungen – nur im Kontext. Kritische Anmerkungen zu Redewendungen in Lehrwerken. *Fremdsprache Deutsch. Redewendungen und Sprichwörter* 15 (2), 10–15.

Kühn, Peter (2007): Phraseme im Muttersprachenunterricht. In Harald Burger, Dmitrij Dobrovol'skij, Peter Kühn & Neal R. Norrick (Hrsg.), *Phraseologie: Ein internationales Handbuch der zeitgenössischen Forschung / Phraseology. An International Handbook of Contemporary Research*, 881–893. Berlin, New York: De Gruyter.

Lorenz-Bourjot, Martine & Heinz-Helmut Lüger (Hrsg.) (2001): *Phraseologie und Phraseodidaktik*. Wien: Edition Praesens.

Lüger, Heinz-Helmut (1997): Anregungen zur Phraseodidaktik. *Beiträge zur Fremdsprachenvermittlung* 32, 69–120.

Lüger, Heinz-Helmut (2019): Phraseologische Forschungsfelder. Impulse, Entwicklungen und Probleme aus germanistischer Sicht. *Beiträge zur Fremdsprachenvermittlung* 61, 51–82.

Martínez, Florentina M. & Carola Strohschen (Hrsg.) (2020): *Teaching and learning phraseology in the XXI century: Challenges for phraseodidactics and phraseotranslation / Phraseologie Lehren und Lernen im 21. Jahrhundert: Herausforderungen für Phraseodidaktik und Phraseoübersetzung* (Studien zur romanischen Sprachwissenschaft und interkulturellen Kommunikation 144). Berlin: Peter Lang.

Meunier, Fanny & Sylviane Granger (2008) (Hrsg.): *Phraseology in Foreign Language Learning and Teaching*. Amsterdam, Philadelphia: John Benjamins.

MfSB = Ministerium für Schule und Berufsbildung des Landes Schleswig-Holstein (2014): Fachanforderungen Deutsch. Allgemeinbildende Schulen. Sekundarstufe I. Sekundarstufe II. Kiel: Ministerium für Schule und Berufsbildung des Landes Schleswig-Holstein. http://lehrplan.lernnetz.de/index.php?wahl=199 (letzter Zugriff 27.08.2017).

MfSB = Ministerium für Schule und Berufsbildung des Landes Schleswig-Holstein (2016): Fachanforderungen Dänisch. Allgemeinbildende Schulen. Sekundarstufe I. Sekundarstufe II. Kiel: Ministerium für Schule und Berufsbildung des Landes Schleswig-Holstein. http://lehrplan.lernnetz.de/index.php?wahl=199 (letzter Zugriff 27.08.2017).

Möhring, Jupp (2011): Kollokationen im Lernerwörterbuch – Anspruch und Wirklichkeit. *Linguistik Online* 47, 33–53.

Mückel, Wenke (2015): Phraseologische Arbeit als Wortschatzarbeit im muttersprachlichen Deutschunterricht. In Jörg Kilian & Jan Eckhoff (Hrsg.), *Deutscher Wortschatz – beschreiben, lernen, lehren. Beiträge zur Wortschatzarbeit in Wissenschaft, Sprachunterricht, Gesellschaft*, 257–277. Frankfurt a. M. u. a.: Peter Lang.

Reder, Anna (2011): *Kollokationen in der Wortschatzarbeit*. Wien: Praesens.

Reder, Anna (2017): Formelhafte Wendungen. Lernen in großen Stücken. *Magazin Sprache*. https://www.goethe.de/de/spr/mag/idt/lic.html (letzter Zugriff 19.02.2018).

Rentel, Nadine (2011): Die Didaktisierung von Phraseologismen im DaF-Unterricht anhand multimodaler Texte. *Linguistik online* 47, 55–66.
Stumpf, Sören (2015): *Formelhafte (Ir-)Regularitäten. Korpuslinguistische Befunde und sprachtheoretische Überlegungen.* Frankfurt a. M. u. a.: Peter Lang.
Tschirner, Erwin (2019): Der rezeptive Wortschatzbedarf im Deutschen als Fremdsprache. In Elisabeth Peyer, Thomas Studer & Ingo Thonhauser (Hrsg.), *IDT 2017. Band 1: Hauptvorträge*, 96–111. Berlin: Erich Schmidt. https://www.esv.info/978-3-503-18161-2 (letzter Zugriff 09.03.2022).
Undervisningsministeriet (2017): Tysk fortsættersprog A, stx. Vejledning. Kopenhagen: Undervisningsministeriet. https://www.uvm.dk/-/media/filer/uvm/gym-vejledninger-til-laereplaner/stx/tysk-fortsaettersprog-a-stx-vejledning-2017.pdf?la=da (letzter Zugriff 27.08.2017).
Undervisningsministeriet (2017a): Tysk fortsættersprog b, stx. Vejledning. Kopenhagen: Undervisningsministeriet. https://www.uvm.dk/-/media/filer/uvm/gym-vejledninger-til-laereplaner/stx/tysk-forts-ttersprog-b-stx-vejledning-2017.pdf?la=da (letzter Zugriff 27.08.2017).
Undervisningsministeriet (2017b): Tysk begyndersprog a, stx. Vejledning. Kopenhagen: Undervisningsministeriet. https://www.uvm.dk/-/media/filer/uvm/gym-vejledninger-til-laereplaner/stx/tysk-begyndersprog-a-stx-vejledning-2017.pdf?la=da (letzter Zugriff 27.08.2017).
Winzer-Kiontke, Britta (2016): *„Gäbe es das Lehrwerk, würden wir es Ihnen empfehlen". Routineformeln als Lehr-/Lerngegenstand. Eine Untersuchung zu Vorkommen und didaktischer Aufbereitung von Routineformeln in Lehrwerken für Deutsch als Fremd- und Zweitsprache.* München: Iuidicum.

Heinz-Helmut Lüger
Phraseopragmatische Aspekte in der Fremdsprachenvermittlung

Abstract: Der folgende Beitrag hat zum Ziel, die Bedeutung von Phrasemen für die Vermittlung fremdsprachlicher Kompetenzen zu skizzieren. Zunächst geht es darum, einen allgemeinen Überblick über Ergebnisse der Phraseodidaktik zu geben. Es folgen Ausführungen zu textlinguistischen und pragmatischen Aspekten des Phrasemgebrauchs sowie zu Fragen der didaktischen Umsetzung: Warum sind Phraseme ein besonderer Lerngegenstand? Inwieweit sind produktive oder nur rezeptive Kompetenzen anzustreben? Welche Vermittlungsformen kommen in Betracht? Die diskutierten Vorschläge orientieren sich vor allem an der Fremdsprache Deutsch.

Keywords: Phrasemgebrauch, Polyfaktorialität, Textorientierung, satzwertige Phraseme, Routineformeln, Kollokationen, Phraseodidaktik

> Chaque langue, outre les mots, possède un certain nombre de locutions toutes faites qui sont comme les pièces blanches du langage, à côté de la menue monnaie. (Bréal 1872: 54)

1 Phraseodidaktische Ausgangspunkte

Phraseologische Ausdrücke bzw. Phraseme stellen zweifellos einen wichtigen Bestandteil der Alltagskommunikation dar, aus dem Sprachbestand und dem Sprachgebrauch sind sie nicht wegzudenken. Von daher erscheint es absolut plausibel, wenn für eine angemessene Berücksichtigung im Fremdsprachenunterricht plädiert wird. So stellt bereits Fleischer 1982 fest:

> Daß der Phraseologie für den Fremdsprachenunterricht eine besondere Bedeutung zukommt, dürfte außer Frage stehen. [...] Die Befähigung zu einer auch nur begrenzten Kommunikation in einer Fremdsprache ist ohne eine minimale Beherrschung der Phraseologie nicht möglich. Um diese vermitteln zu können, muß der Fremdsprachenlehrer über gewisse Einsichten in die Besonderheiten des phraseologischen Bestandes der beiden Sprachen und der Anwendung von Phraseologismen verfügen.[1] (1982: 32)

---

[1] Ähnliche Begründungen finden sich in: Daniels (1985), Lüger (1997), Hallsteinsdóttir (2001), Jesenšek (2006), Schmale (2009), Ehrhardt (2014).

Aus dem Zitat könnte man durchaus erste Hinweise bezüglich phraseodidaktischer Aufgaben für das Fremdsprachenstudium herauslesen: Die Entwicklung einer fremdsprachlichen Kommunikationsfähigkeit würde immer auch phraseologische Kompetenzen mit einschließen. Dabei wären zwei Kenntnisbereiche zu unterscheiden. Zum einen sind Informationen darüber erforderlich, was alles zum phraseologischen Bestand gehört und welche spezifischen Merkmale die Ausdruckseinheiten aufweisen. Zum andern ist ein Einblick in die Pragmatik phraseologischer Ausdrücke, also eine Sensibilisierung für die jeweiligen Gebrauchsbedingungen solcher Einheiten, vonnöten. Diese noch sehr allgemein gehaltenen Bemerkungen deuten bereits zwei Schwerpunkte an, die in der phraseodidaktischen Diskussion eine nicht unwichtige Rolle spielen.

Der Gegenstandsbereich der Phraseologie ist sehr weitgespannt und ausgesprochen heterogen. Wortverbindungen wie *eine Entscheidung treffen, jmdn. ins Bockshorn jagen, in Bausch und Bogen, da beißt die Maus keinen Faden ab, Zeit ist Geld, Eine Schwalbe macht noch keinen Sommer* deuten an, wie unterschiedlich die hier subsumierten Ausdruckseinheiten sein können. An Klassifikations- und Abgrenzungsbemühungen hat es daher nicht gefehlt.[2] Als kleinster gemeinsamer Nenner wird in der Regel die Merkmalskombination von ‚Polylexikalität' und ‚relativer Festigkeit' angegeben. ‚Idiomatizität' komme dagegen nur als Eigenschaft einer speziellen Gruppe von Phrasemen in Betracht.

Die genannten Kriterien sind jedoch nicht in einem absoluten Sinne zu verstehen; sie differenzieren keine disjunkten Ausdrucksklassen, sondern markieren eher graduelle Phänomene.[3] Sollte man z. B. polylexikale Formeln wie *guten Morgen, auf Wiedersehen* umstandslos zum phraseologischen Bestand rechnen, aber Ausdrücke wie *hallo* oder *tschüs* nicht? Das würde der sprachlichen Realität kaum gerecht. Mit Schmale (2013: 32) könnte man hier den Begriff ‚Polyfaktorialität' heranziehen und auf diese Weise die Bindung an einen bestimmten Situationstyp, die sequenzielle Position, die Beziehung zwischen den Kommunikationspartnern und den Grad an signalisierter Formalität/Informalität für die Zuordnung zugrunde legen. Auch „nach oben" erscheint eine starre Grenzziehung willkürlich. So schlägt etwa Stein (2001) die Einbeziehung formelhafter Texte als „phraseologische Peripherie-Phänomene" vor. Beim Merkmal der ‚Fixiertheit' bzw. ‚Festigkeit' ist ebenfalls von fließenden Übergängen auszugehen: „Die meisten Phraseologismen sind irgendwie veränderlich" (Korhonen 1992: 49). Nicht nur die Existenz

---

2 Vgl. als Überblick zum Beispiel: Pilz (1978), Fleischer (1982), Burger (1998), Mellado Blanco (2013: 110 ff.).
3 Aus unterschiedlichen Perspektiven wird dies ausgeführt bei Feilke (1996: 199 ff.), Lüger (1999: 35 ff.) sowie Ehrhardt (2014: 7), der alle Merkmale für „problematisch und diskussionsbedürftig" hält.

von Varianten (*gekränkte/beleidigte Leberwurst*), vor allem die zahlreichen Möglichkeiten okkasioneller Modifikation belegen die schier unbegrenzte Variabilität des Phrasemgebrauchs (*mit links + zeigen, was eine Harke ist > mit links zeigen, was literarisch eine Harke ist*).[4] Analoges gilt schließlich für das Kriterium der ‚Idiomatizität': Das Spektrum reicht von vollidiomatischen Ausdrücken (*Maulaffen feilhalten* ‚gaffen', *die Flinte ins Korn werfen* ‚aufgeben') über teilidiomatische Wendungen (*jmdm. nach dem Mund reden* ‚das sagen, was jemand erwartet') bis hin zu nichtidiomatischen Wortverbindungen (*Abschied nehmen*); damit einher gehen folglich auch graduelle Unterschiede der Bedeutungskonstitution, und zwar auf einer Skala mit den Polen ‚nichtkompositionell' (bei vollidiomatischen Phrasemen) und ‚vollständig kompositionell' (bei zahlreichen Kollokationen).

Vor diesem Hintergrund ergibt sich die Frage, wo bei einer solchen Vielfalt phraseodidaktische Bemühungen überhaupt ansetzen können: Welche Schwerpunkte erscheinen bei der Vermittlung von Phrasemen angemessen und welche Kriterien lassen sich bei der Auswahl des Sprachmaterials heranziehen? Sinnvoll wäre in dem Zusammenhang ebenso, vorab zu prüfen, welche Ergebnisse phraseologischer Arbeiten für phraseodidaktische Anliegen besonders relevant sind, wo sich mögliche Hinweise auf wichtige Vermittlungsaufgaben ergeben und inwieweit sich Vorgehensweisen und Beispielanalysen für unterrichtliche Zwecke nutzen lassen.

2 Textorientierung und Phraseopragmatik

Natürlich soll hier nicht der verfehlten Vorstellung das Wort geredet werden, wonach ein mehr oder weniger direkter Transfer wissenschaftlicher Konzepte auf didaktische Szenarien in Betracht käme. Es geht vielmehr um grundsätzliche Einsichten, die das Verstehen und den Gebrauch phraseologischer Ausdrücke betreffen. Dabei verdienen besonders zwei Aspekte Aufmerksamkeit: a) die Textorientierung phraseologischer Analysen, b) das breite Spektrum kommunikativer Funktionen von Mehrwortverbindungen. Beide Punkte sind sowohl phraseologisch als auch phraseodidaktisch von Bedeutung.

---

4 Eine Systematisierung von Modifikationsverfahren findet sich bei Ptashnyk (2009). Am Beispiel des Phraseolexems *das Kind mit dem Bade ausschütten* demonstriert Mieder (1995: 161 ff.), welche Abwandlungen der Ausdruck über mehrere Jahrhunderte hinweg in literarischen und publizistischen Texten erfährt.

Textorientierung heißt zunächst, nicht von isolierten Ausdruckseinheiten, sondern vom Gebrauch phraseologischer Ausdrücke in ihrem Kontext auszugehen. Was für die semantische Analyse von Phrasemen allgemein gilt, trifft ebenso auf die fremdsprachliche Bedeutungserschließung und -vermittlung und damit auf den Erwerb phraseologischer Kompetenzen zu:

> Die Vermittlung von Phraseologismen sollte immer mit und an authentischen (kurzen) Texten erfolgen, denn nur aus dem Text heraus kann die textsortenspezifische, adressatentypische und situationsangemessene Verwendung erschlossen werden.
> (Bergerová 2009: 75)

Die Begründung für eine solche Forderung liegt auf der Hand: Das Bedeutungspotential eines vorgeprägten Ausdrucks erschließt sich in der Regel erst aus dem konkreten Verwendungszusammenhang.[5] So führt der Gebrauch eines Phraseolexems meist auch zu einer Modifikation des Aussagegehalts einer Äußerung, in die es eingebettet ist, z. B. durch die Signalisierung einer bestimmten Einstellung (in diesem Sinne bereits Kühn 1987). Dies sei an einem einfachen Beispiel erläutert.

Für die idiomatische Redewendung *sich aus dem Staub machen* findet man in Wörterbüchern als Bedeutungsangaben u. a.:
- ‚(ugs.) sich rasch (und heimlich) entfernen' (www.ettinger-phraseologie.de (6.7. 2017); vgl. Drosdowski & Scholze-Stubenrecht 1992: 683; Herzog et al. 1997: 91)
- ‚sich rasch entfernen; sich heimlich zurückziehen; flüchten' (Wotjak & Richter 1993: 144)
- ‚sich heimlich und eilig entfernen – nach Möglichkeit schnell und unbemerkt verschwinden – davonlaufen – die Flucht ergreifen – Reißaus nehmen; sich vor etwas drücken – etwas Unangenehmem ausweichen' (www.redensarten.net (8.7. 2017))

Das genannte Phrasem dient also der Ausführung einer Prädikationshandlung: Nach den Bedeutungserklärungen geht es vor allem um ein schnelles Sichentfernen, wobei als weiteres Merkmal noch das Heimliche hinzukommt. Zum Teil werden auch Andeutungen über mögliche Motive gemacht; die Flucht ergreift man, wenn eine Gefahr vorliegt, Reißaus nimmt man aus Angst vor etwas. Aber damit ist das Bedeutungspotential von *sich aus dem Staub machen* noch nicht erschöpft, wie die folgende Zeitungsmeldung das nahelegt:

---

5 Vgl. in diesem Sinne bereits den programmatischen Beitrag „Redewendungen – nur im Kontext!" von Kühn (1996) sowie die Ausführungen in Lüger (2004a: 129 ff.), Bergerová (2011: 110 f.), Stein (2013: 20 f.), Ehrhardt (2014: 17).

(1) **Nach Parkrempler abgehauen**
→ Nach einem Parkrempler bei einem VW Passat am Samstag vor dem „Haus des Gastes" hat sich der Verursacher aus dem Staub gemacht.
(Die Rheinpfalz 16.8.2016)

In (1) zeigt sich, inwieweit mit Phrasemen nicht nur referiert oder prädiziert wird, sondern darüber hinaus auch zusätzliche Einstellungen des Sprechers/ Schreibers zum Ausdruck kommen können. Konkret: Mit dem Gebrauch von *sich aus dem Staub machen* nimmt der Textproduzent die Rolle eines externen Beobachters ein und signalisiert eine negative Bewertung des stillschweigenden Sichentfernens vom Tatort. Noch ein anderer Aspekt aber wird deutlich: Bereits in der Überschrift ist erkennbar, in welcher Weise der Textgegenstand behandelt wird; die Wahl des Verbs *abhauen* markiert eine informelle Kommunikationsmodalität, eine Einstellung, die dann auch mit dem Phraseolexem *sich aus dem Staub machen* eine Fortsetzung findet.

Das Textbeispiel veranschaulicht insgesamt, in welcher Weise die oben zitierten Wörterbucherklärungen zu ergänzen sind, was es bedeutet, wenn Phraseologismen als „kompakt", als „semantisch hochgradig komplex" bezeichnet werden und worin je nach Kontext ihr „semantischer Mehrwert" bestehen kann.[6]

Ähnliche Feststellungen ließen sich auch für satzwertige Phraseme anführen. Wenn man im Zusammenhang mit dem Slogan bzw. geflügelten Wort[7] *Wehret den Anfängen!* die Bedeutungserklärung ‚Aufforderung, eine gefährliche Entwicklung rechtzeitig zu stoppen' konfrontiert mit Gebrauchsbeispielen, werden wiederum zusätzliche Bedeutungsaspekte sichtbar:

(2) Daten- und Patientenschützer kritisieren die Pläne der Generali-Versicherung,
→ Fitnessdaten ihrer Kunden zu sammeln. ‚Wehret den Anfängen', warnte Eugen Brysch, Vorstand der Stiftung Patientenschutz, im Gespräch mit unserer Redaktion. (www.redensarten.net (6.7.2017))

---

6 Kühn (1987: 131 ff.; 1994: 418 ff.); vgl. ebenso Schafroth (2001: 63 ff.), Lüger (2004a: 137 ff.; 2015: 249 ff.). Einen allgemeinen Überblick gibt Filatkina (2007: 144 ff.).
7 Von einem geflügelten Wort kann man so lange sprechen, wie ein Sprecher/ Schreiber seine Äußerung noch auf eine konkrete Quelle, auf einen Urheber des betreffenden Wortlauts bezieht. Im vorliegenden Fall wäre etwa an verschiedene Autoren des politischen Diskurses oder auch an Ovids *Principiis obsta...* zu denken (vgl. Büchmann 1986: 286).

(3) **Wehret den Anfängen**
Einen Beweis hat die Beobachtung von Scientology schon erbracht: Eine Kirche ist die Organisation offenkundig nicht. [...] Die selbsternannten Prediger einer perfekt funktionierenden Welt haben nicht Freiheit und Demokratie im Sinn, sondern eine formierte Gesellschaft, in der das eigene Geschäft brummt. Dazu gilt es, Macht und Einfluß in Politik und Wirtschaft zu erringen. Allzu weit sind die Anhänger des Scientology-Gründers L. Ron Hubbards mit diesem Vorhaben in Deutschland noch nicht gekommen. Aber das macht Beobachtung durch den Verfassungsschutz nicht über-
→ flüssig, im Gegenteil. „Wehret den Anfängen" ist das Motto von Demokraten, die aus der Vergangenheit gelernt haben. [...]
(Schwarzwälder Bote 25.4.1998)

In beiden Beispielen geht es den Textproduzenten zunächst darum, die Wichtigkeit, die Ernsthaftigkeit ihres Hauptanliegens, nämlich eine Warnung abzugeben, zu unterstreichen. Dabei trägt die Vorgeprägtheit von *Wehret den Anfängen!* gleichzeitig dazu bei, diese Intention zu stützen und die Aufmerksamkeit des Lesers auf die jeweilige Passage bzw. – wenn die Nennung des Ausdrucks schon im Titel erfolgt (wie in (3)) – auf den gesamten Text zu lenken. Wichtig erscheint hier ebenso die Anspielung auf die deutsche Vergangenheit (in (3) sogar explizit): *Wehret den Anfängen!* wird häufig auf den Nationalsozialismus bezogen, ein Hinweis also, der jede Warnung zusätzlich als dringlich und unabweisbar markieren soll (was hier wiederum den semantischen Mehrwert ausmacht). Darüber hinaus kann der phraseologische Ausdruck als textstrukturierendes Mittel fungieren, z. B. – wie in (3) – als text-/sequenzeröffnendes und sequenzbeendendes Signal.

Versucht man, die einzelnen Beobachtungen systematisch zusammenzufassen, ist festzuhalten: Im Rahmen ihres Eingebundenseins in kommunikative Zusammenhänge können Phraseme ein gewisses Spektrum semantisch-pragmatischer Funktionen entfalten; diese können praktisch alle Textbildungsebenen betreffen (Abb. 1).

Die zitierten Beispiele bestätigen die Notwendigkeit, bei der Bedeutungserschließung den Text- und auch den Situationszusammenhang nicht aus dem Auge zu verlieren. Mit satzwertigen Phrasemen lassen sich recht verschiedenartige sprachliche Handlungen zum Ausdruck bringen; satzgliedwertige Phraseme tragen in der Regel dazu bei, den Handlungsgehalt von Äußerungen, in die sie eingefügt sind, durch Einstellungsbekundungen zu verstärken oder abzuschwächen. Semantisch-pragmatisch komplex sind Phraseme außerdem insofern, als sie Texte oder bestimmte Textstellen auffälliger machen können, also eine aufmerksamkeitssteuernde Funktion übernehmen. Von der Art der Phrasem-Verwendung hängt möglicherweise ab, inwieweit ein Textproduzent

Aufmerksamkeitssteuerung
Phrasem(e) + Kontext
Wehret den Anfängen. Einen Beweis hat die Beobachtung von Scientology schon erbracht: Eine Kirche ist die Organisation offenkundig nicht. […] „Wehret den Anfängen" ist das Motto von Demokraten, die aus der Vergangenheit gelernt haben.

zentrale Handlung(en) + Modifikationen
Selbstdarstellung
Beziehungsgestaltung
Textorganisation
Kommunikationsmodalität

Abb. 1: Polyfunktionalität phraseologischer Ausdrücke.

sich als stilistisch versiert oder sprachlich kreativ darzustellen vermag. Mit der Wahl umgangssprachlicher Phraseme z. B. soll häufig ein Gefühl kommunikativer Nähe hergestellt werden (nicht zuletzt in der Werbung), die betreffenden Ausdrücke fungieren also gegenüber dem Adressaten gleichzeitig als Mittel der Beziehungsgestaltung. Vor allem in argumentativen Zusammenhängen kommen phraseologische Mittel oft an exponierten Textstellen zum Einsatz und erfüllen textorganisierende Funktionen, etwa als Mittel der Sequenzeröffnung oder Sequenzbeendigung. Nicht selten verbindet sich mit dem Rückgriff auf Phraseologisches außerdem die Kennzeichnung einer Äußerung als informell oder neutral-ernst, als ironisch oder spöttisch-distanziert; die Etablierung (oder der Wechsel) einer solchen Kommunikationsmodalität kann für einen oder mehrere Abschnitte oder für einen Text insgesamt gelten. Die genannten Aspekte skizzieren die grundsätzliche Polyfunktionalität von Phrasemen und umreißen ihren pragmatischen Mehrwert.

Aus dem Gesagten folgt nun nicht, entsprechende pragmatische Analysen auch für die unterrichtliche Vermittlung vorzusehen. Dennoch sollte die Behandlung phraseologischer Ausdrücke nicht losgelöst von ihren kommunikativen Funktionen erfolgen, und dies macht eine Orientierung an Text- und Gebrauchszusammenhängen unumgänglich. So auch die Feststellung von Kühn, der unter dem Oberbegriff ‚Redensart' resümiert:

> Redensarten können nur dann angemessen verstanden und gebraucht werden, wenn ihre adressaten-, situations- und textsortenspezifische Einbettung und Verwendung thematisiert wird.
> (2005: 28 f.)

Bezüglich einer fremdsprachendidaktischen Umsetzung wäre vorab zu klären, welche Zielgruppen man in den Blick nehmen will: Geht es primär um Sprachkurse für Adressaten unterschiedlichen Alters und unterschiedlicher Lernstufen? Oder stehen eher universitäre Lehrveranstaltungen im Vordergrund, die auf den Lehrberuf vorbereiten? Je nach Ausrichtung nehmen Übungs- und Festigungsziele eine zentrale Rolle ein, oder es sind, darüber hinausgehend, Ziele wie die Reflexion über Sprache und Sprachverwendung, Analysen von Gebrauchsbedingungen sowie Diskussionen kulturhistorischer Aspekte verstärkt von Interesse. Im Folgenden liegt der Schwerpunkt des Öfteren bei der zweitgenannten Adressatengruppe, ohne jedoch detaillierte zielgruppenspezifische Vorschläge anzustreben. Aus phraseopragmatischer Sicht wären insbesondere einige Fragen genereller Art zu klären:

- Welche Ausdruckstypen oder -klassen sollten angesichts der großen Bandbreite phraseologischer Wortverbindungen vorrangig vermittelt werden?
- Wie umfangreich sollte das zu vermittelnde Phrasem-Repertoire sein? Gibt es so etwas wie ein phraseologisches Minimum oder Optimum?
- Inwieweit kann der Aufbau einer rezeptiven Kompetenz als ausreichend betrachtet werden, wo bzw. in welchem Maße ist die Ausbildung produktiver Kompetenzen geboten?
- Auf welcher Lernstufe, ab welchem Sprachniveau kommt eine gezielte Phrasem-Vermittlung in Betracht?
- Welche methodische Vorgehensweise erscheint sinnvoll? Lassen sich bestimmte Phasen oder Progressionsmuster unterscheiden?
- Welchen Nutzen haben kontrastierende Vergleiche?[8]

3 Arbeitsfelder und mögliche Progressionen

3.1 Phrasemgruppen

3.1.1 In der Phraseodidaktik herrscht ein weitgehender Konsens insofern, als man nach dem Kriterium der kommunikativen Verwendbarkeit oder Dringlich-

---

[8] Solche und ähnliche Fragestellungen liegen auch den Ausführungen bei Kühn (1992, 1996), Jesenšek (2006), Ettinger (2007, 2013), Bergerová (2009, 2011), Ehrhardt (2012, 2014), Sułkowska (2013) zugrunde.

keit vor allem einige als „peripher" eingestufte Phrasemtypen für besonders wichtig hält:

> Geht man zunächst vom kommunikativen Wert, der Verwendbarkeit aus, so kommt bestimmten „Randbereichen" der Phraseologie gerade in den früheren Phasen des FU eine weit wichtigere Bedeutung zu als den „klassischen" Idiomen, bildhaften Ausdrücken, Redensarten. (Hessky 1992: 161)

Gemeint sind hier in erster Linie *Routineformeln* und *Kollokationen*. Unter den erstgenannten Terminus werden üblicherweise vorgeprägte Ausdrücke subsumiert, die mit der Bewältigung einer bestimmten kommunikativen Situation oder der Erfüllung einer rekurrenten kommunikativen Aufgabe verknüpft sind.[9] Routineformeln tragen zur Entlastung der Äußerungskonstruktion bei, sie erlauben dem Textproduzenten, sich stärker auf die Verfolgung seiner kommunikativen Ziele zu konzentrieren. Ganz allgemein kann man hier wenigstens drei Gruppen von Formeln unterscheiden (vgl. Abb. 2):

a) vorgeprägte Ausdrücke, die an bestimmte Kommunikationssituationen oder spezielle Positionen im Text gebunden sind (*Mit freundlichen Grüßen, Auf Wiedersehen, Tschüs, Bis dann*),

b) rituell verweisende Formen ohne situationelle Bindung, die besonders dem Ausdruck verbaler Höflichkeit dienen (*herzlichen Dank, so leid es mir tut, ...*),

c) formelhafte Ausdrücke, die zwar auf die Bewältigung wiederkehrender kommunikativer Aufgaben abzielen, die aber weder als situationsgebunden noch als rituell verweisend zu bezeichnen sind (*meines Erachtens, anders ausgedrückt, wenn ich das noch anmerken darf, wie heißt es doch so schön?*).

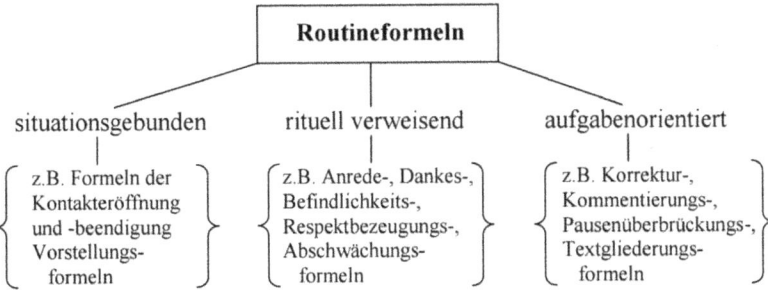

Abb. 2: Gruppen von Routineformeln.

---

9 Stellvertretend seien hierzu folgende Arbeiten genannt: Coulmas (1981a: 65 ff., 1985), Lüger (1992: 15 ff.), Schatte (1993), Stein (1997), Zenderowska-Korpus (2004: 15 ff., 2011), Sosa Mayor (2006: 25 ff.), Caban (2010), Kauffer (2013).

Die Differenzierung ist jedoch nicht im Sinne einer monofunktionalen Zuordnung zu verstehen. Es gibt nicht nur Überschneidungen, sondern in der Regel kann man auch eine gewisse Funktionsvielfalt feststellen: „Viele Formeln sind multifunktional: Sie erfüllen in einem konkreten Verwendungszusammenhang mehrere kommunikative Funktionen zugleich" (Stein 1995: 237). So wird eine Routineformel wie *wenn ich das noch anmerken darf* gewöhnlich als Gesprächssteuerungssignal verwendet, nämlich um die Sprecherrolle zu sichern; darüber hinaus kann sie – ja nach Kontext und Situation – als Mittel der Aufmerksamkeitssteigerung, des Themenabschlusses, der Relevanzeinstufung oder der Emotionsbekundung fungieren.

Von daher erscheint es angebracht, wenigstens exemplarisch das Funktionsspektrum solcher Routineformeln näher zu betrachten. Für Nichtmuttersprachler dürften die zahlreichen Bedeutungsnuancen keineswegs evident sein. Und selbst bei auf den ersten Blick sehr elementaren Formeln kann es zu mehr oder weniger großen Unterschieden zwischen Ausgangs- und Zielsprache kommen, wie etwa Sosa Mayor (2006: 359) am Beispiel deutscher und spanischer Grußformeln demonstriert:

(4) ¡buenos dias!   Guten Morgen!
                       Guten Tag!
    ¡buenas tardes!   Guten Tag!
                       Guten Abend!
    ¡buenas noches!   Guten Abend!
                       Gute Nacht!

Ganz abgesehen von der unterschiedlichen Abgrenzung der Tageszeiten wären noch weitere Abweichungen festzuhalten:
- Die spanischen Formeln lassen sich durchweg auch als Abschiedsgrüße verwenden, wogegen im Deutschen der Gebrauch bei Begegnungsgrüßen überwiegt.
- Der Grad der Formalität scheint bei den deutschen Ausdrücken ausgeprägter zu sein als bei den spanischen.
- Bezüglich der Erweiterungsmöglichkeiten sind die deutschen Formeln variantenreicher: Während im Spanischen als Adjektiverweiterung lediglich das Adverb *muy* in Betracht kommt (*¡Muy buenas tardes!*), weist das Deutsche hier mit den Adjektiven *schön, wunderschön* und dem Adverb *recht* ein breiteres Spektrum auf. Auch eine syntaktische Erweiterung mit dem Verb *wünschen* ist möglich (*Ich wünsche einen recht schönen Morgen*), dagegen ist die spanische Entsprechung *desear* in dem Zusammenhang nicht belegt (Sosa Mayor 2006: 360).

Weitaus größere Differenzen sind zu erwarten, wenn entferntere Kulturen miteinander kontrastiert werden. Funktionale Äquivalente dürften hier, wenn es etwa um das Grüßen, Danken, Glückwünschen, um Formeln, die das Essen und Trinken begleiten, oder um Höflichkeitspraktiken geht, eher die Ausnahme sein.[10]

Die Bedeutung von Routineformeln für die Organisation kommunikativer Handlungsabläufe ist unstreitig. Insofern erscheint eine didaktische Folgerung, wie sie Ettinger (2013: 16) formuliert, absolut plausibel:

> Routineformeln sollten gleich mit Beginn des Fremdsprachenunterrichts konsequent auch aktiv verwendet werden, da sie mannigfaltigen, reellen sprachlichen Bedürfnissen nicht nur innerhalb des Schulunterrichts entsprechen. Passive Kenntnisse ergeben sich hingegen sehr schnell aus der Unterrichts- und aus der Sprachpraxis.

3.1.2 Einen zweiten phraseodidaktisch wichtigen Bereich stellen Kollokationen dar. Ausdrücke dieses Typs gelten als „Halbfertigprodukte" zwischen festen und regulär gebildeten freien Wortverbindungen. Syntagmen wie *eingefleischter Junggeselle* oder *eine Frage stellen* weisen einerseits noch keine ganzheitliche Bedeutung auf, sind andererseits aber nicht mehr vollständig kompositionell; ihre Kombinierbarkeit erscheint eingeschränkt. Von daher werden solche Auswahlpräferenzen auch als „syntagmes privilégiés" bezeichnet (Schwarze 2001: 54). Für Muttersprachler sind vergleichbare Wortverbindungen in der Regel unauffällig und unproblematisch; erst aus der fremdsprachlichen Perspektive kommt das Arbiträre, das Unvorhersehbare zum Vorschein. So betrachtet, ist es wichtig, zu einer Basis wie *Junggeselle* oder *Frage* den passenden zusätzlichen Ausdruck, den jeweils möglichen „Kollokator", um einen Terminus von Hausmann (1984) zu bemühen, ergänzen zu können. Als erste Definition für Kollokationen sei daher wiedergegeben:

> Die Kollokation besteht aus einer Basis, die semantisch autonom und somit ko-kreativ [= frei kombinierbar, H.H.L.] ist, und einem Kollokator, der zu dieser Basis affin oder kollokativ ist.
> (Hausmann 1984: 401)

Die Angabe einer solchen Bestimmung sollte jedoch nicht über die Schwierigkeit hinwegtäuschen, Kollokationen von anderen mehr oder weniger festen Wortverbindungen abzugrenzen.[11] Ganz allgemein lassen sich nominale, verbale und adjektivische Konstruktionen unterscheiden (Abb. 3):

---

10 Aus den zahlreichen Arbeiten, die in diesem Bereich interlingualen und interkulturellen Unterschieden nachgehen, seien lediglich Coulmas (1981a, 1981b) und Günthner (2002) genannt.
11 Hierauf hat ausführlich Reder (2006: 77ff.) hingewiesen; vgl. auch Scherfer (2001), Lüger (2004b), Netzlaff (2005: 10ff.).

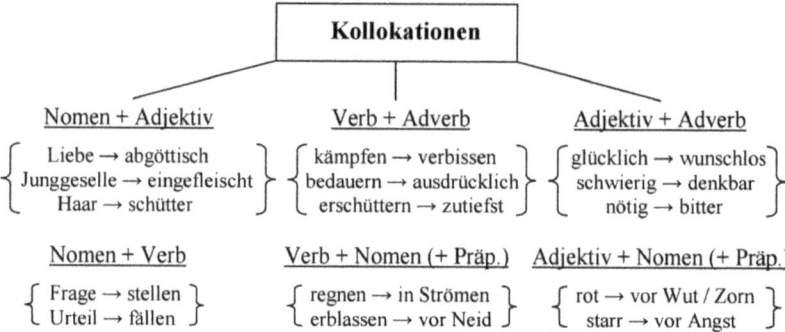

Abb. 3: Kollokationstypen.

Mit den Pfeilen wird eine Richtung von der Basis zum Kollokator angedeutet. Aus der Sicht eines Nichtmuttersprachlers dürfte dies am ehesten der Formulierungssituation entsprechen: Bei der Äußerungsproduktion geht man beispielsweise von Basisausdrücken wie *Urteil* oder *glücklich* aus, nicht von den möglichen Kollokatoren *fällen* oder *wunschlos*. In der Zielsprache kommt es dann darauf an, die jeweils übliche Wortverbindung zu kennen. Um ein einfaches Beispiel zu wählen: Für die Kollokation *eine Frage stellen* mögen zielsprachliche Ausdrücke wie frz. *poser une question* oder sp. *poner una pregunta* wegen der lexikalischen Analogie noch unproblematisch sein, aber im Falle von engl. *to ask a question* oder it. *fare una domanda* sieht das bereits anders aus; hier erscheinen die verbalen Kollokatoren als mehr oder weniger arbiträr, was leicht zu Interferenzfehlern führen kann. Zöfgen (2001: 93 ff.) hat mit Blick auf das Französische eine ganze Reihe typischer Abweichungen bei deutschsprachigen Lernern zusammengestellt (die nicht korrekten Formen sind unterstrichen und mit einem Asterisk versehen, die normgerechten Kollokatoren stehen in Klammern):

(5)   *cacher une affaire ‚eine Affäre ersticken' (→ étouffer)
      *engagé dans un scandale ‚in einen Skandal verwickelt' (→ impliqué)
      *préparer un accueil à qn ‚jmdm. einen Empfang bereiten' (→ réserver)
      *choisir un numéro ‚eine Nummer wählen' (→ composer, faire)
      *apporter des sacrifices ‚Opfer bringen' (→ faire, offrir)

Ein in der skizzierten Weise basisorientiertes Kollokationskonzept bietet sich vor allem an, wenn es um das Enkodieren, also um *produktive Kompetenzen* geht. Ähnlich wie bei Routineformeln sollten dabei auch stilistische Merkmale und pragmatische Gebrauchsbedingungen, z. B. eine schriftsprachliche oder formelle Affinität, nicht außer Acht gelassen werden; von daher sind für die Erarbeitung immer geeignete kommunikative, thematische Zusammenhänge einzubeziehen (vgl. Siepmann 2004: 112). Aus *rezeptiver Perspektive* kommt dagegen eher eine semasiologische, am Kollokator ausgerichtete Herangehensweise in Betracht.[12] Allerdings ergeben sich, besonders dann, wenn nur ein globales Textverstehen angestrebt wird und eine intensivere semantische Analyse der Ausdruckskomponenten unterbleibt, leicht Schwierigkeiten bezüglich der Verwendbarkeit der betreffenden Wortverbindungen:

> Kollokationen, deren Kollokator nicht zum disponiblen Wortschatz gehört und deren Gesamtbedeutung mit Hilfe des Kontextes erschlossen oder erraten wird, bleiben häufig im Dunst des Halbverstandenen und Approximativen. Entsprechend gering sind die Aussichten für die normgerechte Wiederverwendung von Kollokationen [...]. (Zöfgen 2001: 99)

Um erste Schritte in Richtung Kollokationsschulung zu unternehmen, dürfte vor allem eine intensive Sensibilisierung wichtig sein, und zwar unter Einbeziehung der Muttersprache. Ebenso sinnvoll ist die Ergänzung durch Kontrastvergleiche mit einer zuvor gelernten Fremdsprache; hierdurch treten sprachspezifische Ausprägungen von Kollokationsfeldern noch deutlicher hervor (Rössler 2010: 62). Für das konkrete Erarbeiten, Einüben und Anwenden von Kollokationen sind gezielte Aufgaben, wie sie auch aus der Wortschatzdidaktik bekannt sind, erforderlich. Reder (2006: 199 ff.) nennt u. a. Übungen zur Reflexion des Kollokationsverstehens, Zuordnungs-, Korrektur-, Transformationsübungen, Übersetzungen, Arbeit mit Kollokationsfeldern, Aufgaben zur Textproduktion. Aus einer solchen Schulung ergeben sich ab einer bestimmten Stufe der Sprachbeherrschung gleichzeitig Möglichkeiten für das selbständige Weiterlernen. Textlektüre allein ist diesbezüglich jedenfalls kein ausreichend effektiver Lernweg: „Ohne bewusste Schulung der Kollokationskompetenz ergibt sich durch das Lesen kein entsprechender Wortschatzzuwachs auf dem Gebiet der Kollokationen." (Reder 2006: 190)

3.1.3 Anders als bei Routineformeln und Kollokationen, deren Unabdingbarkeit praktisch außer Zweifel steht, herrscht z. B. bezüglich der *Vermittlung von idiomatischen Ausdrücken oder satzwertigen Phrasemen* deutlich weniger Einigkeit. In welchem Umfang soll ein aktiver (produktiver) Phrasemgebrauch, in welchem Umfang soll eine passive (rezeptive) Beherrschung angestrebt werden? Welche Zahl von zu lernenden Ausdruckseinheiten erscheint realistisch? Reichen einige hundert Phraseme? Gibt es so etwas wie ein phraseologisches Minimum

---

[12] So bereits Hausmann (1984: 403 f.). – Einen entsprechenden Analyseansatz für Kollokationen vertritt beispielsweise Konecny (2010), zusammenfassend referiert in Bergerová (2012: 71 ff.); vgl. ebenso Konecny & Autelli (2013).

oder einen phraseologischen Grundwortschatz? Wie intensiv wären Redewendungen wie *sich aus dem Staub machen, nicht mehr alle Tassen im Schrank haben*, Slogans wie *Wehret den Anfängen!* oder Sprichwörter wie *Morgenstund hat Gold im Mund* zu üben? Wie steht es um die kommunikative Verwendbarkeit oder Dringlichkeit? Hierüber gehen die Meinungen in der Tat auseinander.

Es hat nun verschiedene Bemühungen gegeben, dem Problem mit statistischen Erhebungen zu begegnen. Abgesicherte Zahlenangaben zur Häufigkeit und Bekanntheit von Phrasemen sind immer wieder als Desiderat der Phraseodidaktik[13] genannt worden:

> Ein phraseologisches Minimum oder auch Optimum könnte verhindern, dass nur sporadisch in der Sprachwirklichkeit auftretende Phraseme, die oftmals selbst von Muttersprachlern kaum verwendet werden, ausgiebig in Phrasemsammlungen eingeübt werden, und ein solches Minimum könnte andererseits auch eine sinnvolle Lernprogression ermöglichen.
> (Ettinger 2007: 902)

Der Vorwurf der Beliebigkeit betrifft sehr häufig Lern- und Übungsbücher, dies besonders dann, wenn auf jegliche Angabe von Auswahlkriterien für die angeführten Ausdruckseinheiten verzichtet wird.[14] Ein detaillierter und viel beachteter Vorschlag stammt von Hallsteinsdótir, Šajánková & Quasthoff (2006); anhand von Korpusanalysen und Fragebogen-Auswertungen ermitteln die Autoren konkrete Frequenz- und Geläufigkeitswerte und schlagen auf dieser Basis ein *„phraseologisches Optimum"* vor. Das ist ohne Frage zu begrüßen, doch sollten gerade die Frequenzangaben – wie Hallsteinsdótir et al. (2006: 120) auch selbst anmerken – nicht verabsolutiert werden. Jede Zusammenstellung eines Korpus geht notgedrungen mit einer bestimmten Selektion einher; je nach Textsorte (Sachtext vs. meinungsbetonter Beitrag), je nach Kommunikationsmodalität (z. B. neutralernst vs. sarkastisch), Gruppenzugehörigkeit der Textproduzenten (Alter, soziale Schicht) oder je nach den gegebenen thematischen Kontexten können sich andere Phrasem-Frequenzen ergeben. Von daher sind die ermittelten Daten durchaus diskutierbar. Alternativ wäre auch ein Vorgehen denkbar, das stärker exemplarisch ausgerichtet ist und das sich primär darauf konzentriert, einzelne Wortverbindungen ausfindig zu machen, diese hinsichtlich ihrer semantisch-pragmatischen Funktionen zu analysieren und ihre Gebrauchsbedingungen anhand weiterer Textbeispiele zu präzisieren.

---

[13] Vgl. u. a. Daniels (1985), Ettinger (1989), Hessky (1992), Mieder (1994), Ďurčo (2001), Hallsteinsdóttir (2001: 147 ff.), Schatte & Kątny (2011).
[14] Zum Beispiel: Kunz (2005), Weidinger (2010). Auch das an sich sehr verdienstvolle Übungsbuch von Levin-Steinmann (2016) macht diesbezüglich keinerlei Angaben.

> Der Erwerb passiver Kenntnisse kennt [...] rein theoretisch nach oben keine Grenze. Je mehr idiomatische Syntagmen der Lerner kennt, desto tiefer kann er in eine fremde Sprache eindringen.
> (Ettinger 2013: 17)

3.2 Wege der Vermittlung

3.2.1 Eines dürfte deutlich geworden sein: Ein umfassender, systematischer Aufbau phraseologischer Kompetenzen ist nicht in jedem Fall, ob es sich nun um schulischen Fremdsprachenunterricht oder um universitäre Lehrveranstaltungen handelt, ein leicht zu erreichendes Ziel. Dazu stellt der Bestand an vorgeprägten Ausdrücken ein zu breites und zu vielfältiges Gebiet dar. Dies schließt – in Abhängigkeit von der Lernstufe und in Verbindung mit den jeweils bearbeiteten Themen – natürlich eine *sukzessive Erweiterung phraseologischer Kenntnisse* nicht aus. Das heißt, so auch Bergerová (2009: 75), Phraseme sollten nicht in speziellen Unterrichtseinheiten behandelt werden, sondern „bei jeder sich bietenden Gelegenheit: wenn ein Text/ eine Kommunikationssituation dafür einen günstigen Ansatz liefert". Ein solches Vorgehen begünstigt eine textorientierte Betrachtung, gewährleistet die kommunikative Verankerung von Bedeutungszuschreibungen und trägt zur Ergänzung des phraseologischen Inventars bei, auch wenn es eine „endgültige" Auswahl letztlich nicht zu geben braucht:

> Durch die Textsorten, Themenbezüge, Situationen und Kontexte ergibt sich wie von selbst eine Auswahl und Zusammenstellung ‚wichtiger', ‚typischer' oder ‚häufiger' Redewendungen.
> (Kühn 1996: 16)

Unabhängig von der Frage, was für den produktiven und was für den rezeptiven Sprachgebrauch gelernt werden soll, ist grundsätzlich zu klären, welche Lernaspekte überhaupt im Zusammenhang mit Phraseolexemen zu beachten sind. Zu nennen wäre zunächst die Ausdrucksseite: Aus welchen Komponenten besteht die Wortverbindung, welche Varianten liegen vor? Gibt es wendungsinterne Besonderheiten oder besondere metakommunikative Hinweise, die die Identifizierbarkeit eines phraseologischen Ausdrucks erleichtern? Da Phraseme in der Regel gewissen Beschränkungen bei der Texteinbettung unterliegen, sind entsprechende morphosyntaktische Restriktionen explizit festzuhalten. Eine phrasemhaltige Äußerung zu dekodieren, heißt, eine ganzheitliche Bedeutung, einschließlich einer nichtphraseologischen Entsprechung, angeben zu können. Und schließlich geht es um die Einschätzung des semantisch-pragmatischen Mehrwerts, der signalisierten Einstellungen, der textuellen Funktionen, der Faktoren, die sich möglicherweise aus einem muttersprachlichen oder anderen Vergleich ergeben (s. Abb. 4).

Lernaspekte phraseologischer Einheiten
Ausdrucksseite   Komponenten (+ Varianten), Intonationsmuster
Identifizierbarkeit   strukturelle Besonderheiten, metakommunikative Hinweise
Syntax   Beschränkungen der Integrierbarkeit in den Text
nichtphraseologische Entsprechung   ganzheitliche, nichtkompositionelle Bedeutungszuschreibung
semantisch-pragmatischer Mehrwert   Einstellungsbekundungen — textuelle Funktionen — L1 – L2-Vergleich

Abb. 4: Phraseolexeme und mögliche Lernschwierigkeiten.

Als besonders relevant erweist sich der letztgenannte Aspekt, wie auch einfache Beispiele bestätigen; vgl. die oben erläuterten Belege (1) – (3) sowie den folgenden Textauszug (6):

(6) *Eine Frage der Ehre*
Politische Verantwortung ist ein Zwilling. Der andere heißt Rücktritt. Wer die Formel bemüht und öffentlich bekundet, er übernehme die politische Verantwortung für eine schwere Fehlleistung in seinem Amtsbereich – selbst eine, an der er persönlich gar nicht beteiligt war –, der hat auch
→ zurückzutreten. Aus A folgt B. [...]   (Stern 20.10.2016)

Mit der Verkürzung des Gemeinplatzes *Wer A sagt, muß auch B sagen* unterstreicht der Textautor nicht nur seine vorangehende apodiktische Äußerung, er betont gleichzeitig das Unumstößliche, den Evidenzcharakter des Behaupteten. Darüber hinaus wird auf diese Weise eine argumentative Sequenz abgeschlossen, und zwar mit der toposartigen Begründung für die Unausweichlichkeit eines geforderten Rücktritts („Aus A folgt B"). Ein Vergleich mit analogen Ausdrücken zeigt zudem, wie andere Sprachen zum Ausdruck der gleichen konditionalen Struktur auf unterschiedliche metaphorische Mittel zurückgreifen: frz. *Quand le vin est tiré, il faut le boire* / it. *Quando si è in ballo, bisogna ballare* / engl. *In for a penny, in for a pound*.

Die Auflistung möglicher Lernziele bedeutet allerdings noch keine Entscheidung darüber, was in den aktiven und was in den passiven Wortschatz eingehen soll. Generell wird man bei Phraseolexemen oder parömiologischen Einheiten bezüglich des aktiven Gebrauchs eine gewisse Beschränkung walten lassen: Die pragmatischen Verwendungsbedingungen sind, wie skizziert, oft sehr komplex und setzen eine große sprachliche Vertrautheit voraus. Erfolgt der Phrasemeinsatz nicht in angemessener Form, z. B. wegen der mitausgedrückten Einstellungen, kann das leicht zu kommunikativen Irritationen führen. Ganz abgesehen davon kann auch ein korrekter Gebrauch phraseologischer Wendungen, vor allem wenn es um bildhafte Ausdrücke, um Sprichwörter oder Modifikationen geht, bisweilen auf Vorbehalte stoßen, nämlich als zu starke Annäherung an die Domäne des Muttersprachlers:

> [Es] bestehen berechtigte Zweifel daran, dass bestimmte Verwendungsweisen von Idiomen, insbesondere Wortspiele mit Phrasemen, von Nicht-Muttersprachlern kommentarlos akzeptiert werden.[15]   (Schmale 2009: 152)

3.2.2 In vielen phraseodidaktischen Beiträgen wird die These vertreten, Phraseme seien „Kultur-Zeichen", hätten einen „kulturdidaktischen Wert" und würden sich daher zur integrierten *Vermittlung sprachlicher Kompetenz und kulturellen Wissens* eignen.[16] In der Tat: Phraseologismen bringen bestimmte gesellschaftliche Erfahrungen, Werthaltungen, Deutungsmuster oder spezielle Sichtweisen zum Ausdruck. Diese Feststellung wird niemand bezweifeln. Doch ist andererseits für Phraseologismen nicht auch das Vorhandensein einer ganzheitlichen Bedeutung, verbunden mit der Aufgabe eines kompositionellen Prinzips, charakteristisch? Wären von daher Ausdrücke wie

- sein Licht unter den Scheffel stellen ‚seine Verdienste bescheiden verbergen'
- bei jmdm. in der Kreide stehen ‚bei jmdm. Schulden haben'
- rangehen wie Blücher ‚energisch vorgehen, angreifen'

überhaupt kulturell oder kulturspezifisch relevant? Geht man allein von der phraseologischen Bedeutung aus, wäre das sicher zu verneinen (vgl. Kühn 1992: 175). Doch zur Sprachrealität gehört auch: Muttersprachliche Sprecher sind meist sehr wohl in der Lage, neben der globalen, unmotivierten, phraseologischen Lesart auch eine wörtliche, kompositionell erzeugte Bedeutung präsent zu halten. Dies erweist sich insofern als sinnvoll, als z. B. in Medienbeiträgen sehr oft mit dem Komponentenbestand gespielt wird (vgl. *in tief roter Kreide stehen* ‚sehr hohe Schulden haben') und folglich eine Äußerung nur dann richtig verstanden werden

---

15 Diese Einschätzung ist kein „Mythos", auch wenn das gelegentlich so behauptet wird.
16 Erwähnt seien besonders Hess-Lüttich (1984), Daniels (1985, 1989), Mieder (1993), Vapordshiev (1993) und Drahota-Szabó (2013: 205 ff.).

kann, wenn die literale Bedeutung ins Spiel kommt. Zu berücksichtigen sind neben den modifizierenden Verwendungen oft auch textergänzende Visualisierungen. Im Falle des in (6) auszugsweise wiedergegebenen Belegs findet man eine Zeichnung, der man die Bedeutung ‚X nimmt seinen Hut' zuordnen könnte (6a). Ein solches Bildverständnis stünde vollkommen im Einklang mit der Hauptthese des dazugehörigen Beitrags, der Forderung nämlich, ein politisch verantwortlicher Innenminister müsse zurücktreten, also seinen Hut nehmen.

(6a)

Die Visualisierung der wörtlichen Lesart[17] dürfte zumindest für muttersprachliche Leser unproblematisch sein. Sie dient (in Verbindung mit der Schlagzeile) einerseits als Blickfang für den ganzseitigen Beitrag, andererseits vermittelt sie eine zusätzliche Bewertung: Mit der Übergröße des Hutes wird der betreffenden Person bereits das nötige Format abgesprochen; offen bleibt zunächst lediglich, wem diese Bewertung gilt, was wiederum einen zusätzlichen Lektüreanreiz bewirken kann.

---

17 Die Wendung *seinen Hut nehmen* steht ursprünglich metonymisch für das Abschiednehmen: Der Griff zum Hut signalisiert die Beendigung eines kommunikativen Kontakts.

Das Spiel mit unterschiedlichen Lesarten gehört zur Alltagskommunikation, nicht nur in der Werbung oder in literarischen Texten. Von daher ist es sinnvoll, Lerner auch mit entsprechenden Materialien zu konfrontieren.[18] Gerade die Beschäftigung mit solchen auf den ersten Blick schwierigen oder „undurchsichtigen" Beispielen ist in der Regel motivierend und steigert die sprachliche Neugier. Aus diesem Grunde sollte es ebenfalls möglich sein, gelegentlich z. B. historische Hinweise zur Erklärung bestimmter Phraseme einzubeziehen. Für die Wendung *sich aus dem Staub machen* käme eine Erläuterung wie die folgende in Betracht:

> [...] der Redensart liegt das Bild eines Schlachtgetümmels zugrunde, in dessen Staubwolken man unauffällig fliehen konnte [...]. (Röhrich 1982: 999)

Oder könnte nicht auch eine Zusatzinformation für *sein Licht unter den Scheffel stellen* wie die folgende als zusätzliche Gedächtnisstütze für die gegebene Redewendung dienen?

> Der Scheffel ist ein schaufelartiges Gefäß, das früher als Getreidemaß verwendet wurde. Ein Licht, das man unter den Scheffel stellt, ist abgeschirmt, es leuchtet nicht weit. (Drosdowski & Scholze-Stubenrecht 1992: 453)

So gesehen, sollten vielleicht auch wohlmeinende didaktische Warnungen bezüglich der Erklärung ausgefallener Phraseme etwas relativiert werden:

> Wenn solche Wendungen im Sprachunterricht begegnen, sollte der Lehrer der philologischen Versuchung widerstehen, mit sprach- und kulturgeschichtlichen Erklärungen (die ohnehin oft kontrovers sind) die Schüler „idiomatisch" auf den Geschmack zu bringen [...]. (Weller 1979: 550)[19]

3.2.3 Was die Vorgehensweise bei der Vermittlung phraseologischer Einheiten betrifft, kann man – an Kühn (1992) anschließend – folgende Phasen oder *Arbeitsschritte* unterscheiden: Feststehende Ausdrücke müssen zunächst als solche erkannt, in ihrer Textumgebung identifiziert werden. Das Entschlüsseln der Bedeutung, das Verstehen der pragmatischen Funktionen im gegebenen Verwendungszusammenhang wäre der nächste Schritt, wobei die Konsultation eines Wörterbuchs oft unumgänglich ist. Es folgen die Phasen des Übens/Festigens und des eigenständigen Anwendens – dies mit Blick auf die jeweiligen Lernziele und abhängig davon, inwieweit überhaupt das aktive Gebrauchenkönnen eines

---

[18] Vgl. Vesalainen (2007), Hallsteinsdóttir (2011), Rentel (2011), Bachmann-Stein (2013).
[19] Zu satzwertigen Phrasemen heißt es diesbezüglich bei Šichová & Šemelík (2017: 73): „,Parömiologische Stunden' sollten erlaubt sein, aber nur gelegentlich im Programm stehen und sinnvoll in die Curricula eingebettet sein.".

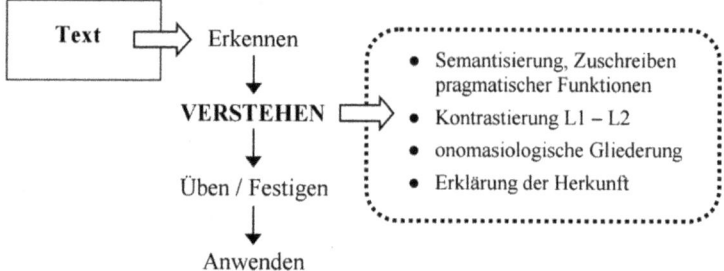

Abb. 5: Arbeitsschritte bei der Phrasemvermittlung.

Phrasems angestrebt wird. Aus phraseopragmatischer Sicht kommt der Phase des Verstehens besonderes Gewicht zu (vgl. Abb. 5).

Die einzelnen Schritte sind nun nicht als Teil eines schematisch zu bearbeitenden Ablaufmodells zu verstehen. Je nach Lernstufe, unterrichtlicher Situation und vor allem je nach Phrasemtyp kommen andere Schwerpunkte in Betracht. Die Erschließung der Bedeutung, einschließlich der einer Äußerung zuschreibbaren Zusatzhandlungen, dürfte jedoch generell eine zentrale Rolle spielen. Dagegen sind Informationen zur Herkunft oder Vergleiche zu analogen Ausdrücken anderer Sprachen keine regelmäßigen Aktivitäten. Ein Punkt blieb bisher unerwähnt: das Erarbeiten *onomasiologischer Felder*. Es geht hier darum, z. B. in Ergänzung der Textarbeit eine Reihe von Phrasemen nach bestimmten Ober- oder Schlüsselbegriffen zusammenzustellen. Mit großer Konsequenz haben dies Bárdosi, Ettinger & Stölting (2003) und Hessky & Ettinger (1997) in ihren Wörter- und Übungsbüchern umgesetzt. Ausgehend vom Beispiel des Phraseolexems *sich aus dem Staub machen* kann man etwa folgende bedeutungsähnliche Wendungen festhalten:

(7) sich aus dem Staub machen → BEWEGUNG → SICH ENTFERNEN
     von der Bildfläche verschwinden
     sein Bündel schnüren
     sich (seitwärts) in die Büsche schlagen
     Fersengeld geben
     das Hasenpanier ergreifen
     Reißaus nehmen
     sich auf die Socken machen

Das onomasiologische Prinzip hat zwei Vorteile. Es entspricht der Perspektive bei der Äußerungsproduktion, wo nicht irgendein Ausdruck der Ausgangspunkt ist, sondern eine Vorstellung, ein Konzept, das es zu versprachlichen gilt. Außerdem ermöglichen die semantisch benachbarten Wortverbindungen eine Differenzierung verschiedener Bedeutungsnuancen; dies vervollständigt die induktive, am Text orientierte Vorgehensweise und verdeutlicht abermals die Schwierigkeit einer situationsangemessenen Phrasemverwendung.

Wie bereits mehrfach betont, ist bezüglich phraseologischer Ausdrücke aus verschiedenen Gründen exemplarisches Lernen sinnvoll. Auf diesem Wege sollte, zumindest für fortgeschrittene Lerner, sowohl ein methodisches Gespür für vertiefende Beispielanalysen entwickelt als auch in nützliche Hilfsmittel (Wörterbücher, Textkorpora, Übungsmaterialien) eingeführt werden.[20] Da der hier angesprochene Lernbereich keineswegs ein abgeschlossenes Gebiet darstellt, kommt es darauf an, die Lerner in die Lage zu versetzen, auch ohne Anleitung ihre Wortschatzkenntnisse zu erweitern und eigenständig entsprechende Textdokumente zu bearbeiten. Damit wäre das *autonome Weiterlernen* benannt, ein Stichwort, zu dem gerade Stefan Ettinger schon früh und mehrfach dezidiert Stellung genommen hat.[21] Unter anderem wird gefordert, jeder Lerner solle sozusagen eine eigene Sammlung phraseologischer Einheiten anlegen. Geschehen soll das z. B. mittels eines zweiseitigen Arbeitsblattes, das diejenigen Merkmale festhält, die für das Verstehen einer phrasemhaltigen Äußerung und für den Einsatz eines phraseologischen Ausdrucks wichtig sind: Angaben zu den Varianten und zur Bedeutung, Hinweise auf mögliche Oberbegriffe und bedeutungsähnliche Ausdrücke, Wiedergabe der Belegstellen, Präzisierung morphosyntaktischer Restriktionen, Vorschläge zur Klassifizierung, Informationen zu den Gebrauchsbedingungen, zu muttersprachlichen Entsprechungen, Erklärungen zur Herkunft der Wortverbindung. Dies sei abschließend noch einmal anhand des Phraseolexems *sich aus dem Staub machen* illustriert (vgl. Abb. 6 – in Anlehnung an Hessky & Ettinger 1997: XXXVIIIff.).

Für den Lerner können vergleichbare Arbeitsblätter Ausgangspunkt dafür sein, mit dem Aufbau eines eigenen Phrasem-Korpus die Analyse phraseologischer Merkmale zu vertiefen und zu systematisieren. Manchen mag ein solches

---

[20] Noch einen Schritt weiter geht – mit Blick auf den universitären Deutschunterricht – Ehrhardt, der für eine gezielte Vermittlung von Methoden der Sprachreflexion plädiert, und zwar anhand von Phraseologismen, und hier die Chance sieht, „landeskundliche/kulturelle, sprachpraktische und sprachtheoretische Themen zu integrieren und die Kompetenzen der Adressaten in allen drei Bereichen weiterzuentwickeln" (2012: 103).
[21] Vgl. Ettinger (1992, 2001); aus parömiologischer Sicht sprechen sich Šichová & Šemelik (2017: 39) für ein gezieltes „Training der Selbstlernkompetenz" aus.

Grundform:

> *sich aus dem Staub machen*

Varianten:

sich aus dem Staube machen

Kontext:

Nach Parkrempler abgehauen
Nach einem Parkrempler bei einem VW Passat am Samstag vor dem „Haus des Gastes" **hat sich** der Verursacher **aus dem Staub gemacht**.
(Die Rheinpfalz 16.8.2016)

Neu-Isenburg. Ein 20-jähriger Amerikaner befindet sich seit Dienstag in einer Justizvollzugsanstalt. Ein Haftrichter hatte Fluchtgefahr erkannt und einen Untersuchungshaftbefehl gegen den jungen Mann erlassen. Bereits am Freitag hatten Beamte der Dreieicher Ermittlungsgruppe West die Wohnung des 20-Jährigen aufgesucht. Sie hatten Hinweise, dass er in seinem Zeppelinheimer Domizil gestohlene Motorroller horte. Tatsächlich fanden die Schutzleute mehrere Teile von Rollern und Kennzeichen, die zum Teil schon Diebstählen in Dreieich und Mörfelden zugeordnet werden konnten. Da er die Taten zugab und keine Anzeichen vorlagen, dass er **sich aus dem Staub machen wolle**, wurde der Amerikaner wieder auf freien Fuß gesetzt. [...]
(www.ettinger-phraseologie.de)

Bedeutungsangabe, Paraphrase:

'sich heimlich und eilig entfernen – nach Möglichkeit schnell und unbemerkt verschwinden – die Flucht ergreifen; sich vor etwas drücken – etwas Unangenehmem ausweichen' (www.redensarten.net)

Oberbegriff, bedeutungsähnliche Ausdrücke:

SICH ENTFERNEN:	*von der Bildfläche verschwinden*
	sein Bündel schnüren
	sich (seitwärts) in die Büsche schlagen
	Fersengeld geben, das Hasenpanier ergreifen
	Reißaus nehmen, sich auf die Socken machen

Abb. 6: Arbeitsblatt zur Erstellung eines phraseologischen Beispiel-Korpus.

Klassifizierung:

verbales Phraseolexem

morphosyntaktische Restriktionen:

sich aus dem dichten Staub machen
sich aus dem Staub flüchten

Gebrauchsbedingungen:
wer? zu wem? wann? wo? mit welcher Absicht?

- angewandt auf negativ bewertetes Verhalten einer Person
- mit der Verwendung des Ausdrucks signalisiert man eine informelle Redeweise sowie die Absicht, die betreffende Handlungsweise moralisch zu kritisieren

muttersprachliche Entsprechungen, Umschreibungen:

frz.   *prendre le large / prendre la tangente*

engl. *to make oneself scarce.*

historische o.a. Erklärung:

[...] der Redensart liegt das Bild eines Schlachtgetümmels zugrunde, in dessen Staubwolken man unauffällig fliehen konnte [...]. (Röhrich 1982: 999)

Abb. 6 (fortgesetzt)

Vorhaben zu ambitioniert erscheinen (vgl. Šichová & Šemelik 2017: 70 f.), und sicher kommt es nicht für alle Lerngruppen in Betracht; es sei an dieser Stelle jedoch vorgeschlagen für fortgeschrittene und linguistisch interessierte Lerner.

4 Ausblick

Phraseodidaktische Bemühungen sind in den letzten Jahren ohne Frage stärker in den Blickpunkt gerückt, hierzu haben nicht zuletzt die zahlreichen Veröffentlichungen auf dem Gebiet beigetragen. Auch das pragmatische Funktionspotential ist zum Gegenstand vieler didaktisch orientierter Beiträge gemacht worden. Insofern kann man von einer erfolgreichen Etablierung der Phraseodidaktik als Subdisziplin sprechen. Ein Desiderat bleibt jedoch weiterhin die Lehrbuch-Situation. Hier sind die Fortschritte von Phraseologie und Phraseodidaktik offenbar noch nicht angekommen, eine Beobachtung, die nicht allein auf den Bereich Deutsch als Fremdsprache zutrifft. Ähnlich fällt die Bilanz bei sprachdidaktischen Handbüchern aus. Ein besonders negatives Beispiel stellt in dieser Hinsicht der vom Europarat herausgegebene *Gemeinsame europäische Referenzrahmen für Sprachen* dar; der Auflistung zur „lexikalischen Kompetenz" (2001: 111 f.) fehlt jegliches didaktisches Konzept.

Eine offene Frage ist, welche Rolle online verfügbare Daten und Lernmaterialien insgesamt spielen sollen. Liegt die Zukunft der Phraseodidaktik tatsächlich vermehrt im Bereich der neuen Medien, wie Konecny, Hallsteinsdóttir & Kacjan (2013) nahelegen? Es wäre sicher verfehlt, Änderungen im Lernverhalten und in der Mediennutzung zu ignorieren, und es gibt zweifellos vielversprechende Ansätze in der Entwicklung elektronischer Selbstlernmaterialien, um nur ein Beispiel zu nennen. Dennoch sollte man eines nicht aus dem Auge verlieren: Die textbezogene Erschließung von Phrasembedeutungen, die Analyse des semantisch-pragmatischen Mehrwerts setzt immer auch so etwas wie philologische Detailarbeit voraus, wobei die mediale Präsentation letztlich zweitrangig ist – da beißt, phraseologisch gesprochen, die Maus keinen Faden ab.

Literatur

Bachmann-Stein, Andrea (2013): Phraseme erkennen und verstehen. *Deutschunterricht* 66 (1), 14–19.
Bergerová, Hana (2009): Wie viel Phraseologie brauchen die künftigen Deutschlehrenden? In Libuše Spáčilová & Lenka Vaňková (Hrsg.), *Germanistische Linguistik und die neuen Herausforderungen in Forschung und Lehre in Tschechien*, 71–80. Brno: Academicus.
Bergerová, Hana (2011): Zum Lehren und Lernen von Phraseologismen im DaF-Studium. *Linguistik online* 47, 107–117.
Bergerová, Hana (2012): Emotionswortschatz im Lichte der Kollokationsforschung. *Brünner Beiträge zur Germanistik und Nordistik* 26, 67–80.
Bréal, Michel (1872): *Quelques mots sur l'instruction publique en France*. Paris: Hachette.
Burger, Harald (1998): *Phraseologie. Eine Einführung am Beispiel des Deutschen*. Berlin: Schmidt.
Burger, Harald, Dimitrij Dobrovol'skij, Peter Kühn & Neal R. Norrick (Hrsg.) (2007): *Phraseologie. Ein internationales Handbuch der zeitgenössischen Forschung. 2 Bde.* Berlin, New York: De Gruyter.
Caban, Agnieszka (2010): Erwerb fester Wendung im L2-Unterricht. *Beiträge zur Fremdsprachenvermittlung* 49, 97–151.
Coulmas, Florian (1981a): *Routine im Gespräch. Zur pragmatischen Fundierung der Idiomatik*. Wiesbaden: Athenaion.

Coulmas, Florian (Hrsg.) (1981b): *Conversational routine: Explorations in standardized communication situations and prepatterned speech.* The Hague, New York: De Gruyter.
Coulmas, Florian (1985): Diskursive Routine im Fremdsprachenerwerb. *Sprache und Literatur in Wissenschaft und Unterricht* 56, 47–73.
Daniels, Karlheinz (1985): „Idiomatische Kompetenz" in der Zielsprache Deutsch. In *Wirkendes Wort* 35, 145–157.
Daniels, Karlheinz (1989): Das Sprichwort als Erziehungsmittel – Historische Aspekte. In Gertrud Gréciano (Hrsg.), 65–73.
Drahota-Szabó, Erzsébet (2013): *Realien – Intertextualität – Übersetzung.* Landau: Empirische Pädagogik.
Ďurčo, Peter (2001): Bekanntheit, Häufigkeit und lexikographische Erfassung von Sprichwörtern. Zu parömiologischen Minima für DaF. In Annelies Häcki Buhofer, Harald Burger & Laurent Gautier (Hrsg.), *Phraseologiae Amor. Aspekte europäischer Phraseologie* (Phraseologie und Parömiologie 8), 99–106. Baltmannsweiler: Schneider.
Ehrhardt, Claus (2012): Phraseologie im universitären Deutschunterricht. In Andrea M. Birk & Claudia Buffagni (Hrsg.), *Linguistik und Sprachdidaktik im universitären DaF-Unterricht*, 81–104. Münster: Waxmann.
Ehrhardt, Claus (2014): Idiomatische Kompetenz: Phraseme und Phraseologie im DaF-Unterricht. *German as a foreign language* 1, 1–20.
Ettinger, Stefan (1989): Einige Probleme der lexikographischen Darstellung idiomatischer Einheiten (Französisch – Deutsch). In Gertrud Gréciano (Hrsg.), 95–115.
Ettinger, Stefan (1992): Techniques d'apprentissage des expressions idiomatiques. In Gilles Dorion et al. (Hrsg.), *Le français d'aujourd'hui, une langue à comprendre. Mélanges offerts à Jürgen Olbert*, 98–109. Frankfurt/M.: Diesterweg.
Ettinger, Stefan (2001): Vom Lehrbuch zum autonomen Lernen. Skizze eines phraseologischen Grundkurses für Französisch. *Beiträge zur Fremdsprachenvermittlung, Sonderheft 4*, 87–104.
Ettinger, Stefan (2007): Phraseme im Fremdsprachenunterricht. In Harald Burger et al. (Hrsg.), 893–908.
Ettinger, Stefan (2013): Aktiver Phrasemgebrauch und/oder passive Phrasemkenntnisse im Fremdsprachenunterricht. In Isabel González Rey (Hrsg.), 11–30.
Europarat & Rat für kulturelle Zusammenarbeit (2001): *Gemeinsamer europäischer Referenzrahmen für Sprachen: lernen, lehren, beurteilen.* Berlin: Langenscheidt.
Feilke, Helmuth (1996): *Sprache als soziale Gestalt.* Frankfurt/M.: Suhrkamp.
Filatkina, Natalia (2007): Pragmatische Beschreibungsansätze. In Harald Burger et al. (Hrsg.), 132–158.
Fleischer, Wolfgang (1982): *Phraseologie der deutschen Gegenwartssprache.* Leipzig, Tübingen: Niemeyer.
González Rey, Isabel (Hrsg.) (2013): *Phraseodidaktische Studien zu Deutsch als Fremdsprache.* Hamburg: Kovač.
Gréciano, Gertrud (Hrsg.) (1989): *Europhras 88. Phraséologie contrastive.* Strasbourg: Université des Sciences Humaines.
Günthner, Susanne ([2]2002): Höflichkeitspraktiken in der interkulturellen Kommunikation – am Beispiel chinesisch-deutscher Interaktionen. In Heinz-Helmut Lüger (Hrsg.), *Höflichkeitsstile*, 295–313. Frankfurt/M.: Lang.
Hallsteinsdóttir, Erla (2001): *Das Verstehen idiomatischer Phraseologismen in der Fremdsprache Deutsch.* Hamburg: Kovač.

Hallsteinsdóttir, Erla (2011): Aktuelle Forschungsfragen der deutschsprachigen Phraseodidaktik. *Linguistik online* 47, 3–31.

Hallsteinsdótir, Erla, Monika Šajánková & Uwe Quasthoff (2006): Phraseologisches Optimum für Deutsch als Fremdsprache. Ein Vorschlag auf der Basis von Frequenz- und Geläufigkeitsuntersuchungen. *Linguistik online* 27, 117–136.

Hausmann, Frans Josef (1984): Wortschatzlernen ist Kollokationslernen. *Praxis des neusprachlichen Unterrichts* 31, 395–406.

Hess-Lüttich, Ernest W.B. (1984): *Kommunikation als ästhetisches Problem*. Tübingen: Narr.

Hessky, Regina (1992): Aspekte der Verwendung von Phraseologismen im Unterricht Deutsch als Fremdsprache. *Fremdsprachen Lehren und Lernen* 21, 159–168.

Jesenšek, Vida (2006): Phraseologie und Fremdsprachenlernen. Zur Problematik einer angemessenen phraseodidaktischen Umsetzung. *Linguistik online* 27, 137–147.

Kauffer, Maurice (2013): Phraseologismen und stereotype Sprechakte im Deutschen und im Französischen. *Linguistik online* 62, 119–138.

Konecny, Christine (2010): *Kollokationen. Versuch einer semantisch-begrifflichen Annäherung und Klassifizierung anhand italienischer Beispiele*. München: Lang.

Konecny, Christine & Autelli, Erica (2013): Learning Italian phrasemes through their conceptualizations. In Christine Konecny et al. (Hrsg.), 117–136.

Konecny, Christine / Hallsteinsdóttir, Erla / Kacjan, Brigita (2013): Zum Status quo der Phraseodidaktik: Aktuelle Forschungsfragen, Desiderata und Zukunftsperspektiven. In Christine Konecny et al. (Hrsg.), 153–172.

Konecny, Christine, Erla Hallsteinsdóttir & Brigita Kacjan (Hrsg.) (2013): *Phraseologie im Sprachunterricht und in der Sprachendidaktik*. Maribor: Filozofska fakulteta.

Korhonen, Jarmo (1992): Morphosyntaktische Variabilität von Verbidiomen. In Csaba Földes (Hrsg.), *Deutsche Phraseologie in Sprachsystem und Sprachverwendung*, 49–87. Wien: Praesens.

Kühn, Peter (1987): Phraseologismen: Sprachhandlungstheoretische Einordnung und Beschreibung. In Harald Burger & Robert Zett, R. (Hrsg.), *Aktuelle Probleme der Phraseologie*, 121–137. Bern: Lang.

Kühn, Peter (1992): Phraseodidaktik. Entwicklungen, Probleme und Überlegungen für den Muttersprachenunterricht und den Unterricht DaF. In *Fremdsprachen Lehren und Lernen* 21, 169–189.

Kühn, Peter (1994): Pragmatische Phraseologie: Konsequenzen für die Phraseographie und Phraseodidaktik. In Barbara Sandig, B. (Hrsg.), *Europhras 92. Tendenzen der Phraseologieforschung*, 411–428. Bochum: Brockmeyer.

Kühn, Peter (1996): Redewendungen – nur im Kontext! *Fremdsprache Deutsch* 15, 10–16.

Kühn, Peter (2005): Redensartendidaktik. Ansätze und Perspektiven. *Der Deutschunterricht* 5, 25–32.

Lüger, Heinz-Helmut (1992): *Sprachliche Routinen und Rituale*. Frankfurt/M.: Lang.

Lüger, Heinz-Helmut (1997): Anregungen zur Phraseodidaktik. *Beiträge zur Fremdsprachenvermittlung* 32, 69–120.

Lüger, Heinz-Helmut (1999): *Satzwertige Phraseologismen. Eine pragmalinguistische Untersuchung*. Wien: Praesens.

Lüger, Heinz-Helmut (2004a): Idiomatische Kompetenz – ein realistisches Lernziel? *Beiträge zur Fremdsprachenvermittlung, Sonderheft* 7, 121–169.

Lüger, Heinz-Helmut (2004b): Kollokationen – zwischen Arbitrarität und Kompositionalität. In Inge Pohl & Klaus-Peter Konerding (Hrsg.), *Stabilität und Flexibilität in der Semantik*, 45–66. Frankfurt/M.: Lang.
Lüger, Heinz-Helmut (2015): Idiomatik als stilistische Ressource. *Beiträge zur Fremdsprachenvermittlung, Sonderheft* 21, 241–268.
Mellado Blanco, Carmen (2013): Das Wörterbuch *Idiomatik Deutsch-Spanisch* als didaktisches Werkzeug im DaF-Unterricht. In Isabel González Rey (Hrsg.), 101–120.
Mieder, Wolfgang (1993): Deutsche Sprichwörter im amerikanischen Sprachunterricht. *Die Unterrichtspraxis / Teaching German* 26, 13–21.
Mieder, Wolfgang (1994): Paremiological minimum and cultural literacy. In Wolfgang Mieder (Hrsg.), *Wise words. Essays on the proverb*, 297–316. New York: Routledge.
Mieder, Wolfgang (1995): *Deutsche Redensarten, Sprichwörter und Zitate*. Wien: Praesens.
Netzlaff, Marion (2005): *La collocation adjectif-adverbe et son traitement lexicographique. Français – allemand – espagnol*. Norderstedt.
Pilz, Klaus Dieter (1978): *Phraseologie. Versuch einer interdisziplinären Abgrenzung, Begriffsbestimmung und Systematisierung, 2 Bde*. Göppingen: Kümmerle.
Ptashnyk, Stefaniya (2009): *Phraseologische Modifikationen und ihre Funktionen im Text*. Baltmannsweiler: Schneider.
Reder, Anna (2006): *Kollokationen in der Wortschatzarbeit*. Wien: Praesens.
Rentel, Nadine (2011): Die Didaktisierung von Phraseologismen im DaF-Unterricht anhand multimodaler Texte. *Linguistik online* 47, 55–66.
Rössler, Andrea (2010): Kollokationskompetenz fördern im Fremdsprachenunterricht – Ein Plädoyer. *Die Neueren Sprachen – Jahrbuch* 1, 54–66.
Schafroth, Elmar (2001): Phraseologismen im Französischen zwischen Lernsituation und sprachlicher Wirklichkeit. *Moderne Sprachen* 45, 63–86.
Schatte, Czesława (1993): Zur Vermittlung von Gesprächswörtern und Routineformeln im Unterricht Deutsch als Fremdsprache. In Zygmunt Mielczarek & Christoph Schatte (Hrsg.), *Germanistische Studien zur Sprache und Literatur*, 49–60. Katowice: Uniwersytet Śląski.
Schatte, Czesława & Andrzej Kątny (2011): Zur Erstellung eines parömiologischen Minimums für die Zwecke der Mehrsprachigkeitsdidaktik im Lichte der Eurolinguistik. In Andrzej Kątny & Katarzyna Lukas (Hrsg.), *Germanistik in Polen*, 229–248. Frankfurt/M.: Lang.
Scherfer, Peter (2001): Zu einigen wesentlichen Merkmalen lexikalischer Kollokationen. *Beiträge zur Fremdsprachenvermittlung, Sonderheft* 4, 3–19.
Schmale, Günter (2009): Phraseologische Ausdrücke als Bestandteil des Fremdsprachenerwerbs. *Beiträge zur Fremdsprachenvermittlung, Sonderheft* 15, 149–179.
Schmale, Günter (2013): Qu'est-ce qui est préfabriqué dans la langue? – Réflexions au sujet d'une définition élargie de la préformation langagière. *Langages* 189, 27–45.
Schwarze, Christoph (2001): *Introduction à la sémantique lexicale*. Tübingen: Narr.
Šichová, Kateřina & Martin Šemelik (2016/17): *Was nicht ist, kann noch werden*. Zur Parömiodidaktik im Tschechisch-als-Fremdsprache-Unterricht. *Beiträge zur Fremdsprachenvermittlung* 57, 61–104; 59, 37–76.
Siepmann, Dirk (2004): Kollokationen und Fremdsprachenlernen. *Praxis Fremdsprachenunterricht* 1, 107–113, 128.
Sosa Mayor, Igor (2006): *Routineformeln im Spanischen und im Deutschen. Eine pragmalinguistische kontrastive Analyse*. Wien: Praesens.
Sułkowska, Monika (2013): *De la phraséologie à la phraséodidactique*. Katowice: Wydawnictwo Uniwersytetu Śląskiego.

Stein, Stephan (1995): *Formelhafte Sprache. Untersuchungen zu ihren pragmatischen und kognitiven Funktionen im gegenwärtigen Deutsch*. Frankfurt/M.: Lang.
Stein, Stephan (1997): „o leck! ich wä:? nimme: wie das heißt" – Formulierungsflauten in der Zweitsprache. *Beiträge zur Fremdsprachenvermittlung* 31, 33–77.
Stein, Stephan (2001): Formelhafte Texte. Musterhaftigkeit an der Schnittstelle zwischen Phraseologie und Textlinguistik. *Beiträge zur Fremdsprachenvermittlung, Sonderheft* 4, 21–39.
Stein, Stephan (2013): (K)Ein Fass ohne Boden – Phraseme in Texten. *Deutschunterricht* 66 (1), 20–26.
Vapordshiev, Vesselin (1993): Zur thematischen Gruppierung von Phraseologismen im Vermittlungsprozeß landeskundlichen Wissens. *Neusprachliche Mitteilungen* 46, 29–34.
Vesalainen, Marjo (2007): Phraseme in der Werbung. In Harald Burger et al. (Hrsg.), 292–302.
Weller, Franz-Rudolf (1979): „Idiomatizität" als didaktisches Problem des Fremdsprachenunterrichts – erläutert am Beispiel des Französischen. *Die Neueren Sprachen* 78, 530–554.
Zenderowska-Korpus, Grażyna (2004): *Sprachliche Schematismen des Deutschen und ihre Vermittlung im Unterricht DaF*. Frankfurt/M.: Lang.
Zenderowska-Korpus, Grażyna (2011): Zur Vermittlung von Routineformeln im Unterricht Deutsch als Fremdsprache. *Beiträge zur Fremdsprachenvermittlung* 50, 51–65.
Zöfgen, Ekkehard (2001): Lexikalische Zweierverbindungen. *Französisch heute* 32, 89–107.

Wörterbücher, Übungsmaterialien

Bárdosi, Vilmos, Stefan Ettinger & Cécile Stölting (^{3}2003, ^{1}1992): *Redewendungen Französisch/ Deutsch. Thematisches Wörter- und Übungsbuch*. Tübingen, Basel: Francke.
Büchmann, Georg (^{35}1986): *Geflügelte Worte. Der Zitatenschatz des deutschen Volkes*. Frankfurt/M.: Ullstein.
Drosdowski, Günther & Werner Scholze-Stubenrecht (1992): *Redewendungen und sprichwörtliche Redensarten* (= Duden 11). Mannheim: Dudenverlag.
Herzog, Annelies et al. (^{5}1997): *Idiomatische Redewendungen von A – Z. Ein Übungsbuch für Anfänger und Fortgeschrittene*. Leipzig: Langenscheidt.
Hessky, Regina & Stefan Ettinger (1997): *Deutsche Redewendungen. Ein Wörter- und Übungsbuch für Fortgeschrittene*. Tübingen: Narr.
Kunz, Valérie (2005): *2000 Redewendungen Deutsch – Französisch*. Ismaning: Hueber.
Levin-Steinmann, Anke (2016): *Deutsche Redewendungen verstehen, üben und anwenden (ein Übungsbuch für Deutsch-Lernende und Deutsch-Sprechende)*. Herne: Schäfer.
Röhrich, Lutz (1982): *Lexikon der sprichwörtlichen Redensarten*, 4 Bde. Freiburg: Herder.
Weidinger, Birgit (Hrsg.) (^{10}2010): *Warum ist die Leberwurst beleidigt und wie kommt die Leiche in den Keller? Sprichwörter, Redensarten – und was dahintersteckt*. München: Goldmann.
Wotjak, Barbara & Manfred Richter (^{2}1993): *Sage und schreibe. Deutsche Phraseologismen in Theorie und Praxis*. Leipzig: Langenscheidt.
Phraseologie und Phraseodidaktik. www.ettinger-phraseologie.de (letzter Zugriff 10.4.2019).
www.redensarten.net (letzter Zugriff 10.4.2019).

Stephan Stein
Primärsprachenunterrichtliche Phraseodidaktik aus textlinguistischer Perspektive

Abstract: Die Forderung, dass der Aufbau einer phraseologischen Kompetenz (auch) text- und textsortenbasiert erfolgen soll, ist zwar bereits in den 1990er Jahren erhoben worden, dennoch vor allem im primärsprachlichen Bereich lange Zeit nahezu folgenlos geblieben. Der Beitrag geht von einer kurzen Bestandsaufnahme phraseodidaktischer Ziele und Konzepte aus, skizziert das Profil einer text(sorten)orientierten Phraseodidaktik für den Muttersprachenunterricht und zeigt an authentischen Textbeispielen die Notwendigkeit der Text(sorten)orientierung auf.

Keywords: Mutter- und Fremdsprachendidaktik, phraseologische Kompetenz, primärsprachliche Phraseodidaktik, Primärsprachenunterricht, textbasierte Sprachdidaktik, Textlinguistik, Textbezogenheit, Textsortenorientierung, Textproduktion, Textrezeption, Wortschatzdidaktik

1 Phraseodidaktische Bestandsaufnahme

1.1 Das langsame Erwachen aus dem „Dornröschenschlaf"

Eine umfängliche und erprobte primärsprachliche Phraseodidaktik existiert zwar (noch) nicht (vgl. Mückel 2014: 396), doch in den vergangenen Jahren sind entsprechende Bemühungen erkennbar intensiviert worden (vgl. dazu die Überlegungen zum state of the art von Konecny, Hallsteinsdóttir & Kacjan 2013). Bereits ein kursorischer Blick in Einführungen und Gesamtdarstellungen auch jüngeren Datums zur Didaktik der deutschen Sprache zeigt aber, dass die Phraseologie entweder ein Schattendasein fristet (vgl. z. B. die wenigen Verweise auf Phraseologie in der zweibändigen Didaktik der deutschen Sprache von Bredel et al. 2003) oder (meistens) überhaupt nicht thematisiert wird (vgl. z. B. Lange & Weinhold 2005; Ossner 2006; Neuland & Peschel 2013).[1]

---

1 Es gibt allerdings positive Ausnahmen, z. B. das *Lexikon Deutschdidaktik* (Kliewer & Pohl 2006), in dem ein Abschnitt über „Phraseologie" (Kleinbub 2006) enthalten ist, in dem betont wird, dass Phraseme oft Bedeutungskomponenten enthalten, „die erst im Textzusammenhang

Das auch in der Unterrichtspraxis beobachtbare Bild zeigt bestenfalls Züge sporadischer Behandlung:

> Die Unterrichtspraxis in den verschiedenen Schularten und Schulformen ist nur durch phraseologische Einsprengsel gekennzeichnet. Die Behandlung von Phrasemen spielt im Muttersprachenunterricht lediglich eine Nebenrolle, wird in den Sprachbüchern gelegentlich in eine Einzellektion verbannt oder ist in der Regel gar kein Thema. (Kühn 2007: 881)

Wie Kühn (2007: 882–889) in seiner Bilanz der primärsprachenunterrichtlichen Ansätze herausgestellt hat, sind als Schwerpunkte phraseodidaktischer Überlegungen vor allem drei Bereiche auszumachen: die Fokussierung auf sprach- und kulturgeschichtliche, auf text- bzw. phraseostilistische und auf sprachreflexive Aspekte, die an jeweils spezifischen Facetten phraseologischer Ausdrücke ansetzen (vgl. auch Stein 2011a: 268 ff.). Der im Jahr 2007 von Kühn im Vergleich mit der Situation in der Fremdsprachendidaktik beklagte prekäre Umstand, dass die „Muttersprachendidaktik (Deutsch) immer noch im phraseologischen Dornröschenschlaf [dämmert]" (Kühn 2007: 881, ähnlich schon 1992: 169), scheint weitgehend auch noch auf die heutige Situation zuzutreffen, denn nur ansatzweise sind Anzeichen des Erwachens wahrzunehmen: Wie Mückel (2014: 394) unterstrichen hat, ist die Lage vor allem auf dem Markt fachdidaktischer Zeitschriften etwas ergiebiger. Doch auch in den Arbeitsmitteln des Deutschunterrichts, den Lehrbüchern, bleibt die Behandlung von Phrasemen, wie Mückel (2013) in einer exemplarischen Lehrwerkanalyse für die Sekundarstufe I gezeigt hat, weitgehend erheblich hinter den Erwartungen und hinter den Möglichkeiten zurück: „Die große Bedeutung von Phrasemen für den Sprachgebrauch findet keinen adäquaten Niederschlag in Sprachbüchern für den Muttersprachunterricht" (Mückel 2013: 37).

Zumindest zeichnet sich in den Bemühungen um eine Etablierung einer primärsprachlichen Phraseodidaktik neben einem sprachstrukturellen Schwerpunkt mit kontextfreier Betrachtungsweise von Phrasemen auch eine partielle Neuausrichtung hin zu einer Betrachtung von Phrasemen in ihrem jeweiligen Verwendungskontext ab. Ein wesentliches Aufgabenfeld besteht darin,

> kontinuierlich und schrittweise das sprachliche Mittel *Phrasem* und seine Wirkungs- und Verwendungsweisen zu erschließen, d. h. seine strukturellen, kulturellen, stilistischen, textbildenden, kreativen, literarischen und sozialen Facetten zu erkennen und dabei eine Ausgewogenheit von Textrezeption und Textproduktion zu wahren sowie den Gedanken

---

> deutlich werden" (Kleinbub 2006: 586) und, da sie in ihrer Verwendung u. U. von ihrer lexikographischen Erfassung abweichen, „eine besondere Herausforderung für die Didaktik" darstellen (Kleinbub 2006: 586).

der Diskursgebundenheit, Varietätenabhängigkeit und Wandlungsfähigkeit von Phrasemen zu thematisieren. (Mückel 2014: 397)

In diesem Zusammenhang sind auch die vorliegenden, eigene frühere Arbeiten (Stein 2011a, 2013) weiterführenden Überlegungen angesiedelt – mit dem Ziel, die Text(sorten)orientierung als Leitprinzip für die primärsprachenunterrichtliche Behandlung von Phrasemen zu unterstreichen und ihr Profil zu charakterisieren.

1.2 Vermittlungsschritte und Lernschrittprogression

1.2.1 Impulse aus der Fremdsprachendidaktik

Die kurze Bestandsaufnahme verdeutlicht, was fehlt – und was wünschenswert ist. Aus der plausiblen Forderung, „dass die Behandlung von Phrasemen zum durchgängigen Unterrichtsprinzip werden muss" (Kühn 2007: 889), resultiert das Erfordernis einer Lernschrittprogression in Verbindung mit entsprechenden Lernzielen und Vermittlungsmethoden. Da sich die Phraseologie in der Fremdsprachendidaktik bekanntlich in einer erheblich besseren Situation befindet, erscheint es sinnvoll und begründet, an Bewährtes und für den Primärsprachenunterricht Geeignetes aus dem Fremdsprachenunterricht, so weit möglich, anzuknüpfen (vgl. dazu Stein 2011a: 270ff.). In Frage kommen dafür vor allem erprobte Vermittlungsschritte, Überlegungen zur Lernschrittprogression und Erfahrungen mit Vermittlungsmethoden bzw. Aufgabentypen:

a) Für die Vermittlung hat sich in der Fremdsprachendidaktik zunächst der „phraseologische Dreischritt" (Kühn 1992: 177ff., 1996: 16) aus Phraseme entdecken/erkennen – entschlüsseln/verstehen – verwenden etabliert, der im Interesse eines dauerhaften Lernerfolgs von Lüger (1997: 102) um einen vierten Schritt (Phraseme entdecken/erkennen – entschlüsseln/verstehen – festigen – verwenden) erweitert worden ist (vgl. zur Erläuterung entsprechender Lernziele Stein 2011a: 270f.).

b) Die Fremdsprachendidaktik favorisiert ein exemplarisches Lernen für (hochfrequente) Phraseme bzw. für ein (unterschiedlich weit gefasstes) phraseologisches Minimum bzw. Optimum, um möglichst anhand authentischer Text(beispiel)e ein Gespür für Gebrauchsweisen, -restriktionen und -präferenzen auszubilden und auf dieser Grundlage ein kontinuierliches autonomes Weiterlernen zu ermöglichen.

c) In der Fremdsprachendidaktik ist mit Blick auf das Ziel situationsangemessener Verwendung von Phrasemen bereits Ende der 1980er / Anfang der 1990er Jahre die Forderung nach Textorientierung auf der Grundlage authentischer Verwendungskontexte für die Vermittlung erhoben worden (vgl. z. B. Kühn 1992: 183; ausführlich erläutert und begründet von Lüger 2004: 129–136). Immer noch weit verbreitet sind dennoch phrasemisolierend und kontextfrei gestaltete form- und bedeutungsbezogene Methoden und Aufgabentypen, die eine angemessene Sensibilisierung für die Besonderheiten phraseologischer Sprachzeichen gewährleisten sollen und darauf abzielen, Phraseme in systematische Wortschatzzusammenhänge zu stellen; ihnen wird jedoch lediglich ein „Vorbereitungscharakter" (Lüger 1997: 108) für text(sorten)bezogene Aufgabenstellungen zugesprochen: „[...] solange der Kommunikationsbezug als Gesamtziel erhalten bleibt, sind auch kontextlose Strukturübungen nicht unbedingt von vornherein als ineffektiv abzulehnen" (Lüger 1997: 100; vgl. auch Lüger 2004: 134), wenn sie auch kaum zur erfolgreichen Bewältigung von Alltagskommunikation beitragen dürften.

1.2.2 Wortschatzdidaktischer Dreischritt

Das hier nur äußerst knapp dargestellte fremdsprachendidaktische Konzept[2] muss für den Primärsprachenunterricht teilweise modifiziert werden. Allgemein empfiehlt sich zur Förderung der lexikalischen Kompetenz und im Interesse eines integrativen Wortschatzerwerbs, der die Erarbeitung der Bedeutung und die Absicherung des Gebrauchs von (neuen) Wortschatzeinheiten aller Art für alle Lernbereiche des Deutschunterrichts fruchtbar zu machen versucht, ein „wortschatzdidaktischer Dreischritt" (Feilke 2009: 10), der vom fremdsprachendidaktisch begründeten phraseodidaktischen Dreischritt inspiriert ist, aber andere Gewichtungen vorsieht und teilweise andere Ziele verfolgt (vgl. für eine ausführliche Darstellung Feilke 2009: 10 ff.); zusammengefasst sieht der Dreischritt – leicht modifiziert – in den Kernpunkten und auf Phraseme bezogen wie in Tab. 1 dargestellt aus.

Im Vergleich der Lernschritte mit den von Kühn bereits mehr als zehn Jahre zuvor unterbreiteten Vorschlägen für eine textbezogene Vermittlung von Wissen über Phraseme bzw. Redewendungen (vgl. Kühn 1996: 13 und 16), die auf deren produktiven Gebrauch (in anderen Textsorten) abzielen, springt die Analogie der Vorschläge unmittelbar ins Auge, wesentlich stärker betont wird bei Kühn jedoch die Vertrautheit mit den jeweiligen Textsorten als Voraussetzung.

---

2 Angesichts der Fülle an Literatur sei lediglich verwiesen auf Lüger (1997, 2004), Ettinger (1998, 2007), Schmale (2009), Ehrhardt (2012) sowie die Beiträge zum Themenheft „Phraseodidaktik" der Zeitschrift *Linguistik Online* Bd. 47, Nr. 3 (2011), insbesondere Hallsteinsdóttir (2011) und Bergerová (2011).

Tab. 1: Wortschatzdidaktischer Dreischritt nach Feilke (2009).

Schritt	Ausgangspunkt	Ziel	Methoden (Auswahl)	berührte Lernbereiche
1 Erkennen, Isolieren und **Semantisieren**	Texte lesen	Phraseme isolieren, semantisch und funktional klären	Textvergleiche und Textanalyse, Phrasemlisten, Wörterbuch-Konsultation	Sprechen und Hören, Lesen – mit Texten und Medien umgehen
2 Variieren und **Vernetzen**	Phraseme in Texten	(Re-)Konstruktion von lexikalischen Ordnungssystemen, lexikalische Bewusstheit	Herstellen und Variieren von Repräsentationen (z. B. Assoziationsnetze, Wissens- und Handlungsrahmen, lexikalische Felder), Formulierungsvariation	Sprache und Sprachgebrauch untersuchen
3 **Reaktivieren**	eigene Textproduktion als Anwendungssituation	Reformulierung und Kontextualisierung	alle Anlässe mündlicher und schriftlicher Textproduktion, Formulierungsaufgaben	Schreiben und Sprechen

Im Vergleich mit Fremdsprachenlernern ist allerdings eine andere Ausgangslage gegeben:

> Das Muttersprachenkind hat die Phraseologismen ganzheitlich gelernt, es kann sie situationsangemessen gebrauchen und ist in der Lage, die Bedeutung und Verwendung der erlernten Phraseologismen zumindest situationsbezogen und in bezug auf die eigene Erfahrungswelt zu paraphrasieren. Die Kinder sind mit dem situationsangemessenen Gebrauch der ihnen bekannten Phraseologismen vertraut. (Kühn 1992: 173)

Deshalb kann das didaktische Ziel auf spezifische Phraseme oder Phrasemklassen hin funktionalisiert werden und die auf Sensibilisierung und Rezeption zielenden Vermittlungsschritte können zugunsten der Intensivierung angemessener, auch sprachspielerischer Produktion (vgl. auch Stolze 1995: 347) und der Befähigung zu sprachkritischer Reflexion in den Hintergrund treten. Denn die vorliegenden Befunde zum Erwerb von Phrasemen und zu ihrer Verwendung in gesprochenen und geschriebenen Texten belegen, dass Kinder zwischen sieben und elf Jahren „den Zugang zur erstsprachlichen Phraseologie über Kollokationen und andere Routineformeln wie [narrative, St. St.] Stereotypen [finden]" und „idiomatische Wendungen mit zunehmender Häufigkeit [gebrauchen]" (Häcki Buhofer 2007: 864), bis im Alter von elf Jahren die Gebrauchsfrequenzen nahezu mit denen erwachsener Sprecher/Schreiber übereinstimmen (vgl. Häcki Buhofer 2007: 865). Kilians (2011: 102) Einschätzung zum Erwerb von Phrasemen mit idiomatischer Bedeutung(skomponente) erscheint daher etwas zu pessimistisch:

> Phraseologismen bzw. im Allgemeinen semantisch übersummativ lexikalisierte Wortgruppenlexeme […] werden wohl erst relativ spät erworben; eine konkrete Darstellung ist aufgrund des noch sehr lückenhaften Forschungsstands zu diesem Bereich des Wortschatzerwerbs kaum möglich.

Ungeachtet dessen müssen die vorliegenden Befunde für eine adäquate Lernschrittprogression für den primärsprachlichen Unterricht berücksichtigt werden. Die Praxis lässt jedoch erkennen, dass „viele Lehrmittelautoren die phraseologische Kompetenz von Grundschulkindern [unterschätzen]" (Häcki Buhofer 2007: 867; vgl. dazu auch die Beobachtungen zum vergleichenden Phrasemgebrauch in Kinder- und Jugendliteratur von Finkbeiner 2011). Wie eine lernschrittprogressive Behandlung von Phrasemen im Deutschunterricht von der Primar- bis zur Sekundarstufe II aussehen kann, um sprachrezeptive und sprachproduktive Lernziele im Bereich der Phraseologie erreichen zu können, skizziert Kleinbub folgendermaßen:

> Bereits in der Grundschule können Phraseologismen auf geringem Schwierigkeits- und Abstraktionsniveau zum Unterrichtsgegenstand gemacht werden, indem die Kinder Phraseologismen erklären und umschreiben, mit freien Synonymen vergleichen, nach Schlüsselbegriffen ordnen, in konkreten Situationen anwenden, Geschichten zur Erklärung oder zur Herkunft erfinden oder Phraseologismen aus Geschichten ableiten. In der Sekundar-

stufe I und II lernen die Schülerinnen und Schüler unterschiedliche Typen kennen, reflektieren die Etymologie, analysieren den semantischen und pragmatischen Mehrwert, erkennen und interpretieren die Funktionen in verschiedenen Textsorten, vergleichen Phraseologismen international, setzen Phraseologismen zur Textproduktion ein und erproben ihre Funktionen. (Kleinbub 2006: 587)

Hier schimmern die in der Fremdsprachendidaktik favorisierten Vermittlungsschritte und Lernziele zwar mehr oder weniger stark durch, insgesamt aber erscheinen Anspruchsniveau und -spektrum ausgesprochen ambitioniert und dürften kaum auf ein phraseologisches Minimum beschränkt bleiben können. Positiv gewendet bedeutet das, dass der Phraseologie zum wünschenswerten Stellenwert im Deutschunterricht verholfen werden müsste; das aber setzt(e) nicht nur eine kontinuierliche Behandlung von Phrasemen in allen Klassenstufen voraus, sondern dürfte im Blick auf das zu erreichende Fähigkeitenbündel auch einem m. E. etwas realitätsfernen Anspruch verpflichtet sein,[3] was das Postulat einer kontinuierlichen wortschatzdidaktischen Arbeit bekräftigt. Was dafür aus den Erfahrungen im Fremdsprachenunterricht auf jeden Fall übernommen werden kann, ist, dass die Text(sorten)orientierung als Leitprinzip in der Phrasembehandlung gelten sollte.

1.3 Zwischenbilanz 1

In der phraseologischen Kompetenz lässt sich ein Teil einer umfassenderen lexikalischen Kompetenz erkennen, über die andere sprach- und kommunikationsbezogene Wissensbestände, insbesondere verarbeitungsrelevante Wissensrahmen und Textsortenwissen, für Produktion und Rezeption von Sprache miteinander interagieren (vgl. Feilke 2009: 6). Deshalb gilt: „Arbeit mit Redewendungen [bzw., in fachwissenschaftlicher Terminologie, Phrasemen, St. St.] ist Arbeit mit Texten und an Texten" (Kühn 1996: 16). Seine didaktische Stützung bezieht dieses Diktum daraus, dass der Erwerb neuer Wortschatzeinheiten – verstanden als „Verstehen der Ausdrucksbedeutung und Entwicklung der Fähigkeit zu eigenem Gebrauch" (Feilke 2009: 4) – gebrauchsbezogen, d. h. „aus dem Gebrauch heraus" (Feilke 2009: 4), erfolgt. Gebrauchsbezogener Erwerb von Wörtern und Wendungen ba-

---

3 Diese Einschätzung basiert u. a. auf meiner recht häufigen Beobachtung in der akademischen Lehrtätigkeit, dass selbst Studierende philologischer Disziplinen Phraseme oftmals nur in einem bescheidenen Ausmaß (er)kennen und nur bedingt angemessen verwenden können, was längst nicht nur für „bildungssprachliche" Phraseme gilt, die beispielsweise einen literarhistorischen oder mythologischen Hintergrund besitzen (*den Sack schlagen und den Esel meinen, wie ein Damoklesschwert über jmdm. hängen/schweben, etw./jmdn. mit Argusaugen beobachten*).

siert auf (authentischen) Texten und setzt Wissen über Textsorten voraus. Wie andere Wortschatzeinheiten stellen auch Phraseme als Ausdrucksmittel „Werkzeuge" (vgl. Feilke 2009: 8 und 13) oder – etwas vorsichtiger formuliert – Formulierungsressourcen (vgl. dazu Stein 2011b) dar, die mehr oder weniger spezifische Handlungspotenziale eröffnen, aber auch für bestimmte Handlungskontexte charakteristisch sein können. Schulische Wortschatzarbeit und Wortschatzförderung (Wortschatzerweiterung und Wortschatzvertiefung) bzw. der Aufbau einer lexikalischen einschließlich einer phraseologischen Kompetenz gehen deshalb von Gebrauchszusammenhängen aus und zielen auf die Ausbildung und Verfeinerung einer Sprachgebrauchs- oder Sprachhandlungskompetenz ab. Dafür sind Textbezogenheit und Textsortenorientierung unverzichtbar.

2 Text(sorten)orientierung als phraseodidaktisches Leitprinzip

2.1 Begründung für eine textpragmatisch ausgerichtete Phraseodidaktik

Dass sich die Phraseodidaktik lange Zeit und in Teilen bis heute anhaltend auf die sprachstrukturellen und sprach- bzw. kulturgeschichtlichen Aspekte von Phrasemen konzentriert (hat), ist insofern nicht besonders überraschend, als Phraseme – zumindest in ihrem Kernbestand – im Vergleich mit anderen Wortschatzeinheiten (wie einfachen Wörtern, Wortbildungsprodukten, regulär gebildeten mehrgliedrigen Ausdruckseinheiten) als semantisch und strukturell auffällig erscheinen (können) und deshalb sehr gute Anknüpfungspunkte für eine Beschäftigung mit ihren Besonderheiten (wie partielle oder völlige idiomatische Bedeutung, spezifische phraseologisch gebundene Komponenten) bieten, denen es sprachdidaktisch gerecht zu werden gilt. Die Einseitigkeit einer sprachsystematischen Betrachtungsperspektive verbietet sich allerdings insofern, als Phraseme im Sprachgebrauch nicht als isolierte (komplexe) Sprachzeichen, sondern umgeben von und im Zusammenspiel mit anderen Sprachzeichen vorkommen, sprich: als Teil von Texten, in denen sie je spezifische Aufgaben (mit)übernehmen. Neben vielen anderen Problemen und Defiziten bei der Behandlung von Phrasemen z. B. in Lehrwerken stellt die Kontextfreiheit ihrer Thematisierung jedoch ein, wenn nicht das Kardinalproblem dar; denn „Phraseologismen können nur dann angemessen verstanden und gebraucht werden, wenn ihre adressaten-, situations- und textsortenspezifische Einbettung mit berücksichtigt wird" (Kühn 2007: 889; vgl. auch Kühn 1996).

Dass eine tragfähige – in ihrer Substanz allerdings noch zu bestimmende (vgl. Mückel 2014: 398) – phraseologische Kompetenz ohne Kenntnis der Gebrauchsbedingungen, Wirkungen usw. von Phrasemen nicht erreicht werden kann, verdeutlicht besonders nachdrücklich der Blick auf künstliche Textbeispiele in Lehrwerken; wie die bei Kühn (1996: 11 und 2007: 888–889) kritisierten Beispiele monologisch und dialogisch angelegter „Phrasemcollagen" zeigen, wirkt eine textkonstituierende Serialisierung von Phrasemen alles andere als authentisch und sie vermittelt nicht einmal ansatzweise ein realistisches Bild von ihrer tatsächlichen Verwendung, zumal sich die Aufmerksamkeit bei sprachwirklichkeitsfernen reinen Phrasemreihen sehr stark darauf verschiebt, die Ausdrücke zu dephraseologisieren. Kühn hat daher schon früh und wiederholt für eine pragmatisch orientierte Phraseodidaktik plädiert (vgl. Kühn: 1992: 175–176, 1996: 11, 2005: 29 ff, 2007: 889–890), denn

> Analyse und Gebrauch von Phrasemen müssen immer an den Schüler[n] vertrauten, konkreten Verwendungssituationen orientiert sein. Gerade die text(sorten)bezogene unterrichtliche Behandlung dieser besonderen Sprachzeichen eröffnet neue Perspektiven, da sich die besondere Bedeutung von Phrasemen erst aus den kommunikativen Verwendungsweisen ergibt. (Kühn 2007: 889)

Welchen Stellenwert und Gewinn es hat, die Phrasemverwendung an authentische Texte in ihrer kontextuellen Verankerung zu knüpfen, zeigt sich schnell, wenn man auf Texte von bzw. für Jugendliche(n) schaut, wie beispielsweise jugendzeitenschriftentypische Beratungsgesuche und -angebote. Einerseits ist zu beobachten, dass Jugendliche selbst – jedenfalls sofern die abgedruckten Texte originäre Leserzuschriften darstellen – Phraseme verwenden (*jmdn. aus den Augen verlieren, jmdm. nicht (mehr) aus dem Kopf gehen*), um ihre Probleme öffentlich vorzutragen (Bravo Nr. 16, 19.07.2017, 28):

(1) **Kevin, 16:** Ich habe auf einem Musikfestival ein Mädchen kennengelernt. Wir haben uns super verstanden und hatten echt Spaß. Irgendwann habe ich sie dann aus den Augen verloren. Jetzt, wo ich wieder zu Hause bin, geht sie mir nicht mehr aus dem Kopf. Ich habe ihre Handynummer, soll ich sie anrufen?

Andererseits werden die Anliegen gezielt auch mit Phrasemen bearbeitet („Dr.-Sommer-Girls-Talk" in Bravo Girl! Nr. 8, 12.07.2017, 32 zur Frage, wie man beim „ersten Date" „Schüchternheit überwinden" kann):

(2) **SCHÜCHTERNHEIT ÜBERWINDEN**

Jedes Mädchen ist ein bisschen schüchtern, wenn es sich zum allersten Mal mit dem Jungen trifft, für den es sich auf eine ganz besondere Weise interessiert. Das ist auch nicht schlimm – ganz im Gegenteil! Du gerätst leicht ins Stottern, wirst schnell rot oder weißt nicht, was du sagen sollst? Keine Panik, denn genau daran erkennt dein Schwarm, dass er dich ganz verrückt macht, dass du ihn magst! Würdest du dagegen völlig cool bleiben, wäre es ziemlich schwer für ihn herauszufinden, wie du zu ihm stehst. Umgekehrt ist das natürlich genauso. Der Junge verhält sich plötzlich ganz anders als sonst, bringt kaum ein Wort über die Lippen oder ist total nervös? Nimm's als Kompliment – vermutlich verdrehst du ihm völlig den Kopf. ;-) <u>Um das Eis zwischen euch zu brechen, gib ruhig zu, dass du in solchen Situationen erst mal ein bisschen zurückhaltend oder unsicher bist und frag nach, ob's ihm auch so geht. Es ist okay, neugierig zu sein, das zeigt dein Interesse. Um das Gespräch in Gang zu halten, setz auf W-Fragen (wer, was, wie, wo, wann, warum …), denn die lassen sich nicht nur mit einem Ja oder Nein beantworten.</u>

Neben eher unscheinbaren phraseologischen Ausdrücken (wie dem Funktionsverbgefüge *in Gang halten*) kommen propositions- bzw. textorganisierende (*ganz im Gegenteil*) und pragmatische Phraseme bzw. Routineformeln mit umgangssprachlicher Markierung (*cool bleiben, keine Panik*) vor, die dem Ratgebertext Züge nähesprachlicher Kommunikation verleihen,[4] vor allem aber ist erkennbar, dass für die Beschreibung wesentlicher Sachverhaltsumstände (des Verliebt- und des Schüchternseins) idiomatische Phraseme eingesetzt werden (*jmdn. ganz verrückt machen, kein Wort bzw. etw. nicht über die Lippen bringen, jmdn. den Kopf verdrehen, das Eis brechen*).

---

[4] Wie Bachmann-Stein (2006: 94) im Rahmen einer ausführlichen holistischen Textsortenanalyse für Dr.-Sommer-Ratgebertexte gezeigt hat, stehen die eingesetzten sprachlichen Mittel zum einen im Dienst einer inhaltsbezogenen Kommunikationsmaxime, der zufolge das Gefühl vermittelt werden soll, dass der/die Ratsuchende „im Alltag nicht alleine oder unverstanden ist und dass es eine (möglichst einfache) Lösung für das Problem gibt", zum anderen im Dienst einer ausdrucksbezogenen Kommunikationsmaxime, nach der die sprachliche Realisierung möglichst alltagsnah sein soll (vgl. Bachmann-Stein 2006: 94).

Da eine text(sorten)orientierte Behandlung von Phrasemen aber auch mehr als zehn Jahre später nach wie vor in weiten Teilen ein Desiderat darstellt, stand und steht das zitierte Postulat zu Recht auf dem „phraseodidaktischen Wunschzettel" (Kühn 2007: 889–890). Etwas allgemeiner formuliert, verfolgt sie das Ziel, zu vermitteln,
- unter welchen kommunikativen Bedingungen welche (Arten von) Phraseme(n) in welcher Art von Text auf welche Weise verwendet werden,
- um welche (Art von) text- und textsortenbezogenen Intentionen zu verfolgen bzw. welche (Art von) text- und textsortenbezogenen Effekte(n) zu erzielen.

Eine solche Verwendungs- und Text(sorten)orientierung in der Phrasembehandlung ist zwar – neben der Fokussierung auf sprachstrukturelle, sprach- und kulturhistorische, phraseostilistische und sprachreflexive bzw. sprachkritische Aspekte – nur eine Perspektive auf Phraseme als Gegenstand im Deutschunterricht, sie stellt aber m. E. den Dreh- und Angelpunkt für die Entwicklung und die Vertiefung einer nachhaltigen und damit rezeptiv und produktiv „belastbaren" phraseologischen Kompetenz dar: Zum einen vollzieht sich (mündliche wie schriftliche) Kommunikation grundsätzlich in Texten als Exemplaren je spezifischer Text- und Gesprächssorten; zum anderen ergibt sich das Erfordernis, konkrete adressaten- und situationsspezifische Verwendungszusammenhänge authentischer Einzeltexte zu berücksichtigen, m. E. zwingend aus der jeweiligen Textsortenzugehörigkeit und dem zugrunde liegenden Textsortenwissen, das unabdingbar textexterne (Situationsumstände und Textfunktion) und textinterne (Thema und Themenentfaltung, Formulierungseigenschaften bzw. Textsortenstil) Aspekte umfassen muss, die in der Anwendung auf Textexemplare in Beziehung zu setzen sind.

2.2 Textsortenorientierte Phraseodidaktik nach dem Vorbild textsortenbezogener Grammatikdidaktik?

Es liegt auf der Hand, dass für das Erreichen dieser Zielsetzung auf das umfangreiche Wissen über den Gebrauch von Phrasemen, kurz: auf die Ergebnisse der Phraseopragmatik, zurückgegriffen werden kann, dass sich Befunde aus der Phraseologieforschung jedoch nicht einfach in phraseodidaktische Zusammenhänge umsetzen und „didaktisieren" lassen (vgl. zur grundlegenden Problematik Haueis 2006: 10–11). Denn „[w]ie Phraseme in Texten erscheinen und welche Leistungen sie erbringen, das lässt sich nicht auf wenigen Seiten zusammenfassend darstellen" (Burger 2015: 158) – und selbst wenn das möglich wäre, beantwortete es nicht die Frage nach der Behandlung von Phrasemen im Muttersprachenunterricht. Erschwerend kommt außerdem hinzu, dass „es im konkreten Fall schwierig und nicht ohne interpretative Willkür möglich [ist], einem Vorkommen eines Phrasems eine bestimmte Funktion zuzuordnen" (Burger 2015: 158). Da sich das Aufdecken verallgemeinerbarer Zusammenhänge zwischen Phrasemvorkommen und Funktion(en) sowie das Aufstellen von Funktionstypologien entweder als kaum möglich oder als zu abstrakt und damit wenig aussagekräftig herausgestellt haben, konzentriert sich die Phraseologieforschung auf die Analyse der Zusammenhänge zwischen Phrasemverwendung und Textsorten oder auch Kommunikationsbereichen (vgl. dazu die Beiträge in Lenk & Stein 2011).

Eine daran anknüpfende Phraseodidaktik gliedert sich ein in das Programm einer grundsätzlich textbasierten Sprachdidaktik (vgl. z. B. Fandrych & Thurmair 2011a, 2011b; Neuland & Peschel 2013: 28–29) bzw. einer „Textdidaktik" (Heinemann 2006: 23): „Texte werden dann durchgehend zum Ausgangspunkt von echten oder simulativen kommunikativen Anforderungen" (Heinemann 2006: 25). Wie beim Konzept einer textsortenbezogenen Grammatikdidaktik (vgl. u. a. Thurmair 1991 und 2011) besteht die Grundidee darin, „die Beschreibungsdimensionen der Textsorten als kommunikativen Rahmen heran[zu]ziehen, um die Verwendung verschiedener sprachlicher Mittel zu erklären" (Fandrych & Thurmair 2011b: 85). Als methodische Grundlage einer solchen textsortenbezogenen Betrachtung sprachlicher Mittel eignet sich die Praxis mehrdimensionaler oder holistischer Textsortenanalysen (vgl. zum Profil Stein 2004: 188–192, zu ihrem Nutzen für die Sprachdidaktik Bachmann-Stein 2006 und Stein 2016), die die vier grundlegenden Beschreibungsdimensionen von Textualität – Situationalität, Funktionalität, Thematizität und Formulierungseigenschaften bzw. Formulierungsadäquatheit – in einen analytischen Zusammenhang bringen:

> Da die sprachliche Ausgestaltung von konkreten Textsorten überwiegend aus ihren kommunikationssituativen und funktionalen Charakteristika heraus erklärt werden kann und – umgekehrt betrachtet – die Auswahl bestimmter sprachlicher Möglichkeiten (etwa grammatischer Strukturen [oder lexikalischer Mittel, St. St.]) den spezifischen Zwecken und Charakteristika der Textsorte geschuldet ist, eignen sich Textsorten auf ausgezeichnete Weise dazu, sprachliche Mittel in Funktion für den Lerner sichtbar zu machen und zu vermitteln. (Fandrych & Thurmair 2011b: 85)

Grundsätzlich ist dabei davon auszugehen, dass sich ein Textproduzent bewusst für die Verwendung phraseologischer Ausdrücke entschieden hat, um das jeweilige Handlungsziel zu erreichen, und dass sich aus der vergleichenden Analyse mehrerer Exemplare einer Textsorte ableiten lässt, welche textuellen Leistungen und Effekte der Einsatz von Phrasemen erbringen soll. Voraussetzung dafür ist, die Phrasemverwendung als Komponente der Formulierungseigenschaften bzw. eines charakteristischen Textsortenstils in Beziehung zu setzen zu Charakteristika einer Textsorte auf den Ebenen

- der Kommunikationssituation: Welcher Textproduzent wendet sich unter welchen kommunikativen Bedingungen an welche(n) Textrezipienten?
- der Textfunktion: Welche Funktion(en) kommt/kommen dem Text zu und welche Intention(en) verfolgt der Textproduzent?
- der thematischen Gestaltung: Welches Thema wird auf welche Art und Weise entfaltet?
- sowie der Formulierungswahl: Welche (anderen) sprachlichen Mittel und Strukturen setzt der Textproduzent wie ein, um sein(e) Ziel(e) zu erreichen?

Wenn Textsorten nicht nur als „natürlicher Vorkommensort bestimmter grammatischer Strukturen" (Thurmair 2011: 414), sondern auch bestimmter Arten und/ oder bestimmter Verwendungsweisen von Phrasemen aufgefasst werden können (vgl. dazu Stein 2007) und wenn sichtbar wird, inwiefern die Phrasemverwendung als ein u. U. textsortenspezifisches oder auch textsortenkonstitutives Mittel für den jeweiligen Vollzug von (Teil-)Handlungen bestimmt werden kann, stellen sie die Grundlage par excellence für die Vermittlung phraseologischer Kompetenz dar, die rezeptions- wie produktionsdidaktisch genutzt werden kann.[5] Sensibilisiert werden können Lerner auf diese Weise insbesondere für potenzielle Kompatibilitäten von Phrasemen mit Textsortenkonventionen und für eventuelle Formulierungsrestriktionen, für ihre lexikalisch-semantischen Eigenschaften (Ambiguität, Expressivität(ssteigerung), Metaphorik usw.), für Zusammenhänge zwischen Phrasemen bzw. Phrasemverwendung und sprachlichen Varietäten sowie für ihre textuellen Wirkungen (Funktionen wie Bewerten, Ironisieren, Veranschaulichen usw., aber auch stilistisch motivierte persuasive Effekte z. B. durch intentionale Erwartungsbrüche). Ein solcher Ansatz bietet über das Potenzial, Phraseme als Ausdrucksmittel in ihrem authentischen Gebrauch an jeweils einzelnen Textsorten kennen, verstehen und verwenden zu lernen, hinaus auch einen geeigneten Ausgangspunkt dafür, die Verwendung spezifischer sprachlicher Mittel intrakulturell zwischen z. B. funktional oder thematisch verwandten Textsorten oder interkulturell in ihrer Relevanz für die jeweilige Textsortenpraxis zu vergleichen.

---

5 Darüber hinaus kommen damit auch in didaktischer Hinsicht Aspekte in den Blick, die für die textpragmatisch ausgerichtete Phraseologieforschung wesentlich sind (vgl. dazu Stein & Lenk 2011: 9–11) – u. a. auffällige Zusammenhänge zwischen Textsorte, Textstrukturen (z. B. Teiltexten) und Phrasemklassen, die Form der Phrasemverwendung (Nennform oder Modifikation), die Leistung von Phrasemen für die Textkonstitution (die sogenannten „textbildenden Potenzen") und die Bestimmung ihrer textuellen Funktionen (im Vergleich mit nichtphraseologischen Ausdrucksalternativen).

Die wesentlichen Vorteile einer solchen „empirisch fundierten Textsortenarbeit" (Fandrych & Thurmair 2011b: 84) in der Didaktik liegen auf der Hand:
- die Authentizität des Textmaterials (und die damit meist verbundene Steigerung seiner Attraktivität sowie der schülerseitigen Motivation),
- das im Vergleich von Textexemplaren ein und derselben Textsorte i. d. R. leicht aufzudeckende Spektrum zwischen unikalisierender und typologisierender Textsortengestaltung,
- die Einbettung in spezifische Handlungszusammenhänge mit unterschiedlich nutzbaren rezeptiven und produktiven Anforderungen,
- das Bewusstmachen der textsortenseitigen Kulturspezifik,
- nicht zuletzt aber der Blick auf „sprachliche Mittel in Funktion" (vgl. Fandrych & Thurmair 2011b: 85).

Diese Vorteile dürften den erforderlichen Zeit- und Materialaufwand wie auch möglicherweise den Nachteil, dass die Aufmerksamkeit (vorübergehend) vom eigentlichen Ziel – Phraseme in ihrem typischen Gebrauch verstehen und verwenden zu lernen – abgelenkt werden kann, mehr als aufwiegen.

2.3 Zwischenbilanz 2

So wie der Sprachdidaktik allgemein die Aufgabe zukommt, „[a]ll das [zu vermitteln], was die deutsche Sprache ausmacht und was davon für bestimmte Lernergruppen relevant ist" (Heinemann 2006: 20), kommt der Phraseodidaktik die Aufgabe zu, all das zu vermitteln, was für den phraseologischen Teil des Wortschatzes, d. h. für alle Arten fester Wortverbindungen, und seine kommunikativ angemessene Verwendung relevant ist, wenn es nicht nur darum gehen soll, sich Wissen über phraseologische Wortverbindungen anzueignen, sondern wenn aus diesem Wissen eine Sprachgebrauchs- bzw. Handlungsfähigkeit werden soll.[6] Da Texte Grundeinheiten der sprachlichen Kommunikation und Mittel kommunikativen

---

6 Dass sich dabei Berührungspunkte mit allen üblicherweise unterschiedenen Lernbereichen ergeben und nutzen lassen, ist bereits erwähnt worden. – Vielleicht wäre es aber auch tatsächlich ungeachtet aller bekannten Widerstände an der Zeit, einen Paradigmenwechsel (vgl. Heinemann 2006: 29–30) zuzulassen und anstelle der Unterscheidung von Lernbereichen mit den angestrebten Fähigkeiten (Texte verstehen, mündlich und schriftlich Texte produzieren, Sprache bzw. Sprachgebrauch untersuchen können) eine wirkliche textbasierte Sprachdidaktik zu etablieren, die darauf abzielt, diese Fähigkeiten oder Kompetenzen generell und vernetzt aus der Arbeit an und mit Texten zu gewinnen (vgl. dazu auch die Überlegungen von Beisbart 2006).

Handelns sind, müssen Phraseme in ihrem Gebrauch in Texten betrachtet werden. Die Textbezogenheit impliziert Textsortenorientierung und mit ihr untrennbar verbunden Situations- und Adressatenbezogenheit. Für viele Textsorten, deren Eignung für die Vermittlung im Rahmen phraseodidaktischer Überlegungen immer wieder betont wird, lässt sich an Ergebnisse empirischer Studien anknüpfen; dazu zählen vor allem Werbetexte, Pressetexte (insbesondere Kommentare und Glossen) und Schlagzeilen, Rezensionen, Horoskope, politische Reden, Kontaktanzeigen, Leserbriefe, Filmankündigungen, (Bild-) Witze, außerhalb der Welt der Gebrauchstexte aber auch Liedgut und literarische Texte aller Art sowie Texte bzw. Textsorten aus Jugendzeitschriften (Ratgeberbrief, Bildergeschichte usw.).[7]

3 Phraseme in Funktion

3.1 Phraseodidaktischer Nutzen authentischer Textsorten im Deutschunterricht

Ausschlagegebend für die erfolgreiche Umsetzung der Text(sorten)orientierung als phraseodidaktisches Leitprinzip[8] ist ein geeignetes Konzept der Textsorte. Ungeachtet theoretischer Kontroversen herrscht weitgehend Übereinstimmung darüber, dass sich Textsorten

> als bewährte Verfahren zur Bewältigung wiederkehrender Kommunikationsanlässe funktional bestimmen [lassen]. Sie stellen gewissermaßen schriftsprachliche Handlungsmuster für die Bearbeitung spezifischer, wiederkehrender Zwecke der *zerdehnten Kommunikation* bereit. Ihre sprachliche Form ist nicht beliebig, sondern durch den kommunikativen Zeck bestimmt, ohne dadurch determiniert zu sein.   (Becker-Mrotzek 2005: 70, Hervorhebung dort)

Ausgehend vom Verständnis von Textsorten als Handlungsmitteln, kommt es hier vor allem auf den Zusammenhang zwischen Zweckorientierung und sprach-

---

[7] Angesichts der Fülle der nur in einer Bibliographie dokumentierbaren Forschungsliteratur sei stellvertretend verwiesen auf Kühn (1996) sowie die Beiträge in den beiden Themenheften „Phraseologismen und ihre Varianten" (*Der Deutschunterricht* Heft 5/2005) und – im Titel ohne plausiblen Grund teilweise viel zu negativ konnotiert – „Phrasen, Sprüche, Redewendungen" (*Deutschunterricht* Heft 1/2013).
[8] Es geht hier nicht darum, konkrete methodisch-didaktische Konzepte und Umsetzungsmöglichkeiten vorzustellen, diese Aufgabe soll und muss, gegebenenfalls mit Differenzierung nach Schultypen und Klassenstufen, Didaktikern vorbehalten bleiben; vielmehr soll die Notwendigkeit der Text(sorten)orientierung als phraseodidaktisches Leitprinzip exemplarisch aufgezeigt werden.

licher Gestaltung an; in Abhängigkeit vom Ausmaß einer gesellschaftlich erwünschten Standardisierung sind zwar unterschiedliche und mitunter auch „erhebliche Freiheitsgrade" (Becker-Mrotzek 2005: 70) gegeben, aber zuweilen ist die Wahl bestimmter Ausdrucksmittel für das Erreichen eines bestimmten Kommunikationszwecks auch naheliegend oder sogar in hohem Maße erwartbar. Ein entsprechendes Textsortenwissen schließt also auch Kenntnisse über den Zusammenhang zwischen Formulierungsadäquatheit und Zweckorientierung bei der Nutzung von Textsorten als Handlungsmitteln mit ein und stellt damit ein unverzichtbares Fundament für textrezeptive und textproduktive Aufgaben dar, sofern sie sich – jenseits der lebensfern gewordenen traditionellen Aufsatzformen – an der außerschulischen Sprach- und Kommunikationswirklichkeit orientieren wollen.

Wie die Ergebnisse einer von Becker-Mrotzek durchgeführten Befragung zum Textsortengebrauch in Schule und Alltag (vgl. 2005: 73 ff.) illustrieren, spielen authentische Textsorten und entsprechende alltagsnahe Lese- und Schreibanlässe im Schulalltag eine marginale Rolle, wohingegen die befragten Schülerinnen und Schüler in ihrer Freizeit „überwiegend Texte [lesen], die eine unmittelbare Funktion für sie haben" (Becker-Mrotzek 2005: 74). Es erscheint daher naheliegend, rezeptions- und produktionsdidaktische Anforderungen an den Umgang mit Phrasemen an solchen Textsorten zu verdeutlichen, die für die Zielgruppe als „Textsorten der Freizeitlektüre" eine lebenspraktische Relevanz im Alltag aufweisen, wie es bei Zeitungstexten (50 %) und Texten in Jugendzeitschriften (47 %) (vgl. Becker-Mrotzek 2005: 75) bzw. bei entsprechenden Online-Medienangeboten der Fall ist. Das erfordert zunächst einen „analytischen Zugriff, indem der Zusammenhang von sprachlicher Form, Inhalt und kommunikativem Zweck erarbeitet wird" (Becker-Mrotzek 2005: 77). Denn die kontinuierliche Erweiterung von Wissen über solche strukturellen Zusammenhänge und text(sorten)typischen Gestaltungen lässt Verbesserungen der Textrezeptionskompetenz und, wenn Textsorten als Handlungsmittel in realistischen oder zumindest realitätsnahen Anlässen wahrgenommen und genutzt werden, auch der Textproduktionskompetenz erwarten.

3.2 Phraseme und Textrezeptionskompetenz – Beispiel: Phraseme in Medientexten

Dass Phraseme in Medientexten besonders häufig vorkommen und oft in sprachspielerischer Verfremdung modifiziert verwendet werden, um besondere semantische und/oder pragma(stilis)tische Effekte (der sogenannte „semantisch-pragmatische Mehrwert") hervorzurufen, springt meist schon beim flüchtigen Rezipieren z. B. einer Tages- oder Wochenzeitung ins Auge. Welche Zusammenhänge zwischen Textsorte und Ressort, Kommunikationsabsicht und Textfunktion, Thema(entfaltung), Formulierungsweise (Phraseme) und Platzierung im Text bestehen können, können schon einige kursorische Beobachtungen zu Phrasemen im jeweiligen Titel bzw. Titelkomplex verdeutlichen:[9]

(3)   NORDKOREA
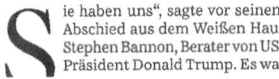
VON KAI STRITTMATTER

„Sie haben uns", sagte vor seinem Abschied aus dem Weißen Haus Stephen Bannon, Berater von US-Präsident Donald Trump. Es war   Die Welt hat also gute Gründe, China zu mehr Druck zu drängen, gerade nach der Rakete, die Nordkorea nun über Japan hinweggeschossen hat. Dennoch ist die Sache

Der Leitartikel (Ressort Politik, S. 4) bezieht sich auf das von der nordkoreanischen Regierung betriebene Atomwaffenprogramm und die damit verbundenen internationalen Konfliktpotenziale. Der Text trägt den typographisch hervorgehobenen Haupttitel *Reden ist Gold*, eine textuell verkürzte und semantisch ins Gegenteil verkehrte Realisierung des Sprichworts *Reden ist Silber, Schweigen ist Gold*. Die semantisch verfremdete und verkürzte Sprichwortvariante bewirkt textsortentypisch eine Aufmerksamkeits- und Attraktivitätssteigerung und schafft insofern einen Leseanreiz, als vor allem die Umkehr der konventionellen Sprichwortlesart ('es ist besser, [über manche Dinge] nichts zu sagen', Duden Bd. 11 2008: 616) im Rahmen eines meinungsbetonten und argumentativ angelegten Textes nach Aufschluss verlangt. Wie eine in den Kommentar platzierte, den Tenor und argumentativen Kern des Artikels verdeutlichende Passage[10] und in ähnlicher Weise auch der letzte Absatz[11] verdeutlichen, fasst der Kommenta(to)r also an der für den Rezeptionsprozess prominentesten Stelle die Kernaussage des Artikels in phraseologisch verdichteter, pointierter Form zusammen.

---

9 Alle folgenden Beispiele sind der Wochenendausgabe der *Süddeutschen Zeitung* Nr. 202 vom 02./03.09.2017 entnommen.
10 „Es führt kein Weg daran vorbei, mit dem Regime in Pjöngjang zu verhandeln. Denn die Alternative, ein Krieg, wäre die Hölle.".
11 „Am Ende bleibt wohl die Wahl zwischen Losschlagen und Reden. Trump sträubt sich auf Twitter gegen das Reden: [...]. Man kann nur hoffen, dass sich die Diplomatie durchsetzt. Natürlich ist es zutiefst unbefriedigend, Schurkendiktatoren ihre Provokationen mit Anerkennung zu vergelten. Aber wenn die Alternative die Hölle wäre, dann wäre es dennoch fürs Erste das Gebotene.".

(4)

In ähnlicher Weise wirkt die Überschrift *Große Klappe* in einem Bericht (Ressort Mobiles Leben, S. 69) über Geschichte und Erfolg eines von Mercedes in den 1970er Jahren auf den Markt gebrachten Kombis (T-Modell).[12] Als Leser stellt man unwillkürlich einen Zusammenhang her mit dem Bildteil, einer Heckansicht des Autos mit offener Heckklappe und entsprechendem Einblick in den voluminösen Kofferraum bei umgeklappter Rückbank. Dieser Text-Bild-Zusammenhang blockiert die naheliegende Assoziation mit entsprechenden Phrasemen (*die Klappe aufreißen*, *eine große Klappe haben*), die den Rezipienten kurzfristig auf eine falsche Fährte führt und ihn dazu zwingt, die phraseologisch mitschwingende stilschichtliche Färbung („salopp abwertend", Duden Bd. 11 2008: 419) zugunsten einer Dephraseologisierung bzw. Reliteralisierung durch Aktualisierung des standardsprachlichen Lexems *(Heck-)Klappe* zu neutralisieren. Der Leseanreiz resultiert in diesem eher informationsbetonten Text also daraus, dass der Leser erkennen muss, dass hier nicht ein auf eine nominale Wortgruppe reduziertes Phrasem den Text attraktiv machen soll, sondern ein auf das Grundwort reduziertes Determinativkompositum, das attributiv erweitert und wörtlich zu verstehen ist.

---

12 Vgl. http://www.sueddeutsche.de/auto/mercedes-t-modell-als-mercedes-den-luxus-kombi-erfand-1.3645398 (06.09.2017).

(5)

Blick in die Röhre

Auf Höhe von Coburg, in der Nähe von Rödental, springt der Anzeiger auf 300 Kilometer pro Stunde. Die Höchstgeschwindigkeit ist erreicht. Vorne im Führerstand blickt Bundesverkehrsminister Alexander Dobrindt (CSU) auf die 107 Kilometer lange Neubaustrecke von Bamberg nach Erfurt. Und hinten in den Waggons? Da schaut man in die Röhre.

Tatsächlich besteht die Trasse, auf der von Mitte Dezember an die schnellen ICE der Deutschen Bahn die Städte München und Berlin in weniger als vier Stunden verbinden sollen, vor allem aus Tunneln. Aus 22 Tunneln, um genau zu sein, mit 41 Kilometern Gesamtlänge. Und aus großen Brücken. Die aber erlauben ebenfalls nur selten einen Blick auf den eigentlich ja sehenswerten Thüringer Wald, weil einen kurz darauf erneut das nächste Tunneldunkel umfängt. Am besten ist, man schließt die Augen und nutzt die Fahrt für ein Nickerchen.

Wenn es nach den Fahrplanern der Bahn geht, dann werden die schnellen Flitzer in Zukunft eine Menge Passagiere aus den Flugzeugen auf die Schiene holen. Die werden aber im Zug genauso wenig von den Bergen und Tälern deutscher Mittelgebirge zu sehen bekommen wie zuvor in 10 000 Meter Reiseflughöhe. Und das nicht nur, weil sie ständig damit beschäftigt sind, in ihre Schlautelefone und Tischrechner zu gucken.

Wer also, sagen wir, achtmal im Jahr geschäftlich von Bayern nach Berlin mit der Bahn flitzt, der könnte bei der neunten Buchung umsteigen auf eine der Regionalzüge, die parallel zur Neubaustrecke auf der alten Frankenwaldbahn fahren, von Lichtenfels über Saalfeld nach Jena und Leipzig. Da geht es teils mit Tempo 70 auf der 1863 gebauten Trasse bis zu 29 Promille steile Rampen hinauf. Bei Dampfzugfans ist diese Strecke sehr beliebt. Weil die alten Loks da richtig zu arbeiten haben. Und die Leute was zu gucken. MARCO VÖLKLEIN

Ebenfalls einen Leseanreiz soll die Überschrift *Blick in die Röhre* (Ressort Mobiles Leben, S. 70) über der glossenartigen Kolumne *Unterwegs* bieten. Es entsteht unwillkürlich der Eindruck, man habe eine Nominalisierung des Phrasems *in die Röhre gucken* (mit den beiden Lesarten ‚leer ausgehen, das Nachsehen haben' und ‚fernsehen', Duden Bd. 11 2008: 628) vor sich. Erst im Text zeigt sich jedoch, dass die Überschrift in wörtlicher Lesart zu verstehen ist (*Da schaut man in die Röhre*), da auf die insgesamt 22 Tunnel auf der Bahn-Neubaustrecke von Bamberg nach Erfurt Bezug genommen wird, die den Fahrgästen *nur selten einen Blick auf den eigentlich ja sehenswerten Thüringer Wald* [erlauben]. Der meinungsbetonte Text spielt also mit dem Gegensatz zwischen freier und idiomatischer Bedeutung, da die Semantik des zentralen Lexems *Röhre* im Verlauf des Textes zwischen der phraseologisch gebundenen und der metaphorischen Lesart (im Sinne von *Tunnel* als ‚röhrenförmiges Bauwerk') wechselt.

Wie schon diese drei Beispiele zeigen, sind Überschriften in meinungs- und informationsbetonten Pressetexten, sofern sie Phraseme enthalten (*Reden ist Gold*, *Blick in die Röhre*) oder vermeintlich auf Phraseme anspielen (*große Klappe*), im Dienst der Schaffung von Leseanreizen instrumentalisiert. Ihr Potenzial entfalten sie durch formale und/oder semantische Modifikation sowie durch das Spiel mit mehreren Bedeutungsebenen; die textuellen Wirkungen (Verdichtung, Irritation, Bewertung) lassen sich allerdings erst im Zusammenspiel mit dem eigentlichen Text bzw. in der Auflösung von Text-Bild-Zusammenhängen erkennen.

Noch stärker ist dieser Zusammenhang von Textfunktion und Phrasemen als Formulierungs- und Gestaltungsmittel ausgeprägt, wenn Phraseme für die Semantisierung ausschlaggebend sind, aber wie im Fall von Karikaturen u. U. nicht verbalisiert, sondern allein oder in erster Linie bildlich realisiert werden:

(6)

Orbáns Abrechnung SZ-ZEICHNUNG: LUIS MURSCHETZ

Die Karikatur (Ressort Politik, S. 4) macht zunächst deutlich, welcher Wissenshintergrund als Verstehensbasis vorauszusetzen ist, wenn sie den ungarischen Ministerpräsidenten Viktor Orbán auf einem wachturmartigen Hochsitz neben einem mit Stacheldraht versehenen Grenzzaun vor einer Registrierkasse sitzend darstellt: Wie zu sehen ist, präsentiert Orbán als – wie es in einem Kommentar auf derselben Seite heißt – „ungekrönte[r] Zaunkönig der Balkanroute" eine „AN DIE EU" adressierte stilisierte Rechnung über „400 Mio. [Euro]", offensichtlich Kosten für die 2015 an der ungarischen Südgrenze gegen europäische Absprachen und trotz entsprechender Proteste errichtete Blockade der sogenannten „Balkanroute". Die Karikatur visualisiert damit das Phrasem *jmdm.* [hier:

der EU] *die Rechnung für etw.* [hier: die Errichtung der Blockade] *präsentieren* (,jmdn. zum Ausgleich für etw. nachträglich mit bestimmten unangenehmen Forderungen konfrontieren', Duden Bd. 11 2008: 612) und übt damit scharfe Kritik nicht nur an Ungarns Weigerung, Flüchtlinge aufzunehmen, sondern auch an der Forderung an die EU, die Kosten für die ungarischen Sperrzäune zu erstatten. Die Karikatur ist damit ein Paradebeispiel dafür, wie sich ein Phrasem vor dem Hintergrund aktuellen Zeitgeschehens so bildlich darstellen lässt, dass sie sich nicht nur als Mittel der Meinungskundgabe, sondern vor allem auch der Kritik einsetzen lässt. Sie zeigt so das verstehensrelevante Zusammenspiel von Bild, Phrasem und Weltwissen (vgl. dazu auch Stein 2011b: 298–302) und bietet darüber hinaus durch die Thematisierung desselben Sachverhalts in einem Kommentar einen Ansatzpunkt für das Herstellen einzeltextübergreifender Bezüge.

3.3 Phraseme und Textproduktionskompetenz – Beispiel: „Kollokationsbrüche" in Texten Studierender

Dass phraseologische Wortverbindungen oder formelhafte Wendungen in ihrem Gebrauch Probleme verursachen können, kann unterschiedliche Hintergründe und Erscheinungsformen haben; eine besonders markante Form ist zu beobachten, wenn die Oberflächenstruktur „betroffen" ist, d. h. ein mehr oder weniger fester Ausdruck nicht in der üblichen und erwartbaren Nennform bzw. in der sozial eingespielten usuellen Gestalt verwendet wird, ohne dass ein „Mehrwert" infolge z. B. formaler und/oder semantischer Modifikation erkennbar wäre. Sehr häufig zeigt sich das im Gebrauch von Kollokationen, vereinfacht gesagt: typischen Kombinationen von Lexemen, auf die hier exemplarisch eingegangen werden soll:

> Die „Habitualisierung" einer Wortverbindung ruft gleichzeitig eine Erwartungshaltung in Bezug auf die Angemessenheit einer Kollokation hervor, denn die Gewöhnung an eine typische Wortverbindung führt im Umkehrschluss zu einer Irritation, wenn genau diese Typizität nicht eingehalten wird. (Labinsky 2016: 121)

Im Rezeptionsprozess fallen untypische Ausdruckskombinationen mehr oder weniger stark auf, man bleibt als Leser aufgrund der Abweichung von der Ausdruckstypik „hängen", da gegen den Erwartungshorizont verstoßen wird. Entsprechende Formulierungsschwächen können als „Kollokationsbrüche" (ebd.) aufgefasst und als Indiz dafür interpretiert werden, dass bei den Verwendern Unsicherheiten über typische und daher präferierte Formulierungsweisen bestehen, was sich häufig in schriftlichen Textprodukten von Schülern beobachten lässt (vgl. Margewitsch 2005a, 2005b, 2006a, 2006b; Labinsky 2016). Aus einer normativen Sicht kann man Kollokationsbrüche als Normverstöße werten, die meist, auch wenn keine Verstehensprobleme verursacht werden, negative Auswirkungen auf das Image der Textproduzenten haben. Wie Labinsky (2016) an Beispielen aus Texten von Schülern der Oberstufe gezeigt hat, können für Kollokationsbrüche verschiedene Faktoren ursächlich sein; dazu gehören Wortfindungsprobleme, wenn das lexikalische oder stilistische Wissen Defizite aufweist oder nicht aktiviert werden kann, als Erklärung kommt aber auch das Bemühen um eine besondere stilistische Qualität des zu produzierenden Textes in Frage, wenn bestimmte Ausdruckskombinationen gewählt werden, die die Schreiber aufgrund der Befolgung „innerer Stilregeln" als „Rhetorisierungsstrategien" (Labinsky 2016: 130) einsetzen, mit denen eine vermeintlich stilistisch angemessene oder anspruchsvolle Stilwirkung erreicht werden soll.

Anknüpfend an diese Beobachtungen zum Sprachgebrauch von Schülern lässt sich festhalten, dass sich in Texten Studierender vergleichbare Formulierungsphänomene finden lassen, wie die folgenden Belege in Tab. 2 – eine kleine zufällige Auswahl aus im Juli und August 2017 an der Universität Trier angefertigten Haus- und Abschlussarbeiten im Studiengang Master of Education Deutsch – exemplarisch illustrieren sollen, ergänzt um die vermutlich gemeinten gebrauchstypischen Kollokationen:

Tab. 2: Beispiele für Kollokationsbrüche.

(7)	Aufgrund dieser syntaktischen Eigenschaft können Sprachverwender **an Probleme stoßen** und die Rektionsfähigkeit der Präpositionen kreativ [...] auslegen.	an Grenzen stoßen / auf Probleme treffen
(8)	[...] verlangt die Präposition den kasusanzeigenden Artikel, da sonst die syntaktischen **Regeln gesprengt** werden.	Regeln verletzen oder auch (metaphorisch) Ketten sprengen
(9)	Des Weiteren wurde ein rektionswidriges **Verhalten**, [...], **aufgefunden**:	Verhalten beobachten
(10)	Durch dieses quasi-experimentelle Vorgehen kann somit **Rückschlüsse** auf die Inferenzbildung **getätigt** werden, [...]	Rückschlüsse ziehen
(11)	Ein **Anspruch** auf allgemeine Gültigkeit kann dabei nicht bestehen und wird im Zuge dieser Arbeit nicht **verfolgt** werden.	einen Anspruch erheben

Tab. 2 (fortgesetzt)

(12) Sie gilt als prävalenter Nimbus, den es für und durch die Musik zu erfüllen gilt, um eine möglichst große **Anerkennung** seitens des Rests der Szene zu erreichen.	Anerkennung finden
(13) Spätestens ab diesem Zeitpunkt **wurde es** [...] **deutlich**, dass die betreffenden Interpreten ihre **Verbindungen** zur kriminellen Welt und deren Handlungsweisen, [...], nicht **abgelegt** hatten.	wurde deutlich Verbindungen beenden / abbrechen

Mir kommt es nur auf die hervorgehobenen Auffälligkeiten bei der Formulierungswahl an. Um Einschätzungen der Angemessenheit solcher Formulierungsentscheidungen abzusichern und zu bekräftigen, dass es sich um Kollokationsbrüche handelt, ist es naheliegend, über die Berufung auf das eigene Sprachgefühl und die Konsultation von Wörterbüchern hinaus Befunde statistischer Kollokationsanalysen heranzuziehen (vgl. etwa Brunner & Steyer 2007; Bubenhofer 2008).

Da die Textgenese nicht nachvollzogen werden kann, lassen sich die Entstehungsursachen der Kollokationsbrüche selbst in der Regel nicht ableiten. Nur in den Beispielen (7) und (8) kommt als Erklärung infrage, dass eine Phrasem- bzw. Kollokationskontamination (aus *an Grenzen stoßen* und *auf Probleme treffen* oder *Probleme haben*, *Regeln verletzen* und *Ketten sprengen*) vorliegt, die im Ergebnis zu stilistischer und semantischer Unverträglichkeit führt. In den anderen Fällen liegt als Entstehungsursache jeweils eine Kombination aus defizitärem Kollokationswissen bzw. gescheiterter Kollokationssuche (z. B. *Verhalten auffinden*) und Rhetorisierungsbestrebungen (z. B. *Rückschlüsse tätigen*) nahe, sofern man der Annahme zustimmt, dass es sich bei Studierenden in der Abschlussphase eines philologischen Studiums um sprachlich (einigermaßen) versierte Textproduzenten handelt bzw. handeln müsste, die sich in der Studienzeit auch ein gewisses Repertoire fachsprachlicher und wissenschaftstypischer Wendungen angeeignet haben und die im Zuge der Anfertigung solcher Texte ausreichend Zeit für textredigierende Arbeitsschritte zur Verfügung (und eingeplant) haben müssten.

Da die Beispiele nicht nur den Nutzen verdeutlichen, den formelhafte Ausdrücke in bestimmten Textsorten und Kommunikationsbereichen haben können, sondern auch die mit ihrer (angemessenen) Verwendung verbundenen potenziellen Gefahren, ergeben sich phraseodidaktische Konsequenzen. Denn sofern das Bemühen um anspruchsvolle(re) stilistische Qualität als Erklärung plausibel erscheint, können in den Kollokationsbrüchen durchaus Formulierungsanstrengungen gesehen werden, die allerdings als Formulierungsirrtümer einzustufen sind, die für eine noch nicht abgeschlossene und kommunikativ adäquate Aneignung entsprechenden Wissens sprechen. Daher ist es (phraseo)didaktisch sinnvoll, nicht allein das Defizitäre zu konstatieren, sondern aus der Fehlerdiagnose und -interpretation didaktische Maßnahmen für eine Optimierung der Formulierungsleistung abzuleiten. Außerdem ist in solchen Fällen auch bei erfahreneren Schreibern ein unmittelbarer Zusammenhang mit Textsortenwissen gegeben: „Die Kenntnis typischer Kollokationen dürfte in hohem Maße von der Kenntnis und der Nutzung verschiedener Textsorten abhängen" (Labinsky 2016: 121). Insofern illustriert das Phänomen Kollokationsbruch in der schriftlichen Textproduktion Studierender, dass (phraseo)didaktischer Handlungsbedarf besteht, der – auch auf Phraseme aller Art bezogen – auf eine Verbesserung der Formulierungsbewusstheit und eine Optimierung der Textproduktionskompetenz auch durch Ausbildung umfassender „Textroutinen" (Feilke 2012) abzielt.

4 Schlussbemerkung

Die Überlegungen haben insofern den Charakter eines Plädoyers, als sie eine seit geraumer Zeit erhobene, aber bisher nur in Ansätzen verwirklichte Forderung bekräftigen sollen: die Behandlung und Vermittlung von Phrasemen im primärsprachlichen Deutschunterricht stets textbasiert und textsortenbezogen anzulegen. Wichtig sind dabei textbasierte Einsichten in die Leistungen des gesamten Spektrums phraseologischer oder formelhafter Ausdrücke,
– um die Potenziale bestimmter Phrasemklassen für die Textgestaltung bzw. Textkonstitution und für die Textorganisation,
– um Präferenzen und Restriktionen im Gebrauch in Textsorten,
– um im weitesten Sinne textstilistische Wirkungen

zu kennen und für die eigene Kommunikationspraxis zu beherrschen. Diese didaktische Aufgabe geht erheblich über wortschatzbezogene Vermittlungsziele hinaus, da, wie exemplarisch illustriert wurde, Wissen über Phraseme in Funktion für eine angemessene Textrezeption und Textproduktion unverzichtbar ist. Für die primärsprachenunterrichtliche Behandlung von Phrasemen ist die Text(sorten)orientierung als Leitprinzip deshalb so wichtig, weil es nur dann, wenn der Gebrauch von Phrasemen textbezogen wahrgenommen wird, möglich und gewährleistet ist, ihre Funktionen und Leistungen verstehen und einschätzen zu lernen, vor allem aber das angeeignete Wissen für die eigene Textproduktion nutzen und im Blick auf eigene Texte Formulierungsschwächen erkennen und beseitigen zu können. Notwendig sind also Anregungen und Anlässe für eine wesentlich intensivere, kontinuierliche Reflexion der eigenen Formulierungstätigkeit in der gesamten Schulzeit, die sich zwar nicht auf Phraseme beschränken soll, sie aber auch nicht stiefmütterlich behandeln darf.

Literatur

Bachmann-Stein, Andrea (2006): Holistische Textsortenanalysen im Deutschunterricht – am Beispiel von Pressetexten. In Carmen Spiegel & Rüdiger Vogt (Hrsg.), *Vom Nutzen der Textlinguistik für den Unterricht*, 85–102. Baltmannsweiler: Schneider Hohengehren.

Becker-Mrotzek, Michael (2005): Das Universum der Textsorten in Schülerperspektive. *Der Deutschunterricht* 57 (1), 68–77.

Beisbart, Ortwin (2006): Schreiben lehren und lernen im Gespräch mit der Textlinguistik. Didaktische Reflexionen und Anregungen. In Carmen Spiegel & Rüdiger Vogt (Hrsg.), *Vom Nutzen der Textlinguistik für den Unterricht*, 113–132. Baltmannsweiler: Schneider Hohengehren.

Bergerová, Hana (2011): Zum Lehren und Lernen von Phraseologismen im DaF-Studium. Überlegungen zu Inhalten und Methoden ihrer Vermittlung anhand eines Unterrichtsmodells. *Linguistik online* 47 (3), 107–117.

Bredel, Ursula, Hartmut Günther, Peter Klotz, Jakob Ossner & Gesa Siebert-Ott (Hrsg.) (2003): *Didaktik der deutschen Sprache. Ein Handbuch.* 2. Bde. Paderborn: Schöningh.

Brunner, Annelen & Kathrin Steyer (2007): Phraseologische und phraseographische Aspekte korpusgesteuerter Empirie. In Vida Jesenšek & Melanija Fabčič (Hrsg.), *Phraseologie kontrastiv und didaktisch. Neue Ansätze in der Fremdsprachenvermittlung*, 181–194. Maribor: Slavistično društvo: Filozofska fakulteta.

Bubenhofer, Noah (2008): „Es liegt in der Natur der Sache ...". Korpuslinguistische Untersuchungen zu Kollokationen in Argumentationsfiguren. In Carmen Mellado Blanco (Hrsg.), *Beiträge zur Phraseologie aus textueller Sicht*, 53–72. Hamburg: Dr. Kovač.

Burger, Harald (2015): *Phraseologie. Eine Einführung am Beispiel des Deutschen.* 5., neu bearbeitete Aufl. Berlin: Erich Schmidt.

Burger, Harald, Dimitrij Dobrovol'skij, Peter Kühn & Neal R. Norrick (Hrsg.) (2007): *Phraseologie. Ein internationales Handbuch der zeitgenössischen Forschung. 2. Halbbände.* Berlin, New York: De Gruyter.

Der Deutschunterricht – Beiträge zu seiner Praxis und wissenschaftlichen Grundlegung (2005): Heft 5: Phraseologismen und ihre Varianten.

Deutschunterricht – Zeitschrift für den Deutschunterricht in Sek. I und Sek. II (2013): Heft 1: Phrasen, Sprüche, Redewendungen.

Duden Band 11 (2008): *Redewendungen. Wörterbuch der deutschen Idiomatik.* 3., überarbeitete u. aktualisierte Aufl. Mannheim u. a.: Dudenverlag.

Ehrhardt, Claus (2012): Phraseologie im universitären Deutschunterricht. Ein Vorschlag zur Integration von Spracherwerb, Sprachreflexion und Landeskunde. In Andrea M. Birk & Claudia Buffagni (Hrsg.), *Linguistik und Sprachdidaktik im universitären DaF-Unterricht*, 81–104. Münster u. a.: Waxmann.

Ettinger, Stefan (1998): Einige Überlegungen zur Phraseodidaktik. In Wolfgang Eismann (Hrsg.), *EUROPHRAS 95. Europäische Phraseologie im Vergleich: Gemeinsames Erbe und kulturelle Vielfalt*, 201–217. Bochum: Brockmeyer.

Ettinger, Stefan (2007): Phraseme im Fremdsprachenunterricht. In Harald Burger, Dimitrij Dobrovol'skij, Peter Kühn & Neal R. Norrick (Hrsg.) (2007): *Phraseologie. Ein internationales Handbuch der zeitgenössischen Forschung. 2. Halbband*, 893–908. Berlin, New York: De Gruyter.

Fandrych, Christian & Maria Thurmair (2011a): *Textsorten im Deutschen. Linguistische Analysen aus sprachdidaktischer Sicht*. Tübingen: Stauffenburg.

Fandrych, Christian & Maria Thurmair (2011b): Plädoyer für eine textsortenbezogene Sprachdidaktik. *Deutsch als Fremdsprache* 48 (2), 84–93.

Feilke, Helmuth (2009): Wörter und Wendungen: kennen, lernen, können. *Praxis Deutsch* 36 (218), 4–13.

Feilke, Helmuth (2012): Was sind Textroutinen? – Zur Theorie und Methodik des Forschungsfeldes. In Helmuth Feilke & Kathrin Lehnen (Hrsg.), *Schreib- und Textroutinen. Theorie, Erwerb und didaktisch-mediale Modellierung*, 1–31. Frankfurt a. M. u. a.: Peter Lang.

Finkbeiner, Rita (2011): Phraseologieerwerb und Kinderliteratur. Verfahren zur ‚Verständlichmachung' von Phraseologismen im Kinder- und Jugendbuch am Beispiel von Otfried Preußlers *Die kleine Hexe* und *Krabat*. *Zeitschrift für Literaturwissenschaft und Linguistik* 162, 47–73.

Häcki Buhofer, Annelies (2007): Phraseme im Erstspracherwerb. In Harald Burger, Dimitrij Dobrovol'skij, Peter Kühn & Neal R. Norrick (Hrsg.) (2007), *Phraseologie. Ein internationales Handbuch der zeitgenössischen Forschung. 2. Halbband*, 854–869. Berlin, New York: De Gruyter.

Hallsteinsdóttir, Erla (2011): Aktuelle Forschungsfragen der deutschsprachigen Phraseodidaktik. *Linguistik online* 47 (3), 3–31.

Haueis, Eduard (2006): Textsorten in der Schule. Über den Unterschied zwischen „didaktisierten" und didaktisch reflektierten linguistischen Beschreibungen. In Carmen Spiegel & Rüdiger Vogt (Hrsg.) (2006), *Vom Nutzen der Textlinguistik für den Unterricht*, 7–18. Baltmannsweiler: Schneider Hohengehren.

Heinemann, Wolfgang (2006): Textdidaktik als angewandte Textlinguistik. In Carmen Spiegel & Rüdiger Vogt (Hrsg.) (2006), *Vom Nutzen der Textlinguistik für den Unterricht*, 19–32. Baltmannsweiler: Schneider Hohengehren.

Kilian, Jörg (2011): Wortschatzerwerb aus entwicklungspsychologischer, linguistischer und sprachdidaktischer Perspektive. In Inge Pohl & Winfried Ulrich (Hrsg.) (2011), *Wortschatzarbeit*, 85–106. Baltmannsweiler: Schneider Hohengehren.

Kleinbub, Iris (2006): Phraseologie. In Heinz-Jürgen Kliewer & Inge Pohl (Hrsg.) (2006), *Lexikon Deutschdidaktik. 2. Band*, 585–590. Baltmannsweiler: Schneider Hohengehren.

Kliewer, Heinz-Jürgen & Inge Pohl (Hrsg.) (2006): *Lexikon Deutschdidaktik. 2 Bände*. Baltmannsweiler: Schneider Hohengehren.

Konecny, Christine, Erla Hallsteinsdóttir & Brigita Kacjan (2013): Zum Status quo der Phraseodidaktik: Aktuelle Forschungsfragen, Desiderata und Zukunftsperspektiven. In Christine Konecny, Erla Hallsteinsdóttir & Brigita Kacjan (Hrsg.) (2013), *Phraseologie im Sprachunterricht und in der Sprachendidaktik*, 153–172. Maribor: Mednarodna založba Oddelka za slovanske jezike in književnosti, Filozofska fakulteta.

Konecny, Christine, Erla Hallsteinsdóttir & Brigita Kacjan (Hrsg.) (2013): *Phraseologie im Sprachunterricht und in der Sprachendidaktik*. Maribor: Mednarodna založba Oddelka za slovanske jezike in književnosti, Filozofska fakulteta.

Kühn, Peter (1992): Phraseodidaktik. Entwicklungen, Probleme und Überlegungen für den Muttersprachenunterricht und den Unterricht DaF. *Fremdsprachen lehren und lernen* 21, 169–189.

Kühn, Peter (1996): Redewendungen – nur im Kontext. Kritische Anmerkungen zu Redewendungen in Lehrwerken. *Fremdsprache Deutsch* 15, 10–16.

Kühn, Peter (2005): Redensartendidaktik. Ansätze und Perspektiven. *Der Deutschunterricht* 57 (5), 25–32.

Kühn, Peter (2007): Phraseme im Muttersprachenunterricht. In Harald Burger, Dimitrij Dobrovol'skij, Peter Kühn & Neal R. Norrick (Hrsg.) (2007), *Phraseologie. Ein internationales Handbuch der zeitgenössischen Forschung. 2. Halbband*, 881–893. Berlin, New York: De Gruyter.

Labinsky, Erika (2016): Kollokationsbrüche in Schülertexten der Oberstufe. *Aptum. Zeitschrift für Sprachkritik und Sprachkultur* 12 (2), 118–132.

Lange, Günter & Swantje Weinhold (Hrsg.) (2005): *Grundlagen der Deutschdidaktik. Sprachdidaktik – Mediendidaktik – Literaturdidaktik*. Baltmannsweiler: Schneider Hohengehren.

Lenk, Hartmut E. H. & Stephan Stein (Hrsg.) (2011): *Phraseologismen in Textsorten*. Hildesheim u. a.: Olms.

Lüger, Heinz-Helmut (1997): Anregungen zur Phraseodidaktik. *Beiträge zur Fremdsprachenvermittlung* 32, 69–120.

Lüger, Heinz-Helmut (2004): Idiomatische Kompetenz – ein realistisches Lernziel? Thesen zur Phraseodidaktik. In Heinz-Helmut Lüger & Rainer Rothenhäusler (Hrsg.) (2004), *Linguistik für die Fremdsprache Deutsch. Beiträge zur Fremdsprachenvermittlung, Sonderheft 7*, 121–169. Landau: Empirische Pädagogik.

Lüger, Heinz-Helmut & Rainer Rothenhäusler (Hrsg.) (2004): *Linguistik für die Fremdsprache Deutsch. Beiträge zur Fremdsprachenvermittlung, Sonderheft 7*. Landau: Empirische Pädagogik.

Margewitsch, Erika (2005a): ‚Falsche' Kollokationen und andere Formulierungsschwächen: Spuren auf dem Weg zum guten Stil? In Helmuth Feilke & Regula Schmidlin (Hrsg.), *Literale Entwicklung. Untersuchungen zum Erwerb von Textkompetenz*, 185–194. Frankfurt a. M. u. a.: Peter Lang.

Margewitsch, Erika (2005b): Leistungen und Gefahren formelhaften Sprachgebrauchs in Schülertexten. In Hans-Werner Huneke (Hrsg.), *Geschriebene Sprache. Strukturen, Erwerb, didaktische Modellbildungen*, 163–181. Heidelberg: Mattes.

Margewitsch, Erika (2006a): Formelhaft Formuliertes in Schülertexten – Zur Genese und Interpretation von Formulierungsschwächen. In Annelies Häcki Buhofer & Harald Burger (Hrsg.), *Phraseology in Motion I. Methoden und Kritik. Akten der Internationalen Tagung zur Phraseologie (Basel, 2004)*, 357–369. Baltmannsweiler: Schneider Hohengehren.

Margewitsch, Erika (2006b): *„Das klingt überzeugend, weil's kein Schwein versteht ...". Eine Studie zu Stilvorstellungen von Schülern*. Oldenburg: Didaktisches Zentrum.

Mückel, Wenke (2013): Phraseme im muttersprachlichen Deutschunterricht: eine exemplarische Untersuchung von Sprachbüchern der Sekundarstufe I. In Christine Konecny, Erla Hallsteinsdóttir & Brigita Kacjan (Hrsg.) (2013), *Phraseologie im Sprachunterricht und in der Sprachendidaktik*, 19–43. Maribor: Mednarodna založba Oddelka za slovanske jezike in književnosti, Filozofska fakulteta.

Mückel, Wenke (2014): Primärsprachliche Phraseodidaktik – Skizze eines Aufgabenfeldes. *Neuphilologische Mitteilungen* 115 (4), 391–399.

Neuland, Eva & Corinna Peschel (2013): *Einführung in die Sprachdidaktik*. Stuttgart, Weimar: Metzler.

Ossner, Jakob (2006): *Sprachdidaktik Deutsch. Eine Einführung*. Paderborn: Schöningh.

Pohl, Inge & Winfried Ulrich (Hrsg.) (2011): *Wortschatzarbeit*. Baltmannsweiler: Schneider Hohengehren.

Schmale, Günter (2009): Phraseologische Ausdrücke als Bestandteil des Fremdsprachenerwerbs – Überlegungen zur Phraseodidaktik auf der Grundlage einer korpusbasierten Analyse deutscher Talkshows. In Andrea Bachmann-Stein & Stephan Stein (Hrsg.), *Mediale Varietäten – Analysen von gesprochener und geschriebener Sprache und ihre fremdsprachendidaktischen Potenziale. Beiträge zur Fremdsprachenvermittlung, Sonderheft* 13, 149–179. Landau: Empirische Pädagogik.

Spiegel, Carmen & Rüdiger Vogt (Hrsg.) (2006), *Vom Nutzen der Textlinguistik für den Unterricht*. Baltmannsweiler: Schneider Hohengehren.

Stein, Stephan (2004): Texte, Textsorten und Textvernetzung. Über den Nutzen der Textlinguistik (nicht nur) für die Fremdsprachendidaktik. In Heinz-Helmut Lüger & Rainer Rothenhäusler (Hrsg.), *Linguistik für die Fremdsprache Deutsch. Beiträge zur Fremdsprachenvermittlung, Sonderheft* 7, 171–222. Landau: Empirische Pädagogik.

Stein, Stephan (2007): Mündlichkeit und Schriftlichkeit aus phraseologischer Perspektive. In Harald Burger, Dimitrij Dobrovol'skij, Peter Kühn & Neal R. Norrick (Hrsg.) (2007), *Phraseologie. Ein internationales Handbuch der zeitgenössischen Forschung. 1. Halbband*, 220–236. Berlin, New York: De Gruyter.

Stein, Stephan (2011a): Phraseme und Phrasemsemantik. In Inge Pohl & Winfried Ulrich (Hrsg.) (2011), *Wortschatzarbeit*, 256–279. Baltmannsweiler: Schneider Hohengehren.

Stein, Stephan (2011b): Phraseme und andere Verfestigungen als Formulierungsressource. Methodische Überlegungen und empirische Beobachtungen zu ihrer Rolle für die Textproduktion: In Hartmut E. H. Lenk & Stephan Stein (Hrsg.) (2011), *Phraseologismen in Textsorten*, 281–306. Hildesheim u. a.: Olms.

Stein, Stephan (2013): (K)Ein Fass ohne Boden – Phraseme in Texten. *Deutschunterricht* 66 (1), 20–26.

Stein, Stephan (2016): Anwendungsperspektiven für die Textsortenlinguistik: Der Nutzen mehrdimensionaler bzw. holistischer Textsortenanalysen für die Sprachdidaktik. In Renate Freudenberg-Findeisen (Hrsg.), *Auf dem Weg zu einer Textsortendidaktik. Linguistische Analysen und text(sorten)didaktische Bausteine nicht nur für den fremdsprachlichen Deutschunterricht*, 27–45. Hildesheim u. a.: Olms.

Stein, Stephan & Hartmut E. H. Lenk (2011): Phraseme in Textsorten. Ausgangspunkte, Zielsetzungen, Analysen. In Hartmut E. H. Lenk & Stephan Stein (Hrsg.) (2011), *Phraseologismen in Textsorten*, 7–16. Hildesheim u. a.: Olms.

Stolze, Peter (1995): Phraseologismen und Sprichwörter als Gegenstand des Deutschunterrichts. In Rupprecht S. Baur & Christoph Chlosta (Hrsg.), *Von der Einwortmetapher zur Satzmetapher. Akten des Westfälischen Arbeitskreises Phraseologie, Parömiologie 1994/95*, 339–352. Bochum: Brockmeyer.

Thurmair, Maria (1991): Textlinguistik und Grammatikvermittlung. *Fremdsprachen lehren und lernen* 20, 84–103.

Thurmair, Maria (2011): Grammatik verstehen lernen mit Hilfe von Textsorten. In Klaus-Michael Köpcke & Arne Ziegler (Hrsg.), *Grammatik – Lehren, lernen, verstehen. Zugänge zur Grammatik des Gegenwartsdeutschen*, 411–431. Berlin, Boston: De Gruyter.

Britta Juska-Bacher
Idiome im Primarschulalter
Erwerb, Didaktik und Umsetzung in Schweizer Lehrmitteln

Abstract: Während Wortschatz und mit ihm Phraseme im fremdsprachlichen Unterricht seit Langem ein zentrales Thema sind (siehe Beitrag von Lüger in diesem Band), wurde dieser Bereich für den primärsprachlichen Unterricht im deutschsprachigen Raum erst vor einigen Jahren (wieder-)entdeckt. Was die Förderung von Idiomen[1] angeht, so liegen einige phraseodidaktische Vorschläge vor, die aber – wie bspw. Kühn (2007) und Mückel (2015) gezeigt haben – in den Lehrmitteln und damit vermutlich in der Schulpraxis erstaunlich wenig Beachtung gefunden haben. Gegenstand des folgenden Beitrags sind Idiome und ihre Vermittlung in der Primarschule[2]. Ausgehend von einer vergleichsweise bescheidenen Zahl von Forschungsarbeiten zu ihrem Erwerb und didaktischen Anregungen für ihre Vermittlung werden sechs für die Umsetzung auf dieser Stufe relevante Kriterien zusammengestellt, anhand derer aktuelle Schweizer Deutschlehrmittel charakterisiert werden. Es zeigt sich, dass Idiome in der dritten bis fünften Klasse durchaus als relevante sprachliche Einheiten erachtet werden, dass aber hinsichtlich ihrer altersangemessenen Vermittlung große Unsicherheit besteht.

Keywords: Idiom, Lehrmittel, mentales Lexikon, Phrasemerwerb

1 Wortschatzerwerb und Idiome im Kindesalter

Untersuchungen zum Wortschatzerwerb im Allgemeinen haben im Deutschen lange die ersten Lebensjahre bis zum Alter von vier bis fünf Jahren fokussiert

---

1 Als Idiome oder Phraseme im engeren Sinn werden festgeprägte voll- oder teilidiomatische Mehrworteinheiten bezeichnet (Burger 2015: 14). Sie sind in der kognitiven Verarbeitung komplexer als nicht-idiomatische Mehrworteinheiten, weil sie sich durch zwei mögliche Lesarten oder Bedeutungen auszeichnen: einerseits eine wörtliche, die sich aus der Addition der Komponentenbedeutungen ergibt, andererseits eine phraseologische oder übertragene Bedeutung. Welche Bedeutung im Einzelfall relevant ist, lässt sich aus dem Gebrauchskontext ableiten.
2 Die Primarschule umfasst in der Schweiz (in der Regel) zwei Kindergartenjahre sowie das 1. bis 6. Schuljahr. Wenn in diesem Beitrag von „Primarstufe" oder „Primarschule" die Rede ist, beschränken sich die Ausführungen auf die 1. bis 6. Klasse.

(vgl. Steinhoff 2009),³ erst in jüngerer Zeit hat auch der fortgesetzte Erwerb, in dem auch Phraseme an Relevanz gewinnen, mehr Beachtung gefunden (u. a. Sammelbände von Haß & Storjohann 2015 und Kilian & Eckhof 2015).

Das Wortwissen eines Individuums ist im sog. mentalen Lexikon, einem Teil des Langzeitgedächtnisses, gespeichert. Man stellt sich dieses mentale Lexikon als neuronales Netzwerk vor, in dem fortlaufend lexikalische Einheiten (einfache und komplexe Wörter wie auch Phraseme) gesammelt, verarbeitet und organisiert werden (Juska-Bacher & Jakob 2014: 55). Wie welche Phraseme im mentalen Lexikon gespeichert sind, bspw. in ihrer Gesamtlänge oder in verkürzter Form,⁴ ist noch nicht abschließend geklärt (vgl. Häcki Buhofer 2007: 839), es ist aber davon auszugehen, dass sie zumindest *auch* als Einheit gespeichert sind (zur psycholinguistischen Festigkeit siehe Burger 2015: 17).

Verschiedene Wortschatz-Erwerbstheorien lassen sich auf den gemeinsamen Nenner bringen, dass Kinder bei der Begegnung mit neuem Wortmaterial zunächst über Hypothesenbildungen reduzierte Bedeutungen konstruieren („fast mapping"), die in späteren Begegnungen immer weiter ausdifferenziert werden („extended mapping"; Leimbrink 2015: 30; Nagy & Scott 2000: 270). Diesen Prozess der fortschreitenden Wortschatzvertiefung im Sinne einer Differenzierung semantischen Wissens nimmt man nicht nur für Einzelwörter, sondern ebenso für Idiome an (Häcki Buhofer 2007a: 854). Sowohl für die erste Hypothesenbildung als auch für eine spätere Bedeutungsvertiefung sind für alle Wortschatzeinheiten Kontexthinweise von zentraler Bedeutung (Buhofer 1980: 195; Burger 2006: 340; Clark 1996: 409; Laval 2003: 723; Oakhill 2016: 124).

Während man in der englischsprachigen Literatur eher davon ausgeht, dass Kinder bis zum Alter von ca. acht Jahren nur die wörtliche Bedeutung von Idiomen aktivieren (Wray 2002: 135; Anglin 1993: 109–110 allerdings für isoliert präsentierte Idiome) und erst eine gewisse kognitive Reife (analytisches Lernen) erlangt haben müssen, bevor sie die phraseologische Bedeutung besonders von stark idiomatischen Phrasemen verstehen können, haben Burger (2006: 343) und Häcki Buhofer (2007a: 866) schon für das Kindergartenalter zwei Erwerbswege vorgeschlagen, die es Kindern sehr früh ermöglichen, alle Arten von Idiomen zu lernen:

---

3 Ausnahmen stellen bspw. Augst (1984), Moser et al. (2005), Pregel & Rickheit (1987), Rothweiler & Meibauer (1999) und Schmidlin (1999) dar.

4 Dobrovol'skij (1997: 18–27) stellt drei Theorien vor: 1. Die Theorie der lexikalischen Repräsentation (Speicherung des Phrasems als Ganzheit), 2. die Konfigurationshypothese (Speicherung einzelner Komponenten) und 3. die Dekompositionshypothese (Zerlegung und Speicherung von sinnvollen Phrasemteilen).

1. ein holistisches Vorgehen, bei dem das Kind das Idiom als Ganzes wie ein neues Wort erwirbt und
2. ein analytisches Vorgehen, bei dem das Kind das Idiom in seine Komponenten zerlegt und aus den Einzelbedeutungen die Idiombedeutung erschließt.

Für Kinder im Vorschulalter und am Anfang der Schulzeit braucht die wörtliche Bedeutung des Idioms weder bei der Rezeption noch bei der Produktion eine Rolle zu spielen (Häcki Buhofer 2007a: 866, bereits in Buhofer 1980: 231–232). Häcki Buhofer (2007a: 866) geht davon aus, dass ein Verstehen der Doppelbedeutungen von Idiomen ungefähr ab der ersten bis zweiten Primarschulklasse einsetzt.

Kilian bleibt zeitlich eher vage, wenn er schreibt, dass Idiome wie nichtidiomatische Phraseme „wohl erst relativ spät erworben" werden (2011: 102); eine genaue Darstellung der Entwicklung sei aufgrund des lückenhaften Forschungsstandes bisher nicht möglich (Kilian 2011: 102). Er geht mit Referenz auf die Daten von Augst (1984) aber davon aus, dass Kinder durchaus bereits bei Schulbeginn über einige Idiome verfügen, diese jedoch noch nicht systematisch analytisch im Hinblick auf ihre „übersummative" Bedeutung erfassen können (Kilian 2011: 103).

Zwei empirische Schweizer Studien zur Rezeption und Produktion von Idiomen in der Primarschule geben genauere Hinweise: In einer Untersuchung in der Primarstufe konnte Scherer (1982: 36) zeigen, dass bereits 7- bis 8-jährige Zweitklässler/innen im Kontext präsentierte Idiome verstehen können, in seiner Studie allerdings nie versucht haben, die phraseologische und die wörtliche Bedeutung in Beziehung zu setzen, um ein Idiom zu motivieren. Ergebnisse aus der vierten und sechsten Klasse belegen eine massive Zunahme des Verstehens und der Verwendungshäufigkeit wie auch der Motivierungsversuche transparenter Idiome. Ähnliche Ergebnisse finden sich in Untersuchungen von Schmidlin (1999) für Primarschulkinder im Alter von 7, 9 und 11 Jahren. Die von ihr untersuchten Kinder verwendeten bereits mit 7 Jahren mündlich wie schriftlich erste Idiome (1999: 245; Schweizer Kinder übrigens weniger als süddeutsche) und auch in ihrer Stichprobe nahm die Verwendung von Idiomen bei den älteren Kindern deutlich zu (Schmidlin 1999: 245).

Auf der Grundlage von Gesprächen mit Kindern über Idiome vermag Scherer einen Einblick in ihr Sprachbewusstsein hinsichtlich der Doppelbedeutungen zu geben. Während Schüler/innen der zweiten Klasse Idiome zwar auffällig („komisch", Scherer 1982: 92) finden, aber dieses Gefühl nicht näher spezifizieren können, werden in der vierten und noch häufiger in der sechsten Klasse Aussagen zur Doppeldeutigkeit gemacht (Scherer 1982: 92).

Die kurze Zusammenstellung dieser Forschungsergebnisse zeigt, dass Kinder am Anfang der Primarschulzeit Idiome bereits in den rezeptiven wie produktiven Wortschatz aufgenommen haben. Für 7-Jährige konnten in diesen Studien aber keine Analysen von Doppelbedeutungen oder Motivierungsversuche nachgewiesen werden. Die Anschlussfrage, die sich stellt, ist, wie vor diesem Hintergrund Erwerb und Vertiefung von Idiomen gefördert werden können.

2 Wortschatzdidaktik und Idiome in der Primarschule

Parallel zum späten Interesse der deutschen Spracherwerbsforschung am Wortschatz im fortgesetzten Erwerb in Kindergarten und Schule ließ auch von Seiten der Deutschdidaktik die Wortschatzförderung im erstsprachlichen Unterricht auf sich warten (Ulrich 2010: 33). Seit einigen Jahren wird nun wiederholt die zentrale Bedeutung des Wortschatzes als Grundlage für alle Sprachlernbereiche (z. B. Steinhoff 2009: 33) betont und eine „Wortschatzwende" gefordert (Kilian & Eckhoff 2015: 1). Da der Wortschatz eine wichtige Grundlage für alle sprachlichen Kompetenzen und die Beteiligung am schulischen Diskurs darstellt, ist die Relevanz eines gut entwickelten mentalen Lexikons und damit seiner systematischen Förderung in der Schule offensichtlich (z. B. Steinhoff 2009: 3).

Als Lernziele bzw. Zielkompetenzen von Wortschatzarbeit nennt Ulrich (2011: 35) neben einer Erweiterung des Umfangs des rezeptiven und produktiven Wortschatzes auch eine Verbesserung der Wortschatztiefe und der Wortbildungskompetenz sowie Einsichten in Bedeutungserweiterungen und Metaphernbildung. Ziel sei es außerdem, die Schüler/innen für Gemeinsamkeiten und Unterschiede zwischen Wortschatzeinheiten zu sensibilisieren und ihnen Strategien für die Beseitigung von lexikalischen Unklarheiten zu vermitteln.

Die Förderung des Wortschatzes wurde in Form eines didaktischen Dreischritts aus 1. Semantisierung (d. h. Bedeutungszuweisung) – 2. Vernetzung mit anderen Wörtern (z. B. über Synonyme und Antonyme) – 3. Reaktivierung (d. h. Verwendung) vorgeschlagen (Kühn 2007a: 163, ergänzt durch Feilke 2009: 10). Ulrich (2011: 553–554) erweitert dieses Modell durch eine feinere Aufgliederung und Ergänzung zu einem Sechsschritt (in Klammern angegeben sind jeweils die korrespondierenden Schritte bei Kühn 2007a):

1. Motivierender Einstiegstext (Kühn: Ausgangspunkt für Semantisierung)
2. Wort isolieren und analysieren (Kühn: Semantisierung)
3. Weiteres Sprachmaterial sammeln (Kühn: Vernetzung)
4. Das Sprachmaterial systematisch ordnen (Kühn: Vernetzung)

5. Ordnung grafisch veranschaulichen (Kühn: Vernetzung)
6. Wort produktiv verwenden (Kühn: Reaktivierung)

Während die Punkte 2 bis 5 der Ulrich'schen Liste mit isoliertem Wortmaterial arbeiten, lassen sich Beginn und Abschluss als kontextualisiertes Lernen bezeichnen (im besten Fall ist der Abschluss in eine konkrete Sprachhandlungssituation eingebettet). Eine solche Situierung der Wortschatzförderung im konkreten Sprachgebrauch wird derzeit breit gefordert (z. B. Hoffmann 2011: 143; Leimbrink 2015: 45; Polz 2011: 370).

Im Vergleich zur Wortschatzförderung im Allgemeinen hat die Vermittlung von Idiomen (auch in der Primarstufe) in der Vergangenheit noch einmal deutlich weniger Aufmerksamkeit erhalten. Kühn spricht (2007: 881) von einem „Dornröschenschlaf". Im Erstsprachunterricht werde dieser Bereich nur sporadisch, nicht systematisch vermittelt und bleibe in der Regel beschränkt auf erstens etymologische Aspekte, zweitens stilistische Aspekte und drittens Sprachreflexion (Thematisierung von Festigkeit und Idiomatizität; Kühn 2007: 881, siehe auch Stein 2011: 268–269). Kühn greift seinen oben beschriebenen wortschatzdidaktischen Dreischritt für den Bereich der Phraseodidaktik auf (siehe folgenden Abschnitt).

2.1 Phraseodidaktik für die Primarschule

Hinsichtlich der Vermittlung von Idiomen kommen Vorschläge vor allem aus dem Bereich der fremdsprachlichen Phraseodidaktik. Kühn (1996: 10) schlägt einen „phraseodidaktischen Dreischritt" mit den Schritten 1. erkennen – 2. entschlüsseln – 3. verwenden vor. In Abweichung vom oben beschriebenen Wortschatz-Dreischritt wurde hier die Semantisierung in Erkennen und Entschlüsseln aufgeteilt und erhält dadurch mehr Gewicht. Die Vernetzung hingegen wurde weggelassen. Dieses Modell wurde von Lüger (1997: 102) durch eine zusätzliche Festigung zu einem Vierschritt ergänzt: 1. erkennen – 2. entschlüsseln – 3. festigen – 4. verwenden.

Es stellt sich die Frage, inwieweit diese vier Schritte auf den (Erst-)Sprachunterricht in der Primarstufe übertragen werden können. Der/die in der Regel jugendliche oder erwachsene Deutsch-als-Fremdsprache-Lernende (DaF-Lernende) unterscheidet sich von Primarschüler/innen in verschiedener Hinsicht. DaF-Lernende können beim Lernen der Fremdsprache auf ein bereits erworbenes phraseologisches System in ihrer Erstsprache zurückgreifen. Für die Erkennung von Idiomen hat man versucht, ihnen verschiedene Hinweise wie das Vorkommen von morphosyntaktischen Irregularitäten und semantischen Inkompatibilitäten zur Verfügung zu stellen (Ettinger 2007: 896–897). Eine Voraussetzung dieser sprachreflexiven Kompetenz der Beurteilung solcher Aspekte scheint für ein

Primarschulkind weniger angemessen. Geht man – wie in Abschnitt 1 beschrieben – davon aus, dass Kinder im Primarschulalter Idiome auch verstehen und verwenden können, ohne eine doppelte Bedeutung zu realisieren, so ist ihre Erkennung im Sinne semantischer Inkompatibilitäten gar nicht notwendig, vielmehr können sie – ohne die wörtliche Bedeutung zu beachten – das Idiom holistisch deuten.

Für die Entschlüsselung von Idiomen gibt es für DaF-Lernende neben dem Weg einer Bedeutungserschließung über den Kontext den Weg über die Suche nach Parallelen in der Erstsprache und den Gebrauch eines Wörterbuchs (Ettinger 2007: 898–899). Den Primarschulkindern bleibt in erster Linie die Bedeutungserschließung über den Kontext. Hierbei handelt es sich allerdings um ein Verfahren, das ihnen seit dem Wortschatzerwerb in der frühen Spracherwerbsphase gut vertraut ist (siehe Hypothesenbildung, Abschnitt 1). Idiomatische Sammlungen oder Wörterbücher, selbst wenn sie für Kinder zusammengestellt wurden (z. B. Mewes 2014), sind wegen der begrenzten Zahl der enthaltenen Idiome und nicht immer leicht verständlicher Bedeutungsangaben für die Zielgruppe, die gerade in den unteren Klassen noch wenig Routine in der Verwendung von Wörterbüchern erworben hat, wenig hilfreich.

Wenn die behandelten Idiome im mentalen Lexikon der Kinder abgespeichert und das Wissen über die Idiome vertieft werden soll(en), ist für sie die von Lüger (1997) eingeführte Phase der Festigung mit wiederholten Begegnungen unbedingt notwendig. Wie für erwachsene Lernende scheinen Lückentexte und Form-Bedeutungs-Zuordnungen wenig attraktiv.

Die letzte Phase der Verwendung von Idiomen und damit die gezielte Förderung ihrer Aufnahme in den produktiven Wortschatz ist bisher ein sekundäres Lernziel und kommt in den Lehrmitteln selten systematisch und angemessen zum Einsatz. Mit dem Begriff „Lernziel" sind wir bei einem zentralen Punkt angekommen. In Abschnitt 2 wurden die Lernziele von Wortschatzarbeit im Allgemeinen (nach Ulrich 2011) herausgestellt. Folgende primäre Lernziele bzw. Kompetenzen lassen sich – vor dem Hintergrund der kindlichen Entwicklung (siehe Abschnitt 1) – für die Beschäftigung mit Idiomen in den ersten Schuljahren als besonders relevant ableiten:

---

1. *Sprachrezeption*: Die Schüler/innen verstehen – aufgrund ihrer Frequenz in der Alltagssprache oder der Attraktivität des Bildspenderbereichs für die Zielgruppe – ausgewählte Idiome (besser), d. h. sie erweitern bzw. vertiefen ihr Idiomwissen.
2. *Sprachreflexion*: Entwicklungsabhängig erhalten die Schüler/innen ggf. erste Einblicke in die Doppeldeutigkeit von Idiomen.
3. *Strategieerwerb*: Die Schüler/innen verbessern die Strategien der Bedeutungsentschlüsselung (exemplarisches Lernen an ausgewählten Idiomen; vgl. Ulrichs Forderung (2011: 35), siehe Abschnitt 2).

Werfen wir nach der Festlegung dieser primären Ziele für die Primarschule nochmals einen Blick auf die für Wortschatz im Allgemeinen vorgeschlagenen didaktischen Schritte von Kühn (siehe Abschnitt 2) und die phraseodidaktischen Schritte aus dem DaF-Bereich (s. o.), so lassen sich – unter Einbezug der Modelle von Kühn, Lüger und Ulrich – für die Arbeit mit Idiomen in der Primarschule besonders die folgenden *phraseodidaktischen Kriterien* mit kontextualisiertem Einstieg und reflektierendem Abschluss ableiten:

1. Angabe einer klaren *Lernziel-* bzw. *Kompetenzvorgabe,* auf die das Vorgehen abgestimmt ist.
2. *Überzeugende Idiomauswahl:* entweder häufig vorkommende oder aufgrund des Bildspenderbereichs für die Zielgruppe attraktive Idiome.[5]
3. Einstieg über einen *motivierenden Text* oder eine relevante Situation, die die Auseinandersetzung mit Idiomen anregen und für die Schüler/innen sinnvoll machen.
4. Bedingung für eine *selbstständige Bedeutungsentschlüsselung* von Idiomen ist ein unterstützender Kontext. Mit seiner Hilfe können die Schüler/innen ihren Wortschatz um das betreffende Idiom erweitern bzw. vertiefen (s. o. Lernziel 1, Sprachrezeption) und darüber hinaus exemplarisch auf das Verstehen anderer Idiome vorbereitet werden (s. o. Lernziel 3, Strategieerwerb).
5. Eine *Festigung* kann sowohl durch wiederholte Begegnungen mit einem Idiom als auch durch explizite Auseinandersetzung erfolgen (s. o. Lernziel 1, Rezeption). Als Übungen sind hier *altersgerechte* und *kreative* Lösungen gefragt. Das kann bspw. anhand szenischer Darstellungen, in denen das Idiom verwendet wird, auch bis zur Produktion führen.[6]
6. In Abhängigkeit vom Entwicklungsstand der Schüler/innen ist auch eine erste *Reflexion* über die Besonderheiten von Idiomen (Doppeldeutigkeit, Entstehung und Funktion; Ulrich 2010: 40) denkbar (s. o. Lernziel 2, Sprachreflexion).[7]

---

5 Das Fehlen von Idiom-Häufigkeitswerten wurde bereits beklagt (Ettinger 2008: 902). Man hat – im Zusammenhang mit der Erstellung phraseologischer Minima oder Optima für DaF-Unterricht (z. B. Hallsteinsdóttir et al. 2006) – über Informantenbefragungen, Korpusanalysen und Wörterbuchauswertungen versucht, ihre Frequenz messbar zu machen. Für an das Kind gerichtete Sprache fehlen vergleichbare Werte bisher gänzlich. Hier könnte in Zukunft eine Analyse des Korpus ChildLex des Max-Planck-Instituts für Bildungsforschung (http://alpha.dlexdb.de/pages/help/dbs/childlex/ 17.02.2022) Abhilfe schaffen. Auch bei der Beurteilung der Attraktivität für die Zielgruppe muss mit einer groben Einschätzung gearbeitet werden.
6 Ein Arbeitsblatt mit Zuordnungen von Idiomen und nicht-idiomatischen Entsprechungen ist von daher wenig hilfreich, da Synonymie suggeriert wird (Kühn 2007: 887).
7 Wenn die Kinder Idiome holistisch erwerben und die wörtliche Bedeutung noch nicht realisieren, ist eine Rekonstruktion von Idiomen ausgehend von bildlichen Darstellungen nicht hilfreich (vgl. Kühn 2007: 887–888). Wenn bereits beide Bedeutungen realisiert werden, kann die Arbeit mit Abbildungen einen Motivationsfaktor darstellen.

Lehrmittelanalysen im Hinblick auf die Förderung von Idiomen, die Kühn (2007) und Mückel (2015) vorgenommen haben, zeigen, dass die von der Phraseodidaktik gestellten Forderungen in den untersuchten Lehrmitteln kaum umgesetzt werden. Oft werden Idiome in der Primarschule relativ spät thematisiert, es findet eine eher sporadische denn systematische und kontextlose Thematisierung statt und sehr häufig wird mit einem wenig überzeugenden Standardrepertoire an Aufgaben (Lückentexte, Zuordnung von Idiomen und Bedeutungen bzw. Abbildungen und Idiomen) gearbeitet. Im folgenden Abschnitt werden auf der Grundlage der hier genannten sechs Kriterien drei derzeit (noch) aktuelle Schweizer Lehrmittel unter die Lupe genommen.[8]

3 Schweizer Deutschlehrmittel für die Primarstufe (1. bis 6. Schuljahr)

In den ersten zwei Schuljahren, in denen der Schriftspracherwerb eine zentrale Rolle spielt, werden Idiome in Lehrmitteln nicht explizit zum Lerngegenstand gemacht. In der 3. bis 6. Klasse wird in der Deutschschweiz aktuell in aller Regel mit einer der zwei folgenden Sprachlehrmittel-Reihen gearbeitet: dem Jahrgangslehrmittel *Die Sprachstarken* (erschienen zwischen 2007 und 2012, 3. bis 6. Schuljahr, derzeit in Überarbeitung) oder dem modularen Stufenlehrmittel *Sprachfenster* (2006, 2. und 3. Schuljahr) und *Sprachland* (2012, 4. bis 6. Schuljahr; Nachfolgelehrmittel derzeit in Entwicklung). Daneben gibt es eine Reihe von ergänzenden Lesebüchern, die meist bereits älteren Datums sind. In der Analyse wurden *Die Sprachstarken 4* (2007) und *Die Sprachstarken 5* (2008), das *Sprachland Magazin 1.3* (2009) sowie das Lesebuch *Platsch* (1997) für das 3. Schuljahr berücksichtigt. In den übrigen Bänden der Reihen sowie in den übrigen aktuell verfügbaren Lehrmitteln werden Idiome entweder gar nicht oder nur marginal thematisiert.

3.1 Beispiel 1: *Die Sprachstarken*

In den fünf Jahresbänden dieses Lehrmittels werden Idiome zweimal auf sehr ähnliche Weise behandelt. Im vierten Schuljahr (*Die Sprachstarken 4* 2007) gibt es

---

[8] Die Schweizer Lehrmittelsituation befindet sich derzeit im Umbruch, da für die Primarschule gerade zwei neue Lehrmittel entwickelt werden.

eine Doppelseite, auf der die wörtliche Bedeutung folgender acht idiomatischer Phraseme (sechs satzteilwertige Phraseme und zwei Sprichwörter) bildlich dargestellt ist:

> „Der schlägt über die Schnur."
> „Sie streiten um des Kaisers Bart."
> „Er steht unter dem Pantoffel."
> „Viele Köche verderben den Brei."
> „Er giesst Öl ins Feuer."
> „Besser ein Spatz in der Hand als zehn auf dem Dache."
> „Ihm liegt ein Stein auf dem Herzen."
> „Der fällt mit der Tür ins Haus."
> (*Die Sprachstarken 4* 2007: 80–81)

Abbildung 1 zeigt einen Ausschnitt dieser Doppelseite.

Abb. 1: Auszug aus *Die Sprachstarken 4* (2007: 80–81; Bildquelle: Neuruppiner Bilderbogen Nr. 3082 aus dem Jahr 1855, Verlag Gustav Kühn, Neuruppin).

Die Doppelseite mit dem Titel „Redensarten" gehört zu einer sog. „Oase", die das Kapitel „Sprache erforschen" in zwei Hälften teilt. Als „Oase" bezeichnete Doppelseiten stehen jeweils am Ende oder in der Mitte eines der sechs Kapitel und sind gemäß Verlag als Moment des spielerischen Innehaltens gedacht.[9] Es gibt in den Kommentarbänden keine Hinweise zum Umgang mit den Oasen und keine Aufgaben.

---

[9] Vgl. https://www.klett.ch/Shop/Artikel/978-3-264-83621-9/Empfehlung/ (17.02.2022).

Analyse: Weder die Auswahl der teils satzwertigen, teils satzteilwertigen Phraseme, deren Bedeutung teilweise nicht einmal den Lehrpersonen bekannt sein dürfte, noch ihre isolierte Präsentation vermögen aus phraseodidaktischer Sicht zu überzeugen. Die Abbildungen (der ausschließlich männlichen Protagonisten) unterstreichen die Ferne zur Lebenswelt der Viertklässler. Da die Doppelseite als Oase angelegt ist, fehlen der Logik des Lehrmittels entsprechend Angaben zu einem Lernziel bzw. zu erwerbenden Kompetenzen. Gerade weil es sich aber für Lehrpersonen erfahrungsgemäß um ein anspruchsvolles Thema handelt,[10] wären – wenn Phraseme auf dieser Stufe als relevant erachtet werden – zu diesem Thema Anregungen zur Behandlung hilfreich und somit eine Verortung jenseits der Oase sinnvoll gewesen. In der jetzigen Form besteht die Gefahr, dass diese Doppelseite schlicht übersprungen wird. Die Aufnahme ins Lehrmittel bei gleichzeitiger Nichtbeachtung der sechs in Abschnitt 2.1 genannten Kriterien zeugt davon, dass Idiome für die vierte Klasse offensichtlich bereits eine gewisse Relevanz zugesprochen, eine systematische Behandlung aber als noch nicht sinnvoll erachtet wird.

Sehr ähnlich ist das Vorgehen im Band für das fünfte Schuljahr, allerdings mit einer überzeugenderen Auswahl von Idiomen[11] (der Lebenswelt der Schüler/innen näher, häufigeres Vorkommen und transparentere Idiome[12]) sowie mit kindgerechteren Abbildungen. Hier wird die Oasen-Doppelseite mit der Frage nach der Bedeutung der „Redensarten" überschrieben, didaktische Anregungen fehlen aber auch hier. Erst in der Sekundarstufe werden Phraseme unter dem Titel „Redensarten" (*Die Sprachstarken 7* 2013) systematisch behandelt.

3.2 Beispiel 2: *Sprachland*

In diesem Stufenlehrmittel für die vierte bis sechste Klasse werden Idiome im *Sprachland Magazin 1.3* (2012: 12–13) mit dem Titel „Erfunden und täglich gebraucht" thematisiert. Ziel dieses Heftes ist es, Schüler/innen bei einem Vortrag

---

10 Aus diesem Grund fordert Scherer (1982: 151–152) schon in den 1980er Jahren, dass Lehrpersonen weitere Kenntnisse in der Phraseologie erwerben sollten. Oakhill et al. (2016: 125) beschreiben, dass Lehrpersonen Mühe haben, die Idiomkenntnis der Schüler/innen einzuschätzen.
11 „Sich benehmen wie ein Elefant im Porzellanladen.", „Den Kopf in den Sand stecken.", „Jetzt schlägt's dreizehn!", „Sich auf der Nase herumtanzen lassen.", „Den Ast absägen, auf dem man sitzt.", „Da fehlt noch das Tüpfelchen auf dem i.", „Da ist der Wurm drin.", „Die Sache hat einen Haken.", „Krokodilstränen weinen.", „Durch die Blumen sprechen.", „Kopflos herumrennen.", „Den Stier bei den Hörnern packen." (*Die Sprachstarken 5* 2008: 40–41).
12 Im phraseologischen Optimum von Hallsteinsdóttir et al. (2006) ist keines der in *Die Sprachstarken* enthaltenen idiomatischen Phraseme enthalten.

zu einem Alltagsgegenstand zu unterstützen (*Sprachland. Kommentar Magazin-Set 1.3* 2011: 86). Die Beschäftigung mit Idiomen erfolgt in Form einer Doppelseite „Alltagsgegenstände in Redewendungen" (*Sprachland Magazin 1.3* 2012: 12–13), auf der die wörtlichen Bedeutungen von zwölf satzteilwertigen Idiomen (inkl. Angabe der Idiome) altersgerecht abgebildet sind:

„Gespannt wie ein Regenschirm"
„Wie auf Nadeln sitzen"
„Eine Nadel im Heuhaufen suchen"
„Jemandem die Schuld in die Schuhe schieben"
„Wissen, wo der Schuh drückt"
„Jemandem auf den Leim gehen"
„Das fünfte Rad am Wagen"
„Das Rad neu erfinden"
„Die Weisheit mit Löffeln gegessen haben"
„Wie ein Buch reden"
„Ein Buch mit sieben Siegeln"
„Jemandem den Spiegel vorhalten"

Diesen Abbildungen sollen die Kinder zwölf vorgegebene Umschreibungen der phraseologischen Bedeutungen zuordnen (Kritik an diesem Vorgehen siehe Fußnote 7). Ein Auszug ist auf Abb. 2 zu sehen.

Abb. 2: Auszug aus „Erfunden und täglich gebraucht", *Magazin 1.3, Sprachland* (2012: 12–13), Illustration: Raphael Volery.

Noch einmal aufgenommen werden diese Idiome in *Sprachland. Kommentar Magazin-Set 1.3* (2011: 86), der die elektronische Kopiervorlage „Weitere Besonderheiten des Gegenstandes" (Nr. 20) enthält. Hier werden die Schüler/innen angeregt, zu dem in ihrem Vortrag beschriebenen Gegenstand ein Idiom im Magazin zu suchen und zur Eröffnung bzw. zum Abschluss ihres Vortrags zu verwenden. Die Klassenkamerad/innen werden nach der Bedeutung gefragt.

Analyse: Für dieses Lehrmittel wurden zwölf relativ geläufige[13] und transparente satzteilwertige Phraseme („Redewendungen") ausgewählt, von denen eine Komponente einen Alltagsgegenstand darstellt (z. B. Nadel, Schuh, Buch). Phrasembezogene Lernziele werden nicht angeführt, es kann aber nur um eine erste Begegnung mit relativ bekannten Idiomen gehen (Erweiterung des rezeptiven Wortschatzes). Das Idiom wird – wenn zufällig eine Komponente dem Vortragsgegenstand entspricht – auf eine Art Kuriosum als Rätsel zur Einleitung oder zum Abschluss des Vortrags reduziert.

Die Idiome werden isoliert präsentiert, eine eigenständige Entschlüsselung der phraseologischen Bedeutungen wird nicht angeregt, Festigung und Reflexion bleiben allenfalls der Lehrperson überlassen. Eine Realisierung ist aber kaum zu erwarten, da in diesem Magazin mündliche Textproduktion und nicht sprachliche Reflexion im Fokus steht.

3.3 Beispiel 3: *Platsch*

Als letztes Beispiel ist das Lesebuch *Platsch* (1997) für das dritte Schuljahr anzuführen. Dieses Lehrmittel wird/wurde ergänzend zu reinen Sprachbüchern wie *Sprachfenster* und *Sprachland* verwendet. Kapitel 5 trägt den Titel „Aus einer Mücke einen Elefanten machen". Es enthält drei Sequenzen, die Idiome behandeln.

Sequenz 1: Den Einstieg ins Kapitel bildet eine Doppelseite (*Platsch* 1997: 110–111), deren linke Hälfte aus dem Phrasem „aus einer Mücke einen Elefanten machen" und deren rechte Hälfte aus fünf skizzenhaften Zeichnungen mit einer schrittweisen Verwandlung einer Mücke in einen Elefanten besteht (siehe Abb. 3). Der *Platsch Kommentar* (1997: 118) zu dieser Doppelseite nennt als Lernziel das Nachdenken über das Idiom (Reflexion) und das In-Beziehung-Setzen von Idiom und Abbildung (Reflexion). Nach der Auseinandersetzung mit diesem Idiom sollen die Schüler/innen weitere Idiome sammeln und zeich-

---

[13] Im phraseologischen Optimum von Hallsteinsdóttir et al. (2006) enthalten ist nur „jmdm. die Schuld in die Schuhe schieben".

nerisch gestalten, um sie in der Klasse vorzustellen und identifizieren zu lassen (*Platsch Kommentar* 1997: 118).

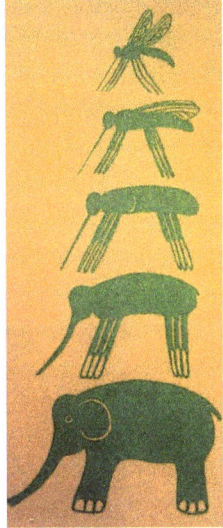

Abb. 3: *Platsch* (1997: 111).

Auf diese erste Auseinandersetzung mit dem Idiom aufbauend folgt auf der nächsten Seite unter der Textsorte „Witz" folgender Eintrag:

> Ein Mückenschwarm fliegt über den Zoo. Über dem Elefantengehege sagt die älteste Mücke: „Schaut hinunter. Das sind die Tiere, die aus uns gemacht werden."*
>
> * Redewendung: Aus einer Mücke einen Elefanten machen (maßlos übertreiben)
> (*Platsch* 1997: 112)

Unterstützend ist eine Zeichnung abgedruckt, in der zwei Vögel in einem Baum sitzen und einer – während ein Elefant an ihnen vorbeiläuft – zum anderen sagt: „Ich kannte ihn noch als Mücke!" Der *Platsch Kommentar* (1997: 199) zu dieser Doppelseite geht nicht näher auf das Idiom ein, sondern konzentriert sich auf die Textsorte Witz in mündlicher wie schriftlicher Sprachproduktion. Der Witz ergibt sich aus dem Spiel mit der Doppelbedeutung: in Text und Bild wird das Idiom in seiner wörtlichen Bedeutung verwendet. Um den Witz zu verstehen, muss als Kontrast die phraseologische Bedeutung bekannt sein (zur Unterstützung wird das Idiom vorher besprochen und an dieser Stelle nochmals eine Angabe zur phraseologischen Bedeutung gemacht). Hieraus ergibt sich – unter der Voraussetzung, dass die Schüler/innen mit Unterstützung der Lehrperson bereits mit beiden Bedeutungen arbeiten können – ein guter Gesprächsanlass über die semantische Besonderheit von Idiomen. Ob und wie dieses Gespräch geführt wird, bleibt der Lehrperson überlassen.

Nach naturkundlichen Texten zu Insekten und Elefanten schließt das Kapitel mit zwei weiteren Idiomsequenzen, aus denen die Schüler/innen selbstständig eine zur Bearbeitung auswählen können: die Bildergeschichte „Ein Elefant im Porzellanladen" (*Platsch* 1997: 130, siehe Abb. 4) und ein Prosatext mit dem Titel „Von der grossen schwarzen Wut des kleinen grauen Elefanten" (*Platsch* 1997: 131–133).

Abb. 4: *Platsch* (1997: 130).

Sequenz 2: Die Bildergeschichte greift das Idiom des Elefanten im Porzellanladen auf und versucht es zu motivieren, indem es in gereimter Form beschreibt, wie sich das Tier in dieser Umgebung verhält. Wer sich für diese Alternative entscheidet, erhält den Auftrag, nach der Lektüre die phraseologische Bedeutung des Idioms zu formulieren (*Platsch Kommentar* 1997: 136). Als Weiterführung soll sechs satzteilwertigen Idiomen im Multiple-Choice-Verfahren eine von je drei vorgegebenen Bedeutungen zugewiesen werden:[14]

„Die Katze im Sack kaufen"
„Jemandem einen Bären aufbinden"
„Wie der Esel am Berg stehen"[15]
„Mit jmdm. ein Hühnchen rupfen"
„Das schwarze Schaf sein"
„Wissen, wie der Hase läuft"
   (*Platsch Kommentar* 1997: 137)

Von diesen Idiomen kann schließlich eines ausgewählt werden, um in einer selbstgestalteten Bildergeschichte seine phraseologische Bedeutung zu erklären. Als Abschluss des Kapitels wird das „Montagsmaler-Spiel" vorgeschlagen (*Platsch Kommentar* 1997: 136), bei dem Schüler/innen ein Idiom (aus einer vorgegebenen Menge) zeichnerisch darstellen und die Gruppe das Dargestellte errät.

Sequenz 3: Alternativ zur Bildergeschichte können die Schüler/innen einen dreiseitigen Text lesen, der die Geschichte eines kleinen Elefanten beschreibt, dem wiederholt vorgeworfen wird, er benehme sich wie ein Elefant im Porzellanladen. Um das Gegenteil zu beweisen, besucht er einen solchen, ohne dort etwas zu zerschlagen. Die Aufträge, die an die Textlektüre anschließen, beschäftigen sich nicht mit dem Idiom, sondern konzentrieren sich auf die szenische Umsetzung von Textauszügen.

Analyse: Die beiden zentralen Idiome „aus einer Mücke einen Elefanten machen" und „sich wie ein Elefant im Porzellanladen benehmen" sind wegen ihres für Drittklässler/innen lebensweltnahen Bildspenderbereichs Tiere (*Platsch Kommentar* 1997: 117) sowie ihrer Häufigkeit und Transparenz (Gegenstand der Reflexion) sinnvoll gewählt. Die verschiedenen Präsentationsformen bildliche

---

14 Keines der in *Platsch* genannten Idiome ist im phraseologischen Optimum von Hallsteinsdóttir et al. (2006) enthalten. Wenn die von den Lehrmittelautorinnen ausgewählten Idiome tatsächlich für die Kinder wegen des Bildspenderbereichs attraktiv sind, zeigt ihr Fehlen im genannten Optimum für den DaF-Unterricht einmal mehr, dass diese Zusammenstellungen für den erstsprachlichen Unterricht nicht 1:1 zu übernehmen sind.
15 Hierbei handelt es sich um einen Helvetismus, der der bundesdeutschen Variante „dastehen wie der Ochs am/vorm Berg" entspricht (zur räumlichen Verteilung des Idioms siehe Juska-Bacher 2011: 86).

Darstellung (111), Witz (112), Bildergeschichte (130) sowie wahlweise unbebilderter Prosatext (131–133) betten die Idiome sehr gut in einen für die Zielgruppe attraktiven Kontext ein.

An diese im Schüler/innen-Buch abgedruckten Inputs schließen die drei o. g. Aufgaben an:
1. Freies Sammeln weiterer Idiome und ihre bildnerische Darstellung (der wörtlichen Bedeutung, *Platsch Kommentar* 1997: 110 und 130 „Montagsmaler"), die Klassenkamerad/innen sollen Idiome benennen.
2. Formulierung der phraseologischen Bedeutung eines Idioms (ebd. 130)
3. Zuordnung von Idiom und phraseologischer Bedeutung im Multiple- Choice-Verfahren (*Platsch Kommentar* 1997: 137; Kritik vgl. Fußnote 6).

Primäres Lernziel (vgl. Abschn. 2.1) aller drei Sequenzen ist Sprachreflexion („über eine Redewendung nachdenken", *Platsch Kommentar* 1997: 118). Es wird wiederholt versucht, wörtliche und phraseologische Bedeutung zusammenzuführen (z. B. durch das Erraten von bildnerischen Darstellungen von Idiomen in Sequenz 1, Pkt. 1 der vorangehenden Liste), um auf die Doppeldeutigkeit von Idiomen aufmerksam zu machen. Scherers (1982) Ergebnisse (siehe Abschnitt 1) weisen allerdings in die Richtung, dass dieser Ansatz für einen Großteil der Kinder dieses Alters (zu) anspruchsvoll ist, da sie zwar durchaus bereits Idiome kennen, aber die wörtliche Bedeutung noch nicht unbedingt eine Rolle zu spielen braucht (siehe Abschnitt 1). Wann das Verstehen der Doppelbedeutungen von Idiomen einsetzt, ist empirisch noch nicht detailliert belegt und von der individuellen Sprachentwicklung der Schüler/innen abhängig (z. B. Häcki Buhofer 2007a; Kilian 2011). Eine Aufgabe wie die Herleitung der phraseologischen Bedeutung von „jmdm. einen Bären aufbinden" oder „mit jmdm. ein Hühnchen rupfen" aus der wörtlichen Bedeutung (Pkt. 3 der vorangehenden Liste) scheint für 9- bis 10-Jährige schwierig leistbar. Da diese Idiome als Zusatzaufgabe isoliert präsentiert werden, haben die Schüler/innen keine Möglichkeit, ihre Bedeutung aus dem Kontext zu erschließen. Wenn die Kinder frei weitere Idiome sammeln (Sequenz 1 und 2), ist nicht mehr kontrollierbar, welchen Schwierigkeitsgrad die Idiome haben.

Die Zusammenführung der wörtlichen und der phraseologischen Bedeutung zielt neben der Sprachreflexion auch darauf, den Kindern Strategien für die Entschlüsselung (leicht) motivierbarer Idiome zu vermitteln. Hier gelten wiederum die bereits geäußerten Bedenken hinsichtlich der Altersangemessenheit.

Schließlich geht es bei der Auseinandersetzung mit der Bedeutung der Idiome (Pkt. 2 der vorangehenden Liste) auch um eine Vertiefung des semantischen Wissens. Eine Festigung der Idiome findet nicht statt (allenfalls in ersten

Ansätzen, wenn die Schüler/innen aus zeichnerischen Darstellungen Idiome erkennen sollen, siehe Pkt. 2 der vorangehenden Liste).

3.4 Zusammenfassung

Die Ergebnisse der Auswertung der drei Beispiele (Abschnitte 4.1 bis 3) sind in Tab. 1 zusammengefasst.

Tabelle 1 belegt noch einmal im Überblick die beträchtlichen Unterschiede zwischen den drei Lehrmitteln. Die von den Autor/innen von *Die Sprachstarken* 4 ins Lehrmittel eingestreute Doppelseite mit acht weniger geläufigen idiomatischen Phrasemen und Abbildungen ihrer wörtlichen Bedeutung, zu denen jeglicher Hinweis auf ihre Behandlung im Unterricht fehlt, hinterlässt den Eindruck, dass man in der vierten Klasse Idiome zwar ansprechen möchte, aber eine angemessene Form noch nicht gefunden hat. Das Material aus *Sprachland* für die 4. Klasse besteht aus einer relativ häufig anzutreffenden Zuordnungsübung (Kühn 2007: 887) von Idiomtext und -abbildung zu ihrer wörtlichen Bedeutung. Die Anregung, mit einem Idiom einen Vortrag zu beginnen bzw. abzuschließen, überzeugt aus der Perspektive des Vortrags, weniger aus der phraseodidaktischen Perspektive. *Platsch* (für die 3. Klasse) hebt sich vom Umfang und von der Einbettung der Idiomsequenzen deutlich von den beiden anderen Lehrmitteln ab. Zumindest teilweise explizit formulierte Lernziele und darauf abgestimmtes Vorgehen, eine angemessene Auswahl der Idiome, die Einbettung in motivierende Texte bzw. Abbildungen machen die Sequenzen für die Zielgruppe attraktiv. Durch diese Einbettung ist Kontext für eine Entschlüsselung der Idiombedeutung gegeben. Die Festigung durch eine Beschäftigung mit Idiomen ist allerdings eher kurz gehalten und kritisch anzumerken bleibt, dass die Reflexion durch die Verbindung der zwei Idiombedeutungen im Hinblick auf die bisherigen Forschungsergebnisse Gefahr läuft, einen Teil der Schüler/innen zu überfordern (besonders zum Idiom „aus einer Mücke einen Elefanten machen", hier ist die Reflexion der Lehrperson überlassen). Ähnlich wie bei Untersuchungen von Scherer (1982), Kühn (2005) und Mückel (2015) bleiben aus phraseodidaktischer Sicht auch bei den hier vorgestellten Schweizer Lehrmitteln einige Wünsche offen. Von den von Kühn (2007: 881, siehe Abschnitt 2) erwähnten drei Aspekten Etymologie, Stilistik und Sprachreflexion wird in den für die Primarstufe untersuchten Schweizer Lehrmitteln lediglich der Bereich Reflexion angesprochen.

Tab. 1: Beurteilung der drei Schweizer Lehrmittel im Hinblick auf die in Abschnitt 3.1 genannten sechs Kriterien („+" = Kriterium erfüllt, „–" = Kriterium nicht erfüllt, „(+)" = Kriterium bei einem Teil der Aufgaben erfüllt).

	Lernziele genannt, abgestimmt	altersgerechte Auswahl Idiome	Einstiegstext motivierend	Entschlüsselung über Kontext	Festigung altersgerecht, kreativ	Reflexion
Die Sprachstarken (4. Kl.)	–	–	–	–	–	–
Sprachland (4. Kl.)	–	+	–	–	–	–
Platsch (3. Kl.)	(+)	+	+	(+)	–	(+)

4 Idiome in der Primarschule

Empirische Daten zeigen, dass Schulanfänger/innen bereits Idiome verstehen und verwenden. Diese frühen Kompetenzen lassen sich durch zwei Zugangswege zum Verstehen der Idiome erklären, einen holistischen und einen analytischen. Kinder können die phraseologische Bedeutung als Ganzes (wie ein Wort) lernen, ohne die wörtliche Bedeutung zu realisieren. Wann eine Beschäftigung mit der doppelten Bedeutung von Idiomen und Motivierungsversuche einsetzen, ist noch nicht geklärt. Um die phraseologische Bedeutung erschließen zu können, sind Kinder – wie beim fast und extended mapping von Einzelwörtern – auf den Gebrauchskontext angewiesen. Diesen Bedingungen muss eine didaktische Umsetzung in der Primarschule Rechnung tragen.

Solange die Kinder den analytischen Weg nicht beschreiten, machen die häufig verwendeten Zuordnungsübungen von isoliertem Idiom bzw. seiner bildlich dargestellten wörtlichen Bedeutung und der phraseologischen Bedeutung wenig Sinn (auch später ist der Lernerfolg fraglich). Vielmehr sollte wie beim Erwerb von Einzelwörtern über den Kontext eine holistische Entschlüsselung ermöglicht werden. Dabei kann über das spezifische Idiom hinaus eine Kompetenz zur Entschlüsselung unbekannter Idiome und zusätzlich von Textstellen im Allgemeinen trainiert werden.

Wenn wie in *Platsch* sehr intensiv mit einem transparenten Idiom wie „wie ein Elefant im Porzellanladen" gearbeitet wird, ist es möglich, auch Kindern der dritten Klasse (Zielgruppe des Lehrmittels) den Weg zur Motivierung eines solchen Idioms zu ebenen. Wenn sich dieser Weg als fruchtbar erweist, lassen sich auch erste Reflexionen anschließen. Das möge ein Beispiel aus der Praxis verdeutlichen, in dem ein Drittklässler – bei der Erprobung einer längeren Unterrichtssequenz zu Idiomen – auf die Frage nach dem Vorteil eines Idioms wie „jmdm. jagt es den Nuggi raus" (Helvetismus mit der Bedeutung „jmd. verliert die Geduld"), das in eine familiäre Stresssituation eingebettet wurde, auf den pragmatischen Mehrwert des Idioms im Sinne einer Abmilderung gegenüber einer nicht-idiomatischen Verbindung hinwies („Es tönt lieber.").[16]

Idiome lassen sich also selbstverständlich bereits in der Primarstufe thematisieren. Dies sollte aber mit Rücksicht auf psycholinguistische Erkenntnisse entwicklungsorientiert und mit Blick auf die in Abschnitt 2.1 genannten phraseodidaktischen Anforderungen altersangemessen und kontextualisiert geschehen. Ob ein Idiom schließlich tatsächlich erworben wird, hängt aber nicht nur

---

[16] Ein Dank für die Durchführung dieser Sequenz geht an Eva Martin und ihre 3. Klasse in Ipsach, die diese Unterrichtssequenz im Frühjahr 2016 getestet haben.

vom didaktischen Vorgehen, sondern auch vom Sprachentwicklungsalter der Kinder und der „Attraktivität" des Idioms ab.

Literatur

Forschungsliteratur

Anglin, Jeremy M. (1993): *Vocabulary development: a morphological analysis* (Monographs of the Society for Research in Child Development Series No. 238, Vol. 58, No. 10). Chicago: University of Chicago.
Augst, Gerhard (1984): *Kinderwort. Der aktive Kinderwortschatz (kurz vor der Einschulung) nach Sachgebieten geordnet.* Frankfurt a. M. u. a.: Peter Lang.
Buhofer, Annelies (1980): *Der Spracherwerb von phraseologischen Wortverbindungen. Eine psycholinguistische Untersuchung an schweizerdeutschem Material.* Frauenfeld, Stuttgart: Huber.
Burger, Harald (2006): Phraseologie im Spracherwerb – Evidenz aus der Spontansprache. In Annelies Häcki Buhofer & Harald Burger (Hrsg.), *Phraseology in Motion I,* 339–356. Baltmannsweiler: Schneider Hohengehren.
Burger, Harald (2015): *Phraseologie. Eine Einführung am Beispiel des Deutschen.* Berlin: Erich Schmidt.
Clark, Eve (1996): Later Lexical Development and Word Formation. In Paul Fletcher & Brian MacWhinney (Hrsg.), *The Handbook of Child Language,* 392–412. Oxford: Blackwell.
Dobrovol'skij, Dimitrij (1997): *Idiome im mentalen Lexikon.* Trier: WVT.
Dudenredaktion (Hrsg.) (2008): *Redewendungen.* Mannheim u. a.: Duden.
Ettinger, Stefan (2007): Phraseme im Fremdsprachenunterricht. In Harald Burger, Dimitrij Dobrovol'skij, Peter Kühn & Neal R. Norrick (Hrsg.), *Phraseologie: Ein internationales Handbuch der zeitgenössischen Forschung / Phraseology. An International Handbook of Contemporary Research,* 893–908. Berlin, New York: De Gruyter.
Feilke, Helmuth (2009): Wörter und Wendungen: kennen, lernen, können. *Praxis Deutsch* 218, 4–13.
Häcki Buhofer, Annelies (2007): Psycholinguistic aspects of phraseology: European tradition. In Harald Burger, Dimitrij Dobrovol'skij, Peter Kühn & Neal R. Norrick (Hrsg.), *Phraseologie: Ein internationales Handbuch der zeitgenössischen Forschung / Phraseology. An International Handbook of Contemporary Research,* 837–853. Berlin, New York: De Gruyter.
Häcki Buhofer, Annelies (2007a): Phraseme im Erstspracherwerb. In Harald Burger, Dimitrij Dobrovol'skij, Peter Kühn & Neal R. Norrick (Hrsg.), *Phraseologie: Ein internationales Handbuch der zeitgenössischen Forschung / Phraseology. An International Handbook of Contemporary Research,* 854–869. Berlin, New York: De Gruyter.
Hallsteinsdóttir, Erla, Monika Šajánková & Uwe Quasthoff (2006): Phraseologisches Optimum für Deutsch als Fremdsprache. Ein Vorschlag auf der Basis von Frequenz- und Geläufigkeitsuntersuchungen. *Linguistik Online* 27, 117–136.
Haß, Ulrike & Petra Storjohann (2015): *Handbuch Wort und Wortschatz.* Berlin: De Gruyter.

Hoffmann, Michael (2011): Textorientierte Wortschatzarbeit. In Inge Pohl & Winfried Ulrich (Hrsg.) (2011), *Wortschatzarbeit*, 143–158. Baltmannsweiler: Schneider.

Juska-Bacher, Britta (2011): Helvetismen: nationale und areale Varianten? Kodifizierung und sprachliche Realität. In Koenraad Kuiper (Hrsg.), *Yearbook of Phraseology* 2, 71–108. Berlin, New York: De Gruyter.

Juska-Bacher, Britta & Sabrina Jakob (2014): Wortschatzumfang und Wortschatzqualität und ihre Bedeutung im fortgesetzten Spracherwerb. *ZfAL* 61 (1), 49–75.

Kilian, Jörg (2011): Wortschatzerwerb aus entwicklungspsychologischer, linguistischer und sprachdidaktischer Perspektive. In Inge Pohl & Winfried Ulrich (Hrsg.) (2011), *Wortschatzarbeit*, 85–106. Baltmannsweiler: Schneider.

Kilian, Jörg & Jan Eckhoff (Hrsg.) (2015): *Deutscher Wortschatz – beschreiben, lernen, lehren. Beiträge zur Wortschatzarbeit in Wissenschaft, Sprachunterricht, Gesellschaft*. Frankfurt a. M. u. a.: Peter Lang.

Kilian, Jörg & Jan Eckhoff (2015): Zur Einführung. In Jörg Kilian & Jan Eckhoff (Hrsg.), *Deutscher Wortschatz – beschreiben, lernen, lehren. Beiträge zur Wortschatzarbeit in Wissenschaft, Sprachunterricht, Gesellschaft*, 1–2. Frankfurt a. M. u. a.: Peter Lang.

Kühn, Peter (1996): Redewendungen – nur im Kontext! Kritische Anmerkungen zu Redewendungen in Lehrwerken. *Fremdsprache Deutsch* 15 (2), 10–16.

Kühn, Peter (2007): Phraseme im Muttersprachenunterricht. In Harald Burger, Dmitrij Dobrovol'skij, Peter Kühn & Neal R. Norrick (Hrsg.), *Phraseologie: Ein internationales Handbuch der zeitgenössischen Forschung / Phraseology. An International Handbook of Contemporary Research*, 881–893. Berlin, New York: De Gruyter.

Kühn, Peter (2007a): Rezeptive und produktive Wortschatzkompetenzen. In Heiner Willenberg (Hrsg.), *Kompetenzhandbuch für den Deutschunterricht*, 160–167. Baltmannsweiler: Schneider Hohengehren.

Laval, Virginie (2003): Idiom comprehension and metapragmatic knowledge in French children. *Journal of Pragmatics* 35, 723–739.

Leimbrink, Kerstin (2015): Wortschatzerwerb. In Ulrike Haß & Petra Storjohann (Hrsg.) (2015): *Handbuch Wort und Wortschatz*, 27–52. Berlin: De Gruyter.

Lüger, Heinz-Helmut (1997): Anregungen zur Phraseodidaktik. *Beiträge zur Fremdsprachenvermittlung* 32, 69–120.

Moser, Urs, Margrit Stamm & Judith Hollenweger (2005): *Für die Schule bereit? Lernstandserhebung in den 1. Klassen des Kantons ZH: Lesen, Wortschatz, Mathematik und soziale Kompetenzen beim Schuleintritt*. Aarau: Sauerländer.

Mückel, Wenke (2015): Phraseologische Arbeit als Wortschatzarbeit im muttersprachlichen Deutschunterricht? In Jörg Kilian & Jan Eckhoff (Hrsg.), *Deutscher Wortschatz – beschreiben, lernen, lehren*, 257–277. Frankfurt a. M.: Peter Lang.

Nagy, E. William & Judith A. Scott (2000): Vocabulary processes. In Michael L. Kamil, Peter Mosenthal, David P. Pearson & Rebecca Barr (Hrsg.), *Handbook of reading research* (3), 269–284. Mahwah, NY: Erlbaum.

Oakhill, Jane, Kate Cain & Barbara Nesi (2016): Understanding of Idiomatic Expressions in Context in Skilled and Less Skilled Comprehenders: Online Processing and Interpretation. *Scientific studies of reading* 20 (2), 124–139.

Polz, Marianne (2011): Wortschatzarbeit in verschiedenen Schulstufen. In Inge Pohl & Winfried Ulrich (Hrsg.), *Wortschatzarbeit*, 363–399. Baltmannsweiler: Schneider Hohengehren.

Pregel, Dietrich & Gerd Rickheit (1987): *Der Wortschatz im Grundschulalter: Häufigkeitswörterbuch zum verbalen, substantivischen und adjektivischen Wortgebrauch.* Hildesheim: Olms.
Rothweiler, Monika & Jörg Meibauer (1999): Das Lexikon im Spracherwerb – Ein Überblick. In Monika Rothweiler & Jörg Meibauer (Hrsg.), *Das Lexikon im Spracherwerb,* 9–31. Tübingen: Francke.
Scherer, Thomas (1982): *Phraseologie im Schulalter.* Bern, Frankfurt a. M.: Peter Lang.
Schmidlin, Regula (1999): *Wie Deutschschweizer Kinder schreiben und erzählen lernen. Textstruktur und Lexik von Kindertexten aus der Deutschschweiz und aus Deutschland.* Tübingen u. a.: Francke.
Stein, Stephan (2011): Phraseme und Phrasemsemantik. In Inge Pohl & Winfried Ulrich (Hrsg.), *Wortschatzarbeit,* 256–279. Baltmannsweiler: Schneider Hohengehren.
Steinhoff, Torsten (2009): Der Wortschatz als Schaltstelle des schulischen Spracherwerbs. *Didaktik Deutsch* 27, 33–52.
Ulrich, Winfried (2010): *Wortschatzarbeit im muttersprachlichen Deutschunterricht.* Baltmannsweiler: Schneider Hohengehren.
Ulrich, Winfried (2011): Auseinandersetzung mit tradierten Formen des Unterrichts und Vorschläge für eine neue, lexikonorientierte Wortschatzarbeit. In Inge Pohl & Winfried Ulrich (Hrsg.), *Wortschatzarbeit,* 533–552. Baltmannsweiler: Schneider Hohengehren.
Wray, Alison (2002): *Formulaic language and the lexicon.* Cambridge: University Press.

Lehrmittel und Kinderbuch

Platsch
Platsch. (1997). Buchs: Lehrmittelverlag des Kantons Aargau.
Platsch. Kommentar (2007). Buchs: Lehrmittelverlag des Kantons Aargau.

Sprachfenster
Sprachfenster (2006). Zürich: Lehrmittelverlag Zürich.

Sprachland
Sprachland. Kommentar Magazin-Set 1 (2011). Zürich: Lehrmittelverlag Zürich, Bern: Schulverlag plus.
Sprachland. Magazin 1.3: Erfunden und täglich gebraucht (2012). Zürich: Lehrmittelverlag, Zürich, Bern: Schulverlag plus.

Die Sprachstarken
Die Sprachstarken 4 (2007). Zug: Klett und Balmer.
Die Sprachstarken 4. Kommentarband (2007). Zug: Klett und Balmer.
Die Sprachstarken 5 (2008). Zug: Klett und Balmer.
Die Sprachstarken 7 (2013). Zug: Klett und Balmer.

Kinderbuch
Mewes, Eike (2014): *Redewendungen: Ein hintersinniges Kinderbuch auch für Erwachsene.* Plauen: Neue Literatur.

Ulrike Preußer
Literarisches Lernen in der Grundschule mit sprachlicher Formelhaftigkeit

Abstract: Viele kinderliterarische Texte sind reich an Phrasemen, die mit unterschiedlichem Skopus, mit verschiedenen Funktionen und oft auffällig markiert eingebettet sind und insofern besondere Gelegenheiten zur Verknüpfung von sprachlichem mit literarischem Lernen in der Grundschule bieten. Anhand von drei ausgewählten Texten – eines Kinderromans und zwei Bilderbüchern – wird vor dem Hintergrund der Basisanforderungen des Literaturunterrichts in der Primarstufe skizziert, wie insbesondere idiomatische Phraseologismen durch semantische und/oder formale Modifikationen Konnotations- und Sinnstiftungsangebote eröffnen, die zur sprachlichen Reflexion und zum Erkunden und Hinterfragen von Bedeutungszusammenhängen einladen.

Keywords: Literarisches Lernen in der Grundschule, Phraseme/Phraseologismen in der Kinderliteratur, Bilderbücher, Literaturdidaktik und Literaturunterricht

Literaturdidaktik ist eine an der Vermittlung zwischen Lernenden und Literatur orientierte Wissenschaft, die sich – zunehmend auch empirisch – mit literarischen Lehr- und Lernformen beschäftigt, um die Aneignung literarischer Kompetenz bzw. literarischer Bildung zu befördern (vgl. Kepser & Abraham 2016: 18–19). Mit Blick auf die Beschaffenheit ihres Gegenstands setzt sie sich zu diesem Zweck nicht nur mit narratologischen, medien- und gattungstheoretischen oder stofflich bzw. motivisch ausgerichteten Fragestellungen auseinander, sondern auch mit der Präzisierung der jeweiligen Herausforderung, die die im literarischen Text verwendete Sprache darstellt und wie ihr in Lehr- und Lernsituationen begegnet werden kann (vgl. Leubner, Saupe & Richter 2010: 11–12). Eine Beschäftigung mit dem literaturdidaktischen Potenzial von Phraseologismen in literarischen Texten – insbesondere im engeren Sinne (vgl. Burger 2015: 27–28) – ist bislang noch nicht erfolgt. Diesem Desiderat soll hier mit einer ersten Annäherung begegnet werden, indem auf Basis verschiedener Textauszüge Wirkweisen von Phraseologismen exemplarisch entfaltet und ihr Potenzial für das literarische Lernen herausgestellt werden. Dazu müssen jedoch zunächst die grundlegenden Ziele aktuellen Literaturunterrichts (in Deutschland) präzisiert werden, die sich seit den 2000er Jahren von einer bildungsbezogenen hin zu einer kompetenzorientierten Ausrichtung verschoben haben (vgl. Kepser & Abraham 2016: 69, 108).

1 Literarisches Lernen in der Schule

Warum ist Literatur wichtig? Mit der Beantwortung dieser Frage kommt man den Zielsetzungen des Literaturunterrichts einen bedeutenden Schritt näher.

1.1 Ziele des Literaturunterrichts aus literaturdidaktischer Perspektive

Matthis Kepser und Ulf Abraham beschäftigen sich in ihrer Literaturdidaktik mit dem „Handlungsfeld Literatur" (Kepser & Abraham 2016: 19) und verleihen damit dem Umstand Ausdruck, dass Literatur nicht ausschließlich aus der Gegenstandsperspektive betrachtet werden sollte, sondern auch aus der Perspektive der Menschen, die etwas mit ihr machen. Insofern besitzt sie individuelle, soziale und kulturelle Bedeutsamkeit, die sich in unterschiedlichen Zusammenhängen und Verwendungsweisen zeigt: Auf der individuellen Ebene kann Literatur einfach eine angenehme Freizeitgestaltung darstellen und ein ästhetischer Genuss sein; sie kann aber auch spezieller der Selbstbildung dienen, indem sie mit neuen Denkbildern vertraut macht, und die Persönlichkeitsentwicklung (z. B. im Sinne von Probehandeln) unterstützen (vgl. Schubert-Felmy 2014: 117). Soziale Bedeutsamkeit entfaltet Literatur, wenn über sie kommuniziert wird – sei es schriftlich oder mündlich. Sie kann auf einer sozialen Ebene als Gegenstand von Anschlusskommunikation beim Bilden und Überprüfen einer eigenen Meinung behilflich sein und fördert über diese Tätigkeiten Gruppenzugehörigkeiten (vgl. Kepser & Abraham 2016: 25). Die identitätsstiftende Wirkung von Literatur schlägt sich auf der kulturellen Ebene nieder. In Anlehnung an Aleida Assmann kann Literatur als Gedächtnisspeicher betrachtet werden, der zu kultureller Identität verhilft (vgl. Schubert-Felmy 2014: 118).

Um in den Genuss all dieser Gratifikationen zu kommen, muss der bzw. die Literatur Rezipierende jedoch über literarische Bildung (vgl. Kepser & Abraham 2016: 108) bzw. über literarische Kompetenz verfügen (vgl. Kepser & Abraham 2016: 69–91), die es ihm bzw. ihr erst ermöglicht, sich verstehend, reflektierend und genießend mit dem Gegenstand auseinanderzusetzen.

Wenn sich die Literaturdidaktik damit beschäftigt, wie literarische Kompetenz und Bildung schulisch angebahnt und vertieft werden können, fokussiert sie damit vor allem den Prozess, der dorthin führt, dabei jedoch nie als beendet betrachtet werden kann: das literarische Lernen. Im Literaturunterricht kann von Beginn an auf Fähigkeiten, Einstellungen und Bereitschaften zurückgegriffen werden, die die Schülerinnen und Schüler in zwar völlig unterschiedlichem, aber stets gegebenem Maße mitbringen: Erfahrungen mit Sprachspielen und Geschichten haben sie alle – seien sie nun medial durch das Fernsehen vermittelt oder durch eine dialogreiche Vorlesesituation (vgl. Pompe, Spinner & Ossner 2016: 170–173). Von der Grundschule an geht es darum, bereits vorhandene – und gleichzeitig außerschulisch erworbene – Fähigkeiten, Fertigkeiten, Einstellungen und Bereitschaften, aber auch Wissen zu vertiefen und darüber hinaus neue Zugänge zur Literatur zu eröffnen. Letzteres bezieht sich sowohl auf neue Lesarten bzw. neue Rezeptionsweisen als auch auf neue Gegenstände, also bislang unbekannte Gattungen, Genres und mediale Repräsentationen (vgl. Kepser & Abraham 2016: 108–114).

Der Prozess literarischen Lernens wird von Kaspar H. Spinner in elf Aspekten zusammengefasst, in denen sich seine Beschreibung zwar nicht erschöpft, die aber das Feld der Fähigkeiten, Einstellungen und Bereitschaften, die der bzw. die Rezipierende ausbilden sollte, um aus Literatur die oben erwähnten Gratifikationen ziehen zu können, treffend umreißen (vgl. Spinner 2006, 2010). Dazu gehören neben der Vorstellungsbildung während der Rezeption die subjektive Involviertheit im Wechselspiel mit genauer Textwahrnehmung, eine hohe Aufmerksamkeit für die sprachliche Gestaltung, das Nachvollziehen der Perspektiven der dargestellten Figuren, die Herausbildung eines Verständnisses für die narrative und dramaturgische Handlungslogik, der bewusste Umgang mit Fiktionalität, das Verständnis für metaphorische und symbolische Ausdrucksweise, die Bereitschaft, sich auf die Unabschließbarkeit des Sinnbildungsprozesses einzulassen, die Ausbildung von prototypischen Vorstellungen von Gattungen und Genres und die Entwicklung eines literarhistorischen Bewusstseins (vgl. Spinner 2010: 95–109). Hinzufügen lässt sich noch das Vertrautwerden mit dem literarischen Gespräch als gewinnbringender und verschiedene Sichtweisen eröffnender Praxis (vgl. Spinner 2006: 12).

Bereits in dieser nur groben Skizzierung der elf Aspekte wird die Bedeutsamkeit von deviationspoetischer Sprache, die geprägt ist durch die literarischen Verfahren der Verfremdung, des Überwiegens der Konnotation und der Autofunktionalität (vgl. Link 2004: 23–26), immer wieder erkennbar, z. B. wenn es dezidiert um die genaue Wahrnehmung der sprachlichen Gestaltung geht oder um das Verständnis für metaphorische und symbolische Ausdrucksweise.

Kepser und Abraham betonen, dass der- oder diejenige, der bzw. die Literatur allein mit Blick auf den Inhalt rezipiert, nicht literarisch liest, da erst die Verschmelzung von Form und Inhalt den Text zu einem ästhetischen Gegenstand werden lässt.

> Im Sinn einer ästhetischen Grundbildung ist besonders das hervorzuheben, was seit Eggert (1992) „Formbewusstsein" heißt: Wer einen literarischen Text nur inhaltsfixiert liest, was ja besonders im Bereich der Kinder- und Jugendliteratur nicht unüblich ist und leider von manchen Lehrkräften auch unterstützt wird, der hat nicht verstanden (und lernt auch nicht), dass Literatur immer durch die Form hindurch wirkt, dass sie ihr eigenes Symbolsystem „zweiter Ordnung" (Jurij Lotman) auf dem Symbolsystem (Alltags-)Sprache errichtet und dass man deshalb ‚Inhalt' und ‚Form' nicht auseinanderhalten kann.
> (Kepser & Abraham 2016: 112)

Ob die Untrennbarkeit von Form und Inhalt tatsächlich in der hier zitierten Form vorliegt, sei dahingestellt – eine genauere Untersuchung von Phraseologismen wird der von Kepser und Abraham fokussierten Beschaffenheit von Literatur aber Rechnung tragen müssen.

Jürgen Link, der als Literaturwissenschaftler und Diskursanalytiker keinen unmittelbaren Bezug zur Literaturdidaktik hat, liefert dennoch einen guten Ansatz für den Umgang mit Literatur als „Symbolsystem zweiter Ordnung", indem er neben der institutionalisierten Literatur auch die elementare in den Blick nimmt, die ebenso wie die erstgenannte Gegenstand der Literaturwissenschaft (und damit auch ihrer Didaktik) sein müsse, da auch in ihr „zumindest partiell – *literarisch* geredet werde" (Link 1983: 26). Links Perspektive lenkt damit den Blick über die diskursive Praxis auf die sprachliche Gestaltung des Gegenstands, die u. a. in Applikationen ihren Ausdruck findet. Durch ihre Übernahme in andere Diskurse werden sie bearbeitet und modifiziert und erweitern und erneuern in diesem Prozess ihre Bedeutung – ähnlich wie formal modifizierte Phraseologismen (vgl. Burger 2015: 162–163) und manchmal auch direkt in Form von Phraseologismen.

Da in dem hier gesteckten Rahmen nicht alle Schulstufen berücksichtigt werden können, wird sich in Folge exemplarisch auf das literarische Lernen in der Grundschule konzentriert. Die sich anschließenden Textbeispiele, die literarische Lernmöglichkeiten mit Phraseologismen verdeutlichen, sind dementsprechend grundschulgeeigneten literarischen Texten entnommen.

1.2 Zum Beispiel: Literarisches Lernen in der Grundschule

Die im vorangegangenen Abschnitt thematisierten Aspekte literarischen Lernens gelten schulstufenübergreifend, sind aber mit Blick auf die Grundschule weniger analytisch als vielmehr bewusstseinsschärfend orientiert. Wenn es also um die sprachliche Gestaltung literarischer Texte geht, sollten die Schülerinnen und Schüler auf sie aufmerksam werden, ihre Beobachtungen formulieren und austauschen und sie in kreativ-adaptiven Prozessen (z. B. erzählend, schreibend, malend) ausdrücken können.

1.2.1 Ungewohnte Sprache

Mit der Fokussierung „[u]ngewohnte[r]" Sprache, deren Wahrnehmung und zunehmendes Verstehen einen wichtigen Teil literarischen Lernens in der Grundschule ausmacht, konzentrieren sich auch Anja Pompe, Kaspar H. Spinner und Jakob Ossner auf ein deviationspoetisches Verständnis von Literatur, denn – so stellen sie fest – „[l]iterarische Sprache weicht, mal stärker, mal weniger stark, vom gewohnten Sprachgebrauch ab." (Pompe, Spinner & Ossner 2016: 187). Als Beispiele dafür, wie auf solche *ungewohnte Sprache* aufmerksam gemacht werden kann, werden Nonsensgedichte genannt, die – wie z. B. das Gedicht „Dunkel war's, der Mond schien helle" (von Unbekannt) durch Oxymora und Paradoxien – auf klanglicher und semantischer Ebene irritieren können. Generell ist gebundene Sprache in Versdichtung, aber auch als eingestreutes Element in manchen Prosatexten ein gutes Beispiel für das, was mit *ungewohnter Sprache* gemeint ist. Die für die deutsche Sprache ungewöhnliche Häufung von Gleich- und Ähnlichklang (Reim, Assonanz), die darüber hinaus stark rhythmisiert ist (Metrum), lenkt die Aufmerksamkeit auf die Sprache selbst (Autofunktionalität) und regt zu metasprachlichen Äußerungen an. Es wird außerdem auf die „Verwendung von lustigen, ungewöhnlichen Namen und von Wortverdrehungen" (Pompe, Spinner & Ossner 2016: 187) in erzählenden Texten hingewiesen, die die Aufmerksamkeit von Kindern bänden. Gemeint sind damit generell sprechende Namen, neologistische Komposita, Portemanteau-Wörter oder auch Anagramme.

Als größere Herausforderung erachten Pompe, Spinner und Ossner die Verwendung von weniger auffällig markierten rhetorischen Figuren, wie z. B. Anaphern und Kataphern, die aber eine deutlich wahrnehmbare Spannungserzeugung bzw. emotionale Intensivierung nach sich ziehen können (vgl. Pompe, Spinner & Ossner 2016: 187–188). Ein weiteres Charakteristikum für *ungewohnte Sprache* ist der Gebrauch von sprachlichen Bildern im weitesten Sinne – also innovative Metaphern, Vergleiche und Symbolstrukturen, die insbesondere dann, wenn sich in ihnen widersprüchliche oder irritierende Assoziationen manifestieren, zum Weiterdenken und zur selbständigen Konnotationsbildung anregen. In Anlehnung an die strukturalistisch orientierte Literaturwissenschaft ließe sich *ungewohnte Sprache* als das zusammenfassen, was mittels Verfremdung, Autofunktionalität und dem Überwiegen von Konnotation im literarischen Text nachvollzogen werden kann (vgl. Link 2004: 23–27).

Um welche Form von verdichteter, assoziationsreicher Sprache es sich auch handelt: Stets spielt eine wichtige Rolle, dass Kinder in der Grundschule *implizit* literarisch lernen. Im Zentrum steht die Entwicklung eines stilistischen Gespürs, das vor allem durch imitatives Schreiben und Erzählen zunehmend ins Bewusstsein gehoben wird (vgl. Pompe, Spinner & Ossner 2016: 188–189).

1.2.2 Weitere Aspekte literarischen Lernens

Abgesehen davon, dass letztlich alle Aspekte literarischen Lernens auch Aspekte sprachlichen Lernens sind, können die Perspektivübernahme, aber auch das zunehmende Verständnis von Gattungs- und Genredifferenzen und die Unabschließbarkeit des Sinnbildungsprozesses (vgl. Spinner 2010: 95–109) noch einmal hervorgehoben werden – insbesondere deshalb, weil sie oft phraseologisch repräsentiert sind.

Wenn im literarischen Text literarische Figuren dargestellt werden, können sie direkt oder indirekt charakterisiert sein (vgl. Schneider 2016: 24). In beiden Fällen kann es zu widersprüchlichen Aussagen kommen, die der Leser bzw. die Leserin für sich auswerten muss. Im Rahmen der indirekten Charakterisierung kann der Sprachgebrauch der Figur eine entscheidende Rolle spielen: Welche Formulierungen nutzt sie und auf welche Eigenschaften lässt das Sprachverhalten schließen?

Gattungen und Genres zeichnen sich nicht nur durch narrative und dramaturgische Konzepte aus, die sich in Meso- und Makrostruktur äußern – wie z. B. Kurzgeschichte oder Novelle (vgl. Marx 2005; Rath 2008) unmittelbar nachvollziehbar werden lassen –, sondern auch durch einen bestimmten Stil bzw. eine besondere sprachliche Gestaltung. An der grundschultypischen Gattung Märchen – insbesondere Grimm'scher Prägung – wird das sofort deutlich, da ihre festen Eingangs- und Schlussformeln und häufigen Wiederholungsstrukturen (Lüthi 2004: 29) schon bei Kindern im Vorschulalter einen hohen Wiedererkennungswert besitzen.

Die Unabschließbarkeit des Sinnbildungsprozesses ist die logische Konsequenz aus Kepsers und Abrahams Feststellung der engen Form-Inhaltsbeziehung des literarischen Textes: Literatur weist zwar durch die Konzeption des einzelnen Textes bedingte Grenzen der Interpretation bzw. Ausdeutbarkeit auf, doch vor diesem Hintergrund besitzt die Konnotationsbildung und das Symbolverstehen einen großen Spielraum, der sich bei wiederholter Lektüre womöglich verschiebt oder sogar durch eine neue Lesart abgelöst werden kann. Insbesondere im literarischen Gespräch zeigen sich interindividuelle Unterschiede in der gelingenden Rezeption literarischer Texte, was sich z. B. an Vorlesegesprächen nachweisen lässt (vgl. Merklinger & Preußer 2014). Bei der Vielfältigkeit von Deutungs- und Wahrnehmungsmöglichkeiten ist stets der Rückbezug auf den literarischen Text im Sinne subjektiver Involviertheit und genauer Textwahrnehmung bedeutsam – auch hier ist also die Fokussierung der spezifischen sprachlichen Gestaltung ausschlaggebend.

In lesedidaktischen Lesekompetenzmodellen wird häufig nicht explizit zwischen der Rezeption literarischer Texte und der von Sachtexten unterschieden (vgl. Rosebrock & Nix 2014: 15). Das ist insofern problematisch, als literarische Texte mehrdeutig sind und insofern hohe Anforderungen an das Textverstehen und an die Ausbildung eines differenzierten mentalen Modells stellen. Insbesondere auf der Prozessebene stellen sie hierarchiehohe Herausforderungen – das betrifft neben dem Erzeugen von globaler Kohärenz (bei gleichzeitiger Wahrung des Konnotationsreichtums) das Identifizieren von Darstellungsstrategien (vgl. Hochstadt, Krafft & Olsen 2013: 118).

1.2.3 Phraseologismen und literarisches Lernen in der Grundschule

Ausgehend von der Vorstellung *ungewohnter Sprache* sind Phraseologismen ein Kindern aus der mündlichen Kommunikation durchaus *bekanntes*, wenn auch häufig noch nicht in seiner semantischen Doppelstruktur *erkanntes* sprachliches Darstellungsmittel (vgl. Burger 2006; Häcki Buhofer 1997; Jesenšek 2006). Im literarischen Text bekommen Phraseologismen außerdem einen anderen Stellenwert, da sie im Skopus der den gesamten Text umfassenden poetischen Sprachfunktion stehen (vgl. Jakobson 1971); vor diesem Hintergrund können sie dann – wie alle Abwahlen aus dem Register – sämtliche weiteren Sprachfunktionen einnehmen. Nichtsdestotrotz werden sie im Kontext des literarischen Textes gleichsam *ungewohnt gemacht* bzw. verfremdend (vgl. Link 2004: 23) eingesetzt. Häufig ist der Einsatz von Modifikationen und Kontaminationen unterschiedlichen Typs zu beobachten (vgl. Burger 2015: 162–165). Auf die zahlreichen Einzelstudien zu Phraseologismen in literarischen Texten hat umfassend Eismann (2007) hingewiesen; ebenso auf das Desiderat, dass diese bislang nicht systematisch erfolgt sind – vor allem nicht mit Blick auf die Historizität des jeweiligen literarischen Gegenstands.

Möglichkeiten für literarisches Lernen in der Grundschule können Phraseologismen im literarischen Text vor allem aufgrund ihrer semantischen Doppelstruktur (Idiome), den daraus resultierenden Modifikationsmöglichkeiten, aber auch aufgrund ihres intertextuellen Potenzials bieten, was in Kapitel 3 an einigen ausgewählten Beispielen gezeigt werden wird.

2 Phraseologismen in der Kinderliteratur

Harald Burger stellt fest, dass Kinderbücher „einen besonders bewussten und sorgfältigen Umgang mit Phraseologie" (Burger 2015: 176) aufweisen. Das gilt allerdings nur für die originäre Kinderliteratur, also die, die als Resultat der Entscheidung eines Autors, für Kinder zu schreiben, entstanden ist (vgl. Ewers 2012: 15). Die faktische, die intendierte, aber auch die (nicht) sanktionierte Kinderliteratur wird letztlich erst im Nachhinein dazu, entspringt demnach nicht unbedingt der

Intention eines Autors, Kinderliteratur verfassen zu wollen, und wird daher auch nur partiell die von Burger in Folge erwähnte bewusste Entscheidung für eine kindgerechte Sprache enthalten.

Rita Finkbeiner stellt mit Bezugnahme auf Otfried Preußlers *Die kleine Hexe* fest, dass Phraseologismen im Kinderbuch zumeist in einen verständnissichernden Kontext eingebunden sind, was auch Burger konstatiert und mit einigen Beispielen (u. a. aus Angela Sommer-Bodenburgs *Der kleine Vampir*) belegt (vgl. Finkbeiner 2011: 47; Burger 2015: 176). Burger weist zudem auf die Möglichkeit der Mehrfachadressierung (vgl. Ewers 2012: 58) von Kinderliteratur hin, die er mit Rückgriff auf Erich Kästner belegt und anhand von Textstellen, in denen der reale Autor Erich Kästner den fiktiven Autor Erich Kästner als erzählenden Vermittler einsetzt, expliziert. Aus den Textbeispielen, die er heranzieht, geht die direkte Ansprache von Kindern einerseits und von Erwachsenen andererseits deutlich hervor, die sich im Anschluss auch im Phraseologismengebrauch spiegelt (vgl. Burger 2015: 178–179). Diese von Burger herausgestellte Funktion, die er anhand von Phraseologismen festmacht, kann als explizite Mehrfachadressierung bezeichnet werden. Eine implizite Mehrfachadressierung liegt demgegenüber vor, wenn die variierende Ansprache von Kindern bzw. Erwachsenen nur durch die Möglichkeit der Realisierung verschiedener Bedeutungsebenen – je nach vorhandenem Vorwissen – transportiert wird.

Auch wenn Burger zunächst konstatiert, dass „Modifikationen [...] in Kinderbüchern in der Regel gemieden" (Burger 2015: 177) werden, kommt er nach Herausstellung einiger signifikanter Textbeispiele von Janosch und Erich Kästner (in Orientierung an Ulrike Richter-Vapaatalos Studie aus dem Jahr 2007) zu dem Schluss, dass „[u]nter textlinguistischer Perspektive [...] besonders aufschlussreich und signifikant die vielfältigen Verfahren der Modifikation, der intentionalen, formalen und/oder semantischen Abwandlung des Normalgebrauchs eines Phrasems" (Burger 2015: 180) sind.

Wie bereits in Abschnitt 1.2.3 in Aussicht gestellt, wird diese Einschätzung auch in diesem Beitrag geteilt und um das intertextuelle Potenzial vieler im kinderliterarischen Text eingesetzter Phraseme ausblickartig ergänzt. Die Einbettungsstrategien, die oftmals als Verständnishilfen für phraseologische Verbindungen verwendet werden, sollen an dieser Stelle bewusst ausgeklammert werden – beim literarischen Lernen spielt gerade die Irritation eine große Rolle und daher sollen die für eine solche Erfahrung förderlichen Aspekte fokussiert werden.

In die Untersuchung eingelagert werden die Aspekte literarischen Lernens, die mit in Kinderliteratur eingesetzten Phraseologismen in Verbindung stehen können.

3 Literarisches Lernen mit Phraseologismen in kinderliterarischen Texten

Anhand von Ausschnitten aus Beispieltexten der Gegenwartsliteratur für Kinder (ein Kinderroman und zwei Bilderbücher[1]), die eine gute Eignung für die (Vorlese-)Lektüre[2] in der Grundschule beanspruchen können, sollen im Folgenden der variantenreiche – und durchaus anspruchsvolle – Phraseologismengebrauch im Kinderbuch aufgezeigt und die damit einhergehenden literarischen Lernmöglichkeiten präzisiert werden. Während die Darstellung des Phrasemgebrauchs im Roman nur punktuell erfolgen kann, wird ein Bilderbuch einem genaueren Blick unterzogen, da es aufgrund seiner Kürze besser für eine ganzheitliche Untersuchung geeignet ist. Ein zweites Bilderbuch wird nur ausblickhaft thematisiert, um weitere, ganz anders geartete Einsatzmöglichkeiten thematisieren zu können.

3.1 Titelgebende Phraseologismen im Kinderroman am Beispiel von *Herr Bello und das blaue Wunder*

Der Kinderroman *Herr Bello und das blaue Wunder* (2005) von Paul Maar erzählt die Geschichte von Max, der mit seinem alleinerziehenden Vater, dem Apotheker Sternheim, zusammenwohnt und sich dringend einen Hund wünscht. Trotz der Einwände des Vaters bekommt er schließlich auch einen: den Streuner Bello, der ihm zuläuft.

Durch Zufall kommt Bello in den Genuss einer seltsamen blauen Flüssigkeit, die er in Sternheims Apotheke vom Boden schleckt. Dadurch verwandelt sich der Hund in einen Menschen, der zwar – auf eine etwas gewöhnungsbedürftige Art – sprechen kann, ansonsten aber ein durch und durch hündisches Verhalten an den

---

1 Es existieren vielfältige Bilderbuchgenres und -gattungen, die mal stärker auf das (verbale oder piktorale) Zeigen, mal eher auf das (verbale oder piktorale) Erzählen setzen und die dabei Text und Bild jeweils unterschiedlich gewichten. Im vorliegenden Beitrag soll unter Bilderbüchern ein solches multimodales Medium (vgl. Knopf & Abraham 2014: 3) verstanden werden, ungeachtet der Tatsache, dass es auch textlose Bilderbücher (vgl. Krichel 2020: 39–47) gibt, die hier keine Berücksichtigung finden.
2 Im Literaturunterricht spielt beides – Vor- und Selbstlesen – eine Rolle: Die Kinder sind noch im Schriftspracherwerb begriffen und können diese Fertigkeiten nicht so rasch automatisieren, wie sie dazu in der Lage sind, anspruchsvollere, für sie noch nicht selbst zu erlesende Texte zu rezipieren. Daher kommt dem Vorlesen eine große Bedeutung im Rahmen der Aufrechterhaltung der Lesemotivation und der Auseinandersetzung mit literarischen Stoffen zu (vgl. Merklinger 2015).

Tag legt. Im Verlauf der Erzählung wird das Geheimnis um die blaue Flüssigkeit gelöst und „Herr Bello" kann sich auch wieder in einen Hund zurückverwandeln – mit der ihm zu Gebote stehenden Option, auch wieder menschliche Gestalt annehmen zu können, sofern er die blaue Flüssigkeit erneut zu sich nimmt. Die Farbe Blau spielt nicht nur im Hinblick auf die geheimnisvolle blaue Flüssigkeit eine Rolle, die die real-fiktionale Welt in eine phantastische kippen lässt, auch eine weitere Figur der Konfiguration weist sie im Namen auf: Frau Verena Lichtblau, in die sich Max' Vater im Verlauf der Handlung verliebt.

Ohne im Detail auf die Phrasemverwendung im Roman eingehen zu können, soll doch das Potenzial des Titels genauer in den Blick genommen werden, dessen Wirkung sich über den gesamten Roman erstreckt.

Im ersten Teil des Titels fällt zunächst das Oxymoron *Herr Bello* auf, in dem die Gegensätzlichkeit Mensch („Herr") und Hund („Bello") vereint wird. Verknüpft wird es mit einem formal und (nach Lektüre des Romans auch) semantisch modifizierten verbalen Phraseologismus (*sein blaues Wunder erleben*), der durch Tilgung in ein nominales Phrasem umgewandelt wird. Die Titelillustration des Buches zeigt einen an einem Tisch auf einem Barhocker aufrecht sitzenden Hund, der einen Schlips trägt, in ein übergroßes Sakko und ein Hemd gehüllt ist und durch einen Strohhalm ein Getränk schlürft, neben dem ein Knochen liegt. Das Oxymoron lässt sich mit Hilfe des Bildes als ein sich menschlich verhaltender Hund interpretieren – eine Deutung, die in die Richtung führt, die die Erzählung tatsächlich entwickeln wird, auch wenn die dort realisierten Geschehensmomente die Aussage des Bildes noch steigern werden; was es mit dem *blauen Wunder* auf sich hat, bleibt noch unklar. Die Möglichkeit, die Wortverbindung nicht als verkürzten Phraseologismus, sondern als freie Wortverbindung wahrzunehmen und in Folge das Adjektiv *blau* in Kontextualisierung mit der Titelillustration als Zustand des Alkoholisiertseins zu deuten, bietet ganz andere Anknüpfungspunkte.

Über diese Interpretations- und Kontextualisierungsmöglichkeiten im literarischen Gespräch in Austausch zu kommen, fokussiert die Kinder auf die sich anschließende Erzählung, vergegenwärtigt eine Erwartungshaltung und regt zur Hypothesenbildung an. Gleichzeitig kann es den Unterschied zwischen festen und freien Wortverbindungen ins Bewusstsein rücken und zum gedanklichen Spiel damit anregen: So bietet es sich z. B. an, den Titel des Buches zunächst abzudecken und die Kinder lediglich die Titelillustration beschreiben und deuten zu lassen. Das gelingt am besten durch eine zweistufige Aktivierung: Die erste Frage „Was siehst du, was kannst du auf dem Titelbild entdecken?" animiert die Kinder zunächst dazu, die piktoralen Elemente zu identifizieren, zu benennen und sich darüber auszutauschen. Eine sich anschließende zweite Frage im Sinne von „Was denkst du zu dem, was du siehst?" bringt die Kinder dazu, Deutungen anzustellen und die Opposition menschlich vs. tierisch zu vergegenwärtigen. In einem weiteren Schritt wird der Titel des Buches sichtbar gemacht und die Kinder können dazu aufgefordert werden, Bild und Text miteinander in Beziehung zu setzen. An dieser Stelle kann, sofern die Kinder den verbalen Phraseologismus *sein blaues Wunder erleben* registrieren, seine Bedeutung besprochen werden und es können Anwendungssituationen formuliert werden. Das Explizieren des Phrasems sollte aber je nach Gesprächssituation mit den Kindern fakultativ bleiben, denn auch im Anschluss an die Romanlektüre kann seine Thematisierung sinnvoll sein, da die Kinder im Zuge der Rezeption bereits mehrfach auf das *blaue Wunder* und seine Bedeutungsimplikationen gestoßen sein werden.

Als Bello im Verlauf der Erzählung die bereits erwähnte Flüssigkeit trinkt, passiert nämlich Folgendes:

> Dabei geschah es dann. Ich bin wohl mit dem Ellenbogen an die Flasche mit dem blauen Elixier gestoßen. Jedenfalls fiel sie vom Tisch. Die Flasche zerbrach und die ganze Flüssigkeit ergoss sich über den Boden. Bello fing gleich an, den blauen Saft aufzuschlabbern. Es schmeckte ihm offensichtlich. Wahrscheinlich meinte er, ich hätte ihm was Leckeres zum Trinken spendiert. „Nein, Bello! Nicht!", schrie ich. „Der Dünger ist vielleicht giftig!". Aber es war schon zu spät. Einen Augenblick geschah gar nichts. Dann gab Bello merkwürdige Geräusche von sich. Sie kamen nicht aus seinem Maul, eher aus dem ganzen Hundekörper. So, als würden Knochen knacken. Bello dehnte sich, stellte sich auf die Hinterfüße, wuchs und wuchs, seine Schnauze wurde kürzer, ganz so, als ob sie in den Kopf zurückgezogen würde, seine langen Ohren wurden rund und fleischig, dann verschwand auch sein Fell immer mehr – und vor mir stand ein nackter, dicht behaarter Mann mit einem Hundehalsband um den Hals, von dem eine Leine herunterhing.
> (Maar 2011: 70–71)

Indem die blaue Flüssigkeit den Gestaltwandel des Hundes herbeiführt, kann das titelgebende *blaue Wunder* darauf bezogen werden. Im Sinne der phraseologischen Bedeutung von *sein blaues Wunder erleben* lässt sich die Mehrwortverbindung sowohl auf Max als auch auf Bello anwenden: Durch eine Unachtsamkeit gelangt Max' geliebter Hund Bello an ein Getränk, das ihm womöglich großen Schaden zufügt („vielleicht giftig", „als würden Knochen knacken") – Max erlebt sein *blaues Wunder* insofern, als dass er eine für ihn entsetzliche Überraschung nach einer Unachtsamkeit erlebt. Bello wiederum trinkt sorglos von der blauen Flüssigkeit und verwandelt sich – auch für ihn wird diese Erfahrung eine böse Überraschung darstellen, da danach nichts mehr ist wie es war und er sich völlig neu orientieren muss. Da die zitierte Stelle des Romans Max' Erleben intern fokalisiert, wird die Übernahme seiner Perspektive begünstigt; nichtsdestotrotz wird es den Kindern ermöglicht, sich auch in Bello hineinzuversetzen, da die Veränderungen, die mit ihm vorgehen, genau beschrieben werden. Eine Hilfe zur Perspektivübernahme kann die Aufforderung darstellen, sich Bellos Gedanken und Gefühle bei der Verwandlung vorzustellen und sie mündlich, malend oder schriftlich wiederzugeben.

Doch auch die wörtliche Bedeutung des Phrasems wird aktualisiert, weil es sich bei dem geheimnisvollen Saft um eine blaue Flüssigkeit handelt und die Verwandlung des Hundes tatsächlich ein Wunder darstellt – ganz im Sinne der Tradition des phantastischen Textes, in dem der Eintritt eines übernatürlichen Ereignisses die Regeln einer ansonsten real-fiktional organisierten Welt verunsichert (vgl. Rank 2011: 170–171). Das *blaue Wunder* markiert in wörtlicher Bedeutung den Gestaltwandel, seine Ursache und die Konsequenzen und damit einen zentralen Aspekt des gesamten Textes, der darüber hinaus bereits auf die Gattungsbeschaffenheit (realistischer vs. phantastischer Roman) rekurriert. Insofern kann der Phraseologismus zum Anlass genommen werden, real-fiktionale und phantastische Textsignale zu sichten und zu besprechen, um sich Gattungs- und Genremerkmale zu vergegenwärtigen.

Auf einer weiteren Ebene gewinnt der Phraseologismus *sein blaues Wunder erleben* im Roman von Paul Maar Bedeutung: Eine im Verlauf der Handlung auftauchende Figur trägt im Text den Namen Verena Lichtblau. Bereits die Namensgebung ruft die titelgebende Wortverbindung *das blaue Wunder* ins Gedächtnis und aktualisiert den titelgebenden Phraseologismus. Eine neue semantische Modifikation wird durch den Namen angebahnt: Auch Frau Lichtblau scheint in irgendeiner Form mit einem Wunder in Verbindung zu stehen. Dieses Wunder erschließt sich Sternheim, als er sich in sie verliebt, und Max, als er seinen Vater zusammen mit Frau Lichtblau endlich glücklich sieht. Diese zweite semantische Modifikation, die der Roman eröffnet, ist demnach eine neue mögliche Lesart der freien Wortverbindung oder aber eine Kontamination aus *das Wunder der Liebe* und *sein blaues Wunder erleben*. Der Roman hält noch einige weitere Kontextualisierungen mit der Farbe Blau bereit, die zu ähnlichen Überlegungen führen und auch bereits Kindern zugänglich sind: Das *blaue Wunder* kann strukturgebend und assoziationsleitend durch die Romanlektüre führen und insofern literarische Lernprozesse unterstützen. Die stete Aktualisierung des titelgebenden Phrasems durch die Farbe Blau lässt dieselbe auch als Symbol wahrnehmbar werden und macht erschließbar, was in der systematischen Form, die Jürgen Link aus strukturalistischer Perspektive vorschlägt, im Kontext der Grundschule noch nicht realisierbar ist. Einen intuitiven Eindruck davon, dass bei einem Symbol „ein denotiertes ‚Bild' (Isotopie 1) nach dem Prinzip der metaphorischen oder auch synekdochischen Analogie für mindestens eine konnotierte Bedeutung (Isotopie 2)" (Link 2004: 26) steht, können jedoch auch Kinder durch seine häufige Wiederholung in variierenden Situationszusammenhängen des Kinderromans gewinnen.

3.2 Phraseologismen im Bilderbuch – Zwei Beispiele

Das Bilderbuch ist meistens – es gibt auch textlose Exemplare – ein multimodales Medium, in dem Bild und Text zusammenwirken (vgl. Thiele 2003: 36). Das Zusammenspiel zwischen Bild und Text kann symmetrisch, komplementär, anreichernd, kontrapunktisch oder widersprüchlich verlaufen – die Verknüpfung beider Dimensionen wechselt oft von einer Doppelseite zur anderen (vgl. Staiger 2022: 16–17). Diese Systematisierung legt bereits nahe, dass Text *und* Bild erzählen und damit beide zum Gegenstand literarischen Lernens werden, das damit um die visuelle Komponente erweitert wird.[3] Eine Detailanalyse des im Folgenden exemplarisch herausgegriffenen Bilderbuchs muss im gegebenen Rahmen leider ausbleiben – es wird aber versucht, die intermodale Dimension der Text-Bildbeziehungen in die Darstellung einfließen zu lassen.

3.2.1 Komplexes Zusammenspiel von Ausgangsphrasem und Modifikationen: Kathrin Schärers *Wenn Fuchs und Hase sich Gute Nacht sagen* (2004)

Bereits der Titel des Bilderbuchs von Kathrin Schärer besteht aus einem formal und semantisch modifizierten Phraseologismus, in dessen Skopus der gesamte Text steht; die Reichweite der formalhaften Mehrwortverbindung ist insofern mit der des Romans in Abschnitt 3.1 vergleichbar. Auf formaler Ebene sind eine Substitution und eine Verschiebung an dem Phraseologismus vorgenommen worden: Zum einen hat sich gegenüber dem Ausgangsphraseologismus *wo sich Fuchs und Hase Gute Nacht sagen* die Stellung des Reziprokpronomens verändert (Verschiebung), zum anderen ist durch die Ersetzung von „wo" durch „wenn" aus dem idiomatischen Lokalsatz ein Konditionalsatz gemacht worden. Diese formalen Modifikationen ziehen zunächst eine unmittelbare semantische Modifikation nach sich: Es geht nicht mehr um einen abgelegenen Ort, der durch die Mehrwortverbindung im phraseologischen Sinn bezeichnet wird, sondern offensichtlich um die Präzisierung der Situation des Gute-Nacht-Sagens. Bereits dieses Vorgehen weist auf eine Aktualisierung bzw. Remotivierung hin, da Fuchs und Hase als Aktanten aus einer neuen Perspektive wahrnehmbar gemacht werden.

Da der Titel des Bilderbuchs darüber hinaus von einer Illustration begleitet ist, auf der ein Hase und ein Fuchs abgebildet sind, wird die Aktualisierung dahingehend verstärkt, dass nicht mehr zwei Lesarten gleichzeitig präsent sind, sondern vielmehr die wörtliche die phraseologische ablöst, was zunächst die Zerstörung

---
3 Zur Entwicklung und Förderung von *visual literacy* vgl. u. a. Lieber 2013.

des Phraseologismus zur Folge hat: Die multimodale Informationsbereitstellung legt nahe, dass die Geschichte von einem Fuchs und einem Hasen erzählt werden wird, die sich Gute Nacht sagen. Als Leerstelle fungiert hier das *Wenn*, da die Folge des Zusammentreffens noch offenbleibt. Allein der Fuchs, der sich die Schnauze leckt, und der freundlich, aber resolut dreinschauende Hase lassen Vermutungen über den Fortgang der Geschichte anstellen.

Das Zusammenspiel von modifiziertem Phraseologismus und Titelillustration bietet bereits viele Möglichkeiten für literarisches Lernen: Zunächst werden Kinder auf diese Weise mit einem Verfremdungsverfahren (der Modifikation) vertraut, das auf Basis eines ihnen (eventuell) bekannten Phraseologismus vorgenommen wird. Die vorgenommenen Veränderungen können (z. B. in einem Vorlesegespräch) thematisiert und die damit einhergehende Bedeutungsverschiebung vergegenwärtigt werden. Insofern können Kinder durch die genaue Wahrnehmung der Sprache auf Darstellungsstrategien aufmerksam werden. Darüber hinaus ist es gerade dieser Phraseologismus, der zur Hypothesenbildung über den Verlauf der Geschichte zwischen Fuchs und Hase anregt, da die in seiner Modifikation enthaltene Leerstelle zu dieser Denkbewegung animiert. Hypothesenbildung wiederum ist ein essentieller Bestandteil des literarischen Leseprozesses (vgl. Abschnitt 1.2.2): Sie hilft vor allem beim Herstellen globaler Kohärenz, die nicht nur beim Selbstlesen sondern auch in einer Vorlesesituation hergestellt werden muss.

Die Bilderbucherzählung beginnt mit einer Doppelseite, auf der im Hintergrund ein Wald zu sehen ist. Im Vordergrund ist ein mit Gras bewachsener Hang abgebildet. Links, auf einer Anhöhe, sitzt ein kleiner Hase, während sich von rechts – die Nase dicht am Boden – ein Fuchs nähert. Der Himmel, der sich über der Landschaft erstreckt, ist in einem Mittelblau gehalten und mit Sternen übersät, sodass bereits visuell der Eindruck entsteht, dass die Nacht hereinbricht. Folgender Text ist auf der beschriebenen Doppelseite zu lesen: „An einem Ort, wo Fuchs und Hase sich gute Nacht sagen, sitzt ein kleiner Hase auf einem Hügel und findet den Heimweg nicht mehr. Da kommt auch schon der Fuchs angeschlichen ..." (Schärer 2007: o. A.)

Die Erzählung wird also im ersten Satz des Haupttextes mit dem nur geringfügig formal, semantisch nicht modifizierten Ausgangsphraseologismus *wo Fuchs und Hase sich Gute Nacht sagen* eröffnet, der schriftsprachlich ganz gemäß seiner phraseologischen Bedeutung eingesetzt wird. Der Ausgangsphraseologismus tritt insofern in Dialog mit seiner Modifikation im Titel: Das rezipierende Kind wird – auch bei Unkenntnis des Ausgangsphraseologismus – den Wechsel vom Konditionalsatz zum Lokalsatz erkennen, was sich im Vorlese- oder Anschlussgespräch thematisieren lässt. Auf der Bildebene wird der Ausgangsphraseologismus aktualisiert, indem außerdem die wörtliche Bedeutung nahegelegt wird: Die Aktanten Hase und Fuchs sind zu sehen. Gleichzeitig wird aufgrund der flächigen Darstellung des grasbewachsenen Hangs und der Abwesenheit anderer Lebewesen die Verlassenheit des Ortes (und damit die phraseologische Bedeutung) sichtbar gemacht.

Auf der sich anschließenden Doppelseite ist eine Bildfolge zu sehen: Oben ist das Hinterteil des Hasen abgebildet, dem sich die zähnefletschende Fuchsschnauze nun bis auf Fingerbreite genähert hat – darunter sieht man den Hasen, der sich mit vorgestreckten Ohren und erhobenem Zeigefinger umgedreht hat und den Fuchs direkt ansieht. Der wiederum macht ein offensichtlich verdutztes Gesicht. Auf der Ebene des schriftsprachlichen Textes heißt es: „... und sperrt sein großes Maul auf. ‚HALT! NICHT FRESSEN!', ruft der kleine Hase. ‚Weißt du nicht, dass das hier ein Ort ist, wo Fuchs und Hase sich Gute Nacht sagen?'" (Schärer 2007: o. A.)

Der Ausgangsphraseologismus wird nun erneut wiederholt, diesmal jedoch als Frage, die zur Verunsicherung des Fuchses führt und dadurch dessen ursprüngliches Vorhaben, den Hasen zu fressen, zunächst in den Hintergrund treten lässt. Der Hase rekurriert damit auf ein Allgemeinwissen („weißt du nicht"), über das eigentlich auch der Fuchs verfügen müsste, das aber genau genommen noch gar nicht näher definiert ist. Ist die wörtliche oder die phraseologische Bedeutung des Ausgangsphraseologismus gemeint? Die phraseologische würde nahelegen, dass die Abgeschiedenheit gut dazu geeignet ist, den Hasen zu fressen, während die wörtliche eine Neudefinition ermöglicht, in der die aus der Fabel bekannten Tiere Fuchs und Hase ihre literarisch und durch das Weltwissen determinierten Rollen als Jäger und Beute ablegen könnten. Diese Mehrdeutigkeit wird durch den phraseologisch formulierten Einwand des Hasen produziert und bereitet die sich anschließende Handlung vor. Nachdem der Fuchs auf der Folgeseite dem Hasen ein „Gute Nacht!" (Schärer 2007: o. A.) entgegenschreit und sich erneut anschickt, ihn zu fressen, interveniert der Hase wieder und erbittet sich vom Fuchs eine Gute-Nacht-Geschichte, da eine solche zum Gute-Nacht-Sagen dazugehöre. Indem der Fuchs „Gute Nacht!" ruft, vereint er wörtliche und phraseologische Lesart: Er hält sich an den Wortlaut des Gute-Nacht-Sagens und versucht gleichzeitig die Abgeschiedenheit des Ortes auszunutzen, indem er Anstalten macht, den Hasen zu fressen. Insofern fügt der Fuchs der Routineformel (vgl. Burger 2015: 45–48) eine weitere Bedeutung im Sinne einer Konnotation hinzu: „Gute Nacht" ist nun nicht mehr allein Ausdruck der Bewältigung einer kommunikativen Aufgabe (hier: Verabschiedung zur Abendzeit und Überleiten zur Notwendigkeit des baldigen Einschlafens), sondern fungiert als Ankündigung, dass der Hase seine Augen bald für immer schließen wird.

Der Hase beginnt nun seinerseits, den modifizierten Phraseologismus zu semantisieren – er füllt ihn mit einem Inhalt, der seinen Vorstellungen entspricht und gleichzeitig eine Hinhaltetaktik gegenüber dem Fuchs darstellt. Denn nach der Gute-Nacht-Geschichte möchte der Hase nach Hause gebracht werden, in den heimischen Hasenbau, und verlässt sich dabei völlig auf die gute Nase des Fuchses. Der Fuchs wiederum – ganz in Erwartung eines kompletten Hasennests, das er bald verzehren kann, geht darauf ein.

Als beide vor dem Hasenheim stehen und die Haseneltern nicht zu Hause sind, nimmt der Hase den Fuchs kurzerhand mit in den heimischen Bau. Der Fuchs will den Hasen nun endgültig verspeisen:

> „Da ist ja niemand zu Hause! Mama und Papa sind bestimmt auf der Suche nach ihrem Hasenkind", sagt der Fuchs. „Aber das verschwindet jetzt in meinem Bauch." Der Fuchs leckt sich die Schnauze und sperrt sein großes Maul auf. „HALT! NICHT FRESSEN! Jetzt musst du mir ein Gute-Nacht-Lied singen und mir so lange die Pfote halten, bis ich einschlafe. Das machen nämlich alle Füchse, wenn sie dem Hasen Gute Nacht sagen."
>
> (Schärer 2007: o. A.)

Das zum Text gehörige doppelseitige Bild zeigt den Hasen auf dem Küchentisch sitzend – vor ihm der Fuchs, der bereits eine Gabel in der Pfote und einen Teller vor sich auf dem Tisch stehen hat und sich erwartungsvoll zum Hasen vorbeugt.

Die Situation spitzt sich für den Hasen zu und er greift zu einer allquantifizierten Aussage („[d]as machen nämlich alle Füchse"), um den Fuchs von der Richtigkeit seiner Argumentation zu überzeugen. Der Fuchs macht auch diesen Einfall des Hasen mit und schläft schließlich selbst ein, während der Hase noch putzmunter ist. Damit ist die Semantisierung des modifizierten Phraseologismus durch den Hasen zunächst abgeschlossen: *Wenn Fuchs und Hase sich Gute Nacht sagen* bedeutet, dass die Abfolge bekannter Gute-Nacht-Rituale dazu genutzt wird, die Konstellation *Jäger* und *Beute* aufzubrechen. Aus der Perspektive des einen Aktanten handelt es sich dabei um eine Hinhaltetaktik, aus der Perspektive des anderen wird dadurch die eigentliche Absicht immer wieder verschoben, bis sie in Vergessenheit gerät (Schlaf) – sie geht also auf. Die Opposition *Fuchs* und *Hase* als *Jäger* und *Beute* wird im Konditionalsatz zunächst verschärft, um sie nach der Semantisierung durch den Hasen zu entschärfen. Genau dieser Umstand kann mit Blick auf literarisches Lernen genutzt werden, indem man Kinder den Konditionalsatz einmal vor und einmal nach der Lektüre des Bilderbuchs vervollständigen lässt. In Unterrichtssituationen, in denen die Verfasserin diesen Text bereits mehrfach eingesetzt hat, schreiben viele Kinder dazu vor der Lektüre des Bilderbuchs „Wenn Fuchs und Hase sich Gute Nacht sagen, frisst der Fuchs den Hasen auf." Nach der Lektüre findet man häufig Sätze wie diesen: „Wenn Fuchs und Hase sich Gute Nacht sagen, sind sie danach fast Freunde."

Doch mit dem Einschlafen des Fuchses ist das Bilderbuch noch nicht zu Ende. Schließlich kommen die Haseneltern nach Hause und finden dort ihr Kind mit einem schlafenden Fuchs vor. Der Hasenpapa will den wehrlosen

Fuchs sofort mit dem Nudelholz erschlagen, doch auch hier interveniert der kleine Hase: „‚Halt! Nicht hauen!', flüstert der kleine Hase. ‚Weißt du nicht, dass das hier ein Ort ist, wo Fuchs und Hase sich Gute Nacht sagen?' Der Hasenpapa schaut verdutzt und lässt seine Keule sinken." (Schärer 2007: o. A.)

Und damit semantisiert der kleine Hase nun auch noch den Ausgangsphraseologismus neu: Indem er die Frage, die er zu Beginn dem Fuchs zur Ablenkung gestellt hatte, jetzt seinem Vater stellt, bringt er diesen zum Nachdenken. Der kleine Hase nimmt hier eine semantische Modifikation ohne formale Modifikation vor, indem er sich mit seiner Frage kontextuell darauf bezieht, dass sie sich nicht an einem einsamen, sondern an einem heimeligen und damit an einem sicheren Ort befinden. Den Fuchs jetzt noch zu verletzen oder zu töten, wäre ein grausamer, nicht gerechtfertigter Akt. Diese Bedeutung muss jedoch aus dem Kontext erschlossen werden – die Neusemantisierung stellt, da sie nicht expliziert wird, eine hohe Anforderung gerade an die kindlichen Rezipienten und ebnet den Weg für Empathie und Einfühlungsvermögen durch eine imaginativ-vergegenwärtigende Perspektivübernahme.

Dass der Hasenvater die Keule sinken lässt und stattdessen die gesamte Familie den schlafenden Fuchs vorsichtig aus dem Hasenbau zieht und ihn davor ablegt, wird im Text und auch auf der Bildebene nicht begründet, kommentiert oder erklärt. Es entsteht also erneut eine Leerstelle, die durch den Phraseologismus bedingt ist. Warum ändert der Hasenvater seine Meinung? Vermutlich aktualisiert er die wörtliche Bedeutung des Ausgangsphraseologismus und erinnert sich an einen sozialen Akt, der frei sein kann von übernommenen Rollenbildern. Gleichzeitig könnte er auch in sich das Verhalten des Fuchses gespiegelt sehen: Er versucht nun – genauso wie zuvor der Fuchs seinem Sohn – dem ungebetenen Gast Schaden zuzufügen und erkennt dabei sein Unrecht. Vielleicht hat er aber auch Hochachtung vor seinem Sohn, der die Partei des Fuchses zu ergreifen vermag, obwohl der ihn fressen wollte.

Die hier noch einmal thematisierte Leerstelle, die hergestellt wird und gefüllt werden kann durch das Wechselspiel des Phraseologismus mit seiner Modifikation, zeigt die Möglichkeiten zur Perspektivübernahme, die die feste Wortverbindung hier eröffnet, verweist aber gleichzeitig auch auf die Unabschließbarkeit des Sinnbildungsprozesses.

Zusammenfassend lässt sich feststellen, dass im Bilderbuch ein Phraseologismus und seine Modifikation(en) derart miteinander verknüpft werden, dass durch ihre Interaktion ein durch Allgemeinwissen bekanntes *Jäger-Beute*-Verhältnis ins Wanken gerät. Das Bilderbuch verwendet im Titel die modifizierte Form, im Haupttext aber auch den Ausgangsphraseologismus. Damit wird der Weg hin zum Aufbrechen des tradierten Rollenverständnisses bereitet. Im Zusammenspiel zwischen Bild und Text wird der Ausgangsphraseologismus verständlich. Über seine Aktualisierung wird das literarische Rollenverhältnis fokussiert. Auf der Bildebene des Textes entwickelt der Ausgangsphraseologismus eine neue Bedeutung: Als Lokalsatz bezeichnet er nun jenen Ort, an dem vermeintliche Feinde bzw. Kontrahenten aufeinandertreffen, und es liegt an den Beteiligten, ob sie die Rollenverteilung annehmen oder nicht.

Die Komplexität der Konnotationsbildung, die die beiden Phraseme im Kontext des Bilderbuchs eröffnen, bietet eine assoziationsreiche Grundlage für literarische Lernprozesse.

3.2.2 Ein Ausblick auf Intertextualität: Mario Ramos *Ich bin der Stärkste im ganzen Land!*

Mario Ramos' Bilderbuch ist ein intertextuell ausgerichtetes Buch, in dem ein sehr von sich selbst eingenommener Wolf einen Spaziergang durch den Wald macht und alle ihm begegnenden Waldbewohner bittet – oder besser: sie unmissverständlich dazu auffordert –, ihm seine Lieblingsfrage zu beantworten „Wer ist der Stärkste im ganzen Land?" Diese Frage ist die formal-semantische Modifikation eines Zitats, fast schon eines geflügelten Worts (vgl. Burger 2015: 48), aus dem Märchen „Schneewittchen" von den Brüdern Grimm (KHM 53, ATU 709; Uther 1996), in dem *Wer ist die Schönste im ganzen Land?* als Wiederholungsfigur genutzt wird.

Im Märchen stellt diese Frage Schneewittchens böse Stiefmutter ihrem Zauberspiegel, der eine lange Zeit immer die gewünschte Antwort gibt (sie selbst sei die Schönste), aber irgendwann statt ihrer Schneewittchen nennt. Dieses Narrativ findet sich auch in Mario Ramos' Bilderbuch wieder. Der Wolf begegnet auf seiner Wanderung durch den Wald Rotkäppchen, den sieben Zwergen, den drei kleinen Schweinchen und vielen anderen Tieren und Märchenfiguren, die ihm alle – wie der Spiegel der bösen Stiefmutter – bestätigen, dass er der Stärkste sei. Bis am Ende ein kleines, grünes, undefinierbares Wesen vor dem Wolf steht und behauptet, seine Mama sei die Stärkste im ganzen Land. Nachdem der Wolf einen Tobsuchtsanfall bekommen hat, steht die Mutter des grünen Wesens vor ihm. Es handelt sich um einen riesigen Drachen, dessen Darstellung noch nicht einmal auf eine Bilderbuchseite passt, sodass man ihn nur von den Füßen bis zum Bauchansatz sehen kann. Diese Erscheinung verweist den hochmütigen Wolf in seine Schranken und kleinlaut muss er die Dominanz des anderen anerkennen.

Die stete Wiederholung der phraseologisch gebundenen und um ein Lexem modifizierten Frage rahmt die zahlreichen intertextuellen Bezüge zu anderen Märchen und eröffnet über den Abruf des Ausgangsnarrativs die Möglichkeit, sich mit narrativer und dramaturgischer Handlungslogik zu beschäftigen, aber auch mit der Variation und satirischen Kombination verschiedener Gattungsprototypen.

Kinder schreiben die mit vielen Wiederholungsstrukturen durchsetzte Geschichte gerne fort oder führen sie szenisch auf, indem sie sich an der phraseologischen Wendung orientieren, die die Narration strukturiert und ihren Höhepunkt vorbereitet. Insofern gibt der hier eingesetzte Phraseologismus auch den rezipierenden Kindern Halt: Er bietet Orientierung und Struktur beim Agieren mit Geschichten.

4 Fazit

Literaturdidaktische Überlegungen zum Einsatz von literarischen Texten im Unterricht der Grundschule sind von der Idee geleitet, Kindern Zugänge zu literarischen Texten zu eröffnen, die sie auf lange Sicht dazu befähigen, die Gratifikationen des Handlungsfelds Literatur partizipierend, genießend und gestaltend wahrnehmen zu können.

Phraseologismen im literarischen Text sind oftmals so eingesetzt, dass sie verschiedene Geschehensmomente und Konnotationsangebote miteinander verknüpfend bündeln, aber auch als formal-semantische oder ausschließlich semantische Modifikation neue Sinnstiftungsangebote anheimstellen. Das Potenzial insbesondere idiomatischer Phraseologismen reicht von der Aufmerksamkeitssteuerung (auf die sprachliche Gestaltung, aber auch auf bestimmte Geschehensmomente) bis zur spezifischen Gattungsreflexion und zur Perspektivübernahme, von der Irritation (durch die Modifikation von Vertrautem) bis zur stützenden Funktion bei der eigenen produktiven Auseinandersetzung mit literarischen Texten. Diese Vielfältigkeit des Angebots sollte nicht ungenutzt bleiben und im literaturdidaktischen Kontext stärker fokussiert werden, wozu eine systematische Untersuchung der Wirkweisen von Phraseologismen im (kinder-)literarischen Text vor dem Hintergrund ihrer Rezeptionsherausforderungen unerlässlich ist.

Literatur

Burger, Harald (2006): Phraseologie im Spracherwerb – Evidenz aus der Spontansprache. In Annelies Häcki Buhofer & Harald Burger (Hrsg.), *Phraseology in Motion I*, 339–356. Baltmannsweiler: Schneider Hohengehren.
Burger, Harald (2015): *Phraseologie. Eine Einführung am Beispiel des Deutschen*. 5., neu bearbeitete Aufl. Berlin: Erich Schmidt.
Dawidowski, Christian (2016): *Literaturdidaktik Deutsch*. Paderborn: Schöningh.

Eismann, Wolfgang (2007): Phraseme in literarischen Texten. In Harald Burger, Dimitrij Dobrovol'skij, Peter Kühn & Neal R. Norrick (Hrsg.), *Phraseologie. Ein internationales Handbuch der zeitgenössischen Forschung*, 316–329. Berlin, New York u. a.: De Gruyter.

Ewers, Hans-Heino (2012*): Literatur für Kinder und Jugendliche. Eine Einführung in Grundbegriffe der Kinder- und Jugendliteraturforschung*. 2., überarbeitete u. aktualisierte Aufl. Paderborn: Fink/UTB.

Finkbeiner, Rita (2011): Phraseologieerwerb und Kinderliteratur. Verfahren der „Verständlichmachung" von Phraseologismen im Kinder- und Jugendbuch am Beispiel von Otfried Preußlers „Die kleine Hexe" und „Krabat". *Zeitschrift für Literaturwissenschaft und Linguistik* 41 (162), 47–73.

Häcki Buhofer, Annelies (1997): Phraseologismen im Spracherwerb. In Rainer Wimmer & Franz-Josef Berens (Hrsg.), *Wortbildung und Phraseologie*, 209–232. Tübingen: Narr.

Hochstadt, Christiane, Andreas Krafft & Ralph Olsen (2013): *Deutschdidaktik. Konzeptionen für die Praxis*. Tübingen: Narr Francke Attempto.

Jakobson, Roman (1971): Linguistik und Poetik. In Jens Ihwe (Hrsg.), *Literaturwissenschaft und Linguistik. Ergebnisse und Perspektiven*, 142–178. Frankfurt a. M.: Athenäum.

Jesenšek, Vida (2006): Phraseologie und Fremdsprachenlernen. Zur Problematik einer angemessenen phraseodidaktischen Umsetzung. *Linguistik Online* 27 (Neue theoretische und methodische Ansätze). https://bop.unibe.ch/linguistik-online/article/view/747/1274 (letzter Zugriff 13.11.2020).

Kepser, Matthis & Ulf Abraham (2016): *Literaturdidaktik Deutsch. Eine Einführung*. 4., völlig neu bearbeitete u. erweiterte Aufl. Berlin: Erich Schmidt.

Knopf, Julia & Ulf Abraham (2014): Genres des BilderBuchs. In Julia Knopf & Ulf Abraham (Hrsg.): *BilderBücher. Band 1: Theorie*, 3–11. Baltmannsweiler: Schneider Hohengehren.

Krichel, Anne (2020): *Textlose Bilderbücher. Visuelle Narrationsstrukturen und erzähldidaktische Konzeptionen für die Grundschule*. Münster: Waxmann.

Leubner, Martin, Anja Saupe & Matthias Richter (2019): *Literaturdidaktik*. Berlin: Akademie.

Lieber, Gabriele (Hrsg.) (2013): *Lehren und Lernen mit Bildern. Ein Handbuch zur Bilddidaktik*. 2. grundlegend überarbeitete u. ergänzte Neuaufl. Baltmannsweiler: Schneider Hohengehren.

Link, Jürgen (2004): Literatursemiotik. In Helmut Brackert & Jörn Stückrath (Hrsg.), *Literaturwissenschaft. Ein Grundkurs*, 15–29. 8. Aufl. Reinbek bei Hamburg: Rowohlt.

Link, Jürgen (1983): *Elementare Literatur und generative Diskursanalyse*. München: Wilhelm Fink.

Lüthi, Max (2004): *Märchen*. 10. Auflage. Stuttgart: Metzler.

Maar, Paul (2011): *Herr Bello und das blaue Wunder*. Hamburg: Oetinger Taschenbuch.

Marx, Leonie (2005): *Die deutsche Kurzgeschichte*. 3., aktualisierte u. erweiterte Aufl. Stuttgart: Metzler.

Merklinger, Daniela, Ulrike Preußer (2014): Im Vorlesegespräch Möglichkeiten für literarisches Lernen eröffnen: *Steinsuppe* von Anaïs Vaugelade. In Gabriela Scherer, Steffen Volz & Maja Wiprächtiger-Geppert (Hrsg.): *Bilderbuch und literar-ästhetische Forschungsperspektiven*, 155–174. Trier: WVT.

Merklinger, Daniela (2015): Vorlesen in der Schule. In Mechthild Dehn & Daniela Merklinger (Hrsg.), *Erzählen – vorlesen – zum Schmökern anregen*, 88–97. Frankfurt/M.: Grundschulverband.

Pompe, Anja, Kaspar H. Spinner & Jakob Ossner (2016): *Deutschdidaktik Grundschule*. Berlin: Erich Schmidt.

Preußer, Ulrike (2011a): Phraseologismen in problemorientierter weiblicher
  Adoleszenzliteratur – ein Beispiel. *Linguistik Online* 47 (Phraseodidaktik).
  https://bop.unibe.ch/linguistik-online/article/view/363/560 (letzter Zugriff 13.11.2020).
Preußer, Ulrike (2011b): Vom Sprachkorsett zur artikulierten Selbstbestimmung? –
  Sprachliche Formelhaftigkeit im Mädchenbuch und ihre Funktionen. *Neuphilologische
  Mitteilungen* CXII (3), 271–292.
Ramos, Mario: *Ich bin der Stärkste im ganzen Land!* Frankfurt a. M.: Moritz.
Rank, Bernhard (2011): Phantastische Kinder- und Jugendliteratur. In Günter Lange (Hrsg.),
  Kinder- und Jugendliteratur der Gegenwart. Ein Handbuch, 168–192. Baltmannsweiler:
  Schneider Hohengehren.
Rath, Wolfgang (2008): *Die Novelle*. 2., überarbeitete u. aktualisierte Aufl. Göttingen:
  Vandenhoeck & Ruprecht.
Richter-Vapaatalo, Ulrike (2007): *Da hatte das Pferd die Nüstern voll. Gebrauch und Funktion
  von Phraseologie im Kinderbuch. Untersuchungen zu Erich Kästner und anderen Autoren*.
  Frankfurt a. M. u. a.: Peter Lang.
Rosebrock, Cornelia & Daniela Nix (2014): *Grundlagen der Lesedidaktik und der
  systematischen schulischen Leseförderung*. 7. überarbeitete u. erweiterte Aufl.
  Baltmannsweiler: Schneider Hohengehren.
Schärer, Kathrin (2007): *Wenn Fuchs und Hase sich Gute Nacht sagen*. 2. Aufl. Zürich: Atlantis.
Schneider, Jost (2016): *Einführung in die Roman-Analyse*. 4., überarbeitete u. erweiterte Aufl.
  Darmstadt: WBG.
Schubert-Felmy, Barbara (2014): Auseinandersetzung mit Texten und Medien
  in der Sekundarstufe I. In Michael Kämper-van den Boogaart (Hrsg.), *Deutschdidaktik.
  Praxishandbuch für die Sekundarstufe I und II*, 112–141. 5. überarbeitete Neuaufl. Berlin:
  Cornelsen.
Spinner, Kaspar H. (2006): Literarisches Lernen. *Praxis Deutsch* 33 (200), 6–16.
Spinner, Kaspar H. (2010): Literaturunterricht in allen Schulstufen und –formen:
  Gemeinsamkeiten und Besonderheiten. In Heidi Rösch (Hrsg.), *Literarische Bildung
  im kompetenzorientierten Deutschunterricht*, 93–112. Stuttgart: Fillibach bei Klett.
Staiger, Michael (2022): Kategorien der Bilderbuchanalyse - ein sechsdimensionales Modell.
  In Ben Dammers, Anne Krichel & Michael Staiger (Hrsg.), *Das Bilderbuch. Theoretische
  Grundlagen und analytische Zugänge*, 3–27. Stuttgart: Metzler.
Uther, Hans-Jörg (Hrsg.) (1996): *Brüder Grimm: Kinder- und Hausmärchen*. Nach der großen
  Ausgabe von 1857, textkritisch revidiert, kommentiert u. durch Register erschlossen,
  Bd. 1. München: Diederichs.

Anna Reder
Moderne fremdsprachendidaktische Ansätze für die Phrasemvermittlung

Abstract: Der vorliegende Aufsatz befasst sich mit den Folgen des erweiterten Phrasembegriffs für die Phraseodidaktik. Zunächst werden die Eigenschaften zweier unterschiedlicher phraseologischer Kategorien – der Idiome und der Kollokationen – im Vergleich dargestellt. Kollokationen werden als nicht homogene Wortgruppe erfasst und weiter in gebräuchliche und typische Kollokationen untergliedert. Anschließend wird für eine auf die Kollokationsdidaktik ausgedehnte einheitliche Phraseodidaktik plädiert, obwohl Kollokationen und Idiome auch voneinander abweichende Eigenschaften aufweisen. Die Phraseodidaktik wird als analytische, normative und anwendungsorientierte Disziplin dargestellt. Darüber hinaus wird der Frage nachgegangen, welche Möglichkeiten aktuelle fremdsprachendidaktische Prinzipien für die Phrasemvermittlung bereitstellen, wie z. B. Chunk-Ansatz, Handlungsorientierung, Mehrsprachigkeitsansatz, interkultureller Ansatz, Fokus auf Fertigkeiten und Strategien.

Keywords: Kollokationen, Kollokationsdidaktik, Merkmale der Phraseodidaktik

1 Phraseme in der Didaktik

Während sich die Phraseologieforschung in ihren Anfängen primär den Idiomen bzw. idiomatischen Wortverbindungen widmete (*über seinen eigenen Schatten springen, Tomaten auf den Augen haben*), hat die „jüngere" Phraseologieforschung – in Bezug auf das Deutsche beginnend mit den 80er Jahren (vgl. Hausmann 1984) – ihren Blick auch auf weniger fixierte, nicht oder nur teilidiomatische phraseologische Einheiten gelenkt, wie etwa Kollokationen (*weiterführende Schulen, sich köstlich amüsieren*) und Routineformeln (*herzlichen Glückwunsch, guten Tag*). Diese Tendenz hat sich in den letzten ein bis zwei Jahrzehnten noch verstärkt. Der Phrasembegriff ist somit nicht mehr auf Idiome begrenzt, sondern hat sich auf alle festen Wortverbindungen ausgeweitet (vgl. Burger 2010: 52; Donalies 2009: 30).

Mit welchen Folgen ist zu rechnen, wenn auch die Phraseodidaktik die traditionelle enge Phrasemdeutung zunehmend ablegt und die breite Auffassung von der phraseologischen Grundlagenforschung übernimmt? In diesem Zusammenhang stellt sich u. a. folgende differenzierende Frage, mit der sich der Beitrag

zunächst auseinandersetzt: Welche gemeinsamen und trennenden Eigenschaften von Idiomen und Kollokationen lassen sich ausmachen? Anschließend wird die Phraseodidaktik an der Schnittstelle der Phraseologie und der Sprachendidaktik verortet, mit Fokus auf die DaF-Didaktik. Als didaktische Disziplin ist die Phraseodidaktik vorwiegend als analytisch, normativ und anwendungsorientiert anzusehen (vgl. die Merkmale von Didaktik in Decke-Cornill & Küster 2013). Der analytische Charakter rückt in den Vordergrund, wenn wir z. B. Lehr- und Lernprozesse sowie Lernmaterialien hinsichtlich der Phrasemvermittlung und des Phrasemerwerbs beobachten oder Unterrichtsmaterialien analysieren (siehe dazu die Lehrwerkanalyse von Targońska 2018, die Lehrwerk- und Sprachprüfungsanalysen von Ránics 2020). Die zweite Eigenschaft, die Normativität, erwartet von der Phraseodidaktik, dass sie den auf den einzelnen Niveaustufen (A1–C2) zu vermittelnden Phrasembestand anführt. Dabei sind u. a. folgende Fragen zu beantworten:
– Welche Phraseme sind im Grund- und welche im Aufbauwortschatz?
– Welche Phraseme sollten zum Verstehenswortschatz und welche zum Gebrauchswortschatz gehören?
– Welche Phrasemtypen kommen auf welcher Niveaustufe zum Tragen? (siehe die Empfehlungen von August 2017: 16, von Ettinger 2019: 95 und von Lüger 2019: 69).

Die Anwendungsorientiertheit als dritte Eigenschaft der Phraseodidaktik äußert sich darin, dass sie konkrete methodische Vorschläge für die Unterrichtspraxis unterbreitet. Sie beantwortet Fragen wie etwa: Mit welchen Modellen und Methoden lassen sich Phraseme effektiv behandeln? Welche Rolle spielt der Einsatz digitaler Medien bei der Nachhaltigkeit von Phrasemschulung?[1]

In Bezug auf die didaktischen Aufbereitungen kann die Phraseodidaktik mit anderen didaktischen Bereichen, wie z. B. Wortschatzdidaktik, Lesedidaktik, Schreib- und Sprechdidaktik sowie Wörterbuchdidaktik, zusammenwirken und von diesen profitieren. Im Zusammenhang mit Phrasemen soll hier die folgende Frage diskutiert werden: Welchen Einfluss üben aktuelle Tendenzen in der Fremdsprachendidaktik auf den Phrasemerwerb aus? Zur Behandlung dieser Fragestellung werden einige didaktische Prinzipien wie der Chunk-Ansatz, die Mehrsprachigkeitsdidaktik, der interkulturelle Ansatz und das Fertigkeiten-

---

1 Siehe die Anforderung des Einsatzes moderner Medien im schulischen Phrasemunterricht von Konecny, Hallsteinsdóttir & Kacjan (2013: 168), siehe die Phase der Belegrecherche im Vier-Phasen-Modell von Ettinger (2019: 101).

training angesprochen, wobei diese vor allem im Hinblick auf ihre Vorteile und mögliche Nachteile bezüglich des Phrasemerwerbs beleuchtet werden.

2 Ausgeweiteter Phrasembegriff

Phraseme nach der neueren, weiten Auffassung werden in der einschlägigen Literatur u. a. im Rahmen von zwei Modellen beschrieben, dem Zentrum-Peripherie-Modell (Lüger 2019: 55) und dem Kontinuum-Modell (Feilke 2004). Im Zentrum-Peripherie-Modell werden Phraseme im engeren Sinne (Idiome) und im weiteren Sinne (Kollokationen) unterschieden. Die nicht homogene Gruppe der Kollokationen lässt sich in zwei weitere Untergruppen differenzieren: Demnach werden in der aktuellen Kollokationsforschung Kollokationen im weiteren Sinne als „gebräuchliche Kollokationen" bezeichnet und Kollokationen im engeren Sinne „typische Kollokationen" genannt (vgl. Häcki Buhofer 2011; Roth 2014). Die Unterscheidung der zwei Gruppen ergibt sich aus der Deutung der Festigkeit. Bei gebräuchlichen Kollokationen bezieht sich die Festigkeit ausschließlich auf die Gebräuchlichkeit, also auf die Häufigkeit, mit anderen Worten auf die Frequenz des gemeinsamen Auftretens der Bestandteile, z. B. *ein heißer Tee*. Bei den typischen Kollokationen ist durch eine stärkere, semiotaktische Beziehung der Bestandteile ein höherer Grad an Festigkeit gegeben, z. B. *den Tee ziehen lassen* (vgl. Häcki Buhofer 2011; Roth 2014).

Eine zweite gängige Konzeption zur Erfassung phraseologischer Gruppen bietet das Kontinuum-Modell. Die benachbarten Kategorien der freien Wortverbindungen (*ein Buch kaufen*), der Kollokationen (*ein Buch aufschlagen*) und der Idiome (*ein Buch mit sieben Siegeln*) lassen sich nicht immer scharf voneinander trennen. Daher können sie als Kontinuum mit fließenden Grenzen aufgefasst werden. Auch in diesem Modell kann der Zweiteilung der Kollokationen in gebräuchliche (*ein lesenswertes Buch*) und typische Kollokationen (*Buch führen*) Rechnung getragen werden. Während nämlich gebräuchliche Kollokationen den freien Wortverbindungen nahestehen, sind typische Kollokationen in der Nähe der Idiome anzusiedeln (siehe Abb. 1).

2.1 Beschaffenheit von Phrasemen

Der ausgeweitete Phrasembegriff hat zur Folge, dass phraseologische Gruppen zum Teil gemeinsame und zum Teil trennende Eigenschaften haben (siehe Tab. 1).

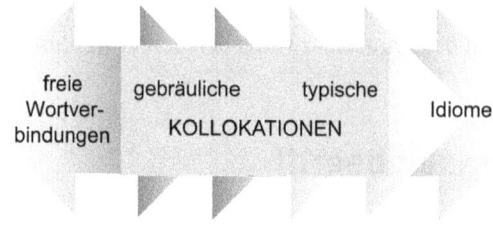

Abb. 1: Wortverbindungen im Kontinuum-Modell.

Tab. 1: Beschaffenheit von Phrasemen im Vergleich.

Merkmale	Kollokationen	Idiome
Polylexikalität	√	√
Festigkeit	(√)	√
Idiomatizität	(√) uni- und semidirektionale Kompositionalität	√
semantischer Mehrwert	∅	√ häufig

Gemeinsame Eigenschaften von Kollokationen und Idiomen sind die Polylexikalität und die Festigkeit. Kollokationen sind jedoch etwas weniger „fest", sie weisen in der Regel einen geringeren Grad an struktureller Festigkeit als Idiome auf. So können ihre Bestandteile z. B. auch getrennt im Satz stehen oder zum Teil durch Anaphern ersetzt werden.

Während Idiomatizität typisch für Idiome ist, sind Kollokationen in der Regel kompositionell. Ausnahme bilden semiidiomatische Kollokationen, die nicht immer so leicht zu entschlüsseln sind, wie z. B. *Bahnhof verstehen*. Wird das Prinzip der Kompositionalität nicht nur auf das Verstehen, sondern auch auf das Produzieren von komplexen lexikalischen Einheiten angewendet, sind Kollokationen nur zum Teil kompositionell. Bei gebräuchlichen Kollokationen sprechen wir von unidirektionaler Kompositionalität (zum Begriff siehe Forkl 2008), da sie sowohl rezeptiv als auch produktiv kompositionell sind. Für typische Kollokationen ist jedoch häufig eine semidirektionale Kompositionalität charakteristisch, da sie in rezeptiver, jedoch nicht unbedingt in produktiver Hinsicht kompositionell sind. Das Beispiel *der Computer ist abgestürzt* soll hier die Semikompositionalität veranschaulichen: In einer rezeptiven Kommunikationssituation ist davon auszugehen, dass Rezipient/innen aus den Bedeutungen der Bestandteile *Computer* und *abstürzen* sowie aus dem Kontext die Gesamtbedeutung ableiten können. In einer produktiven Situation sind die Fremdsprachenlernenden jedoch vor die Aufgabe gestellt, den metaphorischen Kollokator *abstürzen* einzusetzen. Kompositionell würde sich hier die freie Wortverbindung *der Computer funktioniert / geht nicht mehr* bilden lassen. So kann festgestellt werden, dass die Kollokation *der Computer ist abgestürzt* rezeptiv kompositionell, produktiv jedoch idiosynkratrischer Natur und somit nicht vorhersehbar ist.

Die Idiosynkrasie des Kollokators verbindet die Kollokationen mit den Idiomen, die sowohl rezeptiv als auch produktiv idiomatisch sind. Um das obige Beispiel weiterzuführen, soll hier die endgültige Funktionsunfähigkeit eines Computers durch eine semiidiomatische Kollokation mit idiomatischem Kollokator ausgedrückt werden: *der Computer gibt den Geist auf*. Dieses Beispiel zeigt exemplarisch, dass Idiome wie *den Geist aufgeben* einen semantischen Mehrwert haben können. Hierbei geht es u. a. um die konnotative Bedeutung, wie im Falle des genannten Beispiels um dessen umgangssprachliche Markierung. Darüber hinaus erfasst der semantische Mehrwert von Idiomen etwa auch den Ausdruck von Expressivität (*jemandem ist der Kragen geplatzt*), Emotionen (*jmd. ist am Boden zerstört*), Bewertungen (*eine lange Leitung haben*) oder Einstellungen der Sprecher/innen zu einer Person oder zu einem Sachverhalt (*jemandem die kalte Schulter zeigen*) (vgl. Donalies 2009: 46–55).

Zusammenfassend lässt sich feststellen, dass sowohl Idiome als auch Kollokationen polylexikalisch und – mehr oder weniger – fest sind. Ferner sind Idiome stets (voll-) idiomatisch und nicht kompositionell, Kollokationen hingegen nicht oder höchstens semiidiomatisch und (zum Teil) kompositionell. Einen semantischen Mehrwert weisen vorwiegend Idiome auf.

2.2 Gegenstand der Phraseodidaktik

Der weite Phrasembegriff, der alle festen Wortverbindungen als Phraseme anerkennt, bedeutet für die Phraseodidaktik eine Herausforderung. Ausgehend von einer solchen Konzeption müsste sie nämlich verschiedene lexikalische Mehrworteinheiten behandeln, die nicht nur gemeinsame, sondern auch voneinander abweichende Eigenschaften haben, wie Idiomatizität und semantischer Mehrwert. Diese Abweichungen könnten gute Gründe für die Unterscheidung zwischen einer Phraseodidaktik, in der Idiome den Gegenstand bilden, und einer separaten Kollokationsdidaktik sein (vgl. Reder 2006). An dieser Stelle wird jedoch für eine einheitliche Phraseodidaktik plädiert, in der die Vermittlung von Idiomen und Kollokationen nicht voneinander getrennt erfolgt. Mehrere Argumente sprechen für eine einheitliche Phraseodidaktik. Einige sollen hier angeführt werden: Erstens kommen in authentischen Texten bekanntlich sowohl Idiome als auch

Kollokationen als Wortschatzelemente vor, folglich sollte auch ihre Vermittlung gemeinsam bewerkstelligt werden. Ihre Trennung würde im textorientierten Unterricht künstlich wirken. Zweitens sind Phraseme graduelle Phänomene und deshalb nicht immer eindeutig einer bestimmten Gruppe zuzuordnen. So stellt ihre gemeinsame Vermittlung die Förderung einer allgemeinen Phrasemkompetenz in den Vordergrund und nicht die Zuordnung der jeweiligen Wortverbindung zu einer phraseologischen Gruppe. Drittens haben Idiome und Kollokationen – wie oben bereits erwähnt – auch gemeinsame Eigenschaften, nämlich die Polylexikalität und die Festigkeit. Diese Überschneidungen ermöglichen ihre gemeinsame didaktische Aufbereitung. Viertens kann die Vermittlung von Kollokationen in der Praxis von den bereits für die Idiombehandlung entwickelten Modellen profitieren, indem z. B. der klassische phraseodidaktische Dreischritt von Kühn (1992) oder das erweiterte Vier-Phasen-Modell von Lüger (1997, 2019) und Ettinger (2019) auch bezüglich Kollokationen eingesetzt wird (siehe die Umsetzung des Dreischrittmodells von Kühn für Idiome in Hessky 1993, für die Kollokationsarbeit in Ďurčo, Vajičková & Tomášková 2019: 194–204).

Nachdem sich die Verfasserin – im Gegensatz zu ihrer früheren Publikation (vgl. Reder 2006) – für die gemeinsame Behandlung von festen Wortverbindungen verschiedenen Typs in der Unterrichtspraxis ausgesprochen hat, soll im folgenden Abschnitt der Frage nachgegangen werden, welcher Stellenwert der Phrasemvermittlung in den aktuellen Tendenzen der DaF-Didaktik zukommt.

3 Tendenzen in der DaF-Didaktik und ihr Einfluss auf die Phrasemvermittlung

Es ist zu beobachten, dass die Unterrichtspraxis und die aktuellen DaF-Lehrwerke von Methodenpluralität geprägt sind. Die klassischen Methodenkonzepte kommen in ihren reinen Formen nicht mehr vor, denn Lehrende und Lehrwerkautor/innen sind sich der Vor- und Nachteile der einzelnen Ansätze bewusst. Es gibt jedoch Prinzipien, die als Leitlinien die Lern- und Lehrszenarien prägen. Im Folgenden werden einige dieser Prinzipien angesprochen und entsprechende Überlegungen zur Phrasemvermittlung angestellt.

3.1 Unterricht mit dem Chunk-Ansatz

Verfolgt man im Sprachunterricht den Chunk-Ansatz, dann heißt dies, wortübergreifende, größere sprachliche Einheiten als Ganzes zu vermitteln. Der Chunkbegriff bezieht sich auf ein kognitives Phänomen: Ein Chunk ist eine als Ganzes gespeicherte sprachliche Sequenz im Gedächtnis (zur näheren Begriffsbeschreibung siehe Handwerker & Madlener 2009). Der Vorteil des Chunklernens zeigt sich darin, dass der Rückgriff auf Chunks bei der Textproduktion den Redefluss erheblich beschleunigt. Mit Hilfe von größeren Fertigteilen die Sprechabsicht zu versprachlichen, kann schneller und mit geringerem kognitivem Aufwand bewerkstelligt werden als das mühsame, zeitaufwendige Zusammenstellen des Satzes aus Einzelelementen. Damit sich jedoch im Gehirn von Fremdsprachensprechenden auch in der Fremdsprache Chunks bilden, üben die Lernenden größere Einheiten in konkreten Situationen ein und internalisieren diese. Die Chunks werden erst in einer späteren Phase des Sprachenunterrichts gesteuert analysiert, wenn die Lernenden ihre Verwendung bereits automatisiert haben. Worin bestehen diese Chunks jedoch auf der sprachlichen Ebene? Es kann sich dabei um ganze Sätze, grammatische Konstruktionen und auch Phraseme handeln. Der Chunk-Ansatz hat für die Phrasemvermittlung den Vorteil, dass Phraseme als lexikalische Einheiten in typischen Situationen vermittelt und eingeübt werden. Mit dem handlungsorientierten Ansatz können Phraseme besonders effektiv als alternative Formulierungen eingeübt werden. Als exemplarisches Beispiel stellen wir uns eine Situation vor, in der Lernende ihre Begeisterung für etwas ausdrücken. Die sprachlichen Möglichkeiten sind diesbezüglich vielfältig, sie reichen vom einfachen Verb über Kollokationen bis zu Idiomen: *etwas bewundern; etwas wirklich / total bewundern; Das ist der Hammer; etwas ist klasse, super, voll krass; etwas ist der Wahnsinn ...* etc. (vgl. die Beispiele in *Studio d* B2: 10).

Es lässt sich zusammenfassend feststellen, dass der Vorteil des Chunk-Ansatzes beim Phrasemerwerb darin liegt, dass Phraseme in passenden Situationen eingeübt werden. Es gilt jedoch zu bedenken, dass dabei auch auf die korrekten Formen zu achten ist, damit sich Fehler nicht fossilisieren (z. B. **Das ist die Hammer.*) Die Praxis zeigt, dass es Lernenden beim Chunklernen besonders schwerfällt, sich z. B. Synsemantika im Phrasem richtig einzuprägen. Darüber hinaus bilden obige Beispiele eine zusätzliche Herausforderung für die Lernenden, da die angeführten Idiome einen semantischen Mehrwert haben und so z. B. auch ihre diasystematischen Markierungen (umgangssprachlich, jugendsprachlich usw.) relevant sind. Beim Internalisieren von Phrasemen kann es jedoch eine Hilfe sein, wenn das jeweilige Phrasem in der Erst- oder einer weiteren Fremdsprache über ein Volläquivalent verfügt und es als solches bereits bekannt ist, d. h. bezüglich des Konzepts, der Struktur und der Markierung. Das englische *to download a file* kann z. B. beim Einprägen von *eine Datei herunterladen* eine Stütze sein. Welche Effekte es hat, wenn Lernende auf alle vorhandenen sprachlichen Ressourcen beim Fremdsprachenerwerb zurückgreifen, wird in der aktuellen Fremdsprachendidaktik im Rahmen des Mehrsprachigkeitsansatzes diskutiert. Der folgende Abschnitt befasst sich mit dem möglichen Zusammenwirken des Mehrsprachigkeitsansatzes mit der Phrasemvermittlung.

3.2 Phraseme im Mehrsprachigkeitsansatz

Der Mehrsprachigkeitsansatz schlägt vor, nicht unbeachtet zu lassen, dass Lernende in der Regel mehrere Fremdsprachen lernen. L2 und L3 werden nicht voneinander isoliert betrachtet, sondern explizit miteinander in Beziehung gesetzt. Im Faktorenmodell von Hufeisen (2010) ist ein relevanter Faktor, dass es beim Erlernen einer Fremdsprache lernfördernd wirkt, wenn die Lernenden auf ihre Sprachkenntnisse in einer anderen Fremdsprache (bzw. in anderen Fremdsprachen) zurückgreifen. Auch ihre Lernerfahrungen bezüglich des Sprachenlernens sind wichtige Ressourcen, die das Lernen einer weiteren Fremdsprache unterstützen. Im Mehrsprachigkeitsansatz geht man also davon aus, dass vorhandene Kompetenzen in der L2 den Erwerb einer L3 erleichtern können (siehe Berényi-Nagy & Molnár 2019). Der lernpsychologische Hintergrund gründet in der Annahme, dass L2 und L3 im Gedächtnis der Lernenden nicht strikt voneinander getrennt gespeichert sind. Die Sprachen stehen miteinander in Beziehung, sie interagieren miteinander. So können positive Transferwirkungen den Spracherwerb erheblich begünstigen.

Bezüglich der Phrasemvermittlung kann festgestellt werden, dass der Mehrsprachigkeitsansatz eindeutig gewinnbringend sein kann. Termini wie *Kollokation* und *Idiom* können schon aus der ersten Fremdsprache bekannt und vertraut sein. Vor allem wenn Lernende Englisch als erste und Deutsch als zweite Fremdsprache lernen, kann man davon ausgehen, dass ihnen die Begriffe *collocation* und *idiom* bereits geläufig sind, denn Lehrwerke und Übungsmaterialien für das Englische verwenden in der Regel phraseologische Termini. Im Gegensatz dazu ist der phraseologische Terminologiegebrauch in DaF-Materialien weniger ausgeprägt (siehe Ránics 2020; Targonska 2018). Die Kenntnis der phraseologischen Begriffe aus der L2 ist wohl eine gute Voraussetzung, um sich mit Phrasemen auch in der L3 auseinanderzusetzen. Bewährte Strategien beim Phrasemlernen in der L2 sind auch beim Aneignen von Phrasemen in der L3 erfolgversprechend und effektiv (vgl. Haukås 2018: 49; Perge 2018: 88). Die Bewusstmachung von Phrasemlernstrategien kann wahrscheinlich deren Effektivität noch steigern. Eine weitere Lernhilfe bietet der Mehrsprachigkeitsansatz dann, wenn die vollständige Äquivalenz von Phrasemen in der L2 und der L3 bei der Phrasemauswahl als Kriterium berücksichtigt wird. Auch beim Einprägen von Phrasemen kann der Hinweis auf die totale Äquivalenz in der L2 oder L3 lernfördernd wirken. Exemplarische Beispiele dafür sind die folgenden (L2 Englisch, L3 Deutsch):

to consult a dictionary – ein Wörterbuch konsultieren,
to reach a target – ein Ziel erreichen (für weitere Beispiele siehe Fiedler 2014)

Diese Beispiele zeigen anschaulich, dass Übertragungen aus einer Sprache auf eine andere positiv ausfallen können. Das ist bekanntlich nicht immer der Fall. Der Mehrsprachigkeitsansatz stellt jedoch Gemeinsamkeiten sprachlicher Phänomene in den gelernten Fremdsprachen und dadurch den positiven Transfer in den Vordergrund. So bringt der Mehrsprachigkeitsansatz Vorteile für den Phrasemerwerb bezüglich total äquivalenter Phraseme in der L2 und L3. Fraglich bleibt in diesem Ansatz jedoch der Umgang mit Phrasemen, die in der L2 und L3 partiell äquivalent sind oder keine Entsprechung in der jeweils anderen Sprache haben. Empirische Forschungsergebnisse zeigen, dass Lernende auch diese Phrasemtypen häufig richtig deuten können (vgl. Hallsteinsdóttir 2001). In der Sprachproduktion führen sie jedoch oft zu Interferenzfehlern oder zur Verwendung von Vermeidungsstrategien (vgl. Reder 2006). Umschreibungen sind besonders gute Strategien bei der Deutung kultursensitiver Phraseme (vgl. den Begriff in Kühn 2006), wie z. B. *Kaffee und Kuchen* als eine spezielle Zwischenmahlzeit im deutschsprachigen Raum. Ein weiteres Beispiel aus dem Bildungsbereich ist *in der Schule nachsitzen*, also als Strafe nach dem Unterricht in der Schule bleiben zu müssen.

Kultursensitive Phraseme haben unbestritten ein besonderes Potenzial im Fremdsprachenunterricht, da ihre Behandlung mit der Vermittlung von kulturellen Phänomenen einhergehen kann und dadurch nicht nur neue sprachliche Formen, sondern auch neue Inhalte und außersprachliches Wissen vermittelt werden. Sprach- und Kulturvermittlung gehen dabei also Hand in Hand, was ein wichtiges Anliegen in der interkulturellen Fremdsprachendidaktik ist.

3.3 Phraseme im interkulturellen Ansatz

Den kultursensitiven Phrasemen kommt besonders im Rahmen des interkulturellen Ansatzes eine wichtige Rolle zu, da sie, wie bereits oben angedeutet, nicht nur in bestimmten sprachlichen Formen auftreten, sondern auch kulturelle Inhalte zum Ausdruck bringen. Ihre Behandlung im Unterricht kann wesentlich zur Entwicklung der interkulturellen Kompetenz von Lernenden beitragen.

Interkulturelle Kompetenz bezeichnet die Fähigkeit, „mit fremden Kulturen und ihren Angehörigen in adäquater, ihren Wertesystemen und Kommunikationsstilen angemessener Weise zu handeln, mit ihnen zu kommunizieren und sie zu verstehen." (Lüsebrink 2005: 9). Es geht also erstens um die Fähigkeit, sich mit Menschen erfolgreich auszutauschen, „die eine andere Sprache sprechen und

in einem anderen kulturellen Kontext leben" (Freitag-Hild 2010: 121). Zweitens geht es um das Bewusstsein, dass der/die Kommunikationspartner/in einer fremden Kultur angehört und er bzw. sie demnach zum Teil fremden kulturellen Deutungsmustern unterliegt. Im Byrams Modell (Byram 1989)[2] werden die Ziele des interkulturellen Lernens in die folgenden fünf Komponenten untergliedert:
1. positive Einstellung wie Neugier und Offenheit gegenüber kultureller Fremdheit entwickeln;
2. sich Wissen über kulturelle Besonderheiten der Zielkultur aneignen;
3. eine Interpretationsfähigkeit entwickeln, um Phänomene aus der Perspektive der fremdsprachlichen Kultur deuten zu können;
4. die Fähigkeit ausbilden, unbekannte kulturelle Phänomene selbständig zu erschließen und diesen wertungsfrei zu begegnen;
5. das monokulturelle Bewusstsein überwinden, indem der eigene Ausgangspunkt, das eigene Wertesystem relativiert wird (vgl. Decke-Cornill & Küster 2010; Freitag-Hild 2010).

Obige Ziele lassen sich durch die Thematisierung von Kulturstandards auf konkrete unterrichtliche Handlungen beziehen. Kulturstandards sind als für die Angehörigen einer Kultur gültige und sinnstiftende Orientierungssysteme zu verstehen (Lüsebrink 2005: 18). Aspekte, die sich zum Vergleich verschiedener Kulturstandards anbieten, sind z. B. der Umgang mit der Zeit, die Auffassung über Höflichkeit, die Wertorientierung, die nonverbale Kommunikation, Verhaltenskonventionen, Nahrung und Essen, soziale Beziehungen etc. (vgl. Heringer 2004). Die Liste ist offen und dynamisch und bietet eine abwechslungsreiche Auswahl für den Sprachunterricht. Als Beleg für die Relevanz von Phrasemen im interkulturell orientierten Sprachunterricht soll im Folgenden eine Schreibaufgabe aus dem Lehrwerk *Ausblick 2* angeführt werden. Im Lehrwerktext (siehe Tab. 2) ist das Phrasem *im Hotel Mama wohnen* ein Schlüsselbegriff, anhand dessen über soziale Beziehungen zwischen Generationen diskutiert wird.

Dieses kultursensitive Phrasem dient im Text als Sprechanlass zum Kulturvergleich, also zur Entdeckung von Gemeinsamkeiten und Unterschieden in der Ausgangs- und Zielkultur. Darüber hinaus steht bei der Textarbeit die Deutung der Kollokation *Vollzeit arbeiten* (siehe Tab. 2, Absatz 2) mit dem Erwerb landeskundlicher Kenntnisse in Wechselbeziehung. Der Lehrwerksausschnitt zeigt exemplarisch, dass jene Verfahren zur Entwicklung der interkulturellen Kompetenz geeignet sind, die Auseinandersetzungen mit universellen Themen und landes-

---

[2] Byram, Michael (1989): *Cultural Studies in Foreign Language Education.* Clevedon, Avon: Multilingual Matters, zitiert in Decke-Cornill & Küster 2010, Freitag-Hild 2010.

Tab. 2: Eine auf einem kultursensitiven Phrasem basierende Schreibaufgabe in *Ausblick 2, Arbeitsbuch*: 19.

Im Internet hast du folgende E-Mail gelesen:

Immer mehr junge Leute im *Hotel Mama*
Jugendliche und junge Erwachsene zwischen 16 und 29 Jahren wohnen heute viel häufiger bei ihren Eltern als dies früher der Fall war. Während der Anteil in der vorigen Generation nur bei ca. 70 Prozent lag, sind es heute fast 90 Prozent.
Ein großer Teil von ihnen *arbeitet* bereits *Vollzeit* und könnte sich durchaus selbst versorgen. Doch offensichtlich verlassen viele junge Leute erst dann das Elternhaus, wenn sie einen Partner gefunden haben.

Schreib als Reaktion auf diesen Artikel einen Leserbrief mit folgenden Inhaltspunkten:
– Und was sind die Gründe dafür?
– Wie ist es in deinem Heimatland?

---

kundlichen Fragen in die Wege leiten, also zum Kulturvergleich in Texten und Situationen anregen. Bietet ein Lehrwerk wenig passende Texte und Situationen, können Ergänzungsmaterialien herangezogen werden. Beispielsweise ist ein empfehlenswerter Text für das interkulturelle Thema Höflichkeit ab der Niveaustufe B1 in der Zeitschrift *Deutsch perfekt* (Begisheva 2014: 68) zu finden. Die Auswahl ist deshalb exemplarisch auf diesen Text gefallen, weil der thematische Schwerpunkt des Textes in der Überschrift „Über politisch korrektes Verhalten" mit einer Kollokation, nämlich *politisch korrekt*, eingeführt wird. Bei der Behandlung dieses Textes im Unterricht können also gleichzeitig phraseodidaktische und interkulturelle Ziele angestrebt werden.

Nachdem eine mögliche Verzahnung phraseologischer und interkultureller Ziele dargestellt wurde, sind auch einige Schwierigkeiten anzusprechen. Erstens bergen kulturvergleichende Aktivitäten die Gefahr in sich, dass statt gegenseitigem Verständnis Stereotypen und Vorurteile verstärkt werden. Zweitens könnte es sein, dass in Gesprächen über kulturelle Besonderheiten, bei denen die Inhalte im Mittelpunkt stehen, weniger auf die Korrektheit sprachlicher Phänomene, wie grammatischer Konstruktionen und Phraseme, geachtet wird. Um Fehlerfossilierungen zu vermeiden, sollten sich daher formorientierte Übungen den inhaltsorientierten Aktivitäten anschließen. Derselbe Text, der kulturelles Wissen vermittelt, kann auch als Lerntext fungieren und zum Phrasemerwerb verwendet werden.

3.4 Phraseme beim Fertigkeitentraining

3.4.1 Phraseme und Fertigkeiten

In Bezug auf die vier Grundfertigkeiten (Lese-, Hör-, Sprech- und Schreibfertigkeit) ist man sich in der Forschung weitgehend einig, dass eine gleichmäßige Gewichtung sowie die Schulung von Teilfertigkeiten (Wortschatz-, Grammatik- und Aussprachekompetenz) notwendige Voraussetzungen sind, um den Spracherwerb effektiv zu fördern. Eine explizite Vermittlung von Phrasemen kann vorwiegend im Rahmen der Wortschatzarbeit bewerkstelligt werden, da Phraseme konstitutive Wortschatzelemente sind (Chrissou 2012). In mehreren neueren Ergänzungsmaterialien zur Wortschatzarbeit für fortgeschrittene DaF-Lernende lässt sich die positive Tendenz beobachten, dass Aufgaben zu Phrasemen in selbständigen Kapiteln platziert und diese mit den Termini „Idiome" und „Kollokationen" betitelt werden (vgl. u. a. Strank 2010; Fandrych 2012). Mehrere spezifische Materialien zur Idiomvermittlung stehen zur Verfügung, wobei manche auch über das Internet frei zugänglich sind (vgl. u. a. Bergerova o.J.; Ettinger 2009). Während der Lehrbuchmarkt bereits mehrere Bücher zur Entwicklung der Idiomkompetenz anbietet, sind mir spezifische Übungsbücher oder Webseiten zur Kollokationsschulung kaum bekannt. Einige der wenigen Ausnahmen bilden das didaktische Beiheft (Meier et al. 2014) zum Kollokationenwörterbuch von Häcki Buhofer et al. (2014) sowie das Lehr- und Übungsbuch zu Kollokationen von Ďurčo et al. (2017). Im Bereich der thematischen Übungsbücher für Phraseme besteht m. E. ein erheblicher Mangel an Auswahl. Regelmäßige explizite phraseologische Übungen würden den Phrasemerwerb fördern. Als besonders effektiv sind die Übungen der ersten Phase im phraseodidaktischen Phasenmodell von Kühn (vgl. zum Phasenmodell Kühn 1992; Ettinger 2019; Lüger 2019) zu bewerten, denn das Entdecken und Deuten von Phrasemen ist bezüglich der Lernerautonomie enorm wichtig. Zum erfolgreichen Lösen von Übungen in der Entdeckungsphase müssen Lernende ein ausgeprägtes Phrasembewusstsein entwickeln. Untersuchungen zeigen nämlich, dass Lernende von sich aus Kollokationen in Texten nicht unbedingt erkennen (vgl. Reder 2008). Folglich ist ein wichtiges Ziel der Phraseodidaktik, Lernende für Phraseme zu sensibilisieren und Strategien zum Erkennen derselben zu thematisieren.

Zum Phrasemerwerb trägt natürlich auch die implizite Phrasemvermittlung bei. Hier geht es darum, dass Lernende z. B. beim Üben eines grammatischen Phänomens Phraseme inzidentell mitlernen. Die Aufgabe unten (siehe Tab. 3) veranschaulicht so einen Fall. Das primäre grammatische Ziel der Aktivität besteht im Einüben von Modalverben. Darüber hinaus ist das pragmatische Ziel, über Reisevorbereitungen in Dialogform sprechen zu können. Die angegebenen

Redemittel (siehe rechte Spalte in der Tab. 3) enthalten neben freien Wortverbindungen auch Kollokationen, die bei dieser Aktivität mitgelernt werden. Wie lässt sich diese handlungsorientierte Übung ergänzen, damit sie nicht nur die Modalverben und das Sprechen mit Hilfe von Redemitteln einübt, sondern den Lernenden auch das Potenzial der Übung für ihre Phrasemkompetenz bewusst macht? Eine sich an die Übung anschließende Reflexionsphase sollte auf die Festigkeit vorgegebener Phraseme fokussieren. Die Bewusstmachung der Festigkeit von Wortverbindungen dient dem phraseodidaktischen Ziel, die Aufmerksamkeit von Lernenden auf Phraseme zu richten.

Tab. 3: Implizite Phrasemvermittlung in *Delfin Kursbuch 1:* 65.

13. Variieren Sie die Gespräche. Sie können die folgenden Ausdrücke verwenden:

Hast du schon … ?	Das habe ich … Ich habe …	schon … noch nicht …	die Fahrräder in die Garage stellen das Licht abstellen
Bist du schon … ?	Ich bin …	gestern … heute Morgen … vorhin …	den Strom abstellen das Fenster zumachen die Koffer packen
Kannst du bitte … ? Kannst du nicht … ?		gerade …	die Mäntel einpacken das Auto sauber machen die Wohnung putzen zum Blumenladen gehen
Ich muss noch … Du musst noch … Wir müssen noch …	Das brauchst du nicht … Das brauchen wir nicht … Das können wir ja auch …		die Kinder ins Bett bringen das Mittagessen machen Geld von der Bank holen zur Post fahren

3.4.2 Phraseme bei der Förderung produktiver Fertigkeiten

Eine bedeutende Rolle kommt Phrasemen immer wieder bei der Entwicklung der Sprechfertigkeit zu. In dem in der Unterrichtspraxis üblichen Modell, das in mehreren Schritten – Reproduzieren, Rekonstruieren, Sprechen mit Redemitteln – die Lernenden zum freien Sprechen führt (Funk et al. 2016: 84), soll hier das Scaffolding ('Sprechen mit Hilfe von angeführten Redemitteln') hervorgehoben werden. In den Redemitteln kommen alle möglichen Wortschatzelemente und Konstruktionen zum Tragen, so auch Phraseme. Ein gutes Beispiel liefert eine Übung im Lehrwerk *Studio d* (siehe Tab. 4), in der passende kommunikative Phraseme zur Meinungsäußerung zur Auswahl stehen.

Auch in der Förderung der zweiten produktiven Fertigkeit, der Schreibfertigkeit, lassen sich Aktivitäten mit phraseodidaktischen Zielen integrieren. Setzt

Tab. 4: Relevanz von Phrasemen in vorgegebenen Redemitteln (in *Studio d* B2: 45).

	Meinungen kurz und knapp	
REDEMITTEL	etwas ablehnen	jemandem / etwas zustimmen
	Das sehe ich (gar / überhaupt) nicht so.	Na klar / Richtig/ Absolut / Stimmt!
	Das finde ich nicht richtig.	Das sehe ich ganz genauso.
	Da irren Sie sich (aber).	Das stimmt voll und ganz / total / wirklich.
	(Ganz) im Gegenteil.	Ich halte das für richtig.
	(Völliger / Ach) Quatsch!	Das meine ich auch.
	(So ein) Unsinn!	Da liegen Sie vollkommen / absolut richtig.

man die prozessorientierte Schreibdidaktik in der Unterrichtspraxis ein, wird der Schreibprozess in mehrere aufeinander folgende Schritte gegliedert: Schreibimpulse geben, Ideen sammeln, Textstruktur festlegen, passende Vokabeln und Konstruktionen sammeln, einen Ersttext erstellen, den Text optimieren, den Text präsentieren und zum Schluss Meinungen zum Text einholen. (siehe die tabellarische Darstellung der einzelnen Schritte in Kertes 2018: 38) In diesem Prozess können wir z. B. in der Optimierungsphase Lernende ermutigen, ihren Text auf Phrasemfehler hin zu überprüfen und durch weitere Phraseme zu ergänzen. Bei diesem Schritt sind informationsspezifische phraseologische Wörterbücher für Lernende gewiss gute Ratgeber (siehe z. B. Häcki Buhofer et al. 2016; Udem o. J.). Diese können bekanntlich nicht nur beim Erstellen, sondern auch beim Rezipieren von Texten nützlich sein.

3.4.3 Strategien zum Erkennen von Kollokationen in Texten

Die lernerorientierte Didaktik legt uns nahe, dass das erfolgreiche Textverstehen weitgehend davon abhängt, mit welchen Verstehensstrategien Lernende an Hör- oder Lesetexte herangehen. Zur Texterschließung können Lernende mehrere Strategien anwenden, wie z. B. Textstruktur und Textsortenmerkmale erkennen, Schlüsselbegriffe finden, Hypothesen bilden, inferieren, unbekannte Vokabeln erschließen etc. (Hermes 2010). Im Wechselspiel datengeleiteter und konzeptgeleiteter Verstehensprozesse spielt es eine wichtige Rolle, die Vokabeln des jeweiligen Hör- oder Lesetextes richtig deuten zu können. Von Kollokationen ist bekannt, dass sie beim Textverständnis kaum Probleme bereiten, sofern die Basis verständlich ist, denn die Bedeutung des Kollokators lässt sich in der Regel aus dem Kontext erschließen. Kollokationen sind also bei der Rezeption häufig unauffällig. Sie sind jedoch für die produktive Phase der Textarbeit notwendig, deshalb ist ihre Bewusstmachung relevant. Die Sensibilisierung von Lernenden für Kollokationen lässt sich gut in die rezeptive Textarbeit integrieren. Vor dem Lesen oder vor dem Anhören des Textes erfolgt in der Regel eine inhaltliche und eine sprachliche Vorentlastung (siehe das Drei-Phasen-Modell der Textarbeit in Feld-Knapp 2005: 133). Bei der sprachlichen Vorentlastung werden nicht nur Einwortlexeme, sondern auch Kollokationen und Idiome aus dem Text angeführt und erklärt. Auch in der zweiten Phase, also nach den Übungen zur Verständnissicherung, kann eine kurze Sequenz zur Arbeit mit Phrasemen eingefügt werden. Diese Übung ist textbezogen und rezeptiv. Lernende hören sich den Text erneut an oder lesen ihn noch einmal durch. Sie finden im Text Phraseme, deren Bedeutung in der Übung angeführt ist, durch eine Umschreibung oder durch ein Bild oder durch eine Entsprechung in L1 oder in einer Fremdsprache.

Die Sensibilisierung für Phraseme bei der rezeptiven Textarbeit ist auch deshalb von Bedeutung, weil Lernende vorwiegend „Word-Watcher" sind, also isolierte Einzelwörter erschließen wollen (zum Begriff siehe Handwerker & Madlener 2009: 6). Daher benötigen sie spezielle Strategien, um Wortgefüge als feste Wortverbindungen zu erkennen. Bis dato scheint es jedoch an einschlägiger Literatur zu Strategien zu mangeln, die Techniken zum Entdecken von Kollokationen oder zum Anerkennen von Wortverbindungen als Kollokationen vorschlagen würden. Im Folgenden wird der Versuch unternommen, einige Strategien zum Entdecken von Kollokationen in Texten zu unterbreiten. Bei diesen Strategien führen Lernende Analysen und Proben durch und dabei werden ihnen verschiedene Merkmale von Kollokationen bewusst. Mit Hilfe dieser Merkmale können sie sich entscheiden, ob eine Wortverbindung eine Kollokation darstellt.

In Bezug auf die Deutung von Kollokationen ist der erste Schritt, die Bestandteile einer Kollokation als zusammengehörige Elemente zu bestimmen. Beim Entdecken von Kollokationen überlegen die Lernenden, ob Wortverbindungen mindestens über eine der folgenden Eigenschaften verfügen:

1. Abhängigkeitsbeziehung: die Basis und der Kollokator sind nicht gleichgestellt. Die Bedeutung der Basis lässt sich unabhängig vom Kollokator erklären. Aber die Bedeutung vom Kollokator ist abhängig von der Basis.
2. Kontrastivität: Ein Vergleich der Bestandteile mit ihren Entsprechungen in der L1 ergibt, dass sich der Kollokator nicht wörtlich übersetzen lässt.
3. Situativität: Die Wortverbindung wird ausschließlich oder bevorzugt in einer bestimmten Situation verwendet.
4. Metaphorik: Der Kollokator wird in übertragener Lesart verwendet.
5. Syntagmatische Beschränkung: Der Kollokator lässt sich nicht durch Synonyme ersetzen.

Diese kognitiven Strategien zum Erkennen von Kollokationen lassen sich durch Strategien mit Hilfsmittelverwendung wie folgt ergänzen:
6. Häufigkeit: Die Bestandteile kommen häufig miteinander vor. Die Häufigkeit lässt sich in Korpora überprüfen.
7. Kodifizierung: Die Wortverbindung ist in Wörterbüchern als Kollokation gekennzeichnet.

Die Anerkennung einer Wortverbindung als Kollokation ergibt sich also dadurch, dass die Lernenden mindestens eine der oben angeführten Proben durchführen und dabei versuchen, die Gesamtbedeutung der Kollokation additiv aus den Bestandteilen zu erschließen, wobei jedoch auch der Kontext Hilfestellungen anbietet. Die Fokussierung auf Kollokationen in Texten ist im Unterricht jedoch erschwert, denn die meisten DaF-Lehrwerke verwenden den Terminus *Kollokation* nicht. Darüber hinaus fällt es den Lernenden nicht leicht – wie bereits oben angesprochen – Wortgruppenlexeme als Wortschatzelemente zu erkennen und zu deuten.

4 Zusammenfassung

Im vorliegenden Aufsatz wurde dafür argumentiert, dass aktuelle Tendenzen in der Fremdsprachendidaktik für die Phrasemvermittlung nutzbar gemacht werden können und sollten. Während einige didaktische Prinzipien und Fertigkeiten angesprochen wurden, blieben andere, genauso relevante Leitlinien – wie z. B. Aufgabenorientierung und Textorientierung (zum Letzteren siehe Jesenšek 2006; Lenk 2011) – und weitere Fertigkeiten (wie etwa das Hör-/Sehverstehen und die Mittlerfertigkeit) aus Platzgründen für einen nächsten Aufsatz vorbehalten.

Mit Hilfe des Chunk-Ansatzes können Phraseme in Situationen als Ganzheiten erlernt werden. Um dabei Fehlerfossilierungen vorzubeugen, sollte jedoch nicht nur auf das kommunikative Ziel, sondern auch auf die sprachliche Richtigkeit Wert gelegt werden. In der Phase der Regelbildung folgt die Bewusstmachung der Festigkeit von Phrasemen. Auch der Mehrsprachigkeitsansatz kann beim Erlernen von Phrasemen fruchtbringend eingesetzt werden. Das beim Lernen der ersten Fremdsprache eventuell bereits entwickelte Phrasembewusstsein kann auf den Lernprozess in Deutsch als L3 übertragen werden. Auch die in einer L2 und L3 vollständig äquivalenten Phraseme können den Phrasemerwerb beschleunigen. Mit Interferenzfehlern ist jedoch nach wie vor zu rechnen.

Es lässt sich feststellen, dass sich der interkulturelle Ansatz als gute Grundlage zur Phrasemvermittlung erweist. Das Ziel des interkulturell orientierten

Sprachunterrichts ist die Sensibilisierung für das Verständnis des anderen in Bezug auf die Verhaltens-, Denk- und Ausdrucksweise, sowie die Entwicklung der Fähigkeit zum Erkennen der Gemeinsamkeiten und zum Verständnis der Unterschiede. Beim Sprechen über kulturelle Besonderheiten kommen Phraseme häufig zum Tragen. Es ist aber bei diesem Ansatz besonders darauf zu achten, dass Stereotypen nicht verstärkt werden.

Auch das prozessorientierte Fertigkeitentraining hat Potenzial für die Phrasemvermittlung. Es schlägt Schritte vor, in denen auch Phraseme im Mittelpunkt stehen können. Die Bewusstmachung von Phrasemen als feste Wortverbindungen und die Thematisierung von Strategien zum Erkennen von Phrasemen können die Effektivität des Phrasemlernens steigern. Eine in die Unterrichtsaktivitäten integrierte, sowohl explizite als auch implizite Phrasemvermittlung trägt hoffentlich dazu bei, dass sich Lernende in Zukunft noch stärker zu autonomen Phrasemanwender/innen entwickeln.

Literatur

Augst, Gerhard (2017): Von der idiomatischen Wendung zum Common Sense – Überlegungen zur Phraseodidaktik. *Deutsch als Fremdsprache* 54 (1), 10–19.
Ausblick 2 = Fischer-Mitzivris, Anni (2013): *Ausblick 2. Deutsch für Jugendliche und Junge Erwachsene. Arbeitsbuch.* Ismaning: Hueber.
Begisheva, Alia (2014): Über politisch korrektes Verhalten. *Deutsch perfekt* 11, 18.
Berényi-Nagy, Timea & Krisztina Molnár (2019): Deutsch als zweite Fremdsprache nach Englisch. Ratschläge für ungarische Deutschlehrende mit geringen Englischkenntnissen. *Deutschunterricht für Ungarn* 30. Sonderheft, 61–77.
Bergerová, Hana: *Multimediales Unterrichtsmaterial zur deutschen Phraseologie.* http://frazeologie.ujepurkyne.com/index2.htm (letzter Zugriff 20.10.2020).
Burger, Harald (2010): *Phraseologie. Eine Einführung am Beispiel des Deutschen.* Berlin: Erich Schmidt.
Chrissou, Marios (2012): *Phraseologie in Deutsch als Fremdsprache. Linguistische Grundlagen und didaktische Umsetzung eines korpusbasierten Ansatzes.* Hamburg: Dr. Kovač.
Decke-Cornill, Helene & Lutz Küster (2013): *Fremdsprachendidaktik.* Tübingen: Narr.
Delfin = Aufderstrasse, Hartmut, Jutta Müller & Thomas Storz (2002): *Delfin. Kursbuch 1.* München: Hueber.
Donalies, Elke (2009): *Basiswissen deutsche Phraseologie.* Tübingen: Francke.
Ďurčo, Peter, Mária Vajičková et al. (2017): *Kollokationen im Unterricht. Ein Lehr- und Übungsbuch.* Nümbrecht: Kirsch.
Ďurčo, Peter, Mária Vajičková & Simona Tomášková (2019): *Kollokationen im Sprachsystem und Sprachgebrauch. Ein Lehrbuch.* Nümbrecht: Kirsch.
Ettinger, Stefan (2009): *Phraseologie und Phraseodidaktik.* http://www.ettinger-phraseologie.de/ (letzter Zugriff 20.10.2020).

Ettinger, Stefan (2019): Leistung und Grenzen der Phraseodidaktik. Zehn kritische Fragen zum gegenwärtigen Forschungsstand. *Philologie im Netz* 87, 84–124.
Fandrych, Christian (Hrsg.) (2012): *Klipp und klar. Übungsgrammatik B2/C1 für Deutsch als Fremdsprache*. Stuttgart: Klett.
Feld-Knapp, Ilona (2005): *Textsorten und Spracherwerb. Eine Untersuchung zur Relevanz textsortenspezifischer Merkmale für den „Deutsch als Fremdsprache"-Unterricht*. Hamburg: Dr. Kovač.
Feilke, Helmut (2004): Kontext – Zeichen – Kompetenz. Wortverbindungen unter sprachtheoretischem Aspekt. In Katrin Steyer (Hrsg.), *Wortverbindungen – mehr oder weniger fest* (Jahrbuch des Instituts der Deutschen Sprache 2003), 41–64. Berlin: De Gruyter.
Fiedler, Sabine (2014): *Gläserne Decke* und *Elefant im Raum. Phraseologische Anglizismen im Deutschen*. Berlin: Logos.
Forkl, Yves (2008): *Zur digitalen Zukunft der Kollokationslexikographie*. Diss. Erlangen.
Freitag-Hild, Britta (2010): Interkulturelle kommunikative Kompetenz. In Carola Surkamp (Hrsg.), *Metzler Lexikon Fremdsprachendidaktik*, 121–123. Stuttgart, Weimar: Metzler.
Funk, Hermann, Christina Kuhn, Dirk Skiba, Dorothe Spaniel-Weise & Rainer E. Wicke (2016): *Aufgaben, Übungen, Interaktionen. Deutsch Lehren Lernen 4*. München: Klett-Langenscheidt.
Hausmann, Franz Josef (1984): Wortschatzlernen ist Kollokationslernen. *Praxis des Neusprachlichen Unterrichts* 31 (4), 395–407.
Hallsteinsdóttir, Erla (2001): *Das Verstehen idiomatischer Phraseologismen in der Fremdsprache Deutsch*. Hamburg: Dr. Kovač.
Handwerker, Brigitte, Karin Madlener (2009): *Chunks für Deutsch als Fremdsprache*. Baltmannsweiler: Schneider Hohengehren.
Haukås, Åsta (2018): Zur Übertragbarkeit früherer Sprachlernerfahrungen in den L3-Deutschunterricht. In Elisabeth Peyer, Thomas Studer & Ingo Thonhauser (Hrsg.), *IDT 2017 Brücken gestalten – mit Deutsch verbinden. Band 1: Hauptvorträge*, 48–58. Berlin: Erich Schmidt. https://www.esv.info/978-3-503-18161-2 (letzter Zugriff 05.11.2020).
Häcki Buhofer, Annelies (2011): Lexikographie der Kollokationen zwischen Anforderungen der Theorie und der Praxis. In Stefan Engelberg, Anke Holler & Kristel Proost (Hrsg.), *Sprachliches Wissen zwischen Lexikon und Grammatik*, 505–531. Berlin: De Gruyter.
Häcki Buhofer, Annelies, Marcel Dräger, Stefanie Meier & Tobias Roth (2014): *Feste Wortverbindungen des Deutschen. Kollokationenwörterbuch für den Alltag*. Tübingen: Francke.
Hessky, Regina (1993): *Virágnyelven. Durch die Blume. Arbeitsbuch zur deutschen Phraseologie für Fortgeschrittene*. Budapest: Nemzeti Tankönyvkiadó.
Heringer, Hans Jürgen (2004): *Interkulturelle Kommunikation*. Tübingen: Francke.
Hermes, Liesel (2010): Leseverstehen. In Carola Surkamp (Hrsg.), *Metzler Lexikon Fremdsprachendidaktik*, 196–200. Stuttgart, Weimar: Metzler.
Hufeisen, Britta (2010): Theoretische Fundierung multiplen Sprachenlernens – Faktorenmodell 2.0. In Andreas Bogner et al. (Hrsg.), *Jahrbuch Deutsch als Fremdsprache 36*, 2000–2007. München: Iudicium.
Jesenšek, Vida (2006): Phraseologie und Fremdsprachenlernen. Zur Problematik einer angemessenen phraseodidaktischen Umsetzung. *Linguistik online* 27, 137–147. https://bop.unibe.ch/linguistik-online/article/view/747 (letzter Zugriff 20.10.2020)
Konecny, Christine, Erla Hallsteinsdóttir & Brigita Kacjan (2013): Zum Status quo der Phraseodidaktik: Aktuelle Forschungsfragen, Desiderata und Zukunftsperspektiven. In

Christine Konecny, Erla Hallsteinsdóttir & Brigita Kacjan (Hrsg.), *Phraseologie im Sprachunterricht und in der Sprachendidaktik*, 153–172. Maribor u. a.: Mednarodna založba Oddelka za slovanske jezike in književnosti.

Kertes, Patrícia (2018): Textproduktion im universitären Bereich – zur Rolle und Funktion der Reflexion im Textproduktionsprozess. In Katalin Boócz-Barna, János Heltai, Patrícia Kertes, Anna Reder & Tünde Sárvári (Hrsg.), *DUfU – Deutschunterricht für Ungarn 29*, 25–48. Budapest: UDV.

Kühn, Peter (1992): Phraseodidaktik. *Fremdsprachen Lehren und Lernen* 21, 169–189.

Kühn, Peter (2006): *Interkulturelle Semantik*. Nordhausen: Bautz.

Lenk, Hartmut E. H. (2011): Phraseologismen im Austropop-Klamauk. Ihre spielerische Verwendung in den Texten der Ersten Allgemeinen Verunsicherung. *Germanistische Linguistik* 211–212, 255–280.

Lüger, Heinz Helmut (1997): Anregungen zur Phraseodidaktik. *Beiträge zur Fremdsprachenvermittlung* 32, 69–120.

Lüger, Heinz Helmut (2004): Idiomatische Kompetenz – ein realistisches Lernziel? Thesen zur Phraseodidaktik. In Heinz-Helmut Lüger & Rainer Rothenhäusler (Hrsg.), *Linguistik für die Fremdsprache Deutsch*, 121–169. Landau: VEP.

Lüger, Heinz Helmut (2019): Phraseologische Forschungsfelder. Impulse, Entwicklungen und Probleme aus germanistischer Sicht. *Beiträge zur Fremdsprachenvermittlung* 61, 51–82.

Lüsebrink, Hans-Jürgen (2005): *Interkulturelle Kommunikation. Interaktion, Fremdwahrnehmung, Kulturtransfer*. Stuttgart, Weimar: Metzler.

Meier, Stefanie, Eva Rösch, Caroline Runte & Annina Fischer (2014): *Feste Wortverbindungen des Deutschen. Beiheft für Selbststudium und Unterricht*. Tübingen: Francke.

Perge, Gabriella (2018): *Rezeptive Mehrsprachigkeit. Eine Studie zur Untersuchung der Entwicklung der individuellen Mehrsprachigkeit im institutionellen Fremdsprachenunterricht in Ungarn* (CM-Beiträge zur Lehrerforschung, Sonderreihe B: Monographien 1). Budapest: Eötvös József Collegium.

Reder, Anna (2006): *Kollokationen in der Wortschatzarbeit*. Wien: Praesens.

Reder, Anna (2008): Erkennen DaF-Lernende Kollokationen? In György Scheibl (Hrsg.), *Tests im DaF-Unterricht – DaF-Unterricht im Test*, 105–115. Szeged: Grimm.

Ránics, László (2020): *Neue phraseodidaktische Ansätze im DaF/DaZ-Unterricht. Ein deutsch-ungarischer empirischer Vergleich*. Diss. Hannover. https://www.repo.uni-hannover.de/handle/123456789/9479 (letzter Zugriff 04.11.2020).

Roth, Tobias (2014): *Wortverbindungen und Verbindungen von Wörtern*. Tübingen: Francke.

Strank, Wiebke (2010): *Da fehlen mir die Worte. Systematischer Wortschatzerwerb für fortgeschrittene Lerner in Deutsch als Fremdsprache*. Leipzig: Schubert.

Studio d B2 = Kuhn, Christina, Rita Niemann & Britta Winzer-Kiontke (2010): *Studio d B2*. Berlin: Cornelsen.

Targońska, Joanna (2018): Vom Text zur Übung. Kollokationen in Lesetexten und ihre Widerspiegelung in Übungen (am Beispiel von DaF-Lehrwerken). *Linguistik online* 89, 51–81. https://bop.unibe.ch/linguistik-online/article/view/4276/6394 (letzter Zugriff 10.03.2022).

Udem, Peter (o. J.): *Wörterbuch für Redensarten*. https://www.redensarten-index.de/suche.php (letzter Zugriff 04.11.2020).

Joanna Targońska

Welche Kollokationsdidaktik brauchen wir? Didaktische Aspekte der Arbeit an Kollokationen im DaF- bzw. Fremdsprachenunterricht

Abstract: Die in den 1990er Jahren postulierte Phraseodidaktik wurde ursprünglich für idiomatische Phraseme konzipiert. Mit Ausdehnung des Forschungsgegenstandes auf teil- und nicht-idiomatische Phraseme (z. B. Kollokationen) erschien die damals konzipierte Phraseodidaktik auch für die Förderung und den Erwerb der Kollokationskompetenz nicht mehr ausreichend. Der Beitrag stellt verschiedene Konzeptionen der Phraseodidaktik vor. Aufgezeigt werden hier die sich bisher vollzogenen Änderungen und Ziele der einzelnen Phasen des phraseologischen Drei- und Vier-Schritts sowie die von der Lehrkraft und den Fremdsprachenlernenden zu bewältigenden Aufgaben. Der Hauptteil des Beitrags befasst sich mit der Darlegung einer Kollokationsdidaktik, die von Texten ausgehen und mit der Produktion von Texten (d. h. kommunikativen Aufgaben) enden sollte. Neben der Rolle des Lehrwerks in der Kollokationsdidaktik werden konkrete Vorschläge für seinen Einsatz zur Förderung der Kollokationskompetenz beschrieben.

Keywords: Phraseodidaktik, Kollokationsdidaktik, Kollokationen, Kollokationsbewusstsein, Kollokationsübungen

1 Einleitung

Phraseologismen stellten jahrelang eine viel engere Gruppe der festen Wortverbindungen dar als heutzutage. Zu den Phraseologismen wurden nämlich nur solche festen Wortverbindungen gerechnet, die sich durch die Idiomatizität auszeichneten. Die nicht idiomatischen festen Wortverbindungen wurden aus der Gruppe der Phraseologismen ausgeschlossen. Erst die computergestützte Korpuslinguistik und das Vorhandensein von im großen Umfang ausgebauten Korpora, die viele Millionen von Textwörtern umfassen, haben gezeigt, dass in der Sprache viele Wortverbindungen existieren, die zwar fest, jedoch nicht idiomatisch sind. Dies führte zur Ausdehnung des Phraseologiebegriffs und erweiterte die Gruppe der Phraseologismen um weitere Elemente bzw. Spracherscheinungen, nämlich um die sog. Phraseologismen im weiteren Sinne.[1] Ihren Platz fanden in dieser Gruppe sowohl Kollokationen als auch pragmatische Phraseologismen, z. B. Routineformeln. Den Gegenstand des vorliegenden Beitrags stellen Kollokationen dar, die als eine Untergruppe der Phraseologismen zwar viele Jahrzehnte an der Peripherie der Phraseologie standen, jedoch in den vergangenen 20 Jahren mehr und mehr ins Zentrum der Phraseologie gerückt sind (vgl. Ebenen-Modell von Feilke 2004: 57–58 und Stumpf 2017: 70).

Der vorliegende Beitrag setzt sich zum Ziel, theoretische Überlegungen dazu anzustellen, wie man didaktisch bei der Arbeit mit Kollokationen vorgehen sollte, damit diese von Fremdsprachenlernenden beherrscht und ihre Kollokationskompetenz entwickelt werden können. Mit anderen Worten: im Folgenden wird über die Kollokationsdidaktik reflektiert. Dazu wird die von vielen Forschenden postulierte Phraseodidaktik herangezogen und genauer unter die Lupe genommen mit dem Ziel, herauszufinden, in welchem Zusammenhang die Phraseodidaktik und Kollokationsdidaktik zueinander stehen. Dabei wird der Frage nachgegangen, ob die für Phraseologismen im engeren Sinne (also idiomatische) konzipierte Phraseodidaktik auch für Phraseologismen im weiteren Sinne, d. h. z. B. für Kollokationen, angemessen ist. Diesen Gedanken liegt die Charakteristik und der Unterschied zwischen den beiden Gruppen von Phraseologismen sowie ihre Spezifik aus der Sicht des Fremdsprachenerwerbs und der ihm entsprechenden Lernprozesse zugrunde. Weiterhin sollen im vorliegenden Beitrag Überlegungen dazu angestellt werden, welche Rolle Lehrwerke bei der Entwicklung bzw. Förderung der Kollokationskompetenz spielen (könnten bzw. sollten) und wie die Arbeit an Kollokationen anhand von Lehrwerken erfolgen sollte.

2 Uneinheitlichkeit der Phraseologismen: Phraseologismen im engeren und im weiteren Sinn (z. B. Kollokationen) aus der Perspektive der Lehr- und Lernprozesse

Zwar gehören Idiome und Kollokationen zur Gruppe der Phraseologismen, aber die beiden Sprachphänomene unterscheiden sich aus der Sicht der Fremdsprachenerwerbs- und -lernprozesse und folglich möglicherweise auch aus der Pers-

---

[1] Die idiomatischen Phraseologismen wurden somit als Phraseologismen im engeren Sinne bezeichnet.

pektive der Lehrprozesse, was u. U. Auswirkungen auf die Didaktik der beiden Sprachphänomene haben mag. Es handelt sich nicht nur um die Idiomatizität und nicht-kompositionelle Bedeutung, die zwar für Phraseologismen im engeren Sinn charakteristisch ist, jedoch in Bezug auf die Kollokationen keine Rolle spielt. Den nächsten wichtigen, die beiden Gruppen der Phraseologismen unterscheidenden Aspekt stellen die Wahrnehmungs- und Rezeptionsprozesse dar. Während idiomatische Phraseologismen auffälliger sind, d. h. im Rezeptionsprozess leichter bemerkt, erkannt und wahrgenommen werden, weil ihre Bedeutung nicht transparent ist (weswegen sie zugleich ein Rezeptionsproblem darstellen), schenken Fremdsprachenlernende Kollokationen, deren kompositionelle bzw. halbkompositionelle Bedeutung von ihnen leicht erschlossen wird, i. d. R. keine Aufmerksamkeit, worauf Ergebnisse empirischer Studien zum Lernen der Kollokationen durch Lesen (vgl. Abschnitt 2.1) und zur Auffälligkeit von Syntagmen (vgl. Lütge 2002) schließen lassen. Nach der korrekten Erschließung der Bedeutung von Kollokationen achten Fremdsprachenlernende oftmals nicht auf deren Form. Insbesondere steht der Kollokator, der in der gleichen Kollokation von Sprache zu Sprache anders ausfallen kann, d. h. durch nicht äquivalente lexikalische Einheiten realisiert wird, nicht im Fokus der Aufmerksamkeit. Dies ist darauf zurückzuführen, dass Kollokationen konventionelle Wortverbindungen sind (vgl. *konventionelles* bzw. *konventionalisiertes Syntagma* von Szulc 1971a, 1971b) und die Zuordnung des Kollokators zur Kollokationsbasis in der Sprachnorm bzw. in der Konvention der jeweiligen Sprache begründet ist, was vielen Fremdsprachenlernenden nicht bewusst ist. Kollokationen zeichnen sich im Unterschied zu Idiomen durch nur eine geringe Auffälligkeit aus. Jene werden von Fremdsprachenlernenden nicht erkannt, weil sie sich (fast) wie freie Wortverbindungen verhalten und ihre Bedeutung leicht erschlossen werden kann. Sie sind sowohl den MuttersprachlerInnen als auch vielen Fremdsprachenlernenden nicht bewusst, weswegen sie nicht als eine zu beherrschende Wortschatzlerneinheit erkannt und eingestuft werden können. Bei der korrekten Erschließung der Kollokationen schenken Fremdsprachenlernende dem Kollokator, d. h. dem bedeutungsspezifizierenden und somit einem unauffälligen Element der Kollokationen keine Aufmerksamkeit. Der Kollokator, der in den meisten Kollokationen der Basis konventionell zugeordnet ist, stellt somit eine große Interferenzquelle und häufig die Ursache für Interferenzfehler dar.

Im Gegensatz dazu sind den meisten Fremdsprachenlernenden Idiome schon aus dem Muttersprachunterricht bzw. aus dem Unterricht der ersten Fremdsprache bewusst. Dies resultiert aus der Auffälligkeit der Idiome sowie ihrer expliziten

Thematisierung im Muttersprachenunterricht.[2] Der Unterschied zwischen Kollokationen und idiomatischen Phraseologismen liegt weiterhin darin, dass erstere leicht verstanden werden, weswegen der Fokus der Aufmerksamkeit viel stärker auf die Form als auf die Bedeutung gerichtet werden sollte. Demgegenüber sollte in der didaktischen Behandlung von Phraseologismen im engeren Sinne viel Zeit der Bedeutung der Idiome, der Intention ihres Gebrauchs und ihrem expressiven Ausdruck bzw. ihrer Auswirkung gewidmet werden.

2.1 Der Erwerb von Kollokationen und die Entwicklung der Kollokationskompetenz

Der Erwerb von Kollokationen im Fremdsprachenunterricht (weiter FU) erfolgt nicht automatisch, worauf die Ergebnisse empirischer Studien hinweisen, aus denen hervorgeht, dass das bloße Lesen von Texten nicht automatisch zum Erwerb von Kollokationen führt (vgl. Marton 1977; Bahns & Sibilis 1992; Bahns & Eldaw 1993; Reder 2006a: 190–194).[3] Außerdem sind Kollokationen lernunauffällig (Lütge 2002 vgl. ihre bestätigte Hypothese der Lernunauffälligkeit von Syntagmen), d. h. Fremdsprachenlernende lenken ihre Aufmerksamkeit vor allem auf Einzelwörter und die Wirksamkeit der Aufmerksamkeitssteuerung auf Kollokationen hängt von individuellen Unterschieden ab. Auch die Art und Weise des Lesens kann den Erwerb von Kollokationen beeinflussen. Lernende, die Texte nicht nur inhaltsorientiert lesen, sondern auch im Stande sind, diese formorientiert (und dies können nur die wenigsten) zu rezipieren, nehmen Kollokationen schneller wahr. Leider ist der FU jahrelang auf inhaltsorientiertes Lesen konzentriert gewesen und die Auseinandersetzung mit den sprachlichen Formen (Grammatik und Lexik) eher vernachlässigt worden.

Auch der Einsatz von Wörterbüchern zum Nachschlagen bzw. Finden korrekter Kollokationen erweist sich als problematisch (vgl. Hartenstein 2003; Reder 2011a). Zum einen liegt dies an dem nicht entwickelten Kollokationsbewusstsein der Fremdsprachenlernenden sowie der jeweils separaten Übersetzung der beiden Kollokationsglieder und nicht der Kollokation als einer zusammenhängenden Ganzheit. Zum anderen sind Kollokationen nicht immer leicht zu finden. Aus der

---

[2] Diese Meinung basiert auf der Erfahrung der Autorin in Polen, dass polnische Schüler in Lehrwerken mit Phraseologismen (z. B. in dem Lehrwerk für die 2. Grundschulklasse) konfrontiert werden.
[3] Reder (2006a: 194) konnte in ihrer Untersuchung nachweisen, dass das Lesen von Texten mit einer integrierten Kollokationsschulung zur Steigerung der Behaltensprozesse von Kollokationen führt.

empirischen Forschung geht hervor, dass das Bewusstmachen des Phänomens der Kollokation auch zum sorgfältigeren und korrekten Nachschlagen der Form von Kollokationen beitragen kann (Müller 2011).

Anhand der Ergebnisse dieser empirischen Studien wurde die These aufgestellt, dass zum Kollokationslernen durch Lesen eine bewusste Aufmerksamkeit bzw. eine gezielte Aufmerksamkeitslenkung erforderlich sei. Wichtig ist also die Steuerung der Aufmerksamkeit der Fremdsprachenlernenden auf Kollokationen als lernrelevante lexikalische Einheiten sowie ihre Befähigung zum formorientierten Lesen. Wie sollte diese in der Kollokationsdidaktik berücksichtigt werden? Welche didaktischen Maßnahmen sollten ergriffen werden, damit das Lernen von Kollokationen in das Repertoire der Wortschatzlernstrategien von Fremdsprachenlernenden aufgenommen wird? Welche Rolle spielt das Lehrwerk dabei? Im folgenden Abschnitt dieses Beitrags wird der Versuch unternommen, diese Fragen zu beantworten.

3 Phraseodidaktik vs. Kollokationsdidaktik

Die Phraseodidaktik, die in den 1990er Jahren von Kühn (1992) geprägt und von seinen Nachfolgern (z. B. Lüger 1997; Ettinger 2007; Laskowski 2004, 2007) weiterentwickelt wurde, war ursprünglich für Phraseologismen im engeren Sinne konzipiert. Nach der Ausweitung der Gruppe um nicht-idiomatische (im weiteren Sinn) Phraseologismen wurde die früher erarbeitete Didaktik schließlich auf alle Phraseologismen übertragen. Daher drängt sich die Frage auf, ob sich die für Phraseologismen im engeren Sinn konzipierte Phraseodidaktik auch für Phraseologismen im weiteren Sinn als angemessen erweist.

In der Forschungsliteratur werden zumeist zwei Vorgehensweisen hinsichtlich der Behandlung von Kollokationen im FU propagiert. Zum einen wird ihre Vermittlung und der Erwerb von allen Phraseologismen (darunter auch von Kollokationen) als Phrasemerwerb bezeichnet, weswegen deren Vermittlung unter die Phraseodidaktik subsumiert wird (vgl. Ettinger 2011: 240). Zum anderen wird die Kollokationsdidaktik ausdifferenziert (vgl. Reder 2002; Ďurčo 2016) und ihr Platz innerhalb der Phraseodidaktik festgelegt (vgl. Reder 2015). Den Begriff der Kollokationsdidaktik verwenden dagegen nur diejenigen Forschenden, die sich primär mit Kollokationen, mit der Kollokationsvermittlung und dem Kollokationserwerb im FU beschäftigen (vgl. Hausmann 1984; Breitkreuz 1989; Bahns 1993; Gładysz 2003; Reder 2006a, 2006b, 2011b).

Aus diesem Grund sollen im Folgenden Überlegungen dazu angestellt werden, ob die Ausdifferenzierung der Kollokationsdidaktik sinnvoll ist oder ob nicht vielmehr die schon beschriebene Phraseodidaktik für die Arbeit mit Kollokationen bereits einen hinreichenden Ansatz an die Hand gibt. Bei der Beantwortung dieser Frage soll von der Darstellung der Phraseodidaktik ausgegangen werden. Im Anschluss daran werden ausgewählte Meinungen einiger Autoren und Autorinnen zur Kollokationsdidaktik vorgestellt und zu den Überlegungen der Verfasserin in Bezug gesetzt.

3.1 Phraseodidaktik

An dieser Stelle wird kurz auf die Konzeption der Phraseodidaktik eingegangen. Die ersten Vorschläge für eine ‚Phraseodidaktik' stammen von Kühn (1992), der die Behandlung von Phraseologismen als ein grundlegendes Unterrichtsprinzip betrachtete. Der von ihm erarbeitete phraseologische Dreischritt umfasste folgende Phasen der Arbeit an Phraseologismen: Entdeckung, Entschlüsselung (auch als Erklären-und-Verstehen-Phase bezeichnet) und Verwendung. Die erste Phase, in der die verschiedenen Arten von Phraseologismen zu erkennen sind, solle anhand von Texten erfolgen. Dabei sollen Fremdsprachenlernende für dieses Sprachphänomen, d. h u. a. für seine strukturellen Eigenschaften bzw. Bedeutung, sensibilisiert werden. In der Entschlüsselungsphase, in der die Bedeutung des jeweiligen Phraseologismus zu erschließen ist, können den Rezipierenden sowohl Bilder bzw. Wörterbücher als auch die Lehrkraft zur Hilfe stehen. In der Verwendungsphase soll die Aufmerksamkeit der Lernenden auf den „textsorten-, adressaten- bzw. situationstypischen" Gebrauch von Phraseologismen gelenkt werden (Kühn 1992: 184). Obwohl dieses phraseodidaktische Phasenmodell eine große Resonanz in der Fremdsprachendidaktik gefunden hat, wurden von anderen Forschenden Änderungs- und Verbesserungsvorschläge unterbreitet sowie handfeste Kritikpunkte geäußert. So schlägt Lüger (1997: 101) vor, zwischen die Entschlüsselungs- und Anwendungsphase eine Festigungsphase in dieses Drei-Schritt-Modell einzufügen. Des Weiteren übt er Kritik an der in seinen Augen zu starken Betonung des Anwendungsprinzips, weil sich seiner Meinung nach die letzte Phase nur auf ausgewählte Phraseologismen beziehen sollte. Nach Ettinger (2007) sollte der Entschlüsselungsphase noch eine Einübungsphase folgen, bevor die Anwendungsphase erfolgen könne.

Zu erwähnen ist an dieser Stelle die von Chrissou (2020: 328 ff.) vorgeschlagene phrasemsensitive Textarbeit, in der das Lehrphasenmodell der Textarbeit mit dem phraseodidaktischen Vierschritt verbunden wird. Dabei entspricht die Hinführungsphase der Textarbeit dem ersten Schritt (Erkennen) aus dem phraseologischen Vierschritt, die Präsentation und die Erarbeitungsphase dem Schritt Entschlüsseln. In der Anschlussphase der Textarbeit sollten Phraseme einerseits gefestigt, andererseits verwendet werden. Der Vorteil der Integrierung dieser Modelle liegt darin, dass „die Förderung der phraseologischen Kompetenz im Rahmen jeder Phase der Textarbeit erfolgen kann" (Chrissou 2020: 330).

Viele AutorInnen von Beiträgen zur Phraseodidaktik verweisen auf die Notwendigkeit der Förderung des Phrasembewusstseins, was als die erste Stufe der Arbeit an Phraseologismen aufgefasst werden sollte. Sowohl Holzinger (1993: 14) als auch Bergerová (2011: 113) sind der Meinung, dass den Fremdsprachenlernenden dieses Sprachphänomen auch in Bezug auf ihre Muttersprache bewusstgemacht werden sollte. Letztere schlägt als Ausgangspunkt für die Arbeit an Phraseologismen im FU eine Reflexion über die muttersprachliche phraseologische Kompetenz vor. Die Relevanz des Bewusstseins für Phraseologismen als Sprachphänomen stellt nach Konecny, Hallsteinsdóttir & Kacjan[4] (2013: 158) die Grundlage für die Förderung der phraseologischen Kompetenz dar. Auch Laskowski (2004) betont die Notwendigkeit, Fremdsprachenlernende zuerst mit Phraseologismen als Sprachphänomen bekannt zu machen, bevor diese in Texten erkannt werden sollen. Diesen Schritt sieht er in der Einführungsphase vor. Einige Jahre später schlug Laskowski (2010: 403) eine Modifizierung des Phasenmodells vor, das die folgenden Schritte umfassen sollte: „Bekanntmachen (Input), Erkennen, Enkodieren (Verarbeitung) und Gebrauch (Output, Reproduktion)" (Laskowski 2010: 403). An dieser Stelle sieht er auch die Phase für das Bewusstmachen vor.

Obwohl in der ersten Phase der Phraseodidaktik (vgl. Kühn 1992) auf die Notwendigkeit der Bewusstmachung von Phraseologismen als ein Sprachphänomen und auf die Entwicklung des Phrasembewusstseins noch nicht explizit eingegangen wurde, setzt sich immer mehr die Ansicht durch, dass dies ein wichtiger Schritt in oder sogar die erste Phase der Phraseodidaktik ist. Die Förderung des Phrasembewusstseins bei den Lernenden ist nach Reder (2015: 76, 79) zur Förderung sowohl der rezeptiven als auch der produktiven Phrasemkompetenz notwendig. Deshalb plädiert sie für die Sensibilisierung der Lernenden für die Festigkeit der Wortverbindungen. Erwähnenswert ist in diesem Kontext ihre Unterscheidung (innerhalb des Phrasembewusstseins) zwischen Idiombewusstsein[5]

---

4 Die Autorinnen des Beitrags fassen darin Überlegungen der Teilnehmenden des Workshops zum Thema Phraseodidaktik zusammen, der während der EUROPHRAS-Konferenz in Maribor stattgefunden hat.
5 Diese Unterscheidung scheint plausibel zu sein, weil zum Phrasembewusstsein ein umfangreicheres Wissen als zum Kollokationsbewusstsein gehört, und zwar sowohl in Bezug auf die Mutter- als auch auf die Fremdsprache. Hier können die von Mückel (2014: 396) dargestellten Schwerpunkte der primärsprachlichen Phraseodidaktik herangezogen werden, aus denen sich schon der Umfang des phraseologischen Wissens und der phraseologischen Reflexion ergibt.

und Kollokationsbewusstsein (Reder 2015: 79–80). Die Notwendigkeit einer separaten Betrachtung der beiden Arten des Sprachbewusstseins begründet sie mit folgenden die beiden Sprachphänomene unterscheidenden Faktoren:
- fehlende Idiomatizität (Kollokationen) vs. Idiomatizität (Idiome),
- Kompositionalität der Bedeutung (Kollokationen) vs. Nicht-Kompositionalität (Idiome),
- Unauffälligkeit (Kollokationen) vs. Auffälligkeit (Idiome),
- hierarchische (Kollokationen) vs. nicht hierarchische Struktur (Idiome)
- starke Interferenzträchtigkeit (Kollokationen) vs. schwache Interferenzgefahr (Idiome).

Idiome seien den Lernenden schon in der L1 bewusst,[6] Kollokationen jedoch nicht. Laut Reder lässt sich im FU auf dem bereits in der L1 bzw. L2 entwickelten Idiombewusstsein aufbauen. Im Falle des Kollokationsbewusstseins, das in der L1 nicht oder nur selten entwickelt wird (manchmal wird dieses während des L2-Lernprozesses entwickelt), müsse dieses erst von Grund auf im FU entwickelt werden. Aus diesem Grund fasst sie das Ziel der Phraseodidaktik folgendermaßen zusammen: „Ein grundsätzliches Ziel der Phraseodidaktik [ist], das Phrasembewusstsein von Lernern zu fördern; d. h. das Idiombewusstsein von Lernern zu stärken und das Kollokationsbewusstsein zu entwickeln" (Reder 2015: 80).

3.2 Kollokationsdidaktik

Wie oben erwähnt, wurde die Thematisierung der Kollokationen zum einen unter die Phraseodidaktik subsumiert, zum anderen wurde eine separate Kollokationsdidaktik ausdifferenziert. In Bezug auf die Kollokationsdidaktik schlägt Bahns (1993: 33 ff.) ein Drei-Phasen-Modell vor. Seine Schritte sind denen der Phraseodidaktik sehr ähnlich und stellen sich folgendermaßen dar: Kollokationen entdecken, Kollokationen üben und Kollokationskenntnisse testen (vgl. auch Reder 2006: 203). Breitkreuz (1989: 61) geht dieses Thema von einer anderen Seite an und klassifiziert Unterrichtsphasen, in denen dem kollokationalen Lernen ein

---

6 Zwar finden wir in der einschlägigen Literatur die Meinung, dass MuttersprachlerInnen sich der Phraseologismen nicht bewusst seien und sie diese unreflektiert verwendeten (vgl. Holzinger 1993: 14), jedoch teilt die Verfasserin des Beitrags auch Reders Meinung dazu, weil eine kurze Analyse der polnischen Lehrwerke zur Sprachdidaktik zeigt, dass schon in den Lehrwerken für Polnisch als Muttersprache für die Grundschule Phraseologismen vermittelt werden. In der polnischen Mittelschule wird z. B. bei der Behandlung der Lektüre zur Mythologie stark mit Phraseologismen des mythologischen Ursprungs gearbeitet.

Platz eingeräumt werden solle. Dies sind: Darbietungsphase (Begegnung mit einer neuen Kollokation), Übungsphase (Festigung der Kollokationen, insbesondere ihrer Form) und Wiederholungsphase (Wiederholung der Einzelkollokationen, Bildung bzw. Ausbau der Kollokationsfelder).

Zu betonen ist jedoch, dass zu der ersten von Bahns benannten Entdeckungsphase, in der Kollokationen in Texten erkannt werden sollen, auch die Entwicklung des Kollokationsbewusstseins gehört. Dieses wird zwar auch durch kollokationsentdeckendes Lesen geweckt, aber es ist laut Bahns bereits zum kollokationsentdeckenden Lesen notwendig: „Für eine erfolgreiche Kollokationsschulung ist es wichtig, zunächst einmal beim Schüler ein Bewußtsein für das Kollokationsphänomen zu wecken" (Bahns 1993: 33). Auch Siepmann (2004) betont die Notwendigkeit, bei Fremdsprachenlernenden zuallererst ein Kollokationsbewusstsein zu schaffen. Das bedeutet, dass die erste Phase der Kollokationsdidaktik (sowie der erste Schritt der Phraseodidaktik) im Aufbau eines solchen Bewusstseins liegen muss. Reder (2006a: 204 ff.) unterscheidet innerhalb der Entdeckungsphase zwischen zwei Unterphasen: Zum einen plädiert sie für den didaktischen Schritt „Auflistung der Kollokationen als Lerneinheiten" zum anderen für „Übungen zur Reflexion des Kollokationsverstehens" (Reder 2006a: 204–207).

Da die Kollokationskompetenz als eine Subkompetenz der lexikalischen Kompetenz aufzufassen ist (vgl. Targońska & Stork 2013) und die Kollokationsdidaktik wiederum in die Wortschatzdidaktik eingebettet ist (Reder 2015), ist nachzuprüfen, welche Prinzipien aus der Wortschatzdidaktik gleichermaßen für die Kollokationsdidaktik gelten, womit sich insbesondere Reder (2015: 76–77) beschäftigt hat. Laut ihr sind die für die Wortschatzarbeit geltenden Prinzipien: Notwendigkeit der expliziten Wortschatzarbeit, Relevanz der syntagmatischen Übungen, Kontrastivität und Interkulturalität auf die Kollokationsdidaktik übertragbar. Darüber hinaus sind ihrer Ansicht nach folgende didaktische Prinzipien in der Kollokationsdidaktik zu berücksichtigen: „der Chunk-Ansatz, Handlungsorientierung, kontextuelle Sprachvermittlung und die Strategievermittlung" (Reder 2015: 77).

Die textbasierte und kontextuelle Arbeit an Phraseologismen ist zum einen mit der kontextuellen Sprachvermittlung verknüpft, zum anderen kann sie entsprechend dem Chunk-Ansatz durchgeführt werden. Die Relevanz der Arbeit an authentischen Texten in der Kollokationsdidaktik begründet Reder (2015: 78) wie folgt: „In authentischen Texten ist in der Regel der übliche, textsorten- und situationsadäquate Gebrauch von Phrasemen ersichtlich und kann anhand dieser Texte geübt werden." Dies bedeutet, dass die Lernenden mit kontextuell eingebetteten Kollokationen konfrontiert werden. Dabei können sie nicht nur deren Bedeutung aus dem jeweiligen Kontext erschließen, sondern auch ihr syntaktisches Verhalten und ihre syntaktischen Restriktionen beobachten. Ďurčo (2016: 164) setzt sich für die Adaptation der authentischen Texte in der Kollokationsdidaktik ein, die zum Ziel hat, optimale Textlänge und Kollokationsdichte zu gewährleisten. Gergel (2016: 184) jedoch steht der „nachträglichen Anreicherung der Texte durch andere Kollokationen im großen Maße" skeptisch gegenüber und betont, dass bei deren Anreicherung durch neue Kollokationen „das Grundgerüst des authentischen Textes erhalten bleiben" solle (Gergel 2016: 184).

Die Arbeit mit Texten ist im FU sehr wichtig. Man kann mit Kühn (2013: 159) Folgendes festhalten: „Eine kompetenzorientierte Wortschatzdidaktik sollte also von Texten ausgehen und auch wieder zu Texten führen". Texte spielen eine wichtige Rolle nicht nur im FU, sondern auch in Fremdsprachenlehr- und -lernprozessen. Sie können nicht nur in Bezug auf ihren Inhalt besprochen, sondern auch formorientiert gelesen werden. Darin finden Fremdsprachenlernende einen Inhalt, interessante Informationen und ein neues Wissen. Aber beim Lernen eines neuen Sachverhalts werden Fremdsprachenlernende zugleich mit einem neuen Vokabular konfrontiert, das zum Ausdruck dieses Sachverhaltes dient. Auch beim inhaltsorientierten Lesen und in einer darauffolgenden Diskussion können Fremdsprachenlernende dem Text ganze, zusammenhängende Kollokationen entnehmen und damit ihre Meinung zum Ausdruck bringen bzw. begründen. Beim formorientierten Lesen suchen Fremdsprachenlernende nach konventionellen und für sie überraschenden Wortverbindungen. Diese Art des Lesens ist zugleich eng mit der Strategievermittlung, d. h. der Vermittlung von Strategien des Erkennens und Erschließens von Phrasemen, verbunden. Wenn Fremdsprachenlernende im FU lernen, Texte formorientiert zu lesen und im jeweiligen Input neue konventionelle Wortverbindungen zu erkennen sowie diese daraus herauszugreifen, werden sie auf das lebenslange autonome Fremdsprachenlernen vorbereitet. Somit kann syntagmatisches Lernen als Wortschatzlernstrategie erworben werden, dank der Fremdsprachenlernende im Stande sein werden, ihren Wortschatz lebenslang autonom zu erweitern.

Zwischen den hier besprochenen Arten der Didaktiken lassen sich gewisse Unterschiede beobachten. Kollokationsdidaktik sollte sich, im Gegensatz zur Phraseodidaktik,[7] vor allem auf die Förderung der produktiven Kollokationskompetenz konzentrieren. Dies bedeutet, dass oft leicht und problemlos korrekt er-

---

[7] An dieser Stelle ist zu betonen, dass die Meinungen hinsichtlich der Notwendigkeit der Förderung der produktiven Phrasemkompetenz Wandlungen unterworfen waren. Während zu Beginn der Phraseodidaktik die Meinung vertreten wurde, dass Phraseologismen produktiv beherrscht werden sollten (vgl. Kühn 1992), konnte man innerhalb der letzten 30 Jahre einen Wechsel in dieser Ansicht beobachten. Immer öfter wird die Meinung vertreten, dass nicht alle Phraseologismen und nicht ab der niedrigsten Stufe produktiv zu beherrschen sind (vgl. Ettinger 2011, 2013).

schlossene Kollokationen produktiv beherrscht werden sollten. Die erfolgreichste Speicherung der Kollokationen sowie anderer lexikalischer Einheiten erfolgt dabei nur durch den situativen Gebrauch der kennengelernten Kollokationen im Rahmen produktiver Aufgaben. Dies erfordert die Entwicklung sowie Präsentation solcher Aufgaben, in denen Fremdsprachenlernende zur produktiven Anwendung der zu beherrschenden Kollokationen angeregt bzw. „gezwungen" werden. Eine dieser Aufgabe könnte in der Reproduktion, d. h. einer Zusammenfassung des gelesenen Textes, bestehen, bei der die Lernenden zur Übernahme der darin vorkommenden Kollokationen angeregt werden sollten (vgl. Siepmann 2004: 113). Dies kann auch in Form einer Dictogloss-Aufgabe erfolgen, bei der die Fremdsprachenlernenden anhand eines gehörten, z. B. ihnen vorgelesenen Textes Notizen machen und danach auf dieser Grundlage den Text schriftlich bzw. (in Anschluss daran) mündlich rekonstruieren sollten, indem sie den Inhalt möglichst getreu widergeben (vgl. Hulbert 2015). Eine wichtige Rolle spielt dabei die Fähigkeit, aus den rezipierten Texten feste kollokationale Wortverbindungen herauszugreifen und diese schriftlich festzuhalten, denn die als eine Ganzheit notierten Kollokationen bilden die Grundlage für eine lexikalisch korrekte Wiedergabe des Textinhalts.

Das Prinzip der Handlungsorientierung bezieht sich am stärksten auf die letzte Phase der Arbeit an Kollokationen, in der Fremdsprachenlernende zum Gebrauch der neu gelernten Kollokationen in kommunikativen Situationen angeregt werden. Aber auch die Arbeit an Texten, d. h. die Suche nach Kollokationen sowie Textwiedergabe oder Textverkürzung, kann der Handlungsorientierung zugeordnet werden.

4 Das Lehrwerk und die Kollokationsdidaktik – lehrwerkgestützte Arbeit zur Vermittlung von Kollokationen und Förderung der Kollokationskompetenz

Im Folgenden sollen einige Gedanken darüber entwickelt werden, welche Rolle das Lehrwerk in der Kollokationsdidaktik spielt und wie es in den Prozess der Entwicklung der Kollokationskompetenz integriert werden kann. Dem Lehrwerk kommt eine vierfache Rolle bei der Förderung der Kollokationskompetenz zu: Zum einen kann es das Kollokationswissen vermitteln (*collocational knowledge*), zum anderen die Entwicklung des Kollokationsbewusstseins (*collocational awareness*) fördern und unterstützen (vgl. Ludewig 2005; Müller 2011). Darüber hinaus wären von einem Lehrwerk Impulse für die Entwicklung der rezeptiven und produktiven Kollokationskompetenz zu erwarten.

Das Kollokationswissen könnte durch eine explizite Beschreibung[8] dieses Sprachphänomens bzw. durch die Angabe von bestimmten Kollokationen als fehlerträchtigen und oft von Interferenz betroffenen Wortverbindungen verankert werden. Dabei könnten bestimmte Kollokationen, bei denen in vergleichbaren Sprachen unterschiedliche Kollokatoren mit derselben Basis Kollokationen eingehen, zur besseren Veranschaulichung der Konventionalität, d. h. der konventionellen Zuordnung des Kollokators zu einer Basis, zusammengestellt und verglichen werden. Durch die kontrastive Vorgehensweise und den Sprachenvergleich kann dieses Sprachphänomen den Fremdsprachenlernenden veranschaulicht und bewusstgemacht werden (Szulc 1981). Darüber hinaus könnte das Kollokationswissen durch die Beschreibung verschiedener Arten von Kollokationen vermittelt werden (z. B. Substantiv-Verb-Kollokationen, Adjektiv-Substantiv-Kollokationen, Substantiv-Substantiv-Kollokationen usw.). Eine alternative Variante bestünde auch in der Beschreibung des Phänomens in Lehrerhandreichungen, mit dem expliziten Hinweis, dass es seitens der Lehrkraft vor der Behandlung bzw. Revision einer bestimmten Aufgabe oder Übung im FU besprochen werden soll. Auch Arbeitsblätter zur Veranschaulichung dieses Sprachphänomens wären hier sicherlich vorteilhaft.

Hausmann (1984: 406) nennt zwei Typen der Kollokationsarbeit: die Arbeit am Text sowie die Arbeit mit dem zweisprachigen Wörterbuch. Die Textarbeit dient nach seiner Ansicht der Bewusstmachung der in einem gerade besprochenen Text auftretenden Kollokationen und der Angabe von entsprechenden Äquivalenzen in der jeweiligen Muttersprache. Dabei soll man allerdings über die inhaltsorientierte Textarbeit hinausgehen, die nach Zöfgen (2001: 267) keinesfalls automatisch zur Entwicklung der Kommunikationsfähigkeit beiträgt, sondern vielmehr die Fremdsprachenlernenden nur zu einer rezeptiven Haltung verleitet, wobei Kollokationen dabei letztlich nicht erkannt, wahrgenommen und somit nicht beherrscht werden.

In nahezu jedem Lehrwerk lässt sich zweifelsohne eine breite Palette von Texten und verschiedenen Übungen bzw. Aufgaben (zu bestimmten Subsystemen bzw. Sprachfertigkeiten) finden. Im Folgenden gehen wir von der lehrwerk-

---

8 Der Autorin des Beitrags sind jedoch keine im schulischen DaF-Unterricht eingesetzten DaF-Lehrwerke bekannt, in denen Kollokationen als feste Wortverbindungen aufgegriffen, beschrieben und exemplarisch in Form von Beispielen dargestellt worden sind. Zu erwähnen sind an dieser Stelle spezielle Lehrwerke zu Kollokationen aus verschiedenen thematischen Blöcken bzw. lexikalischen Wortfeldern, die in den letzten Jahren auf dem Markt erschienen sind (vgl. z. B. Ďurčo et al. (2019); Vajičková et al. 2018).

gestützten Arbeit an Texten aus, welche unterschiedlich erfolgen kann und welcher in der Kollokationsdidaktik eine wichtige Rolle zukommt. Die weitere Gedankenführung folgt den Phasen der Arbeit an Kollokationen. Zunächst soll dargelegt werden, auf welche Weise das Lehrwerk zur Förderung des Kollokationsbewusstseins beitragen kann.

Das Kollokationsbewusstsein kann als Bewusstsein darüber aufgefasst werden, dass sich in der jeweiligen (Fremd-)sprache zwar i. d. R. eine wörtliche ‚Äquivalenz' für eine bestimmte Kollokation finden lässt, jedoch nur in sehr seltenen Fällen die Rede von einer 1:1-Äquivalenz der lexikalischen Mittel (insbesondere des Kollokators) sein kann (vgl. Hausmann 1984: 400, 405; Müller 2011: 18). Dieser Umstand lässt sich entweder durch einen expliziten Hinweis auf Kollokationen als feste konventionelle Wortverbindungen verdeutlichen (im Lehrwerk wären dann Kollokationen als ein wichtiges und interferenzträchtiges Sprachphänomen zu präsentieren) oder eben durch die textbasierte Wortschatzarbeit. Den Ausgangspunkt bildet dabei das Lesen eines Textes, bei dem Fremdsprachenlernende zum kollokationsentdeckenden Lesen animiert werden sollen. Dies kann natürlich in Form verschiedener Aufgaben und Übungen erfolgen.

- Die einfachste Methode, die zum formorientierten Lesen anregen könnte, mag die Suche nach verschiedenen Kollokatoren sein. Die Lernenden bekommen eine Liste mit Kollokationsbasen und müssen im Text die entsprechenden Kollokatoren finden. Gładysz (1999: 20) schlägt eine Variation der Aufgabenstellung vor, nämlich die Angabe von muttersprachlichen Kollokationen, für die im Text zielsprachige Äquivalente zu finden sind.[9]
- Eine weitere Möglichkeit bestünde in einer Schreibübung, die je nach dem Niveau der Lernenden auf zweierlei Art und Weise erfolgen kann. Zum einen könnte den DaF-Lernenden etwa zu einem Text eine vorgefertigte Zusammenfassung in Form eines Lückentextes bereitgestellt werden, in dem die fehlenden Kollokationsbasen bzw. Kollokatoren zu ergänzen sind (diese Übungen treten z. B. sporadisch im Lehrwerk *Aspekte B1+* auf) (vgl. dazu Targońska 2018).
- Möglich ist eine Variation der Aufgabe (diese weist einen höheren Schwierigkeitsgrad auf, vgl. dazu Malec 2007), in der in einer schon fertigen Zusammenfassung Kollokationsfehler erkannt werden müssen. Dabei müssen

---

[9] Aus der von Targońska (2018) durchgeführten Analyse der Kollokationen in Texten der Lehrwerke auf der Niveaustufe B1+ geht hervor, dass je nach Text die Anzahl der Kollokationen von 1 bis maximal 7 (der Höchstwert ist eher selten) variiert. Aus diesem Grund scheint sich diese Arbeitsmethode mit Kollokationen eher für die Arbeit an Lektüren bzw. an vereinzelten längeren Texten zu eignen, die über mehr als 5–6 Kollokationen enthalten.

Fremdsprachenlernende nicht nur Kollokationen als solche erkennen, sondern auch die inkorrekten in der jeweiligen Fremdsprache identifizieren. Im nächsten Schritt müssen sie korrekte Kollokationsglieder entweder im Text finden oder das korrekte Kollokationsglied aus dem mentalen Lexikon abrufen (wenn den Lernenden z. B. der Rückgriff auf den Text für einen bestimmten Moment untersagt ist) (vgl. dazu Korrekturübungen in Reder 2006a: 21 ff.). Diese Übung kann auch mit der Wörterbucharbeit verbunden werden. Die Lernenden können die Aufgabe bekommen, die (schon identifizierten bzw. erst zu erkennenden) Fehler mithilfe von Wörterbüchern zu korrigieren. Dabei könnten sie nicht nur nach der korrekten Form der jeweiligen Kollokation suchen, sondern auch erkennen, wo diese in einem Wörterbucheintrag zu finden ist, ob sie irgendwie markiert ist und dass eine „Übersetzungseinheit des zweisprachigen Wörterbuchs in vielen Fällen die Kollokation ist" (Hausmann 1984: 406).
- Anhand eines Textes können Fremdsprachenlernende auch eine Vokabelliste, d. h. eine Liste der zu lernenden lexikalischen Einheiten, erstellen (Estor 1989: 392 ff.), die produktiv zu beherrschen sind.[10] Diese Arbeit kann auch mit der Wörterbucharbeit verbunden werden. Die Fremdsprachenlernenden können versuchen, anhand der Wörterbücher zu den in Texten auftretenden Kollokatoren weitere mögliche Kollokationsbasen zu finden. Dabei lässt sich ein formorientierter Ansatz nicht bloß mit der Förderung des Kollokationsbewusstseins verbinden, sondern auch mit der Wortschatzerweiterung bzw. Förderung von Strategien des Wortschatzerwerbs. Bei dieser Aufgabe erfahren die Lernenden, dass es sich lohnt, den Wortschatz nicht nur anhand der Texte, sondern auch durch eine gezielte Wortschatzarbeit mithilfe des Wörterbuchs zu erweitern. Die Aufgabe selbst kann dabei noch weiter ausgebaut werden. Im nächsten Schritt könnten Fremdsprachenlernende etwa mit den zu erlernenden lexikalischen Einheiten, die auf der Liste festgehalten sind, eigenständig Sätze bzw. kurze Texte (auch zu einer anderen Thematik) verfassen.

Natürlich wird bei kollokationsentdeckendem Lesen auch die rezeptive Kollokationskompetenz gefördert, denn den erkannten Kollokationen wird von Fremdsprachenlernenden gewissermaßen automatisch eine muttersprachliche Äquivalenz bewusst oder unbewusst zugeordnet, d. h. die Bedeutung einer erkannten Kollokation wird entschlüsselt.

---

10 Gładysz (1999: 23) verweist jedoch auf die Tatsache, dass zur korrekten Ausführung dieser Aufgabe die Lernenden schon über ein ausreichend entwickeltes Kollokationsbewusstsein verfügen sollten.

Zum Kollokationsbewusstsein gehört nach Targońska (2015a: 130) auch das Kollokationslernbewusstsein, d. h. das Wissen der Fremdsprachenlernenden davon, dass Kollokationen als zu erlernende Wortschatzlerneinheiten zu betrachten sind und kollokationales Lernen in das Repertoire der Wortschatzlernstrategien aufzunehmen ist. Dieses Wissen kann den Fremdsprachenlernenden auch im Lehrwerk vermittelt werden, und zwar explizit in Form eines Lerntipps (Targońska 2015a: 130) oder mittels der Form der Aufgabenstellung selbst,[11] was in einigen Lehrwerken schon der Fall ist (vgl. z. B. das Lehrwerk *Studio d A2*, vgl. Targońska 2015b: 15).

Dem Lehrwerk kommt eine zentrale Rolle in der zweiten Phase der Arbeit an Kollokationen zu. Es kann eine breite Palette von Aufgaben- und Übungsformen zur Einübung, Automatisierung und Festigung der Kollokationen bereitstellen. Wünschenswert wäre es jedoch, dass in erster Linie die in Lehrwerktexten vorkommenden Kollokationen in Wortschatz- bzw. anderen Übungen wieder aufgegriffen und zum Übungsgegenstand gemacht werden, was leider selten vorkommt (vgl. Targońska 2018). Dies lässt sich zum Teil damit erklären, dass ein Text zur Kommunikation anregen kann (und natürlich soll) und gerade dafür die Kenntnis der jeweiligen Kollokationen in vielen Fällen notwendig ist.

Natürlich können diese Kollokationen auch durch weitere (etwa mit derselben Kollokationsbasis) ergänzt und erweitert werden. Auf die Vielfalt der Kollokationsübungen wurde schon mehrfach hingewiesen (vgl. Bahns 1997: 145–165; Gładysz 2003: 160–166; Reder 2006a: 208 ff.; Targońska 2015a; Ďurčo 2016), weswegen die möglichen Übungsformen an dieser Stelle nur kurz erläutert werden. Kollokationsübungen können sich einerseits auf die Form der Kollokationen, andererseits auf ihre Bedeutung und den kontextuellen Gebrauch konzentrieren. Nicht zu vergessen ist jedoch der Umstand, dass formbezogene Übungen als eine Vorbereitungs- bzw. Festigungsphase anzusehen sind. Sie dienen zum einen der Aufmerksamkeitsteuerung auf die Form fester und konventioneller Wortverbindungen, zum anderen der Automatisierung dieser Form. Sie bereiten somit nicht nur auf Rezeptionsprozesse vor, d. h. auf das Erkennen der Kollokationen in Texten, sondern sichern auch ihren schnellen Abruf aus dem mentalen Lexikon und den späteren Gebrauch (Lüger 1997: 108). Zwar soll die Arbeit an Kollokationen anhand von Texten erfolgen, jedoch kann die Relevanz solcher Übungen kaum in Frage gestellt werden. Wichtig allerdings ist, dass diesen Übungen, die der Ein-

---

11 Im Lehrwerk *Studio d* A2 konnten im Kursbuch (S. 145) die Aufgabenstellung „Nomen und Verben zusammen lernen" und im Arbeitsbuch (S. 69, 151) „Wörter in Paaren lernen. Was passt zusammen." ausfindig gemacht werden (vgl. Targońska 2015b: 15).

Übungs-, Automatisierungs- bzw. Festigungsphase entsprechen, in jedem Fall weitere halbproduktive bzw. produktive Übungen folgen sollten.

Zu beachten ist ferner, dass nicht nur die Art der Kollokationsübung,[12] sondern auch ihre graphische Form eine wichtige Rolle spielt, worauf beispielsweise Müller (2011: 34) zu Recht hinweist. Wenn die Lernenden in einer Zuordnungsübung nur bestimmte Ziffern in Bezug auf die Basis bzw. einen Kollokator angeben sollen, dann ist diese Übung für die Lernenden zwar nicht aufwändig, aber die Fokussierung der Aufmerksamkeit auf die Form der Kollokationen ist deutlich schwächer, als wenn die betreffenden Kollokationen schriftlich als eine Ganzheit festgehalten werden. Beim Aufschreiben schenken die Fremdsprachenlernenden ihre Aufmerksamkeit sowohl den Bestandteilen als auch der gesamten Kollokation, was sich positiv auf deren Verarbeitungs-, Speicherungs- und später auf die Abrufprozesse auswirken kann. Sinnvoller scheinen Zuordnungsübungen zu sein, in denen Satzteile (in denen ein Kollokationsglied auftritt) zugeordnet und damit ganze Sätze gebildet und folglich im Heft notiert werden können. Eine modifizierte spielerische sowie formorientierte Version der Kollokationsübung ist zum Beispiel ein Memory- oder Dominospiel, in denen zueinander passende Kollokationsglieder gefunden werden müssen (vgl. Targońska 2015a: 132). Diese Übungen eignen sich darüber hinaus bereits gut für die A1-Niveaustufe.

Müller (2011: 42) betont die Relevanz sogenannter Suchübungen, bei denen nichts zufällig gewählt bzw. zugeordnet wird. Diese Übungen, in denen Fremdsprachenlernende nach passenden Kollokatoren suchen, erfordern eine zielgerichtete Suche sowohl im mentalen Lexikon als auch in einem Nachschlagewerk. Zur bewussten Auseinandersetzung mit Kollokationen spornen auch Übungen an, in denen fehlerhafte Bildungen identifiziert und korrigiert werden müssen. Dabei können gerade die am häufigsten gemachten Fehler in Bezug auf Kollokationen innerhalb der Zielsprache thematisiert werden (vgl. Müller 2011: 44). Bedenkenswert sind auch Übungen zur Umformulierung, in denen freie Wortverbindungen durch Kollokationen mit der gleichen Kollokationsbasis ersetzt werden müssen.

Da im Lehrwerk die Arbeiten an Subsystemen und Fertigkeiten miteinander integriert werden sollten, ist es wichtig, dass Übungen vom reproduktiven zum produktiven Gebrauch übergehen. Dies bedeutet, dass die Lernenden konkrete Kollokationen nicht nur erkennen (dies ist z. B. bei den Zuordnungsübungen, in denen alle Kollokationsglieder schon angegeben sind, der Fall), sondern diese

---

[12] Siepmann (2002: 261) kritisiert Zuordnungsübungen in der Kollokationsdidaktik, weil seiner Meinung nach diese mechanisch durchgeführt werden und zum Raten verleiten. Natürlich kann die Lehrkraft die in Lehrwerken angebotenen Übungen modifizieren. Wenn die Gefahr besteht, dass diese mechanisch gemacht werden, kann die Lehrkraft die Lernenden dazu auffordern, die fertigen Kollokationen ins Heft zu notieren und dann damit Sätze zu bilden.

auch selbstständig vervollständigen (z. B. Lückensätze bzw. Lückentexte) und dabei nach den fehlenden Kollokationsgliedern im mentalen Lexikon suchen sollten. Kollokationen, die in einem Text des jeweiligen Kapitels aufgegriffen wurden, können natürlich auch den Gegenstand von Grammatikübungen bilden. Dies liegt nahe, da neue grammatische Formen idealerweise anhand von schon bekanntem lexikalischem Material geübt werden sollten, damit die eventuelle Unkenntnis des in den Grammatikübungen auftauchenden Vokabulars die Einübung der jeweiligen grammatischen Struktur nicht zusätzlich erschwert.

Die letzte Etappe der Arbeit an Kollokationen stellen zweifelsohne produktive Übungen dar. Ihre Palette ist genauso breit wie die der formorientierten Übungen. Sie umfassen einerseits halbproduktive Ergänzungsübungen, in denen bestimmte Kollokationsglieder ergänzt werden müssen, wobei diese nicht vorgegeben sind; andererseits handelt es sich um Übungen bzw. Aufgaben zum Schreiben bzw. Sprechen. Diese können zum einen (eine Voretappe) auf der Satz-, zum anderen auf der Textebene erfolgen. Weiterhin können sie sich auf einen Text beziehen oder keinen inhaltlichen Zusammenhang mit den Texten haben. Anhand eines Textes können Fremdsprachenlernende zum einen eine Zusammenfassung anfertigen, zum anderen den Inhalt dieses Textes aus einer anderen Perspektive darstellen bzw. eine schriftliche Stellungnahme zu ihm verfassen, wobei bestimmte Kollokationen zu gebrauchen sind. Darüber hinaus können DaF-Lernende anhand eines Textes auch einen Dialog erstellen, in dem bestimmte Kollokationen gebraucht werden müssen. Der Dialog kann dann anschließend auch mündlich präsentiert werden.

In der Phraseodidaktik wird zwar gemeinhin der Projektunterricht als eine effektive Arbeitsform aufgefasst (Konecny, Hallsteinsdóttir & Kacjan 2013: 159); gleichwohl wird im Folgenden die Meinung vertreten, dass sich der Projektunterricht wenig für die Kollokationsdidaktik eignet.[13] Dies hängt damit zusammen, dass diese Unterrichtsform ihrem Prinzip nach nur selten und damit nicht kontinuierlich stattfindet. Die Arbeit an Kollokationen sollte jedoch im Rahmen eines fortlaufenden Unterrichts erfolgen und Bestandteil nahezu jeden DaF-Unterrichts sein. Für Kollokationen gilt das für Phraseologismen festgelegte didaktische Prinzip des exemplarischen Lernens (Lüger 1997). Man sollte an gerade im Lehrwerk auftauchenden Kollokationen arbeiten, d. h. im Lehrwerk vorkommende Kollokationen aufgreifen und sie zum Übungsgegenstand machen. Dies bedeutet jedoch nicht, dass nicht gelegentlich als Ergänzung das ganze Kollokationspotenzial einer Kollokationsbasis bzw. eines Kollokators präsentiert werden sollte. Hier

---

13 Obwohl dies im universitären DaF-Unterricht, in dem DaF-Studierende schon zum Forschen angeregt werden, durchaus möglich wäre (vgl. Ďurčo 2016: 172–175).

muss die Lehrkraft ein Fingerspitzengefühl entwickeln und kognitive Fähigkeiten sowie Interessen der DaF-Lernenden bei der Unterrichtsgestaltung berücksichtigen. Mit Kollokationen können DaF-Lernende sowohl in Lese- als auch in Hörtexten konfrontiert werden. Die Aufgabe der Lehrkraft besteht darin, sie aus jenen Texten herauszugreifen, sie den Lernenden bewusst zu machen und sie anschließend weiterhin im Unterricht zu thematisieren.

5 Resümee

Im vorliegenden Beitrag wurde die Kollokationsdidaktik dargestellt. Dabei wurde sowohl auf Ähnlichkeiten als auch auf Unterschiede zwischen der Phraseo- und Kollokationsdidaktik eingegangen. Gemeinsam ist beiden Didaktiken die Notwendigkeit der Herstellung eines Sprachbewusstseins als der Vorstufe für die Arbeit an den bezeichneten Sprachphänomenen (Phraseologiebewusstsein und Kollokationsbewusstsein). Auch die Phasen der Arbeit mit Kollokationen sind denjenigen an idiomatischen Phraseologismen ähnlich. Der größte Unterschied besteht jedoch in der Verschiebung des didaktischen Arbeitsschwerpunktes bezüglich verschiedener Arten von Phraseologismen. Während in der Phraseodidaktik ein großer Teil der Aufmerksamkeit der Lernenden auf die Rezeption, Entschlüsselung und expressive Rolle der idiomatischen Phraseologismen entfällt, wird diesem Schritt in der Kollokationsdidaktik vergleichsweise wenig Zeit gewidmet, weil die Bedeutung der Kollokationen (halb-)kompositionell und transparent ist. Die produktive Phase spielt dagegen in der Phraseodidaktik keine so große Rolle, weil idiomatische Phraseologismen nicht oder aber nur ausgewählte produktiv beherrscht werden müssen. Demgegenüber sollten die meisten Kollokationen, die sich oft nicht umschreiben bzw. durch andere lexikalische Mittel ersetzen lassen, produktiv beherrscht werden, weswegen die Anwendungsphase in der Kollokationsdidaktik viel ausgedehnter ist als in der Phraseodidaktik.

Im zweiten Teil des Beitrags wurde erläutert, welche Rolle das Lehrwerk in der Kollokationsdidaktik spielt. Seine Bedeutung ist zweifellos unbestreitbar. Da das Lehrwerk das Unterrichtsgeschehen mit am stärksten steuert, können dort gut didaktisierte Aufgabenstellungen zu Kollokationen die Arbeit der Fremdsprachenlehrkräfte bei der Förderung der Kollokationskompetenz wesentlich erleichtern. Außerdem scheint die Arbeit an Kollokationen im DaF-Unterricht offensichtlich von der Kollokationskompetenz der Lehrkraft sowie auch von deren Interesse an Kollokationen abzuhängen. Entsprechend könnte die Arbeit der DaF-Lehrkräfte im Fall einer schwach entwickelten Kollokationskompetenz durch eine gute Didaktisierung der Arbeit an Kollokationen im Lehrwerk gleichermaßen erleichtert werden. Die Arbeit an Kollokationen sollte im Lehrwerk mit der Arbeit an sprachlichen Subsystemen (Wortschatz, Grammatik aber auch Phonetik) sowie Sprachfertigkeiten und Sprachkompetenzen (Hörverstehen, Leseverstehen, Sprechen, Schreiben) verbunden werden. Nicht zuletzt wurde dies anhand einiger konkreter didaktischer Schritte im vorliegenden Beitrag zu verdeutlichen versucht.

Literatur

Bahns, Jens (1993): Kollokation kontra Kontext. *Praxis des Neusprachlichen Unterrichts* 40 (1), 30–37.
Bahns, Jens (1997): *Kollokationen und Wortschatzarbeit im Englischunterricht*. Tübingen: Narr.
Bahns, Jens & Moira Eldaw (1993): Should we teach EFL students collocations? *System* 21 (1), 101–114.
Bahns, Jens & Ulrich Sibilis (1992): Kollokationslernen durch Lektüre. *Neusprachliche Mitteilungen aus Wissenschaft und Praxis* 45 (3), 158–163.
Bergerová, Hana (2011): Zum Lehren und Lernen von Phraseologismen im DaF-Studium. Überlegungen zu Inhalten und Methoden ihrer Vermittlung anhand eines Unterrichtsmodells. *Linguistik online* 47 (3), 107–117.
Breitkreuz, Hartmut (1989): Kollokationales Lernen im Englischunterricht am Beispiel von group terms und collective nouns. In Pädagogische Hochschule Heidelberg, Institut für Weiterbildung (Hrsg.), *Fremdsprachenunterricht im Wandel*, 55–66. Heidelberg: Pädagogische Hochschule.
Chrissou, Marios (2020): Zur phrasemsensitiven Gestaltung der Textarbeit im DaF-Unterricht. In Anna Gondek, Alina Jurasz, Przemysław Staniewski & Joanna Szczęk (Hrsg.), *Deutsche Phraseologie und Parömiologie im Kontakt und im Kontrast I* (Studia Phraseologica et Paroemiologica 2), 319–332. Hamburg: Dr. Kovač.
Ďurčo, Peter (2016): Zum Konzept der Kollokationsdidaktik und des Kollokationslernens bei Germanistikstudenten. In Peter Ďurčo (Hrsg.), *Kollokationsforschung und Kollokationsdidaktik*, 153–177. Wien: LIT.
Ďurčo, Peter, Mária Vajičková et al. (2019): *Kollokationen I. Ein Übungsbuch*. Nümbrecht: Kirsch.
Estor, Helga (1989): Spracherwerb statt Wörterkenntnis. Vocab Sheets: kontextuelles Lernen, Behalten und Anwenden von Wortschatz (mit PRAXIS-Arbeitsblatt.) *Praxis des neusprachlichen Unterrichts* 1989 (4), 387–396.
Ettinger, Stefan (2007): Phraseme im Fremdsprachenunterricht. In Harald Burger, Dmitrij Dobrovol'skij, Peter Kühn, Neal R. Norrick (Hrsg.), *Phraseologie: Ein internationales Handbuch der zeitgenössischen Forschung / Phraseology. An International Handbook of Contemporary Research*, 893–908. Berlin, New York: De Gruyter.
Ettinger, Stefan (2011): Einige kritische Fragen zum gegenwärtigen Forschungsstand der Phraseodidaktik. In Patrick Schäfer & Christine Schowalter (Hrsg.), *In mediam linguam. Mediensprache – Redewendungen – Sprachvermittlung* (Festschrift für Heinz-Helmut Lüger), 231–250. Landau: Empirische Pädagogik.

Ettinger, Stefan (2013): Aktiver Phrasemgebrauch und/oder passive Phrasemkenntnisse im Fremdsprachenunterricht. Einige phraseodidaktische Überlegungen. In Isabel González Rey (Hrsg.), *Phraseodidactic Studies on German as a Foreign Language. Phraseodidaktische Studien zu Deutsch als Fremdsprache* (Lingua. Fremdsprachenunterricht in Forschung und Praxis 22), 11–30. Hamburg: Dr. Kovač.

Feilke, Helmuth (2004): Kontext – Zeichen – Kompetenz. Wortverbindungen unter sprachtheoretischem Aspekt. In Kathrin Steyer (Hrsg.), *Wortverbindungen – mehr oder weniger fest*, 41–64. Berlin, New York: De Gruyter.

Gergel, Peter (2016): Zum Einsatz von authentischen Texten bei der Aneignung von Kollokationen. In Peter Ďurčo (Hrsg.), *Kollokationsforschung und Kollokationsdidaktik*, 179–187. Wien: LIT.

Gładysz, Marek (1999): Didaktische Implikationen der Kollokationsforschung. In Margot Heinemann, Elżbieta Kucharska & Eugeniusz Tomiczek (Hrsg.), *Im Blickfeld: Didaktik des Deutschen als Fremdsprache*. (Ein Beiheft zum Orbis linguarum 4), 17–32. Wrocław: Wrocławskie Wydawnictwo Oświatowe.

Gładysz, Marek (2003): *Lexikalische Kollokationen in deutsch-polnischer Konfrontation*. Frankfurt a. M. u. a.: Peter Lang.

Hausmann, Franz Josef (1984): Wortschatzlernen ist Kollokationslernen. Zum Lehren und Lernen französischer Wortverbindungen. *Praxis des neusprachlichen Unterrichts* 31 (3–4), 395–406.

Hartenstein, Klaus (2003): Regelbasierte Kollokationsbildung – Eine empirische Untersuchung zur Lernersprache am Beispiel der Fremdsprache Russisch. In Sebastian Kempgen, Ulrich Schweier & Tilmann Berger (Hrsg.), *Rusistika – Slavistika– Lingvistika. Festschrift für Werner Lehfeldt zum 60. Geburtstag*, 379–389. München: Otto Sagner.

Holzinger, Herbert Josef (1993): Phraseologismen im Fremdsprachenunterricht. *Revista de Filología Moderna* 4, 7–22.

Hulbert, Jana (2015): Ist Kollokationsbewusstheit implizit zu vermitteln? – Eine Untersuchung zum Potenzial der Dictogloss-Aufgabe. In Brigitte Handwerker, Reiner Bäuerle, Irene Doval & Barbara Lübke (Hrsg.), *Zwischenräume: Lexikon und Grammatik im Deutschen als Fremdsprache*, 171–189. Baltmannsweiler: Schneider Hohengehren.

Konecny, Christine, Erla Hallsteinsdóttir & Brigita Kacjan (2013): Zum Status quo der Phraseodidaktik: Aktuelle Forschungsfragen, Desiderata und Zukunftsperspektiven. In Christine Konecny, Erla Hallsteinsdóttir & Brigita Kacjan (Hrsg.), *Phraseologie im Sprachunterricht und in der Sprachendidaktik*, 153–172. Maribor u. a.: Mednarodna založba Oddelka za slovanske jezike in književnosti.

Kühn, Peter (1992): Phraseodidaktik. Entwicklungen, Probleme und Überlegungen für den Muttersprachenunterricht und den Unterricht Deutsch als Fremdsprache. *Fremdsprachen Lehren und Lernen* 21, 167–189.

Kühn, Peter (2013): Wortschatz. In Bernt Ahrenholz & Ingelore Oomen-Welke (Hrsg.), *Deutsch als Fremdsprache*, 153–164. Baltmannsweiler: Schneider Hohengehren.

Laskowski, Marek (2004): Toponymie im Bereich der phraseologischen Subsysteme des Deutschen und des Polnischen. Ein Beitrag zu ihrer konfrontativen Untersuchung und didaktischer Potenz. *Info DaF* 2004 (6), 596–616.

Laskowski, Marek (2007): Sieht man schon Licht am Ende des Tunnels in der polnischen Phraseodidaktik im Fach DaF? Die Phraseologievermittlung am Beispiel des Lehrwerks „alles klar" – eine empirische Untersuchung. In Iwona Bartoszewicz, Joanna Szczęk & Artur Tworek (Hrsg.), *Fundamenta linguisticae. Linguistische Treffen in Wrocław Bd. 1*, 427–439. Wrocław: Neisse.

Laskowski, Marek (2010): Phraseodidaktische Einsatzmöglichkeiten von Fernsehwerbung im DaF-Unterricht. In Jarmo Krohonen, Wolfgang Mieder, Elisabeth Piirainen & Rosa Piñel (Hrsg.): *Europhras 2008. Beiträge zur internationalen Phraseologiekonferenz vom 13.–16.08.2008 in Helsinki*, 399–409. Helsinki: Universität Helsinki.

Ludewig, Petra (2005): *Korpusbasiertes Kollokationslernen*. Frankfurt a. M. u. a.: Peter Lang.

Lüger, Heinz-Helmut (1997): Anregungen zur Phraseodidaktik. *Beiträge zur Fremdsprachenvermittlung* 32, 69–120.

Lütge, Christiane (2002): *Syntagmen und Fremdsprachenerwerb. (Ein Lernersprachenproblem)*. Frankfurt a. M.: Peter Lang.

Malec, Wojciech (2007): Efekt metody w pomiarze sprawdzającym na przykładzie testowania kolokacji języka angielskiego. In Bolesław Niemiecko & Maria Krystyna Szmigel (Hrsg.), *Uczenie się i egzamin w oczach uczniów: XIII Krajowa Konferencja Diagnostyki Edukacyjnej, Łomża, 5–7 października 2007*, 305–315. Kraków: Grupa Tomami. http://www.ptde.org/file.php/1/Archiwum/XIII/24.W.Malec_efekt_metody_w_pomiarze.pdf. (letzter Zugriff 13.02.2020).

Marton, Waldemar (1977): Foreign vocabulary learning as a problem No. 1 of language teaching at the advanced level. *Interlanguage Studies Bulletin* 2, 33–57.

Mückel, Wenke (2014): Primärsprachliche Phraseodidaktik – Skizze eines Aufgabenfeldes. *Neuphilologische Mitteilungen* 115 (4), 391–399.

Müller, Thomas (2011): *Aware of Collocations. Ein Unterrichtskonzept zum Erwerb von Kollokationskompetenz für fortgeschrittene Lerner des Englischen*. Frankfurt a. M.: Peter Lang.

Reder Anna (2002): Eine Aufgaben- und Übungstypologie zur Entwicklung der Kollokationskompetenz von DaF-Lernern. *Jahrbuch der ungarischen Germanistik*, 293–311.

Reder, Anna (2006a): *Kollokationen in der Wortschatzarbeit*. Wien: Praesens.

Reder, Anna (2006b): Kollokationsforschung und Kollokationsdidaktik. *Linguistik online* 28 (3), 157–176.

Reder Anna (2011a): Zur Auffindbarkeit von Kollokationen in Lernerwörterbüchern. *Jahrbuch der ungarischen Germanistik*, 290–310.

Reder, Anna (2011b): Kommen Kollokationen in Mode? Kollokationskonzepte und ihre mögliche Umsetzung in der Didaktik. *Linguistik online* 47 (3), 131–140.

Reder, Anna (2015): Überlegungen zu Tendenzen in der Phraseodidaktik. In Ilona Feld-Knapp, János Heltai, Patrícia Kertes, Berta Palotás & Anna Reder (Hrsg.), *Interaktionen. Festschrift für Katalin Boócz-Barna* (DufU – Deutschunterricht für Ungarn 27), 74–89. Budapest: Ungarischer Deutschlehrerverband.

Siepmann, Dirk (2002): Eigenschaften und Formen lexikalischer Kollokationen. Wider ein zu enges Verständnis. *Zeitschrift für französische Sprache und Literatur* 112 (3), 240–263.

Siepmann, Dirk (2004): Kollokationen und Fremdsprachenlernen. Imitation und Kreation, Figur und Hintergrund. *Praxis Fremdsprachenunterricht* 2, 107–113.

Stumpf, Sören (2017): Ist das Zentrum-Peripherie-Modell in der heutigen Phraseologieforschung noch haltbar? *Sprachwissenschaft* 42 (1), 59–95.

Szulc, Aleksander (1971a): *Lingwistyczne podstawy programowania języka*. Warszawa: Państwowe Zakłady Wydawnictw Szkolnych.

Szulc, Aleksander (1971b): Linguistische, didaktische und methodische Probleme des Fremdsprachenunterrichts. *Deutsch als Fremdsprache* 8 (6), 328–337.

Szulc, Aleksander (1981): Kontrastivität der Lernersprache. In Heidrun Brückner (Hrsg.), *Lehrer und Lernende im Deutschunterricht (Kongressbericht der VI. Internationalen Deutschlehrertagung vom 4.–8. August 1980 in Nürnberg)*, 67–75. Berlin u. a.: Langenscheidt.

Targońska, Joanna (2015a): Theoretische Überlegungen zu Kollokationen in DaF-Lehrwerken. *Prace Językoznawcze* 17 (3), 125–136. http://www.uwm.edu.pl/polonistyka/pracejezykoznawcze/pol/pliki/Prace-J-17-3-2015.pdf (letzter Zugriff 20.10.2020).

Targońska, Joanna (2015b): Kollokationen in DaF-Lehrwerken – eine empirische Studie zur Widerspiegelung der Kollokativität der Sprache in ausgewählten Lehrwerken. *Zielsprache Deutsch* 42 (3), 3–24.

Targońska, Joanna (2018): Vom Text zur Übung. Kollokationen in Lesetexten in DaF-Lehrwerken und ihre Widerspiegelung in lexikalischen Übungen. *Linguistik online* 89 (2), 51–81.

Targońska, Joanna & Antje Stork (2013): Vorschläge für ein neues Modell zur Beschreibung und Analyse lexikalischer Kompetenz. *Zeitschrift für Fremdsprachenforschung* 24 (1), 71–108. https://www.dgff.de/assets/Uploads/ausgaben-zff/ZFF-1-2013-Targonska-Stork.pdf (letzter Zugriff 20.10.2020).

Vajičková, Mária, Peter Ďurčo et al. (2018): *Kollokationen II. Ein Übungsbuch*. Nümbrecht: Kirsch.

Zöfgen, Ekkehard (2001): Lexikalische Zweierverbindungen: „Vertraute Unbekannte" im mentalen Lexikon germanophoner Französischlerner. In Karin Aguado & Claudia Riemer (Hrsg.), *Wege und Ziele. Zur Theorie und Praxis des Deutschen als Fremdsprache (und anderer Sprachen)*, 267–286. Baltmannsweiler: Schneider Hohengehren.

Brigita Kacjan, Milka Enčeva, Saša Jazbec
Didaktisches Modell zur Vermittlung von phraseologischen Einheiten im Fremdsprachenunterricht

Abstract: Das Anliegen des Beitrags ist es, ein didaktisches Modell zur Vermittlung von phraseologischen Einheiten zu präsentieren, das verschiedene Faktoren auf der Mikro- und Makroebene berücksichtigt und zu einer effizienteren Anwendung von phraseologischen Einheiten im DaF-Unterricht beitragen soll. Die Mikroebene der Vermittlung phraseologischer Einheiten stellt den didaktischen Vierschritt dar, in dem es um das Erkennen, Verstehen, Festigen und Anwenden phraseologischer Einheiten geht. Der Makroebene des didaktischen Modells gehören zahlreiche Einflussfaktoren an, die zwar nur indirekt die Erwerbs- und Lernprozesse beeinflussen, aber in der Planungsphase von Bedeutung sind. Das dargestellte Modell und die Überlegungen zur Wirkungsweise der einzelnen Faktoren summieren sich im Fazit, dass es trotz aller Anstrengungen immer noch Bereiche gibt, in denen es in Bezug auf eine effiziente Vermittlung phraseologischer Einheiten immer noch Nachholbedarf gibt.

Keywords: Phraseodidaktik, Fremdsprachenunterricht, phraseologische Einheit, Vermittlung phraseologischer Einheiten, didaktischer Vierschritt, Einflussfaktoren

1 Einleitung

Phraseologische Einheiten, auch Phraseme, Phraseologismen, Phrasen usw. genannt, sind ein natürlicher Teil jeder Sprache. Sie werden ab der frühen Kindheit auf jeder Entwicklungsstufe erworben, tragen zu einer besseren Beherrschung einer Sprache bei und stellen eine wichtige Voraussetzung für den Erwerb bzw. das Lernen aller weiteren (Fremd-)Sprachen dar. Im Fremdsprachenunterricht dagegen werden die phraseologischen Einheiten nicht als ein natürlicher Bestandteil der Sprache verstanden und dementsprechend auch kaum an die Lernenden vermittelt. Diese Behauptung unterstützt einerseits eine genaue Analyse von Lehrwerken auf dem Niveau B1 von verschiedenen Verlagen, die zeigt, dass in einem der immer noch wichtigen Medien im Fremdsprachenunterricht auf diesem Niveau erhebliche Defizite in der Auswahl, beim Gebrauch und bei der didaktischen Implementierung von phraseologischen Einheiten vorzufinden sind (Jazbec &

Enčeva 2012), andererseits definiert der GERS die phraseologische Kompetenz als ein wichtiges Ziel erst auf dem Niveau C1 (Europarat 2001: 121).

Phraseologische Einheiten werden oft als etwas Komplexes und Kompliziertes auf höhere Stufen des Sprachenlernens verschoben, die Vermittlung im Fremdsprachenunterricht läuft oft intuitiv ab und hängt von der Lehrkraft sowie ihrer eigenen phraseologischen Kompetenz ab. Genau wegen dieses als ungünstig und unsystematisch beschriebenen Lernprozesses im Bereich der phraseologischen Einheiten ist es das Anliegen des Beitrags, ein handhabbares didaktisches Modell zu präsentieren, das verschiedene, theoretisch fundierte, mittelbar oder unmittelbar wirkende, auf unterschiedlichen Ebenen positionierte Faktoren miteinbezieht und somit zu einer effizienteren Anwendung von phraseologischen Einheiten im Fremdsprachenunterricht[1] beitragen kann.

Der visuellen Darstellung des didaktischen Modells zur Vermittlung von phraseologischen Einheiten folgen Beschreibungen der Faktoren, die einen direkten und/oder indirekten Einfluss auf eine effektive Vermittlung von phraseologischen Einheiten haben können. Diese Faktoren werden im Modell auf der Mikroebene oder Makroebene positioniert. So wird im Rahmen der Mikroebene auf das Vierphasenmodell (Erkennen, Verstehen, Festigen, Anwenden) und Erkenntnisse aus der Spracherwerbsforschung eingegangen, die sprachdidaktische Auswirkungen auf die Vermittlung und das Erlernen phraseologischer Einheiten haben können. Darüber hinaus wird auch der von Ettinger geprägte Begriff der „persönlichen Nützlichkeit" (2019: 95) mit dem Modell in Beziehung gesetzt, wobei aber nur skizzenhaft auf die Möglichkeit der Integration persönlicher Interessen der Lernenden in das Modell eingegangen wird. Auf der Makroebene wird zwischen internen und externen Einflussfaktoren unterschieden, wobei in diesem Rahmen die Bedeutung der Sprache des Alltags und der Medien, der Korpora und Wörterbücher, des Referenzrahmens sowie der Lehrpläne und Wissenskataloge besprochen wird. Schließlich werden in diesem Kontext auch Lehr- und Lernmaterialien sowie die Lehrkräfte thematisiert. Das dargestellte Modell und alle Überlegungen zur Wirkung einzelner Faktoren auf den beiden Ebenen summieren sich im Fazit, das eine kurze Übersicht über die Einflussfaktoren gibt, die eine effiziente Vermittlung phraseologischer Einheiten ermöglichen oder verhindern.

---

[1] Im Beitrag wird der Begriff Fremdsprachenunterricht verwendet, da das Modell sowie die meisten theoretischen und empirischen Feststellungen auf verschiedene Fremdsprachen übertragen werden können. Die exemplarischen Untersuchungen, die durchgeführt wurden, beziehen sich aber alle konkret auf Deutsch als Fremdsprache bzw. auf den DaF-Unterricht.

2 Didaktisches Modell

In einer Unterrichtsstunde, der grundlegenden Einheit der Fremdsprachenvermittlung, kann eine sehr grobe Dreiteilung der zu vermittelnden Bereiche bzw. der zu erlernenden Sprache vorgenommen werden: Wortschatz, Grammatik und Sprachverwendung. Diese Bereiche sind eng miteinander verknüpft und müssen alle im Unterrichtsprozess berücksichtigt und entsprechend gefördert werden. Dabei stellen die phraseologischen Einheiten keine Ausnahme dar, auch hier spielen die drei Sprachbereiche auf der Mikroebene eine bedeutende Rolle.

Das im Folgenden vorgestellte Modell zur Vermittlung phraseologischer Einheiten (siehe Abb. 1) bezieht sich auf einen vernachlässigten Bereich des Fremdsprachenlernens. Während sich die Faktoren auf der Mikroebene auf die konkrete Vermittlung phraseologischer Einheiten beziehen, üben die äußeren Einflussfaktoren auf der Makroebene einen Einfluss auf die gesamte Fremdsprachenvermittlung und im Speziellen auch auf die Wortschatzvermittlung aus. Die im Beitrag vorgenommene Fokussierung auf die Vermittlung von phraseologischen Einheiten zeigt lediglich auf, welche Schritte in diesem Zusammenhang sinnvoll sind. Eine ausgewogene, phraseologische Einheiten integrierende Wortschatzvermittlung bleibt immer noch die Verantwortung der Lehrenden, vor allem, weil – wie bereits erwähnt – die wichtigsten Dokumente und DaF-Lehrwerke sie ausklammern.

Die Mikroebene der Vermittlung phraseologischer Einheiten wird basierend auf dem didaktischen Dreischritt (vgl. Šajankova 2007) bzw. dessen Weiterentwicklung (vgl. Vitekova 2012) als didaktischer Vierschritt (er war bereits 1997 bei Lüger zu finden) verstanden, in dem es um das Erkennen, Verstehen, Festigen und Anwenden phraseologischer Einheiten geht. Diese vier Schritte werden in Kapitel 3 genauer erläutert und theoretisch fundiert. Außerdem werden in die Erörterung noch einige bedeutende spracherwerbsspezifische Einflussfaktoren einbezogen.

Der zweite Teil des Modells stellt die Makroebene dar, auf der es eine ganze Reihe von Einflussfaktoren gibt, die zwar keinen direkten Einfluss auf den Prozess der Vermittlung phraseologischer Einheiten, aber in der Planungsphase einen nicht zu vernachlässigenden Einfluss auf die Lehrkraft, die phraseologische Einheiten vermitteln will, haben: „Diese zahlreichen Einflussfaktoren prägen die Vermittlung phraseologischer Einheiten unterschiedlich stark und setzen an unterschiedlichen Stellen an" (Kacjan & Jazbec 2014: 178).

Im Folgenden werden die Mikro- und Makroebene beschrieben, die wichtigsten jeweils damit verbundenen Aspekte genauer aufgeschlüsselt und untereinander in Beziehung gesetzt.

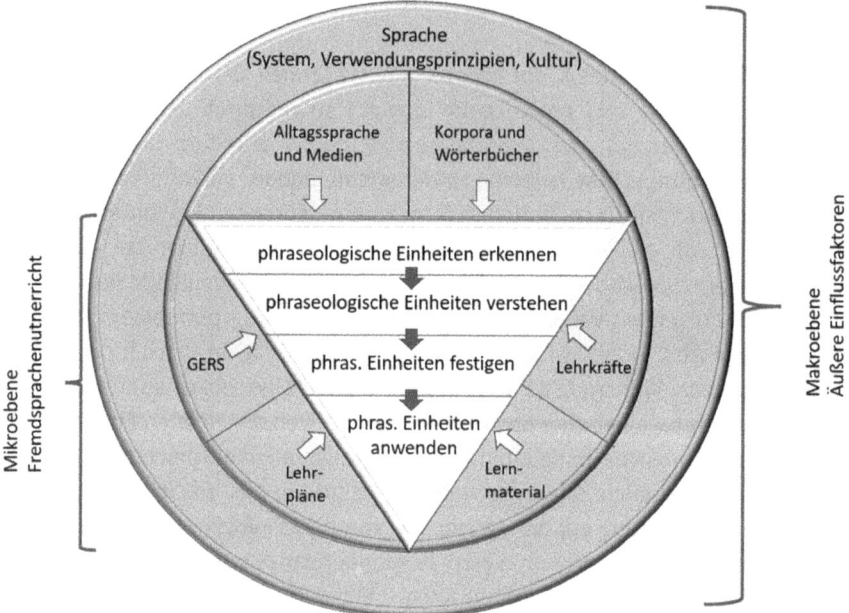

Abb. 1: Didaktisches Modell zur Vermittlung von phraseologischen Einheiten.

3 Mikroebene der fremdsprachlichen Vermittlung phraseologischer Einheiten

Der äußere Kreis des Modells (Makroebene) (siehe Abb. 1) steht für die Fremdsprache als System und ihren Gebrauch, die als Grundlage des gesamten Lehr- und Lernprozesses im FSU verstanden wird. Das Dreieck (Mikroebene) ist der Kern des Modells, der sich auf die konkrete Umsetzung des Lehr- und Lernprozesses von phraseologischen Einheiten fokussiert. Um das Dreieck ist ein innerer Kreis aufgezeichnet, der (beide Kreise gehören zur Makroebene) die äußeren Einflussfaktoren beinhaltet, die mittelbar auf die Vermittlung und den Erwerb von phraseologischen Einheiten einwirken.

Der Kern des Modells zur Vermittlung und zum Erwerb von phraseologischen Einheiten – im Modell das auf dem Kopf stehende Dreieck – umfasst den Lehr- und Lernprozess als solchen. Die Form des auf dem Kopf stehenden Dreiecks ist nicht zufällig ausgewählt, sondern symbolisiert die immer stärkere Einengung bzw. Verringerung des Umfangs der phraseologischen Einheiten, die im Lernprozess in den einzelnen Phasen eingesetzt werden. Die beiden ersten

Phasen (Erkennen und Verstehen) gehören zum rezeptiven Gebrauch von phraseologischen Einheiten, die dritte und vierte (Festigen und Verwenden) dagegen zu deren produktivem Gebrauch. Wie im realen, d. h. außerschulischen Leben, wo jeder und jede mehr phraseologische Einheiten versteht als selbst aktiv verwendet, sollte auch im Fremdsprachenunterricht eine unterschiedlich starke Betonung auf den rezeptiven und den produktiven Gebrauch von phraseologischen Einheiten gelegt werden.

3.1 Vierphasenmodell der Vermittlung und des Erwerbs phraseologischer Einheiten

Die vier Phasen der fremdsprachlichen Vermittlung und des Lernens phraseologischer Einheiten wurden von Šajankova (2007) im Kontext des Projekts EPHRAS aus Kühns phraseologischem Dreischritt (Kühn 1987) entwickelt. Es stellte sich heraus, dass Kühns Phase „Phraseme verwenden" sinnvollerweise in zwei getrennte Phasen aufgeteilt werden sollte (Lüger 1997: 102; Ettinger 2001: 87–104), „da sich die in diesen beiden Phasen einsetzbaren Aufgaben und Übungen stark voneinander unterscheiden" (Kacjan & Jazbec 2014a: 176). Ähnliches zeigte sich auch beim Projekt „Sprichwort-Plattform", und auch dort wurde der didaktische Dreischritt zum parömiologischen Vierschritt ausgebaut (Kacjan 2014: 139), allerdings im spezifischen Kontext des Sprichwortlernens. Das Problem einer erfolgreichen Vermittlung der phraseologischen Einheiten im Fremdsprachenunterricht ist eine unabgeschlossene Frage, die zahlreiche Fachleute beschäftigt(e). Genauer kann im Rahmen dieses Artikels nicht darauf eingegangen werden, es wird lediglich auf interessante Quellen verwiesen, die auf das Problem aus verschiedenen Perspektiven eingehen.[2]

Die vier Phasen der Vermittlung und des Lernens von phraseologischen Einheiten sind folgende:
1. Erkennen phraseologischer Einheiten
2. Verstehen phraseologischer Einheiten
3. Festigen phraseologischer Einheiten
4. Anwenden phraseologischer Einheiten

Aufgrund der besonderen Bedeutung dieser vier Phasen werden sie im Folgenden etwas genauer beschrieben.

---

[2] Siehe dazu Hallsteinsdóttir (2011), Iglesias (2013) Erhardt (2014), Valenčič Arh (2014), Hallsteinsdóttir (2015), Jesenšek (2019).

3.1.1 Phase 1: Erkennen

Das Erkennen von phraseologischen Einheiten, also die erste Phase der Vermittlung und des Erlernens von phraseologischen Einheiten, gehört zum rezeptiven Sprachgebrauch und ist eine relativ schwierige Aufgabe, die ohne vorherige Vorentlastung bzw. Vermittlung der typischen Charakteristiken von phraseologischen Einheiten (Polylexikalität, Idiomatizität und Festigkeit) nicht machbar ist (vgl. Jesenšek 2012). Laut Šajankova (2007) ist das Ziel dieser Phase die Sensibilisierung für die Erscheinungsformen der phraseologischen Einheiten und das Identifizieren dieser in didaktisch aufbereiteten und authentischen Texten (Šajankova 2007). Nur eine intensive Übung des Erkennens von phraseologischen Einheiten vermittelt den Lernenden ausreichend Übung und Selbstvertrauen, dieses Sprachphänomen auch selbstständig erkennen zu können. Hierfür gibt es eine Reihe von verschiedenen Aufgaben und Übungen, mit denen man phraseologische Einheiten in Texten identifizieren kann. Šajankova stellt diesbezüglich fest: Eine „bedeutende Rolle beim Erkennen der Phraseme spielen der Kontext, die muttersprachlichen Kenntnisse, Möglichkeiten für Sensibilisierung über phrasemtypische Struktureigenschaften und/oder semantisch-syntaktische Inkompatibilitäten und ebenso die gesamte metakommunikative Umrahmung" (Šajankova 2007: 29–30). Außerdem stellt das Erkennen von phraseologischen Einheiten eine der wichtigsten Grundlagen sowohl für deren Erlernen im Unterricht als auch für das autonome Lernen im Bereich Phraseologie dar. Dies wurde, wie Ettinger feststellt, von Phraseodidaktikern in den vergangenen 30 Jahren in verschiedenen Ländern und für verschiedene Sprachen jeweils unabhängig voneinander beim Erlernen von phraseologischen Einheiten gefordert (2019: 109–110). Deshalb sollte dem Schritt *Erkennen* die gebührende Aufmerksamkeit geschenkt werden.

Das Erkennen von phraseologischen Einheiten allein reicht allerdings noch nicht aus, untrennbar damit verbunden ist die Phase des Verstehens, die den erkannten phraseologischen Einheiten erst den Sinn verleiht.

3.1.2 Phase 2: Verstehen

Die Phase *Verstehen* wurde von Šajankova als „Phraseme entschlüsseln" (vgl. Šajankova 2007) bezeichnet, im Kontext der Sprichwort-Plattform wurde daraus das „Verstehen" von Sprichwörtern (Kacjan 2014: 139), das als Resultat des Entschlüsselns verstanden werden muss. Im Prinzip geht es um das Semantisieren der phraseologischen Einheit, was aber ohne Kenntnisse zu den bereits erwähnten Aspekten Festigkeit, Polylexikalität und Idiomatik nicht möglich ist und in erster Linie aufgrund des Kontextes, nach Bedarf aber auch zusätzlich mithilfe von Nachschlagewerken, erfolgen muss.

Die beiden ersten Phasen sind unlösbar miteinander verbunden und ermöglichen den Ausbau des rezeptiven Lexikons der Lernenden mit aktuellen, relevanten phraseologischen Einheiten, auf dessen Grundlage die Lernenden dann ihr rezeptives Wissen zur produktiven Verwendung bekannter phraseologischer Einheiten ausbauen können. Phraseologische Einheiten, die nur rezeptiv erworben werden, sollten auch stets nur auf das Verständnis und nicht auf deren aktive Verwendung hin überprüft werden.

3.1.3 Phase 3: Festigen

Um den Schritt vom rezeptiven Wortschatz zur produktiven Verwendung phraseologischer Einheiten vollziehen zu können, müssen die Lernenden die Phase des Festigens phraseologischer Einheiten durchlaufen. In dieser Phase werden die phraseologischen Einheiten laut Šajankova (2007) mit zusätzlichen Informationen ergänzt und im Gedächtnis der Lernenden so effizient vernetzt, dass sie nach Bedarf über verschiedene Impulse reaktiviert werden können. Je nach didaktischem Ziel, dem Sprachniveau der Lernenden oder der Zielgruppe werden in dieser Phase sprachpraktische, aber auch metasprachliche Aspekte gezielt auf unterschiedliche Weise geübt und somit gefestigt: „Es wird zwischen der Festigung der formalen Kenntnisse grammatischer und lexikalischer Art und der Festigung der semantischen Kenntnisse unterschieden" (Šajankova 2007: 31). Erst wenn phraseologische Einheiten ausreichend gefestigt wurden, können sie von den Lernenden gezielt und korrekt eingesetzt werden. Dieser Schritt muss auch im Rahmen des autonomen Lernens ausgeführt werden. Dementsprechende Lernmaterialien sind trotz vereinzelt vorhandener positiver Beispiele allerdings auch heute noch eher Mangelware.

3.1.4 Phase 4: Anwenden

Die vierte Phase der Vermittlung und des Erlernens von phraseologischen Einheiten ist eng an die dritte Phase der Festigung gebunden und basiert auf den ersten beiden rezeptiven Phasen des Erkennens und Verstehens. Konkret bedeutet das, dass die Lernenden eine Reihe von phraseologischen Einheiten in authentischen Texten selbstständig erkennen und verstehen sowie gezielt geübte und gefestigte Phraseme aktiv in der mündlichen und schriftlichen Textproduktion einsetzen können (vgl. Šajankova 2007; siehe dazu auch die Beschreibung eines Vierschritt-Modells in Ettinger 2019: 99–100).

Aus didaktischer Sicht muss festgehalten werden, dass es unumgänglich ist, diese vier Schritte nacheinander durchzuführen, wenn es das Ziel der Vermittlung ist, dass die Lernenden gezielt ausgewählte phraseologische Einheiten produktiv einsetzen können sollen. Allerdings muss das nicht das Ziel bei jeder einzelnen phraseologischen Einheit und in jeder Lernsituation sein. Sofern es nur um das Verstehen bestimmter phraseologischer Einheiten geht, genügt es auch, wenn die ersten beiden Phasen durchlaufen werden. Welche phraseologischen Einheiten und in welchem Umfang sie rezeptiv und/oder produktiv beherrscht werden sollten, ist abhängig von den verschiedensten Faktoren, sowohl sprachinternen als auch sprachexternen, wobei die letzteren im Kapitel zur Makroebene (Kapitel 4) genauer beschrieben werden. Einige bedeutende lerninterne Faktoren werden im Kapitel 3.2 kurz skizziert. Beim autonomen Lernen muss diese Phase in der Praxis mit kompetenten Sprechern der Fremdsprache umgesetzt werden, was allerdings nicht immer ganz einfach zu bewerkstelligen ist.

3.2 Einfluss von Spracherwerbsaspekten auf die Vermittlung und das Erlernen phraseologischer Einheiten

Aus Sicht des Spracherwerbs ist das Erlernen phraseologischer Einheiten ein relativ gut untersuchter Bereich (mehr dazu vgl. Petrič 2013), allerdings werden die Ergebnisse dieser Untersuchungen meist nicht auf den Fremdsprachenunterricht appliziert, was aber wünschenswert wäre.

Um die Mikroebene auch aus dieser Sicht zu beleuchten, werden kurze Einblicke in ein paar bedeutende spracherwerbliche Feststellungen gegeben, die sprachdidaktische Auswirkungen haben. So wird kurz auf die Bekanntheit und Bedeutungshaftigkeit von phraseologischen Einheiten sowie auf ihre Komplexität eingegangen, außerdem wird das Postulat eines hybriden Lernmodells angerissen.

3.2.1 Gebrauchsfrequenz und Geläufigkeit von phraseologischen Einheiten

Petrič (2013) stellte in einer Untersuchung zur Bekanntheit und Bedeutungshaftigkeit von phraseologischen Einheiten Folgendes fest:

> Umso häufiger und geläufiger ein Phrasem in der deutschen Muttersprache, desto bekannter und bedeutungshaltiger war es auch [...] [den fremdsprachigen] Probanden. Die Vorher-

sagbarkeit eines Phrasems in der Fremdsprache korrelierte dagegen stärker mit dessen Gebrauchsfrequenz und weniger mit der Geläufigkeit in der deutschen Erstsprache.

(Petrič 2013: 60)

Aus fremdsprachendidaktischer Sicht bedeutet dies, dass die Qualität von phraseologischen Einheiten weit weniger bedeutend ist als ihre Quantität. In diesem Kontext darf aber auch nicht vergessen werden, dass die Quantität im „Lebens- und Wirkungsbereich der Lernenden" (Kacjan & Jazbec 2014a: 165) gegeben sein muss und sich u. E. nicht vorrangig auf korpusbasierte Phrasemminima oder -optima beziehen sollte. Auch wenn diese eine allgemeine Häufigkeit in der Allgemeinsprache wiedergeben, sind sie nicht die Quintessenz der spezifischen Lebenswelt der Lernenden oder – mit den Worten Ettingers (2019: 95) – sie erfüllen häufig nicht die Bedingung der „persönliche[n] Nützlichkeit" für die Lernenden.

3.2.2 Komplexität phraseologischer Einheiten

Das in der Fremdsprachendidaktik vorherrschende Prinzip „vom Einfachen zum Schwierigeren" (Kacjan & Jazbec 2014a: 165) wird auch von Untersuchungen zur Komplexität, zur Vorhersehbarkeit, zum Bekanntheitsgrad und zur kollektiven Gebrauchsfrequenz im Erwerb phraseologischer Einheiten gestützt. So meint Petrič:

> Phraseme mit der (einfacheren) syntaktischen Struktur V + NP [...] [haben] im Durchschnitt einen höheren wörtlichen Plausibilitätsgrad als Phraseme mit einer komplexeren Struktur.
> (Petrič 2013: 61)

Fremdsprachendidaktisch bedeutet dies, dass phraseologische Einheiten mit einfacheren Strukturen leichter zu verstehen sind als komplexere Formen und selbstständig zu verwenden sind. Für den Fremdsprachenunterricht ergibt dies allerdings ein spiegelverkehrtes Bild: Komplexere phraseologische Einheiten, die nach dem Bottom-up-Prinzip (zur Erläuterung siehe Kap. 3.2.3) erlernt/erworben werden, sind vor allem zu Beginn des Fremdsprachenlernens eher der rezeptiven Lexik zuzuordnen, während einfache phraseologische Einheiten, die nach dem Top-down-Prinzip erlernt/erworben werden, schon relativ schnell in den produktiven Wortschatz der Lernenden übergehen und von ihnen aktiv verwendet werden können.

3.2.3 Hybrides Lernmodell bei phraseologischen Einheiten

Ein hybrides Lernmodell in Bezug auf phraseologische Einheiten bedeutet, dass in ihrem Erwerbsprozess sowohl das Top-down-Prinzip als auch das Bottom-up-

Prinzip verwendet werden. Konkret heißt das, dass einfach strukturierte phraseologische Einheiten nach dem Top-down-Prinzip als eine Einheit (ein sogenannter „Chunk") im mentalen Lexikon gespeichert werden, während komplexere phraseologische Einheiten eher nach dem Bottom-up-Prinzip als kompositioneller Bedeutungs-Verstehensprozess verstanden werden muss.

Im Fremdsprachenunterricht „kann nicht von einem einzigen Lernmodell für phraseologische Einheiten ausgegangen werden, vielmehr muss je nach der zu erwerbenden oder zu erlernenden phraseologischen Einheit ein ganzheitlicher [Top-down-Prinzip] oder kompositioneller Lernweg [Bottom-up-Prinzip] begangen werden" (Kacjan & Jazbec 2014a: 166). Sofern diese Prinzipien nicht berücksichtigt werden, kann es bei den Lernenden zu Lernproblemen kommen, die unter ungünstigen Umständen auch zu interkulturellen Missverständnissen führen können.

4 Makroebene externer Einflüsse

Die Makroebene des didaktischen Modells zum Erwerb und Erlernen von phraseologischen Einheiten besteht selbst aus mehreren Bereichen, die indirekt einen Einfluss auf die Erwerbs- und Lernprozesse ausüben. Ihre langjährige Nichtberücksichtigung bzw. ihre nicht ausreichende Berücksichtigung führte zu einer Situation im Bereich Deutsch als Fremdsprache, die Kühn (1987) als „phraseodidaktischen Dornröschenschlaf" bezeichnete. Wie sieht aber die Situation 30 Jahre nach der Veröffentlichung seines gleichnamigen Beitrags aus? Im Folgenden wird durch die Auseinandersetzung mit der Makroebene des didaktischen Modells zum Erwerb und Erlernen von phraseologischen Einheiten versucht, diese Frage zu beantworten.

4.1 Sprache des Alltags und der Medien

Die Basis der gesamten Makroebene ist die Sprache an sich mit all ihren konstituierenden Elementen (Sprache als System, ihre Verwendungsprinzipien und die der Sprache zu Grunde liegende(n) Kultur(en)).

Ein für den DaF-Unterricht bedeutender Teil der Makroebene (neben einigen anderen) ist die Sprache des Alltags und der Medien.[3] Es gibt Sprachwissen-

---

3 Dieser Teil der Sprache wurde gezielt ausgewählt, da einerseits im Rahmen der Alltagssprache das Prinzip der „persönlichen Nützlichkeit" für den Lernenden – wie Ettinger das bezeichnet –

schaftler und Didaktiker, die der Ansicht sind, dass phraseologische Einheiten zwar zur Eigenart einer Sprache beitragen würden, da sie ein Ornament, die Würze einer Sprache seien, jedoch könne man auf sie verzichten, ohne dass die Kommunikation beeinträchtigt werde. Außerdem wiesen phraseologische Einheiten Eigenschaften auf, die sprachenspezifisch seien und daher einen zwischensprachlichen Vergleich unmöglich machten. Daraus ziehen sie die Schlussfolgerung, dass phraseologische Einheiten im Fremdsprachenunterricht für Fortgeschrittene thematisiert werden sollten. Diese Auffassung findet z. B. ihren Niederschlag im „Gemeinsamen Europäischen Referenzrahmen für Sprachen" (GERS) (Europarat 2001), wo die Behandlung von phraseologischen Einheiten erst auf dem Sprachniveau C1 vorgesehen ist. Darauf wird in Abschnitt 4.3 näher eingegangen.

Andere Sprachwissenschaftler und Didaktiker (vgl. bspw. Hallsteinsdóttir 2001, 2011; Jesenšek 2007, 2013) dagegen vertreten die konträre Meinung, dass „die phraseologische Redeweise [...] ein Normalfall der geschriebenen und gesprochenen Sprache [ist]" (Jesenšek 2007: 18). Jesenšek weist darauf hin, dass nach der psychologisch-kognitiv ausgerichteten Phraseologieforschung die phraseologische Redeweise zeige, wie der Mensch seine Umwelt und sich selbst wahrnehme. Die Wahrnehmungen würden versprachlicht, sodass die Phraseologie ein Bestandteil der menschlichen Kommunikation sei und phraseologische Einheiten den Sprachgebrauch mitkonstituierten. Gute Phraseologiekenntnisse tragen zur besseren Beherrschung einer Fremdsprache bei, so Hessky (1997), und stellen eine wichtige Voraussetzung für den erfolgreichen Erwerb und das Erlernen einer Fremdsprache dar (vgl. Hallsteinsdóttir 2001).

Forschungsergebnisse zeigen, dass phraseologische Einheiten schon ab dem Kleinkindalter in jeder Entwicklungsstufe erworben werden und nicht nur in einer besonderen späteren Entwicklungsphase (vgl. Häcki Buhofer 1997). Dies kann als ein indirekter Beweis dafür angesehen werden, dass phraseologischen Einheiten innerhalb einer Sprache kein besonderer Status zusteht und dass sie keine Eigenart der einzelnen Sprachen darstellen.

Die hohe zwischensprachliche phraseologische Kongruenz[4] ist darauf zurückzuführen, dass die phraseologische Ausdrucksweise zu den sprachlichen Universalien gehört, dass phraseologische Einheiten länder- und sprachenübergreifend durch schöngeistige Literatur, seit dem 20. Jahrhundert auch durch Fachliteratur und Massenmedien verbreitet werden (vgl. Jesenšek 2007). All

---

berücksichtigt ist, mit der Sprache der Medien anderseits aber auch der Bezug zu den Korpora, die im Bereich der Phraseologie und Phraseodidaktik von einigen Fachleuten (z. B. Ďurčo, Jesenšek u. a.) als Grundlage eines phraseologischen Minimums oder Optimums gesehen werden.
4 Nach Jesenšek (2003) beträgt die Übereinstimmung zwischen einigen Gruppen von Phraseologismen im Deutschen und im Slowenischen bis zu 50 %.

dies widerlegt die oben angeführte Behauptung, ein zwischensprachlicher Vergleich von phraseologischen Einheiten sei unmöglich.

Zusammenfassend lässt sich sagen, dass die Entwicklung der phraseologischen Kompetenz in der Muttersprache ein Bestandteil der Entwicklung der muttersprachlichen Kompetenz darstellt. Es ist plausibel, anzunehmen, dass die Entwicklung der fremdsprachlichen phraseologischen Kompetenz auch gleichzeitig mit der Entwicklung der fremdsprachlichen Kompetenz erfolgt (vgl. Jesenšek 2007).

4.2 Korpora, Wörterbücher

Einen weiteren Teil der Makroebene bilden Korpora und Wörterbücher, die eine wichtige Rolle als Hilfsmittel beim Erlernen von phraseologischen Einheiten spielen. Heutzutage gehören digitale Korpora und digitale Wörterbücher (auch als Online-Wörterbücher bezeichnet) zum Standard in Forschung und Lehre. Deshalb beziehen sich die folgenden Ausführungen vor allem auf digitale Korpora und Wörterbücher.

Die moderne Technologie ermöglicht die Speicherung von großen Textmengen bzw. großen Mengen sprachlicher Daten. Sie dokumentieren und spiegeln zugleich den realen Sprachgebrauch wider und sind die wichtigste Quelle bei der Beschreibung und Erforschung der Sprachen einschließlich der phraseologischen Einheiten. Als Beispiel dient DeReKo[5] (das Deutsche Referenzkorpus), das mit 46,9 Milliarden Wörtern (Stand 18.10.2020) die weltweit größte linguistisch motivierte Sammlung elektronischer Korpora mit geschriebenen deutschsprachigen Texten aus der Gegenwart und der neueren Vergangenheit ist. Somit wurden die besten Voraussetzungen für eine ausreichende und angemessene lexikografische Beschreibung der in den Korpora vorkommenden phraseologischen Einheiten geschaffen.

Bei den digitalen Wörterbüchern – Ähnliches kann für klassische Wörterbücher postuliert werden – kann kein so positives Bild gezeichnet werden, denn exemplarische Untersuchungen zu den Sprichwörtern, einem Teilbereich der phraseologischen Einheiten (vgl. Kacjan 2013; Jazbec & Kacjan 2014; Jazbec & Kacjan 2016), zeigen ein großes Manko. In Jazbec & Kacjan 2016 wird beispielsweise untersucht, ob und in welchem Umfang hochfrequente Sprichwörter, die zu den phraseologischen Einheiten zählen, im einsprachigen Wörterbuch für

---

5 http://www1.ids-mannheim.de/kl/projekte/korpora/ (20.10.2020).

Muttersprachler DWDS,[6] im einsprachigen Lernerwörterbuch des Langenscheidt Verlags[7] und im zweisprachigen deutsch-slowenischen PONS-Lernerwörterbuch[8] zu finden sind. Die Zahlen sprechen eine eindeutige Sprache: Nur 13,33 % der 300 hochfrequenten Sprichwörter der internetbasierten SprichWort-Plattform[9] kommen in allen drei Wörterbüchern vor, dagegen kommen 36,67 % der Sprichwörter in keinem der Wörterbücher vor. Aufgrund der Analyseergebnisse kommen Jazbec & Kacjan (2016) zu der Schlussfolgerung, dass die Aufnahme der Sprichwörter in die Wörterbücher unsystematisch und unübersichtlich sei. Deshalb fordern sie eine methodologische und inhaltliche Systematik und die Ausarbeitung von klaren Kriterien für die Wörterbuchaufnahme von Sprichwörtern. Es bestehe ein Nachholbedarf bei der Gestaltung der Online-Wörterbücher, die hinter den technischen Möglichkeiten des elektronischen Mediums blieben. Letzteres kann auch für die phraseologischen Einheiten festgehalten werden.

Aus Benutzersicht weisen digitale Wörterbücher einige Vorteile auf, wie z. B. eine schnelle und einfache Auffindbarkeit der phraseologischen Einheiten. In Printwörterbüchern wurde darüber diskutiert, in welchem Wörterbuchartikel und nach welchen Prinzipien die entsprechende phraseologische Einheit aufzunehmen sei. Diese Probleme erübrigen sich in einem digitalen Wörterbuch, in dem die ganze phraseologische Einheit in eine Suchmaske eingegeben wird und auf der Benutzeroberfläche alle Textstellen gezeigt werden, in denen es vorkommt. Das digitale Medium ermöglicht eine multimediale Präsentation der einzelnen phraseologischen Einheiten, was in didaktischer Hinsicht sehr wichtig ist, da es sich sehr förderlich für das Erlernen oder Erwerben der phraseologischen Einheiten erweist. Die phraseologische Einheit kann mit Wörterbuchartikeln aus dem gleichen oder aus anderen digitalen Wörterbüchern verlinkt werden, sodass der Benutzer Zugang zu zusätzlichen Informationen hat.

Trotz der positiven Entwicklungen lassen Online-Wörterbücher bei der lexikografischen Beschreibung von phraseologischen Einheiten noch viel zu wünschen übrig. Es fehlt an klaren Kriterien für die Aufnahme der in didaktischer Hinsicht relevanten phraseologischen Einheiten in die Wörterbücher. Auch Ettinger stellt 2019 fest, dass die Phraseographie mit der Phraseologieforschung nicht Schritt halten könne. Letztere habe in den letzten Jahren große Fortschritte gemacht. Laut Ettinger gebe es in keiner Sprache Wörterbücher, die die Forschungsergebnisse der Phraseologie integrierten (2019: 111).

---

6 DWDS = Digitales Wörterbuch der deutschen Sprache. https://www.dwds.de/ (20.10.2020).
7 www.woerterbuch.langenscheidt.de (20.10.2020).
8 http://de.pons.eu/ (20.10.2020).
9 http://www.sprichwort-plattform.org/ (20.10.2020).

4.3 GERS, Lehrpläne, Wissenskataloge

Der „Gemeinsame Europäische Referenzrahmen für Sprachen" (GERS) (Europarat 2001) sowie die Lehrpläne und Wissenskataloge sind grundlegende Dokumente, die den Unterricht und seine Unterrichtsziele bestimmen, Themenfelder festlegen, didaktische Ansätze empfehlen u. a. m. Somit wird ein Rahmen gesteckt, der den Unterricht in einem nationalen, aber auch internationalen Kontext vergleichbar macht. Die Individualität der Lehrkräfte und die Spezifik des Unterrichts werden dadurch aber nicht ausgeschlossen, sie können sich ohne Weiteres in dem gesteckten Rahmen entfalten und zum Ausdruck kommen. Da diese erwähnten Dokumente eine wichtige Dimension im vorliegenden didaktischen Modell darstellen, war in erster Linie von Interesse, ob und wie intensiv darin der Forschungsfokus, d. h. die Phraseologie, vertreten ist. Im Weiteren folgt eine Zusammenfassung der Untersuchung des GERS in Hinblick auf den Einsatz von phraseologischen Einheiten und dann die Zusammenfassung einer detaillierten, illustrativen Untersuchung der Lehrpläne und Wissenskataloge für die Mutter- und Fremdsprache am Beispiel Sloweniens.

Der GERS (Europarat 2001), das Dokument, das das Paradigma des Fremdsprachenlehrens und -lernens im 21. Jh. entscheidend prägt, erweist sich bezüglich der phraseologischen Einheiten als nicht optimal. Der GERS kalibriert Fremdsprachenkenntnisse, definiert die sog. Kann-Beschreibungen und Deskriptoren für verschiedene Niveaus. Fremdsprachenlehrkräfte haben mit dem GERS ein konkretes Instrument in der Hand, das ihnen die Unterrichtsplanung und Evaluation der Kenntnisse erleichtert und sie weltweit vergleichbar macht. Eine Folge des GERS sind von Verlagen erstellte Listen von Vokabeln und grammatischen Strukturen sowie Textsorten für einzelne Niveaus, die bspw. die Lehrwerkproduktion genau bestimmen. Das Resultat dieser für den DaF-Unterricht sicher förderlichen Maßnahmen hatte aber auch andere Folgen. Konkret für phraseologische Einheiten bedeutete das, dass sie explizit als Thema oder als Ziel erst auf dem Niveau C1[10] angeführt werden (Europarat 2001: 121).

Das Konzept des GERS ist für phraseologische Einheiten nicht optimal, denn durch explizite und transparente Nivellierung der Sprachkenntnisse nach

---

[10] Auszug aus dem GERS: „C1 Verfügt über gute Kenntnisse idiomatischer und umgangssprachlicher Wendungen und ist sich der jeweiligen Konnotationen bewusst [...].

C2 Kann ein großes Spektrum an idiomatischen und alltagssprachlichen Redewendungen wiedererkennen und dabei Wechsel im Register richtig einschätzen [...]. Kann Filmen folgen, in denen saloppe Umgangssprache oder Gruppensprache und viel idiomatischer Sprachgebrauch vorkommt. Kann die Sprache zu geselligen Zwecken flexibel und effektiv einsetzen und dabei Emotionen ausdrücken, Anspielungen und Scherze machen." (2001: 121).

dem Prinzip vom Einfachen zum Komplexen werden phraseologische Einheiten als ein komplexer sprachlicher Gegenstand für höhere Niveaus des Fremdsprachenlernens geplant. Auf dem Niveau B2 kann man die Tendenz beobachten, phraseologische Einheiten rezeptiv in den Lernprozess einzuschließen, auf den folgenden Niveaus C1 und C2 dann produktiv. Auch im aktuellen Beiheft zum GERS, *Companion Volume with New Descriptors 2018*, das bestimmte GERS-Lücken auszufüllen versucht, hat sich für die Stellung der phraseologischen Einheiten nichts geändert (Europarat 2018). Den GERS kann man somit als ein Dokument klassifizieren, das die These einer unabdingbaren ‚natürlichen' Präsenz von phraseologischen Einheiten in jeder Sprache und somit auch in der Lehre und beim Lernen vom Anfang an nicht unterstützt.

Neben dem GERS wurden auch Lehrpläne bzw. Wissenskataloge und andere Dokumente, die in jedem Land dafür entwickeln werden, die Unterrichtsziele auf einer Makroebene zu bestimmen, auf das Vorhandensein von phraseologischen Einheiten hin untersucht. Aus der Untersuchung von Kacjan & Jazbec (2012) mit detaillierten Beschreibungen konkreter Statements aus den 12 Lehrplänen/Wissenskatalogen für den Sprachunterricht in Slowenien, in denen phraseologische Einheiten erwähnt werden, kann man folgendes Fazit ableiten: Für alle Lehrpläne/Wissenskataloge, sowohl für die Muttersprache als auch für die Fremdsprache, gilt, dass phraseologische Einheiten stark unterrepräsentiert sind. Sie enthalten zwar eine genaue, umfangreiche Beschreibung der phraseologischen Einheiten und ihrer unterschiedlichen Erscheinungsformen, aber dieser Anteil ist im Vergleich zu den im Grunde sehr umfangreichen Dokumenten wirklich bescheiden.

Der GERS sowie die Lehrpläne und Wissenskataloge spielen bei der Unterrichtsgestaltung eine wichtige Rolle, aber phraseologische Einheiten bzw. ihr Einsatz und somit die Möglichkeit zur Vermittlung von phraseologischen Einheiten ist darin bescheiden bzw. für höhere Niveaus des Sprachenlernens und -lehrens reserviert. Phraseologische Einheiten sind darin eher als Randerscheinungen und nicht als wichtige Sprachelemente vertreten.

4.4 Lehr- und Lernmaterialien

Lehr- und Lernmaterialien sind ein elementarer Teil aller Lehr- und Lernprozesse, ungeachtet dessen, ob sie institutionell oder auch außerhalb einer Institution ablaufen. Sie sind auf der einen Seite wichtig, auf der anderen Seite umstritten und stets verschiedenen Analysen und Fachdebatten unterzogen. Die meisten Analysen aus verschiedenen Perspektiven (aus der Sicht der didaktisch-methodischen, pädagogischen Forschung, der konstruktivistischen Theorie, der Universalgrammatiktheorie usw.) resultieren in einem Generalangriff auf das Medium Lehrwerk, die wenigsten zeigen seine Entwicklungsperspektiven auf (vgl. Funk 2004).

Auch im Zusammenhang mit dem Thema Phraseologie und Lehr- und Lernmaterialien gab es schon einige Untersuchungen, obwohl dieser Bereich noch einige Forschungsdesiderate aufweist. In den bereits existierenden Untersuchungen wurden Lehrwerke, Lernmaterialien sowie Lernerwörterbücher und andere Nachschlagewerke für Deutsch als Fremdsprache (vgl. Wotjak, 2001; Hallsteinsdóttir et. al., 2006) untersucht. Alle Untersuchungen ergaben ein ähnliches Fazit: das Maß an phraseologischen Einheiten (für Parömien kann das nicht behauptet werden) sei noch adäquat, die vorhandenen phraseologischen Einheiten würden aber didaktisch nicht ausreichend genutzt (vgl. ebenda).[11] Beyer bringt es auf den Punkt, indem er in diesem Kontext kurz und bündig von der sog. „phraseologischen Enthaltsamkeit" (Beyer, 2003: 72) spricht.

Der Aufschwung der Phraseodidaktik sowie wissenschaftlicher und fachlicher Erkenntnisse in den letzten Jahrzehnten initiierten eine empirische Untersuchung aktueller Lehrwerke, womit die bereits existierenden Überlegungen zum Thema Phraseologie und Lehr- und Lernmaterialien bereichert werden sollten. In der Untersuchung (Jazbec & Enčeva 2012) wurden drei Lehrwerke für DaF von großen deutschen Verlagen – *Aspekte 2* (Langenscheidt Verlag), *em Hauptkurs* (Hueber Verlag), *Deutsch mit Grips 2* (Klett Verlag) – auf die Präsenz von phraseologischen Einheiten hin analysiert. Die Lehrwerke sind für das Deutschlernen auf dem Niveau B2 gedacht und stellten in der Untersuchung keine repräsentative Lehrwerkauswahl dar, repräsentativ sind jedoch die ausgewählten Verlage. Das Anliegen der Untersuchung war, festzustellen, wie es um die Quantität und die Frequenz von phraseologischen Einheiten in den ausgewählten Lehrwerken bestellt ist, sowie, welchen Stellenwert sie in den für den DaF-Unterricht aktuellen Lehrwerken für das Niveau B2 der großen deutschsprachigen Verlage Langenscheidt, Hueber und Klett innehaben.

Die Ergebnisse der empirischen Untersuchung sind im Vergleich zu den theoretischen Überlegungen, die phraseologischen Einheiten eine wichtige, prägende, natürliche Rolle in der Sprache bzw. beim Sprachenlernen zuschreiben, anders ausgefallen. Aufgrund der Anzahl und Auswahl der phraseologischen Einheiten, die in den analysierten Lehrwerken identifiziert wurden, konnten große Defizite festgestellt werden. Mehr noch, die analysierten Lehrwerke sind in Bezug auf die

---

11 Die Fremdsprachendidaktik weist zwar der Phraseologie eine wichtige Rolle zu, verweist aber stets auf Mankos und Mängel auf diesem Gebiet im Fremdsprachenunterricht. Diese Mankos und Mängel beziehen sich sowohl auf die Ebene der Lehrwerke und Lehrmaterialien als auch auf die Spontaneität und Unsystematisiertheit vorhandener Phraseologismen darin (Beyer 2003).

nötige Vielfalt und unverzichtbare Präsenz von phraseologischen Einheiten in der ‚natürlichen' Sprache unzulänglich. Sie weisen lediglich ein bescheidenes, eingeschränktes Angebot an phraseologischen Einheiten auf, das weder einer Systematik oder Logik unterliegt, noch den theoretischen Grundlagen der Phraseologieforschung folgt. Die schriftlichen sowie auch die dazugehörigen auditiven Lehrwerktexte sind in Bezug auf phraseologische Einheiten auf ein nahezu unbedeutendes Minimum reduziert. Die wenigen Beispiele, die in den untersuchten Lehrwerken gefunden werden konnten, scheinen von den Lehrwerkautoren spontan gewählt worden zu sein (mehr dazu Jazbec & Enčeva 2012).

In diesem Kontext muss Ettingers Vorschlag (2019) erwähnt werden, interaktive elektronische Übungsmaterialien zu entwickeln. Dadurch könne man die Monotonie formaler Übungen vermeiden und effektive Lernzeit im Unterricht gewinnen. In diesem Zusammenhang hebt er das EU-Projekt *EPHRAS* „Ein mehrsprachiges phraseologisches Lernmaterial"[12] hervor (2019: 106); für den Bereich der Parömiologie kann die bereits erwähnte *Sprichwort-Plattform* als Beispiel interaktiver Übungsformen angeführt werden.[13]

Zusammenfassend lässt sich Folgendes feststellen: Die aktuelle Untersuchung der Lehrwerke bezüglich der Qualität und Quantität der phraseologischen Einheiten hat gezeigt, dass ihre Gesamtzahl begrenzt und auch didaktisch nicht ausreichend fundiert ist.[14] Vermutlich würde auch eine breitere Untersuchung keine wesentlich anderen Ergebnisse ergeben, so dass an dem Stellenwert dieser Dimension des didaktischen Modells noch intensiv geforscht bzw. gearbeitet werden muss.

4.5 Lehrkräfte

Ein wichtiger Faktor im weiten Feld Phraseologie bzw. Phraseologievermittlung sind die Lehrkräfte. Sie sind diejenigen, die den Unterricht unterschiedlich, aber entscheidend akzentuieren und das Anliegen der DaF-Didaktik – phraseo-

---

12 www.ephras.org (25.02.2022).
13 http://www.sprichwort-plattform.org/sp/Sprichwort-Plattform (25.02.2022).
14 Ein spezifisches Beispiel ist das Lehrwerk *Tangram* (Hueber Verlag), das als Zusatzangebot zum Lehrwerk *Tangram 1A* in jeder Einheit bei den Zusatzübungen im Internet ein Phrasem einführt. Der Quantität an Phrasemen wird somit einerseits wieder nicht Genüge geleistet. Auch die Authentizität der fremdsprachlichen Kommunikation könnte hier diskutiert werden. Andererseits wird mit dem Zusatzangebot gezeigt, dass eine systematischere Integration von Phrasemen in den Lernprozess von Anfang an durchaus möglich ist. Das phraseologische Optimum würde somit zwar noch nicht realisiert, es ist aber wichtig, dass sich die Lernenden mit solchen Lehr- und Lernstrategien auseinandersetzen, die sie zum Phrasemerwerb befähigen.

logische Einheiten im DaF-Unterricht kontinuierlich und frequent einzusetzen – unterschiedlich intensiv realisieren (können) oder auch nicht.

Die Einstellung der Fachleute bezüglich der phraseologischen Einheiten beim Sprachenlernen und -lehren ist eindeutig. Fleischer (1982: 32) bspw. führt an, dass auch nur eine begrenzte Kommunikation in einer Fremdsprache ohne eine minimale Beherrschung der Phraseologie nicht möglich sei. Auch Lüger unterstützt diese Meinung, indem er behauptet, phraseologische Ausdrücke gehörten ebenso zur sprachlichen Wirklichkeit wie etwa Partikeln, Komposita, Metaphern oder bestimmte umgangsspezifische oder gruppenspezifische Ausdrücke. Als solche stellen sie einen unverzichtbaren, aber dennoch schwierigen und interessanten Gegenstand des Fremdsprachenunterrichts dar (Lüger 1997).

Die Fremdsprachenlehrkräfte kennen die theoretischen Prämissen der Phraseodidaktik, ausgehend von der unterrichtlichen Praxis sind sie aber oft der Meinung, dass sich die ‚natürliche' Präsenz von phraseologischen Einheiten auf allen Ebenen des Sprachenlernens und -lehrens im Unterricht als ein sehr komplexer Gegenstand erweist, dessen Gebrauch spezifischen, nicht immer bestimmbaren Restriktionen unterliegt und gute Sprachkenntnisse voraussetzt. Um diese Vermutungen empirisch zu überprüfen, wurde eine qualitative Untersuchung mit 14 Fremdsprachenlehrenden[15] durchgeführt. Sie beantworteten und kommentierten eine kurze, aber offene Frage: *Bin ich phraseophil oder phraseophob?* Dabei wurden von den Befragten interessante Statements formuliert, die qualitativ analysiert wurden. Zu einer detaillierteren Analyse der Statements siehe Jazbec & Kacjan (2013), in diesem Beitrag sollen nur einige Tendenzen zusammengefasst werden.

Die aus der Analyse des Statements aufscheinenden Tendenzen – es geht um eine Fallstudie und die Ergebnisse sind nicht zu verallgemeinern – sprechen zu Gunsten der Phraseologie. Die interviewten Lehrkräfte sind sich der Relevanz und Bedeutung der phraseologischen Einheiten für eine Sprache und für deren Gebrauch bewusst. Diese „phraseologische Bewusstheit" bezieht sich nicht nur auf die Fremdsprache (in der Untersuchung Deutsch), sondern auch auf die Muttersprache (in der Untersuchung Slowenisch). Man kann ferner für alle befragten Lehrkräfte behaupten, dass sie „phraseologisch sensibilisiert" sind, d. h. sie kennen phraseologische Einheiten, sie verwenden sie, können sie verwenden und sie sind auch in der Lage, sich mit phraseologischen Einheiten metasprachlich oder komparativ auseinanderzusetzen.

---

[15] Die Zahl der anvisierten Lehrkräfte für eine breit angelegte Untersuchung war um die 100. Aber leider war die Rücklaufquote nur ca. 15%. Sie mag zwar auf den ersten Blick bescheiden wirken, aber diese Feststellung relativieren die erhaltenen Statements, die umfangreich, sehr interessant sind und sich als optimal für eine qualitative Analyse erwiesen haben.

Diese für phraseologische Einheiten und ihren Gebrauch günstigen Feststellungen der Untersuchung müsste man noch weiter untersuchen, um repräsentative Ergebnisse zu erzielen und daraus ein handhabbares Modell entwickeln zu können. Trotz dieser Ergebnisse bleibt die Dimension Lehrkräfte in dem in diesem Beitrag vorgeschlagenen Modell eine der wichtigsten.

5 Fazit

Die bei der Darstellung des didaktischen Modells zur Vermittlung von phraseologischen Einheiten aufgegriffenen Probleme, die daraus resultierenden Feststellungen und die sich daran anschließenden Schlussfolgerungen werden an dieser Stelle kurz zusammengefasst.

Es wird hervorgehoben, dass man bei der fremdsprachlichen Phrasemvermittlung vom Gebrauch der phraseologischen Einheiten im realen Leben ausgehen und dementsprechend einen größeren Wert auf den rezeptiven Gebrauch von phraseologischen Einheiten legen sollte.

Bei der Präsentation des Vierphasenmodells zur Vermittlung phraseologischer Einheiten wird festgehalten, dass immer alle vier Schritte nacheinander durchgeführt werden müssen, wenn es darum geht, Lernende zu einem produktiven Gebrauch von phraseologischen Einheiten zu befähigen. Wichtig in diesem Zusammenhang ist auch der Hinweis, dass die Überprüfung der phraseologischen Einheiten auf ihr Verständnis oder auf ihre aktive Verwendung im Einklang damit stehen muss, ob sie für den rezeptiven oder für den produktiven Gebrauch vermittelt bzw. erworben wurden.

Erwähnt werden muss, dass selbst im autonomen Lernen ein Lernender nicht umhinkommt, diese Schritte durchzuführen, wenn auch – und das ist eine etwas größere Herausforderung – ohne die Hilfe einer Lehrkraft, deren Kompetenz im Bereich Vermittlung phraseologischer Einheiten oft sehr hilfreich sein kann.

Phraseologische Einheiten werden nicht nach einem einzigen Lernmodell vermittelt, sondern je nachdem, ob sie für den rezeptiven oder für den produktiven Gebrauch erworben bzw. erlernt werden, erfolgt ihre Aneignung nach dem Top-down-Prinzip oder nach dem Bottom-up-Prinzip.

Bei der Behandlung der Faktoren, die einen indirekten Einfluss auf die Erwerbs- bzw. Lernprozesse ausüben, wird davon ausgegangen, dass die phraseologische Redeweise als Normalfall der geschriebenen und gesprochenen Sprache gilt und die Entwicklung sowohl der muttersprachlichen als auch der fremdsprachlichen phraseologischen Kompetenz gleichzeitig mit der Entwicklung der muttersprachlichen oder der fremdsprachlichen Kompetenz erfolgt.

Außerdem wurde festgestellt, dass trotz der positiven Entwicklungen Online-Wörterbücher bei der lexikografischen Beschreibung von phraseologischen Einheiten noch viel zu wünschen übriglassen. Es fehlt an klaren Kriterien für die Aufnahme der in didaktischer Hinsicht relevanten phraseologischen Einheiten in die Wörterbücher.

Im GERS (Europarat 2001), der das Fremdsprachenlehren und -lernen entscheidend prägt, sind phraseologische Einheiten eher als Randerscheinungen und nicht als wichtige Sprachelemente vertreten. Deshalb wird die Schlussfolgerung gezogen, dass der GERS die These über die ‚natürliche' Präsenz von phraseologischen Einheiten in jeder Sprache und somit auch beim Lehren und Lernen nicht unterstützt, was sich nicht positiv auf die Vermittlung von phraseologischen Einheiten im Fremdsprachenunterricht auswirkt.

Bei der Analyse von Lehrwerken in Bezug auf die nötige Vielfalt und Präsenz von phraseologischen Einheiten stellt sich heraus, dass sie einen unbedeutenden Teil der darin behandelten sprachlichen Einheiten darstellen, deren Auswahl weder einer Systematik unterliegt noch den theoretischen Grundlagen der Phraseologieforschung folgt.

Befragungen von DaF-Lehrkräften haben ergeben, dass sie sich der Relevanz von phraseologischen Einheiten für eine Sprache und für deren Gebrauch bewusst sind. Dieses Ergebnis kann die Vermittlung von phraseologischen Einheiten positiv beeinflussen, da Lehrkräfte eine entscheidende Rolle im Lehrprozess spielen.

Die in den letzten 30 Jahren gewonnenen Einsichten zeigen, dass die Zeiten des „phraseodidaktischen Dornröschenschlafs" vorbei sind. Vor Sprachwissenschaftlern und Didaktikern und in erster Linie vor den Lehrkräften stehen noch viele anspruchsvolle Aufgaben und ein phraseodidaktischer Schlaf ist schon längst nicht mehr möglich.

Literatur

Beyer, Jürgen (2003): Feste Wendungen – untrennbarer Bestandteil der Wortschatzarbeit in DaF-Unterricht. In Jana Korčáková & Jürgen Beyer (Hrsg.). *Königgrätzer Linguistik- und Literaturtage*, 68–84. Hradec: Universitätsverlag.
DeReKo = Das Deutsche Referenzkorpus. http://www1.ids-mannheim.de/kl/projekte/korpora/ (letzter Zugriff 20.10.2020).
DWDS = Digitales Wörterbuch der deutschen Sprache. https://www.dwds.de/ (letzter Zugriff 20.10.2020).
Ehrhardt, Claus (2014): Idiomatische Kompetenz: Phraseme und Phraseologie im DaF-Unterricht. *German as a Foreign Language* 1, 1–20.

Ettinger, Stefan (2001): Vom Lehrbuch zum autonomen Lernen. Skizze eines phraseologischen Grundkurses für Französisch. In Martine Lorenz-Bourjot & Heinz-Helmut Lüger (Hrsg.), *Phraseologie und Phraseodidaktik*, 87–104. Wien: Praesens.

Ettinger, Stefan (2019): Leistung und Grenzen der Phraseodidaktik. Zehn kritische Fragen zum gegenwärtigen Forschungsstand. *PhiN (Philologie im Netz)* 87, 84–124. http://web.fu-berlin.de/phin/phin87/p87i.htm (letzter Zugriff 30.10.2020).

Europarat (2001): *Gemeinsamer europäischer Referenzrahmen für Sprachen: lernen, lehren, beurteilen*. Berlin, München: Langenscheidt. http://student.unifr.ch/pluriling/assets/files/Referenzrahmen2001.pdf (letzter Zugriff 11.03.2022).

Europarat (2018): Companion Volume with New Descriptors. https://rm.coe.int/cefr-companion-volume-with-new-descriptors-2018/1680787989 (letzter Zugriff 31.10.2020).

Fleischer, Wolfgang (1982): *Phraseologie der deutschen Gegenwartssprache*. Leipzig: Max Niemeyer.

Funk, Hermann (2004): Qualitätsmerkmale von Lehrwerken prüfen – ein Verfahrensvorschlag. *Babylonia* 3, 41–47.

Häcki Buhofer, Annelies (1997): Phraseologismen im Spracherwerb. In Rainer Wimmer & Franz-Josef Berens (Hrsg.), *Wortbildung und Phraseologie*, 209–232. Tübingen: Narr.

Hallsteinsdóttir, Erla (2001): *Das Verstehen idiomatischer Phraseologismen in der Fremdsprache Deutsch*. Hamburg: Dr. Kovač.

Hallsteinsdóttir, Erla, Monika Šajánková & Uwe Quasthoff (2006): Phraseologisches Optimum für Deutsch als Fremdsprache. Ein Vorschlag auf der Basis von Frequenz- und Geläufigkeitsuntersuchungen. *Linguistik online* 2, 1–20.

Hallsteinsdóttir, Erla (2011): Aktuelle Forschungsfragen der deutschsprachigen Phraseodidaktik. *Linguistik online* 47 (3), 3–31.

Hallsteinsdóttir, Erla (2015): Phraseology and foreign language learning. In Joanna Szerszunowicz, Bogusław Nowowiejski & Ishida Katsumasa Yagi (Hrsg.), *Linguo-cultural research on phraseology: Intercontinental Dialogue on Phraseology 3*, 519–536. Bialystok: University of Bialystok.

Hessky, Regina (1997): Feste Wendungen – ein heißes Eisen? Einige phraseologische Überlegungen für den DaF-Unterricht. *Deutsch als Fremdsprache* 34 (3), 139–143.

Iglesias, Nely M. (2013): Neuere kognitive Ansätze in der Vermittlung von Phraseologismen im Fremdsprachenunterricht. In Isabel C. Rey (Hrsg.), *Phraseodidactic Studies on German as a Foreign Language / Phraseodidaktische Studien zu Deutsch als Fremdsprache*, 31–44. Hamburg: Dr. Kovač.

Jazbec, Saša & Brigita Kacjan (2013): Phraseophil oder phraseophob – Ist das eigentlich überhaupt eine Frage? Eine qualitative empirische Fallstudie. *Jezikoslovlje* 14 (1), 47–63.

Jazbec, Saša & Brigita Kacjan (2014): Kar še ni, še bo. Pregovori v spletnih slovarjih in pouk nemščine kot tujega jezika. In Vida Jesenšek (Hrsg.), *Frazeologija nemškega jezika z vidikov kontrastivnega in uporabnega jezikoslovja. Phraseology of the German language from the perspective of contrastive and applied linguistics*, 321–337. Maribor: Filozofska fakulteta.

Jazbec, Saša & Brigita Kacjan (2016): Online-Wörterbücher als potenzielles Hilfsmittel beim Sprichwortlernen am Beispiel DaF. *Porta Linguarum* 26 (Juni), 135–148.

Jazbec, Saša & Milka Enčeva (2012): Aktuelle Lehrwerke für den DaF-Unterricht unter dem Aspekt der Phraseodidaktik. *Porta Linguarum* 17, 153–171.

Jesenšek, Vida (2003): Aus Nachbars Garten oder was anders? Gründe und Ursachen der zwischensprachlichen phraseologischen Konvergenz am Beispiel des Deutschen und

Slowenischen. In Karmen Teržan-Kopecky & Teodor Petrič (Hrsg.), *Germanistika v stičnem prostoru Evrope II. Maribor/Ljubljana. 18.–20.aprila 2002*, 449–455. Maribor: Universität Maribor.

Jesenšek, Vida (2007): Lehr- und Lerngegenstand Phraseologie. In Vida Jesenšek & Melanija Fabčič (Hrsg.), *Phraseologie kontrastiv und didaktisch* (ZORA 47), 17–26. Maribor: Filozofska fakulteta.

Jesenšek, Vida (2012): Sprichwörter aus (kontrastiv-)linguistischer, lexikographischer und didaktischer Sicht. In Kathrin Steyer (Hrsg.), *Sprichwörter multilingual. Theoretische, empirische und angewandte Aspekte der modernen Parömiologie*, 275–286. Tübingen. Narr.

Jesenšek, Vida (2013): *Phraseologie. Kompendium für germanistische Studien*. Maribor. Universität Maribor.

Jesenšek, Vida (2019): Frazeologija maternega/prvega in tujega jezika: s kontrastivnimi pristopi do sinergijskih učinkov v jezikovnem izobraževanju. In Željka Macan (Hrsg.), *Frazeologija, učenje i poučavanje: zbornik radova s Međunarodne znanstvene konferencije Slavofraz održane od 19.–21. travnja 2018. godine u Rijeci*, 135–148. Rijeka: Filozofski fakultet.

Kacjan, Brigita (2013): Sprichwörter zwischen korpusbasierter Korpusanalyse und DaF-Wörterbüchern. In Christine Konecny, Erla Hallsteinsdóttir & Brigita Kacjan (Hrsg.), Phraseologie im Sprachunterricht und in der Sprachdidaktik / Phraseology in language teaching and in language didactics, 153–171. Maribor u. a.: Mednarodna založba Oddelka za slovanske jezike in književnost. Filozofska fakulteta, Univerza v Mariboru.

Kacjan, Brigita (2014): Nasvet ni ukaz. Didaktični namigi za učenje pregovorov. In Vida Jesenšek (Hrsg.), *Frazeologija nemškega jezika z vidikov kontrastivnega in uporabnega jezikoslovja. Phraseology of the German language from the perspective of contrastive and applied linguistics*, 130–150. Maribor: Filozofska fakulteta.

Kacjan, Brigita & Saša Jazbec (2012): Phraseme und Sprichwörter in offiziellen Dokumenten des slowenischen Bildungssystems. *Vestnik za tuje jezike* 4, 1–2.

Kacjan, Brigita & Saša Jazbec (2014): Phraseologische Einheiten im DaF-Unterricht: Vorschlag eines didaktischen Konzepts. In Vida Jesenšek & Saša Babič (Hrsg.), *Več glav več ve. Frazeologija in paremiologija v slovarju in vsakdanji rabi*, 160–181. Maribor, Ljubljana: Filozofska fakulteta, Oddelek za germanistiko, ZRC, SAZU Inštitut za slovensko narodopisje.

Kühn, Peter (1987): Deutsch als Fremdsprache im phraseodidaktischen Dornröschenschlaf. Vorschläge für eine Neukonzipierung phraseodidaktischer Hilfsmittel. *Fremdsprachen lehren und lernen* 16, 62–79.

Langenscheidt Großwörterbuch Deutsch als Fremdsprache. www.woerterbuch.langenscheidt.de (letzter Zugriff 21.10.2020).

Lüger, Heinz-Helmut (1997): Anregungen zur Phraseodidaktik. *Beiträge zur Fremdsprachenvermittlung* 32, 69–120.

Petrič, Teodor (2013): Da liegt der Hase im Pfeffer – Über das Verstehen idiomatischer Phraseme im Deutschen als Fremdsprache. In Christine Konecny, Erla Hallsteinsdóttir & Brigita Kacjan (Hrsg.), *Phraseologie im Sprachunterricht und in der Sprachendidaktik* (ZORA 94), 45–69. Maribor: Filozofska fakulteta.

PONS. Das kostenlose Online-Wörterbuch. http://de.pons.eu/ (letzter Zugriff: 21.10.2020).

Sprichwort-Plattform. http://www.sprichwort-plattform.org/ (letzter Zugriff: 21.10.2020).

Šajankova, Monika (2007): Phraseodidaktisches Konzept zur Vermittlung der Phraseme – Übungen im mehrsprachigen phraseologischen Lernmaterial EPHRAS (2006). In Vida

Jesenšek & Melanija Fabčič (Hrsg.), *Phraseologie kontrastiv und didaktisch. Neue Ansätze in der Fremdsprachenvermittlung*, 27–46. Maribor: Mednarodna založba Oddelka za slovankse jezike in književnosti.

Valenčič Arh, Urška (2014): Auf dem richtigen Weg sein – phraseodidaktische Ansätze im DaF-Unterricht. *Linguistica* 54 (1), 365–379.

Vitekova, Darina (2012): Autonomes Lernen von Sprichwörtern am Beispiel eines systematisch aufgebauten Konzepts interaktiver Aufgaben. In Kathrin Steyer (Hrsg.), *Sprichwörter multilingual: Theoretische, empirische und angewandte Aspekte der modernen Parömiologie*, 453–470. Tübingen: Narr.

Wotjak, Barbara (2001): Phraseologismen im neuen Lernerwörterbuch – Aspekte der Phraseologiedarstellung im de Gruyter-Wörterbuch Deutsch als Fremdsprache. In Annelies Häcki Buhofer, Harald Burger & Laurent Gautier (Hrsg.), *Phraseologiae Amor. Aspekte europäischer Phraseologie* (Phraseologie und Parömiologie 8), 263–279. Baltmannsweiler: Schneider Hohengehren.

Marios Chrissou
Zur Bestimmung einer sinnvollen Progression für die Entwicklung der phraseologischen Kompetenz im DaF-Unterricht

Abstract: Korpusbasierte Untersuchungen zeigen, dass formelhafte Sprache entgegen traditioneller Sichtweisen einen wichtigen Stellenwert im geschriebenen und gesprochenen Diskurs hat. Für den Fremdsprachenunterricht bedeutet dies, dass die gezielte Förderung der phraseologischen Kompetenz einen festen Bestandteil der Wortschatzarbeit bilden sollte. Voraussetzung dafür ist die fundierte Selektion und Aufnahme erwerbsrelevanter Phraseologismen in Lernmaterialien für DaF und ihre differenzierte Niveauzuordnung auf der Basis ihres Schwierigkeitsgrads. Ziel des Artikels ist es, einen Beitrag zur nachvollziehbaren Gestaltung der Lernprogression im Bereich der Phraseologie zu leisten. Zu diesem Zweck werden lernerspezifische und linguistische Faktoren problematisiert, die den Rahmen für eine sinnvolle Niveauzuordnung phraseologischer Lexik abstecken. Daraus werden didaktische Konsequenzen für die Gestaltung der Wortschatzarbeit im Bereich der Phraseologie gezogen.

Keywords: Phraseologismen, Phraseologie, Phraseodidaktik, Niveauzuordnung, Progression

1 Einleitung

Der Phraseologie wurde in der Linguistik lange der Status einer Randerscheinung zugewiesen. Formelhafte – im Unterschied zur regelgeleiteten – Sprache wurde vielfach als sprachliche Eigentümlichkeit behandelt, da sie sich bekanntlich der Sprachbeschreibung nach den gängigen linguistischen Modellen widersetzt. Ähnlich wurde ihre Relevanz für die sprachliche Interaktion als gering eingeschätzt. Es wurde vernachlässigt, dass sie keinen Ausnahmecharakter hat, sondern den Normalfall im Diskurs bildet. Laut Jesenšek (2013: 117) stellt die Formelhaftigkeit einen bedeutenden Aspekt natürlicher Sprachen dar und umfasst einen beachtlichen Teil des mentalen Lexikons. Aufgrund ihrer Wichtigkeit für die soziale Interaktion betrachtet Aguado (2002: 43) die angemessene Verwendung formelhafter Wendungen als „unentbehrlich für die Akzeptanz durch die Sprecher der Zielsprachengemeinschaft." Vor diesem Hintergrund ist es laut Aguado (2002: 43) eine „absolute Notwendigkeit", die phraseologische Kompetenz[1] als wesentlichen Bestandteil der kommunikativen Handlungskompetenz zu betrachten, die gezielt und systematisch gefördert werden sollte. Die Umsetzung dieser Forderung bedarf einer Steuerung auf institutioneller Ebene und fordert den Einsatz angemessener Lernmaterialien und methodischer Verfahren. Im „Gemeinsamen Europäischen Referenzrahmen für Sprachen" (GERS) wird das Beherrschen phraseologischer Ausdruckseinheiten der lexikalischen, der soziolinguistischen und der pragmatischen Kompetenz zugeordnet. Die lexikalische Kompetenz „umfasst die Kenntnis des Vokabulars einer Sprache, die aus lexikalischen und aus grammatischen Elementen besteht, sowie die Fähigkeit, es zu verwenden" (Europarat 2001: 111). Zu den lexikalischen Mitteln im Bereich der Phraseologie werden Satzformeln, idiomatische Wendungen, feststehende Muster (Sprachbausteine, Schablonen) und feststehende Phrasen (Funktionsverbgefüge und Kollokationen) gezählt (111, 112). Ebenfalls stellt die Kenntnis von Sprichwörtern, festen Redewendungen, Zitaten und Klischees „eine bedeutsame Komponente des sprachlichen Aspekts der soziokulturellen Kompetenz" dar (120). Eine weitere Beherrschungsdimension phraseologischer Lexik entspricht der pragmatischen Kompetenz. Der GERS thematisiert phraseologische Lexik in Zusammenhang mit der Diskurskompetenz – Flexibilität in Bezug auf die Umstände der Kommunikation und die Fähigkeit zum angemessenen Sprecherwechsel (124) – und in Zusammenhang mit der funktionalen Kompetenz und insbesondere mit der Flüssigkeit (129).

Eine wichtige Aufgabe der Phraseodidaktik besteht zum einen in der begründeten Selektion eines Ausschnitts phraseologischer Lexik mit hohem kommunikativem Wert auf der Basis der speziellen Lernervoraussetzungen (Kühn 1987; Hessky 1992, 1997, 2007). Zum anderen gilt es, eine zeitliche Anordnung für eine sinnvolle Progression (Ettinger 2013: 24; Konecny et al. 2013: 163; Petrič 2013a; Ehrhardt 2014: 14) im Sinne einer nachvollziehbaren chronologischen Abfolge für die Erarbeitung phraseologischer Lexik auf den einzelnen Sprachniveaus zu entwickeln. Während Vorschläge zum phraseologischen Grundwortschatz bereits vorliegen, fehlt es noch an fundierten Vorschlägen zur Gestaltung der Progression hinsichtlich der Abfolge und des Umfangs bei der Einführung und Erarbeitung phraseologischer Lexik. Dieses Desiderat ist umso dringlicher, da die institutionellen Anforderungen an die sukzessive Entwicklung der phraseologischen Kompetenz im GERS und in „Profile Deutsch" kaum systematisch und transparent sind.

---

[1] Zum Begriff siehe u. a. Hallsteinsdóttir (2001: 11, 28; 2011a: 13; 2011b: 281, 282) und González Rey (2018: 139).

Ziel des vorliegenden Beitrags ist es, Faktoren zu beleuchten, die mit der Schwierigkeit beim Erwerb phraseologischer Lexik zusammenhängen und für die Bestimmung einer differenzierten Progression ausschlaggebend sind. Als Materialgrundlage dient dabei der Kernbereich des phraseologischen Grundwortschatzes (Optimum bzw. Minimum) nach Hallsteinsdóttir et al. (2006) sowie das Korpus formelhafter Wendungen im Wortschatzregister von „Profile Deutsch", das „als Projekt im Umfeld des Europarats und dessen Erziehungs- und Sprachenpolitik angesiedelt ist" (Glaboniat et al. 2005: 39).

2 Zum phraseologischen Grundwortschatz

Unentbehrliche Voraussetzung für die Niveauzuordnung formelhafter Wendungen ist die empirisch fundierte Bestimmung eines phraseologischen Grundwortschatzes im Sinne eines adaptierbaren Wortschatzes, der verschiedenen Kommunikationsbedürfnissen gerecht wird. Seine Selektion sollte nach dem GERS (Europarat 2001: 148) auf der Grundlage „sprachstatistischer Prinzipien" erfolgen. Die Möglichkeit der empirisch fundierten Bestimmung der Vorkommenshäufigkeit phraseologischer Einheiten im Sprachgebrauch ist durch die Auswertung digitaler Textkorpora gegeben. Einen Vorschlag für einen phraseologischen Grundwortschatz unterbreiten Hallsteinsdóttir et al. (2006), indem sie Idiome aus gängigen DaF-Lernerwörterbüchern, weiteren Übungsbüchern und Lexika zur Phraseologie des Deutschen extrahieren und auf ihre Frequenz hin im Korpus „Deutscher Wortschatz" der Universität Leipzig untersuchen. Die erfassten Daten ergänzen sie anschließend durch eine qualitative Untersuchung, in der sie 101 Muttersprachler des Deutschen in Bezug auf Bekanntheit und Geläufigkeit der im Korpus belegten Phraseologismen (in überwiegender Mehrheit Idiome) befragen. Das Ergebnis ist eine nuancierte Liste, deren Kernbereich aus insgesamt 624 Phraseologismen besteht, wobei 142 Einheiten besonders häufig im Korpus belegt sind und von den Informanten als geläufig eingeschätzt werden. Auch wenn es sich beim erarbeiteten Grundwortschatz laut Hallsteinsdóttir et al. (2006: 129) um „kein endgültig abgeschlossenes phraseologisches Optimum für Deutsch als Fremdsprache", sondern nur um einen kleinen Ausschnitt der deutschen Phraseologie handelt, zeichnet er sich dennoch durch eine hohe Erwerbsrelevanz aus und bildet eine brauchbare Materialgrundlage für die Förderung der idiomatischen Kompetenz. Noch bleibt jedoch seine Aufnahme in Lernmaterialien für DaF ein unerfülltes Desiderat (Jesenšek 2007: 20; Jazbeck & Enčeva 2012: 163). Geht man davon aus, dass zur phraseologischen Kompetenz auch die rezeptive und produktive Beherrschung nicht idiomatischer Lexik, d. h. fester polylexikalischer Einheiten, gehört, sollte der Grundwortschatz von Hallsteinsdóttir et al. (2006: 129) in Hinblick auf andere Phrasemklassen, z. B. auf Kollokationen und Routineformeln mit hoher kommunikativer Relevanz, erweitert werden.

Eine Auswahl – vorwiegend nicht idiomatischer – phraseologischer Einheiten mit anderem Schwerpunkt (weniger Idiome und vorwiegend Routineformeln, Kollokationen und strukturelle Phraseologismen) enthält „Profile Deutsch" (Glaboniat et al. 2005: 68). Im dazugehörigen Wortregister sind – ohne Einwort- und Mehrwortlexeme getrennt aufzuführen – 260 formelhafte Wendungen lemmatisiert, die nach den Autoren „ein notwendiges und tragfähiges Minimum an Inhalten und Wortschatzmenge [darstellen], um bestimmte Aufgaben und Situationen dem Niveau entsprechend sprachlich bewältigen zu können" (Glaboniat et al. 2005: 69). Dabei werden nur die Niveaus A1–B2 erfasst, denn „[j]e höher das Niveau, desto weniger lassen sich niveauspezifische sprachliche Mittel definieren" (46). Auch wenn die erfasste Lexik eine hohe kommunikative Relevanz suggeriert, basiert ihre Selektion und Niveauzuordnung auf intersubjektiven Entscheidungen des Autorenteams (46) und sollte in zukünftigen Untersuchungen auch empirisch abgesichert werden. Aufgrund der unterschiedlichen Schwerpunkte der Grundwortschätze ist es für die Bereicherung der Wortschatzarbeit denkbar und wünschenswert, die zwei Grundwortschätze in einem offenen, erweiterbaren phraseologischen Optimum zusammenzuführen. Aufgrund ihrer Relevanz für den DaF-Unterricht stammen die Beispiele im Folgenden aus diesen Grundwortschätzen.

3 Faktoren der Lernprogression

Auf die Wichtigkeit der Bestimmung einer Lernprogression im Bereich der Phraseologie wird im GERS (Europarat 2001: 165, 169) hingewiesen, ohne dass dies systematisch erfolgt (s. hierzu Kap. 3.3). Unter Progression versteht Storch (1999: 28) „die Anordnung des Lernstoffs", die die Abfolge der Lernschritte und somit die Differenzierung des Unterrichts in klar definierbaren Zwischenlernzielen festlegt. Dabei geht es um das Fortschreiten vom Einfachen zum Komplexeren, von bekannten zu unbekannten sprachlichen Erscheinungen. Ziel der Progression im Bereich der Phraseologie ist die sukzessive Automatisierung beim Erkennen, Entschlüsseln und Verwenden formelhafter Wendungen. In Abhängigkeit von der Menge des zu bewältigenden Lernstoffs ist zwischen steiler und flacher Progression zu unterscheiden (Storch 1999: 29). Auch hängt die Art der Progression davon ab, ob ein Phänomen erschöpfend oder in zeitlich entfernten Abständen in zunehmend komplexen Erscheinungsformen behandelt wird. Wird eine Sprachstruktur eingeführt und abschließend behandelt, handelt es sich um eine lineare Progression; in der zyklischen Progression hingegen wird ein sprachliches Phänomen nach und nach eingeführt, indem es immer wieder aufgegriffen und „in seiner Komplexität erweitert" wird (Storch 1999: 30). Ferner kann sich die Progression nach sprachstrukturellen oder pragmatischen Gesichtspunkten richten: Eine grammatische Progression liegt bei einer Anordnung des Lernmaterials nach formalsprachlichen Gesichtspunkten vor – eine pragmatische Progression hingegen bei seiner Anordnung nach kommunikativen Gesichtspunkten, z. B. nach Sprechintentionen oder Kommunikationssituationen (Storch 1999: 30).

Im Folgenden werden lernerspezifische und linguistische Faktoren problematisiert, die mit der Niveauzuordnung phraseologischer Lexik zusammenhängen und der Bestimmung einer sinnvollen Progression zu Grunde liegen.

3.1 Altersstufe

Entscheidend für den angemessenen phraseologischen Input ist das Alter der Lernenden. Damit hängen die muttersprachlichen Sprachkenntnisse, das Vorwissen und die Vorerfahrungen der Lernenden eng zusammen. Grundsätzlich gilt nach Ettinger (2013: 24), dass die Behandlung phraseologischer Einheiten „in enger Relation zum Erwerb allgemeiner Sprachkenntnisse stehen" sollte. Da einfache und Wortgruppenlexeme in der L1 parallel erworben werden, ist auch in der Fremdsprache didaktisch sinnvoll, die phraseologische Kompetenz parallel mit der lexikalischen Kompetenz auf der Ebene einfacher Lexeme zu fördern. In diesem Zusammenhang plädiert Piirainen (2011: 161) für die Aneignung fremdsprachlicher Idiome „parallel mit dem Erlernen einzelner Wörter – in gleicher Weise, wie sich die muttersprachliche phraseologische Kompetenz parallel zur Kompetenz in anderen sprachlichen Bereichen entwickelt." Zudem weist Aguado (2002: 36) darauf hin, dass junge Lernende zwar über eine hohe Lernfähigkeit verfügen und in der Lage sind, ein hohes Input zu verarbeiten, aber „dass die Bandbreite der für kindliche Sprecher möglichen sozialen Rollen sehr eingeschränkt ist". Somit seien „ihre kommunikativen Bedürfnisse und die an sie gestellten Anforderungen weniger komplex als dies bei älteren, kognitiv reiferen Sprechern der Fall ist" (Aguado 2002: 36). Ihren kommunikativen Bedürfnissen entsprechen neben normalsprachlichen auch jugendsprachliche Wendungen, die anhand ihrer Frequenz und Geläufigkeit in zukünftigen Untersuchungen zu ermitteln sind. Ferner ist das Erkennen und Verwenden formelhafter Sprache an die kognitive Reife der Lernenden gebunden. Davon hängt auch die Entwicklung des Sprachbewusstseins ab, das entwicklungspsychologisch in Zusammenhang mit der Herausbildung der analytischen Komponente zu sehen ist. Diese wird laut Aguado (2002: 34) erst nach dem achten Lebensjahr gegenüber der holistisch-formelhaften Komponente allmählich dominanter. Vor diesem Hintergrund betrachten Konecny et al. (2013: 158–159) die phraseologische Kompetenz nicht als reine sprachliche Kompetenz, da das Erkennen und die aktive Produktion phraseologischer Einheiten ein ausgeprägtes Sprachbewusstsein voraussetzt: „Das generelle Wissen um das Vorhandensein von Formelhaftigkeit in der Sprache [ist] ein wichtiger metasprachlicher Aspekt der phraseologischen Kompetenz, der das Erkennen und den aktiven Einsatz von Mustern (z. B. kultureller, sprachlicher, persönlicher Natur) in der Sprache überhaupt erst ermöglicht."

Es ist folglich didaktisch konsequent, eine altersspezifische Auswahl formelhafter Wendungen zu treffen, die in ihr Lebensumfeld passt und für die Bewältigung altersbedingter Kommunikationsbedürfnisse geeignet ist. Besonders für junge Lernende sind ein kleinschrittiger Einstieg und eine flache Progression geeignet. Lernvorteile bieten kindgerechte Zugangsweisen auf spielerischer Basis, z. B. *Memory*, oder auf handlungsorientierter Basis, z. B. szenische Darstellungen. Auch der Einsatz bildlicher Elemente, die die semantische Basis von Phraseologismen graphisch veranschaulichen und einprägsam gestalten, kann didaktisch sinnvoll sein. Insgesamt sind ein kleinschrittiger Einstieg und eine flache Progression bei jungen und eine eher steile Progression bei erwachsenen Lernenden zu empfehlen.

3.2 Nähe zu L1 und L2

Einen weiteren Faktor der Erwerbsschwierigkeit bildet die vorhandene phraseologische Kompetenz. Die Lernenden haben gespeicherte Phraseologismen bereits aus der L1 und aus der ersten Fremdsprache Englisch als L2 in ihrem mentalen Lexikon präsent und identifizieren unbekannte Wendungen auf sprachkontrastiver Basis, indem sie laut Hessky (1997: 142) Analogien ziehen und Hilfe beim schon Bekannten suchen. Jesenšek (2007: 22) erachtet sprachkontrastive Verstehensstrategien als unerlässlich für das Entschlüsseln phraseologischer Einheiten. Eine Lernerleichterung ist vor allem dann gegeben, wenn der Grad der interlingualen Konvergenz hoch ist, während Divergenzen den Schwierigkeitsgrad grundsätzlich erhöhen. Somit sind mit dem Erarbeiten volläquivalenter Phraseologismen aufgrund der Affinität zu muttersprachlichen Ausdruckseinheiten geringere Lernschwierigkeiten verbunden als mit dem Erlernen teil- bzw. nulläquivalenter Phraseologismen. Lernpsychologisch gilt, das phraseologische Vorwissen aufgrund des positiven Transfers aus der Mutter- bzw. der ersten Fremdsprache und der damit verbundenen Lernvorteile in der Wortschatzarbeit zu nutzen. In diesem Zusammenhang ist es für die Förderung des Sprachbewusstseins sinnvoll, den muttersprachlichen Sprachunterricht enger an das Fremdsprachenlernen zu binden, da „ein angemessener Umgang mit Phraseologie im Muttersprachunterricht, durch den eine solide phraseologische Kompetenz in der L1 entwickelt würde, ohne Zweifel einen positiven Effekt auf die Erlernung von Phraseologismen im Fremdsprachenunterricht zur Folge hätte" (Konecny et al. 2013: 162). Die Berücksichtigung von Divergenzen zwischen der Ziel- und der Ausgangssprache sowie von sprachtypologischen Unterschieden ist unverzichtbar, damit eine bedürfnisorientierte Anpassung an die L1 der Lernenden erfolgen kann. Aus diesem Grund plädiert Hallsteinsdóttir (2001: 309) für die Adaption des phraseologischen Grundwortschatzes auf die L1. Zur Erfassung der Nähe zur L1 und somit der interlingualen Äquivalenzbeziehungen auf der Grundlage formaler, semantischer und pragmatischer Gesichtspunkte ist der Rückgriff auf Methoden der kontrastiven Phraseologie erforderlich.

Geht man beispielsweise vom Sprachenpaar Deutsch-Griechisch aus, lässt sich auf der Basis des Äquivalenzmodells von Šichová (2013: 151) eine Volläquivalenz und somit eine Übereinstimmung aller Vergleichsparameter beim Phrasempaar *etw. ans Licht bringen* für *φέρνω κάτι στο φως* feststellen. Eine vollständige Übereinstimmung stellt allerdings den Idealfall dar und ist als relativ zu verstehen: Bezieht man Parameter wie Frequenz, stilistische Wertigkeit und Pragmatik ein, ist eine vollständige Übereinstimmung nicht haltbar (s. hierzu Gehweiler 2006). Nichtsdestotrotz ist bei Phraseologismen, die zu dieser Kategorie gehören, eine geringe Lernschwierigkeit zu erwarten. Eine Grundlage für die Selektion von einfach zu erwerbenden formelhaften Wendungen bilden die von Piirainen (2011: 157) zusammengestellten international verbreiteten Idiome, „die in einer Vielzahl von Sprachen (darunter in geographisch nicht benachbarten und genetisch nicht verwandten Sprachen) – unter Berücksichtigung der jeweiligen historischen Entwicklung und kulturellen Grundlage – in einer ähnlichen lexikalischen Struktur und in der gleichen figurativen Kernbedeutung vorkommen". Die multilinguale Verbreitung von Phraseologismen hat den Vorteil, dass bereits eine „muttersprachliche Kompetenz der Lernenden im Bereich dieser in vielen Sprachen bekannten Idiome" vorhanden ist (Piirainen 2011: 162), an die im Unterricht angeknüpft werden kann.

Teiläquivalenz und somit eine partielle Übereinstimmung liegt a) aufgrund unterschiedlicher Struktur (differierende Morphosyntax) vor, z. B. bei den formelhaften Wendungen *auf den Beinen sein* für *είμαι στο πόδι* („auf dem Bein sein'), und b) aufgrund unterschiedlicher lexikalischer Besetzung, aber ähnlicher wörtlicher Bedeutung bei den Wendungen *jmdm. um den Hals fallen* und *πέφτω στην αγκαλιά κάποιου* („jmdm. in die Arme fallen'). Aufgrund des schwachen Kontrasts im Falle von Teiläquivalenz sind eine Bewusstmachung und eine gezielte Festigung der zu erlernenden Form im Unterricht anzustreben.

Funktionale Äquivalenz liegt aufgrund völlig differierender wörtlicher Bedeutung bei den Wendungen *(klar) auf der Hand liegen* und αυτό είναι φως φανάρι („das ist Licht-Laterne') vor. Ist in der Zielsprache kein phraseologisches Äquivalent vorhanden, wie bei der Wendung *etw. über die Bühne bringen* und dem entsprechenden Einwortlexem καταφέρνω κάτι, liegt Nulläquivalenz vor. In den Fällen von funktionaler Äquivalenz und Nulläquivalenz stehen dem Memorieren zwar keine Interferenzen im Weg, jedoch sind die Festigung von Inhalt und Form erforderlich.[2] Eine Interferenzquelle, auf die gesondert hingewiesen werden sollte, stellt die Pseudo-Äquivalenz dar, die sich auf formal ähnliche Phraseologismen mit divergierender Semantik bezieht („falsche Freunde"). In diesem Ausnahmefall kann das muttersprachliche Wissen durch negativen Transfer auf die Fremdsprache zu Fehlern führen.

Insgesamt gilt, dass der sprachkontrastiv gerichtete Fokus auf interlingual konvergente Phraseologismen der effizienten Gestaltung der Wortschatzarbeit dient. Sprachdidaktisch sind auf niedrigem Sprachniveau Wendungen zu behandeln, die volläquivalente Entsprechungen zu Einheiten aus der L1 und L2 aufweisen, während auf höheren Sprachniveaus partiell bzw. nicht äquivalente Phraseologismen zunehmend zum Lerngegenstand werden sollten. Einschränkend merkt Lüger (1997: 99) hierzu an, dass eine Progressionsform, der die Äquivalenz zur L1 als durchgängiges Prinzip zugrunde liegt, den gravierenden Nachteil hätte, „dass sie mit einer induktiven, textorientierten Arbeitsweise nur schwer vereinbar wäre", da in der Textarbeit durchaus auch interlingual divergente formelhafte Wendungen begegnen. Dieser Nachteil lässt sich durch den gezielten Einsatz korpusorientierter Arbeitsmethoden zur Ermittlung authentischer Beispiele aus dem Sprachgebrauch mildern (s. hierzu Chrissou 2012). Insgesamt bleibt natürlich die kommunikative Relevanz von Phraseologismen wichtigstes Kriterium für die Niveauzuordnung.

3.3 Beherrschungsmodus

Ausschlaggebend für die adäquate Anordnung des Lernstoffs ist ferner der Grad der Beherrschung. Die Forderung nach einer bewussten „Differenzierung zwischen produktivem und rezeptivem Bereich" (Hessky 1992: 165) ist in der Phraseodidaktik nicht neu. Es liegt auf der Hand, dass das rezeptive Verstehen im Vergleich zum

---

[2] Zur Instrumentalisierung der interlingualen Nähe für die Bestimmung des Lernschwierigkeitsgrads und die Niveauzuordnung von Phrasemen aus dem phraseologischen Grundwortschatz von Hallsteinsdóttir et al. (2006) siehe Chrissou (2018b; 2020).

angemessenen aktiven Gebrauch mit geringen Schwierigkeiten verbunden ist, da letzterer eine Automatisierung der semantischen, formalen und pragmatischen Dimension erfordert. Aus diesem Grund räumt Ettinger (2007: 897) dem rezeptiven Beherrschen Vorrang gegenüber dem produktiven Verwenden ein.

Eine konsequente Unterscheidung zwischen rezeptiver und produktiver Beherrschung fordern auch der GERS und „Profile Deutsch". Die im Wortregister von „Profile Deutsch" erfassten Wendungen werden nach Beherrschungsmodus gekennzeichnet, jedoch ohne empirische Fundierung (Chrissou 2018a: 316). Auch der GERS beschreibt den sukzessiven Lernzuwachs im Bereich der Phraseologie, ohne dass die Anforderungen an die rezeptive und produktive phraseologische Kompetenz genügend konkretisiert werden. Insbesondere gilt bezüglich der Rezeption Folgendes: Auf dem A1-Niveau können die Lernenden ein sehr begrenztes Repertoire einfachster, ganz elementarer Wendungen verstehen (Europarat 2001: 117), während sie auf dem A2-Niveau sehr frequenten Wortschatz erkennen und entschlüsseln können (72, 75, 117). Auf dem B1-Niveau können sie sich an informellen Diskussionen beteiligen, „sofern die Gesprächspartner deutlich sprechen und stark idiomatischen Sprachgebrauch vermeiden" (81). Zum B2-Niveau werden im GERS keine Angaben gemacht. Erst auf dem C1-Niveau ist die Rede von Idiomen. Auf diesem Niveau verfügen die Lernenden über eine gute Beherrschung phraseologischer Lexik und sind in der Lage, ein breites Spektrum idiomatischer Wendungen zu verstehen, während sie auf C2-Niveau „einen sehr reichen Wortschatz einschließlich umgangssprachlicher und idiomatischer Wendungen" beherrschen (112), ohne dass für diese Niveaus eine konsequente Unterscheidung zwischen Rezeption und Produktion vorgenommen wird. Zur produktiven Beherrschung ergibt sich aus dem GERS, dass die Lernenden bereits auf A1- und A2-Niveau einfache Wendungen in der mündlichen und schriftlichen Sprachproduktion aktiv verwenden können. Insbesondere auf A1-Niveau verfügen Lernende über ein „sehr elementares Spektrum einfacher Wendungen in Bezug auf persönliche Dinge und Bedürfnisse konkreter Art" (111) und auf A2-Niveau über ein „begrenztes Repertoire kurzer memorierter Wendungen, das für einfachste Grundsituationen ausreicht" (111) und das sie „durch den Austausch einzelner Wörter den jeweiligen Umständen anpassen" (124). Auf dem B1-Niveau können sie „ein Repertoire von häufig verwendeten Redefloskeln und von Wendungen, die an eher vorhersehbare Situationen gebunden sind, ausreichend korrekt verwenden" (114). Zur produktiven Kompetenz auf dem B2-Niveau werden im GERS – ähnlich wie zur rezeptiven Kompetenz auf diesem Sprachniveau – keine Angaben gemacht. Auf dem C-Niveau sind die Lernenden in der Lage, die pragmatischen Verwendungsbedingungen besser einzuschätzen, indem sie auf dem C1-Niveau den „Registerwechsel richtig beurteilen" und auf dem C2-Niveau „sich der jeweiligen Konnotationen bewusst" sind (121), ohne dass explizit zwischen rezeptiver und produktiver Kompetenz differenziert wird. Insgesamt haben die Kann-Beschreibungen zur phraseologischen Kompetenz im GERS einen fragmentarischen Charakter und entbehren der erforderlichen Trennschärfe (s. hierzu Chrissou 2018a).

Sprachdidaktisch ist es sinnvoll, eine sukzessive Steigerung der Anforderungen anzustreben, indem zuerst eine rezeptive und später auch eine produktive phraseologische Kompetenz gefördert werden. Im Sinne einer zyklischen Progression empfiehlt sich, Phraseologismen in einem ersten Durchgang einzuführen, in Form und Semantik rezeptiv zu festigen und sie erst auf einem fortgeschrittenen Sprachniveau für die Sprachproduktion zu automatisieren. Insbesondere ließe sich das Verhältnis zwischen Rezeption und Produktion so gestalten, dass der Grundwortschatz vorwiegend auf den Sprachniveaus A1–B2 rezeptiv gefestigt wird. Ettinger (2007: 897) vertritt bezüglich des Umfangs der zu erwerbenden Lexik die Auffassung, dass gute Sprecher ca. 1000 Phraseologismen erkennen und verstehen sollten. Die anspruchsvolle kontextuelle Einbettung, die nach Kühn (1994: 423) an die situationstypisch, adressatenbezogen und textsortenspezifisch angemessene Verwendung gebunden ist, bleibt höheren Sprachniveaus vorbehalten. Während dem Erwerb rezeptiver Kenntnisse laut Ettinger (2013: 17) nach oben keine Grenze zu setzen ist, reicht für den aktiven Gebrauch eine sehr begrenzte Anzahl an Phraseologismen aus (19), die in der Regel an eine fortgeschrittene fremdsprachliche Kompetenz gebunden sind. Richtungsweisend ist Ettingers (2007: 901) Vorschlag, Phraseologismen „erst dann in bestimmten Kontexten zu verwenden, wenn man sie in ähnlichen Kontexten mindestens zehnmal belegt gefunden hat".

Mit Blick auf die speziellen phraseologischen Klassen empfiehlt Ettinger (2013: 24) besonders den aktiven Gebrauch kommunikativer Phraseologismen auf Anfängerniveau, da sie mannigfaltigen, reellen sprachlichen Bedürfnissen entsprechen. Offen sei noch die Frage, welche Kollokationen für rezeptive Kenntnisse und welche für einen aktiven Gebrauch erforderlich sind (Ettinger 2013: 20). Hingegen sollte nach Lüger (1997: 115) das rezeptive Beherrschen bei satzwertigen Phraseologismen wie Sprichwörtern und Gemeinplätzen Vorrang haben.

3.4 Gebundenheit an spezifische Sprachhandlungen

Einen weiteren Faktor bildet die Gebundenheit formelhafter Wendungen an spezifische Sprachhandlungen. Vor dem Hintergrund einer pragmatisch orientierten Wortschatzdidaktik ist es sinnvoll, Phraseologismen nach den kommunikativen Intentionen einzuordnen, die sie in konkreten Anwendungssituationen versprachlichen. Dies entspricht der Forderung des GERS (2001: 148) nach der Behandlung von Lexik „in thematischen Bereichen, die für die Bewältigung der für die Lernenden relevanten kommunikativen Aufgaben erforderlich sind". Vor dem Hintergrund der Forderung, Phraseologismen im Text zu erarbeiten (s. hierzu Kühn 1996: 12; Lüger 1997: 97; Ludewig 2005: 173), stellt sich die Frage, wie sich die begriffsorientierte mit der textorientierten Erarbeitung formelhafter Wendungen vereinbaren lässt. Lüger (1997: 99) weist darauf hin, dass sich das „begriffsorientierte Gliederungsprinzip und das mit dem Textbezug einhergehende bzw. kaum vermeidbare Zufallsprinzip" in der Tat sinnvoll ergänzen können, „wenn die Betrachtung von Einzelbeispielen vertieft würde durch die Einbeziehung von Ausdrücken, die bedeutungsähnlich sind und zum gleichen Oberbegriff gehören." Eine „nach soziolinguistischen und pragmatischen Kriterien vorgenommene situationsbezogene Zuordnung zu den Niveaus des GER" erleichtert nach Konecny et al. (2013: 164) „die Implementierung in kommunikativen Kontexten" und kommt somit laut Lüger (1997: 99) „stärker einer aktiven Verwendung entgegen". Zudem hat das onomasiologische Anordnungsprinzip den lernpsychologischen Vorteil, dass es auf effiziente Weise zur semantischen Vernetzung bedeutungsähnlicher Wendungen im mentalen Lexikon beiträgt (Lüger 1997: 99). Eine geeignete Grundlage für eine pragmatisch orientierte Aufbereitung von Phraseologismen bietet das onomasiologische Lexikon von Hessky & Ettinger (1997). Die zwei folgenden onomasiologischen Klassen in Tab. 1 kodifiziert der Kernbereich des Grundwortschatzes von Hallsteinsdóttir et al. (2006) am häufigsten (s. hierzu Χρύσου 2015: 73–75) – noch ist allerdings offen, welcher Zusammenhang zwischen den Sprachhandlungen, die die Phraseologismen des Optimums realisieren, und den Anforderungen auf jedem Sprachniveau besteht.

Tab. 1: Zuordnung von Phraseologismen und onomasiologischen Klassen.

Teilnahme – Beteiligung – Aktivität – Initiative	Gewissheit – Gewohnheit – Vertrautheit – Routine
1. an der Reihe sein/an die Reihe kommen	1. (klar) auf der Hand liegen
2. mit von der Partie sein	2. Bescheid wissen (über jmdn./etw.)
3. etw. (selbst) in die Hand nehmen	3. (etw.) schwarz auf weiß (haben/besitzen)
4. etw. ins Auge fassen	4. etw. (schon) in der Tasche haben
5. etw. auf die Beine stellen	5. gang und gäbe sein
6. am Ball bleiben/sein	6. sich über etw. im Klaren sein
7. alle Hände voll zu tun haben	

Das Vorstrukturieren des phraseologischen Grundwortschatzes auf der Basis seiner Bindung an spezifische Sprachhandlungen hat den didaktischen Nutzen, dass sich Gruppen von Phraseologismen, die bestimmte kommunikative Absichten realisieren, in Zusammenhang mit Sprachhandlungen systematisch in die Wortschatzarbeit einbeziehen lassen. Im Rahmen einer zyklischen Progression ist es sinnvoll, für die Realisierung einer Sprachhandlung allmählich komplexere phraseologische Lexik zu erwerben.

3.5 Phraseologische Klasse und formale Komplexität

Mit dem Schwierigkeitsgrad formelhafter Wendungen werden in der phraseodidaktischen Literatur die phraseologische Klasse und die formale Komplexität korreliert. Es wäre zu erwarten, dass diese als Kriterium bei der differenzierten Niveauzuordnung einzelner Phrasemklassen herangezogen wird. Dies leisten die Kann-Beschreibungen des GERS jedoch nicht. Zur Bewältigung kommunikativer Aufgaben in Standardsituationen ist es nach Lüger (1997: 98) sinnvoll, „zunächst einen Grundbestand an Routineformeln erwerben zu lassen". Auch wenn sie sich nicht immer durch strukturelle Einfachheit kennzeichnen, sind Routineformeln aufgrund ihrer „kommunikativen Dringlichkeit" (Ettinger 2011: 237) unerlässlich für den Spracherwerb, da sie mannigfaltigen reellen sprachlichen Bedürfnissen entsprechen (Ettinger 2013: 24). „Selbst blutige Anfänger, die sich noch mit einem sehr reduzierten Wortschatz begnügen müssen, können" laut Ettinger (24) „gleich in den ersten Unterrichtsstunden mit Gewinn frequente Routineformeln verwenden." Offen ist noch, welche Routineformeln besonders frequent sind. So ordnet „Profile Deutsch" Routineformeln folgendermaßen ein (in Klammern steht der Beherrschungsmodus: rezeptiv-produktiv): *gute Reise* (A1-A1), *schöne Grüße* (A1-A1), *herzlichen Glückwunsch* (A1-A1), *mit freundlichen Grüßen* (A1-A2), *schöne Ferien* (A2-A2), *viel Spaß* (A2-A2), *gute Fahrt* (A1-B1), *schönes Wochenende* (A2-B2), *herzlich willkommen* (B1-B1).

Geringfügige Schwierigkeiten sind ferner beim Erlernen – vor allem beim rezeptiven Festigen – von Kollokationen zu erwarten (dazu s. auch Bergerová 2011: 109 und Hallsteinsdóttir 2011a: 4, 5), da sie sich durch semantische Transparenz auszeichnen und die Aktivierung kompositioneller Erschließungsprozesse per se zulassen. Die folgenden verbalen Kollokationen werden in „Profile Deutsch" in rezeptiver und produktiver Hinsicht dem A-Niveau zugeordnet: *Sport machen* (A1-A1), *Radio hören* (A1-A1), *zu spät sein* (A1-A1), *eine Frage haben* (A1-A1), *Rad fahren* (A1-A2), *Spaß machen* (A1-A2), *spazieren gehen* (A1-A2), *eine Idee haben* (A1-A2), *ein Foto machen* (A2-A2), *die Zähne putzen* (A2-A2), *Haare schneiden* (A2-A2), *schlafen gehen* (A2-A2).

Einen höheren kognitiven Aufwand erfordert hingegen der Erwerb von Idiomen. Ihre semantische Umdeutung hat zur Folge, dass sich die Lernenden an der wörtlichen Bedeutung orientieren, so dass das Erschließen, Speichern und Abrufen von Idiomen in psycholinguistischer Hinsicht einen zusätzlichen Arbeitsschritt notwendig macht: Dieser besteht nach Petrič (2013b: 67) in der Aktivierung der phraseologischen Bedeutung „durch den Bezug der Einzellexeme [...] auf eine übergeordnete Repräsentation im mentalen Lexikon". Idiome weisen einen unterschiedlichen Komplexitätsgrad auf, der eine differenzierte Niveauzuordnung nahelegt. Von mittlerer Schwierigkeit dürfte das Erlernen metaphorischer, aber semantisch transparenter, motivierter Wendungen sein, „deren einzelne Bestandteile" laut Petrič (2013b: 67) „einen erkennbaren semantischen Beitrag zur Gesamtbedeutung einer Phrase leisten", z. B. *grünes Licht geben/erhalten, am Ball bleiben/sein, jmdm./etw. einen (dicken) Strich durch die Rechnung machen, jmds. rechte Hand sein, jmdm. Steine in den Weg legen.* Dazu gehören auch (Pseudo)Kinegramme, die konventionalisiertes außersprachliches Verhalten denotieren und eine doppelte Kodierung aufweisen, z. B. *sich die Hände reiben, sich ins Fäustchen lachen, große Augen machen, sich an die eigene Nase fassen, (sich) die Ärmel hochkrempeln/aufkrempeln/aufrollen, (die) Daumen/Däumchen drehen, ein langes Gesicht machen ziehen, Hut ab!.* Geringfügige Schwierigkeiten sind ferner beim Erlernen motivierter komparativer Phraseologismen aufgrund der explizierten Metapher zu erwarten, z. B. *reden wie ein Wasserfall, sich (wie) im sieb(en)ten Himmel fühlen, passen wie die Faust aufs Auge, jmdn. wie Luft behandeln, ein Gedächtnis wie ein Sieb haben, sich benehmen wie ein Elefant im Porzellanladen, saufen/trinken wie ein Loch, etwas schlägt wie eine Bombe ein.* Auch motivierte Zwillingsformeln dürften aufgrund der einfachen Struktur und der stilistischen Mittel wie Reim und Alliteration, die sie oft aufweisen, relativ leicht zu erlernen sein, z. B. *Tag und Nacht, Hand in Hand (arbeiten), im Großen und Ganzen, in Hülle und Fülle, das A und O [von etwas], nach Lust und Laune, mit Haut und Haaren, nach vielem/langem/einigem/ewigem Hin und Her, mit Leib und Seele, mit Rat und Tat, mit Ach und Krach, ein Herz und eine Seele sein, etwas hat Hand und Fuß.* Einen höheren Schwierigkeitsgrad weist hingegen der Erwerb ganzheitlich erschließbarer, aus synchronischer Sicht semantisch verdunkelter Wendungen auf, z. B. *jmdn. (nicht) im Stich lassen, auf Anhieb, unter Dach und Fach sein, (alle) durch die Bank, gang und gäbe sein, im Nu, (ständig) auf Achse sein, auf dem Holzweg sein, aus dem Stegreif.* Insgesamt erfordert das Erlernen von Idiomen nach Ettinger (2013: 24) „bereits fundierte Sprachkenntnisse" und sollte dem Unterricht mit fortgeschrittenen Lernenden vorbehalten bleiben. Nichtsdestotrotz werden in „Profile Deutsch" auch (teil)idiomatische Wendungen aufgrund der hohen kommunikativen Relevanz dem A-Niveau zugeordnet, z. B. *wie viel Uhr ist es?* (A1-A1), *wie geht's dir* (A1-A2), *kaputt gehen*

(A1-A2), *Spaß machen* (A1-A2). Durch hohe Komplexität kennzeichnen sich hingegen aufgrund der komplexen pragmatischen Verwendungsbedingungen satzwertige Phraseologismen wie Sprichwörter und Gemeinplätze. Hier hat nach Lüger (1997: 115) das rezeptive Beherrschen Vorrang.

Die Erwerbsschwierigkeit hängt nicht zuletzt mit der formalen Komplexität einiger Phraseologismen zusammen. Diese ergibt sich aus der Verletzung der syntagmatischen Selektionsbedingungen, die für den freien Sprachgebrauch gelten, und die dazu führt, dass die regelgeleitete Verarbeitung und besonders die aktive Verwendung erschwert werden. Eine nicht vorhersehbare Struktur weisen Wendungen auf

- mit auffälligem Artikelgebrauch, z. B. *in Schwung kommen, jmdn. auf Trab bringen, etwas auf Lager haben, nicht ganz recht bei Trost(e) sein, auf Touren kommen, auf Nummer Sicher gehen, aus heiterem Himmel,*
- mit valenzbedingten distributionellen Anomalien des Verbs, z. B. *Schlange stehen, jmdm. Rede und Antwort stehen, jmdn. beim Wort nehmen, jmdn./ etw. auf die Spur kommen, (s)einen Mann stehen,*
- mit obligatorischer Negation, z. B. *kein Blatt vor den Mund nehmen, etwas ist nicht von schlechten Eltern, nicht auf den Mund gefallen sein, [mit etwas] nicht vom Fleck kommen,*
- mit einer auffälligen Reihenfolge der Satzglieder, z. B. *nicht der Rede wert sein*, oder mit einer Tempusrestriktion, z. B. *gegen jmdn./etw. ist kein Kraut gewachsen.*

Besonders für die Förderung des aktiven Gebrauchs ist bei diesen besonderen Strukturen ein Fokus auf die Form unerlässlich.

4 Schlusswort

Aus der bisherigen Analyse ergibt sich, dass Phraseologismen ausgehend von ihrem Schwierigkeitsgrad didaktisch differenziert behandelt werden sollten, damit sie im Sinne Ettingers (2007: 904) in realistischer Relation zum allgemeinen Sprachniveau der Lernenden stehen und ihren Bedürfnissen gerecht werden. Vor dem Hintergrund des kommunikativen Paradigmas erscheint eine pragmatisch orientierte sprachliche Progression als sinnvoll. Jedoch ist sie nicht immer mit einer Anordnung der phraseologischen Lexik vereinbar, die sich nach dem sprachlichen Komplexitätsgrad richtet. So kommt es etwa dazu, dass die hohe formal-semantische Komplexität, z. B. strukturelle Anomalien oder hoher Idiomatizitätsgrad, für eine hohe Niveauzuordnung spricht, während der hohe kommunikative Wert den Erwerb bereits auf niedrigen Sprachniveaus nahelegt. Aufgrund dieser Diskrepanzen stellt sich die Bestimmung einer nachvollziehbaren, in sich konsistenten zeitlichen Anordnung von Lernzielen und Lerninhalten im Bereich der Phraseologie als ein besonders komplexes Unterfangen dar. Denkbar im Rahmen einer zyklischen Progression ist, bei steigendem Sprachniveau stufenweise formalsprachlich komplexere Lexik für die Realisierung einer Sprachhandlung zu erwerben – zunächst rezeptiv, dann auch produktiv.

Einschränkend zur Bestimmung einer strikten Progression ist zu beachten, dass sie den persönlichen Kommunikationsbedürfnissen nicht zuwiderläuft, sondern ihnen gerecht wird, quasi in Reaktion auf die Bedürfnisse der Lernenden in kommunikativen Aufgaben. Ettinger (2013: 25) führt in diesem Zusammenhang den Begriff der „persönlichen Nützlichkeit" ein. Im Sinne des individualisierten Lernens erlaube eine pragmatisch definierte Gliederung des Optimums, subjektiv wichtige phraseologische Lexik nach den persönlichen Präferenzen und sprachlichen Fähigkeiten der Lernenden gezielt zu erarbeiten (19). Zur Auflockerung der Progression trägt im Rahmen der Textarbeit das beiläufige Lernen von Wendungen bei, die nicht zu den häufigsten und geläufigsten im Deutschen gehören.

Unerlässlich für die zuverlässige Bestimmung einer effizienten Progression sind Berichte aus der Unterrichtspraxis, die auf der Grundlage konkreter Unterrichtsverfahren Lernerfolg und Lernschwierigkeiten systematisch erfassen und zu den diskutierten Faktoren in Beziehung setzen. In diesem Zusammenhang ist auf den Nutzen umfangreicher Lernerkorpora hinzuweisen, die einen deskriptiven Zugang zum tatsächlichen Gebrauch formelhafter Wendungen auf den einzelnen Sprachniveaus liefern. Auf der Grundlage von Fehleranalysen ließen sich empirisch fundierte Hinweise auf eine adäquate Progression ableiten. Unerlässlich ist schließlich die Adaption des phraseologischen Optimums auf die L1 und evtl. das Nutzen von Ähnlichkeiten zu Englisch als L2 als Basis für das Verfassen regionaler Lernmaterialien. Dafür sind konkrete Sprachenpaare unter kontrastivem Aspekt zu untersuchen.

Literatur

Aguado, Karin (2002): Formelhafte Sequenzen und ihre Funktion für den L2-Erwerb. *Zeitschrift für Angewandte Linguistik* 37, 27–49.

Bergerová, Hana (2011): Zum Lehren und Lernen von Phraseologismen im DaF-Studium. Überlegungen zu Inhalten und Methoden ihrer Vermittlung anhand eines Unterrichtsmodells. *Linguistik Online* 47 (3), 108–107.

Chrissou, Marios (2012): *Phraseologismen in Deutsch als Fremdsprache. Linguistische Grundlagen und didaktische Umsetzung eines korpusbasierten Ansatzes.* Hamburg: Dr. Kovač.
Chrissou, Marios (2015): Feste Wortverbindungen zwischen der Linguistik und der Fremdsprachendidaktik am Beispiel von Deutsch als Fremdsprache. In Carlos-Alberto Crida-Alvarez (Hrsg.), *14+1 Studien zur Phraseologie und Parömiologie*, 58–89. Athen: ta kalos keimena.
Chrissou, Marios (2018a): Der Stellenwert phraseologischer Lexik im Gemeinsamen Europäischen Referenzrahmen für Sprachen und in „Profile Deutsch": Hinweise für die Unterrichtspraxis am Beispiel von Deutsch als Fremdsprache In Lew Zybatow & Alena Petrova (Hrsg.), *Beiträge des 50. Linguistischen Kolloquiums, Innsbruck, 3.–5.9.2015*, 311–317. Frankfurt a. M. u. a.: Peter Lang.
Chrissou, Marios (2018b): Interlinguale Faktoren für die Erfassung des Lernschwierigkeitsgrads von Phrasemen des Deutschen unter besonderer Berücksichtigung von DaF-Lernenden mit Griechisch als Muttersprache. *Yearbook of Phraseology 9*, 117–135.
Chrissou, Marios (2020): Sprachkontrastive Aspekte der Niveauzuordnung für den DAF-Unterricht: Hinweise aus der Unterrichtspraxis. In Florentina Mena Martínez & Carola Strohschen (Hrsg.), *Teaching and learning phraseology in the XXI century: Challenges for phraseodidactics and phraseotranslation (Phraseologie lehren und lernen im 21. Jahrhundert. Herausforderungen für Phraseodidaktik und Phraseoübersetzung)*, 137–164. Berlin: Peter Lang.
Ehrhardt, Claus (2014): Idiomatische Kompetenz: Phraseme und Phraseologie im DaF-Unterricht. *German as a Foreign Language (GFL)* 1, 1–20. http://www.gfl-journal.de/1-2014/Ehrhardt.pdf (letzter Zugriff 21.10.2020).
Ettinger, Stefan (2007): Phraseme im Fremdsprachenunterricht. In Harald Burger, Dmitrij Dobrovol'skij, Peter Kühn, Neal R. Norrick (Hrsg.), *Phraseologie: Ein internationales Handbuch der zeitgenössischen Forschung / Phraseology. An International Handbook of Contemporary Research*, 893–908. Berlin, New York: De Gruyter.
Ettinger, Stefan (2011): Einige kritische Fragen zum gegenwärtigen Forschungsstand der Phraseodidaktik. In Patrick Schäfer & Christine Schowalter (Hrsg.), *In mediam linguam. Mediensprache – Redewendungen – Sprachvermittlung (Festschrift für Heinz-Helmut Lüger)*, 231–250. Landau: Empirische Pädagogik.
Ettinger, Stefan (2013): Aktiver Phrasemgebrauch und/oder passive Phrasemkenntnisse im Fremdsprachenunterricht. Einige phraseodidaktische Überlegungen. In Isabel González Rey (Hrsg.), *Phraseodidactic Studies on German as a Foreign Language*, 11–30. Hamburg: Dr. Kovač.
Europarat (2001): *Gemeinsamer Europäischer Referenzrahmen für Sprachen: lernen, lehren, beurteilen.* Berlin u. a.: Langenscheidt.
Gehweiler, Elke (2006): Going to the dogs? A contrastive analysis of sth. is going to the dogs and jmd. / etw. geht vor die Hunde. *International Journal of Lexicography* 19 (4), 419–438.
Glaboniat, Manuela, Martin Müller, Paul Rusch, Helen Schmitz & Lukas Wertenschlag (2005): *Profile deutsch. Gemeinsamer europäischer Referenzrahmen. Lernzielbestimmungen, Kannbeschreibungen, kommunikative Mittel. Niveau A1–A2, B1–B2, C1–C2.* Berlin: Langenscheidt.

González Rey, Isabel (2018): Competencia fraseológica y modelo pedagógico: el caso del método Phraséotext-le Français Idiomatique. In Pedro Mogorrón Huerta & Antonio Albaladejo-Martínez (Hrsg.), *Fraseología, Diatopía y Traducción / Phraseology, Diatopic Variation and Translation*, 133–154. Amsterdam: John Benjamins.

Hallsteinsdóttir, Erla (2001): *Das Verstehen idiomatischer Phraseologismen in der Fremdsprache Deutsch*. Hamburg: Dr. Kovač.

Hallsteinsdóttir, Erla (2011a): Aktuelle Forschungsfragen der deutschsprachigen Phraseodidaktik. *Linguistik Online* 47 (3), 3–31.

Hallsteinsdóttir, Erla (2011b): Phraseological competence and the translation of phrasemes. In Antonio Pamies, Lucá Luque Nadal, José Manuel Pazos Bretana (Hrsg.), *Multi-lingual Phraseography: Translation and learning applications*, 279–288. Baltmannsweiler: Schneider Hohengehren.

Hallsteinsdóttir, Erla, Monika Šajánková & Uwe Quasthoff (2006): Phraseologisches Optimum für Deutsch als Fremdsprache. Ein Vorschlag auf der Basis von Frequenz- und Geläufigkeitsuntersuchungen. *Linguistik Online* 27 (2), 117–136.

Hessky, Regina (1992): Aspekte der Verwendung von Phraseologismen im Unterricht DaF. *Fremdsprachen lernen und lehren* 21, 159–168.

Hessky, Regina (1997): Feste Wendungen – Ein heißes Eisen? Einige phraseodidaktische Überlegungen für den DaF-Unterricht. *Deutsch als Fremdsprache* 34 (3), 139–143.

Hessky, Regina (2007): Perspektivenwechsel in der Arbeit mit Phraseologie im DaF-Unterricht. In Vida Jesenšek & Melanija Fabčič (Hrsg.), *Phraseologie kontrastiv und didaktisch. Neue Ansätze in der Fremdsprachenvermittlung*, 9–16. Maribor: Slavistično društvo, Filozofska fakulteta.

Hessky, Regina & Stefan Ettinger (1997): *Deutsche Redewendungen. Ein Wörter- und Übungsbuch für Fortgeschrittene*. Tübingen: Narr.

Jazbec, Saša & Milka Enčeva (2012): Aktuelle Lehrwerke für den DaF-Unterricht unter dem Aspekt der Phraseodidaktik. *Porta Linguarum* 17, 153–171.

Jesenšek, Vida (2007): Lehr- und Lerngegenstand Phraseologie. In Vida Jesenšek & Melanija Fabčič (Hrsg.), *Phraseologie kontrastiv und didaktisch. Neue Ansätze in der Fremdsprachenvermittlung*, 17–26. Maribor: Slavistično društvo, Filozofska fakulteta.

Jesenšek, Vida (2013): Phraseologie: übersetzerische Entscheidungen zwischen Text und Wörterbuch. Analytische Beobachtungen anhand der deutsch-slowenischen literarischen Übersetzung. *Lexicographica* 29 (1), 117–128.

Konecny, Christine, Erla Hallsteinsdóttir & Brigita Kacjan (2013): Zum Status quo der Phraseodidaktik: Aktuelle Forschungsfragen, Desiderata und Zukunftsperspektiven. In Christine Konecny, Erla Hallsteinsdóttir & Brigita Kacjan (Hrsg.), *Phraseologie im Sprachunterricht und in der Sprachendidaktik*, 153–172. Maribor u. a.: Mednarodna založba Oddelka za slovanske jezike in književnosti.

Kühn, Peter (1987): Deutsch als Fremdsprache im phraseodidaktischen Dornröschenschlaf. Vorschläge für eine Neukonzeption phraseodidaktischer Hilfsmittel. *Fremdsprachen lehren und lernen* 16, 62–79.

Kühn, Peter (1994): Pragmatische Phraseologie: Konsequenzen für die Phraseographie und Phraseodidaktik. In Barbara Sandig (Hrsg.), *Europhras 1992. Tendenzen in der Phraseologieforschung*, 411–428. Bochum: Brockmeyer.

Kühn, Peter (1996): Redewendungen – nur im Kontext. Kritische Anmerkungen zu Redewendungen in Lehrwerken. *Fremdsprache Deutsch. Redewendungen und Sprichwörter* 2 (15), 10–15.

Ludewig, Petra (2005): *Korpusbasiertes Kollokationslernen. Computer-Assisted Language Learning als prototypisches Anwendungsszenario der Computerlinguistik*. Frankfurt a. M. u. a.: Peter Lang.

Lüger, Heinz-Helmut (1997): Anregungen zur Phraseodidaktik. *Beiträge zur Fremdsprachenvermittlung* 32, 69–120.

Petrič, Teodor (2013a): Da liegt der Hase im Pfeffer – Über das Verstehen idiomatischer Phraseme im Deutschen als Fremdsprache. In Christine Konecny, Erla Hallsteinsdóttir & Brigita Kacjan (Hrsg.), *Phraseologie im Sprachunterricht und in der Sprachendidaktik* (ZORA 94), 45–69. Maribor: Filozofska fakulteta.

Petrič, Teodor (2013b): Multifaktorielle Analyse der rezeptiven Verarbeitung von idiomatischen Phrasemen im Deutschen als Fremdsprache. In Vida Jesenšek & Saša Babič (Hrsg.), *Zwei Köpfe wissen mehr als einer*, 182–210. Maribor u. a.: Filozofska fakulteta Univerze v Mariboru, Oddelek za germanistiko.

Piirainen, Elisabeth (2011): Weit verbreitete Idiome und das „Lexikon der gemeinsamen bildlichen Ausdrücke" – Gewinn für den Fremdsprachenunterricht? *Deutsch als Fremdsprache* 48 (3), 157–165.

Šichová, Kateřina (2013): *Mit Händen und Füßen reden. Verbale Phraseme im deutsch-tschechischen Vergleich*. Tübingen: Julius Groos.

Storch, Günther (1999): *Deutsch als Fremdsprache. Eine Didaktik. Theoretische Grundlage und praktische Unterrichtsgestaltung*. München: Fink.

Nils Bernstein
Literarische Texte und Phraseodidaktik
Zum phraseodidaktischen Potential von Literatur
im DaF-Unterricht

Abstract: Phraseodidaktik im Fremdsprachenunterricht anhand von Literatur steht vor einigen Problemen: Literaturdidaktische und linguistische Forschungsansätze sind zu vereinen und unterrichtsmethodisch zu konkretisieren. Vorliegende Publikationen zu Phraseologismen in Literatur haben in den meisten Fällen einen linguistischen Erkenntnisgewinn, folgen seltener literaturwissenschaftlicher oder -didaktischer Heuristik und nur in Ausnahmefällen geht es um phraseodidaktische Vermittlung im Fremdsprachenunterricht. Am Befund in Eismanns Überblicksartikel (2007: 316), eine literaturgeschichtlich angelegte Untersuchung zum Gebrauch von Phraseologismen liege bislang nicht vor, hat sich bis heute nichts geändert. Daher ist zu diskutieren, welche Phraseologismenklassen in literarischen Texten mit welcher Intention verwendet werden, welche literarischen Texte sich zur Vermittlung unterrichtsmethodisch eignen und welche didaktischen Vorteile – und schließlich auch Unzulänglichkeiten – damit verbunden sind.

Keywords: Phraseodidaktik, Literatur im Fremdsprachenunterricht, Phraseologismenklassen, Phraseologie und Mehrsprachigkeit, phraseologisches Optimum

1 Einleitung: Phraseodidaktik und Literatur im Kontext Deutsch als Fremdsprache

Lange Zeit wurde der randständige Bereich der Phraseodidaktik innerhalb der Disziplin Deutsch als Fremdsprache beklagt. Berühmt ist Kühns Diktum vom phraseodidaktischen Dornröschenschlaf (Kühn 1987: 62). Hierin ist der Zustand der Phraseodidaktik mit dem der Phonetik im DaF-Unterricht vor einigen Jahrzehnten vergleichbar. Phonetik, das damalige „Stiefkind" des Fremdsprachenunterrichts (Dieling 1991: 111), hat erst vor einiger Zeit eine gebührende Wahrnehmung erfahren, wird aber immer noch in Lehrwerken meist am Ende eines Kapitels platziert und erhält in Unterrichtsszenarien meist den Eindruck des Redundanten, das sich vermeiden oder überspringen lässt. Immerhin ist Aussprache in Situationen der Zertifizierung stets ein Kriterium der Bewertung auf allen Sprachniveaus des „Gemeinsamen Europäischen Referenzrahmens" (GERS; vgl. exemplarisch hierzu

Arbeitsgruppe FaDaF 2012: 122–123). Schließlich wurde vorgeschlagen, lange Unterrichtssequenzen nicht ausschließlich der Phonetik zu widmen, sondern diese in den Unterricht zu integrieren (vgl. Hirschfeld 1995: 4). Es ist anzunehmen, dass keine ähnliche Situation für die Phraseodidaktik zu prognostizieren ist und nicht zu erwarten ist, dass Phraseodidaktik eine zentrale Rolle im Fremdsprachenunterricht bzw. bei der Wortschatzvermittlung spielen wird. Doch sowohl in der phraseologischen Forschung als auch in der phraseodidaktischen Umsetzung gibt es zahlreiche Fortschritte. Immerhin wird im aktualisierten Begleitband zum „Gemeinsamen Europäischen Referenzrahmen" etwas detaillierter auf Phraseologie im Kontext der Wortschatzarbeit eingegangen. In der Erstausgabe wird zunächst für das Niveau A2 beschrieben, dass die Kompetenz existiert, „routinemäßige, alltägliche Angelegenheiten zu erledigen" (Europarat 2013 [2001]: 112), was Routineformeln implizit beinhalten könnte. Für die Niveaus C1 und C2 wird sowohl in der ursprünglichen als auch in der aktualisierten Auflage die Beherrschung „idiomatischer Wendungen" explizit genannt (Europarat 2013: 112; Council of Europe 2020: 155). In der aktualisierten Auflage wird zusätzlich die Verwendung der „entsprechenden Kollokationen vieler Wörter" (2020: 155) als Deskriptor für das Niveau B2 genannt. Das Phraseminventar wird also in der Beschreibung des Wortschatzspektrums detaillierter.

Bereits Lüger (1997: 100) wies darauf hin, dass – ähnlich wie bei dem Beispiel der Phonetik – Einzelstunden zu Phraseologie zu vermeiden seien. Doch immerhin ist die Phase des absolut randständigen Bereiches der Phraseodidaktik innerhalb der Fremdsprachendidaktik im Allgemeinen und im Unterricht Deutsch als Fremdsprache im Besonderen überwunden, wie etwa ein Sammelband (Mena Martínez & Strohschen 2020) belegt, in dem sowohl korpuslinguistische Ansätze verfolgt werden als auch die Verortung von phraseologischer Wortschatzvermittlung innerhalb des Referenzrahmens vorgenommen wird. Das Praxisbeispiel der Thematisierung des Buches *Baby Dronte* von Peter Schössow am Ende dieses Artikels illustriert, wie ein phraseodidaktischer Unterrichtsvorschlag mittels Literatur mit vielseitigen und über phraseologische Wortschatzarbeit hinausreichenden Anschlussmöglichkeiten im Fremdsprachenunterricht zu platzieren ist.

Während also Phraseodidaktik im Bereich Deutsch als Fremdsprache schon immer im Randbereich der Wortschatzvermittlung lag, steht es um den Forschungsstand und den unterrichtsmethodischen Stellenwert umso prekärer, sobald man allein literaturdidaktische Vorschläge zur Berücksichtigung von Phraseologismen im DaF-Unterricht ins Auge nimmt. Andererseits, so die These, ist genau das literaturdidaktische Potenzial der Phraseologie ein Mittel, um Phraseologie unterrichtsmethodisch – wie bei der Phonetik – nicht ausschließlich im Randbereich zu platzieren, sondern, ganz im Gegenteil, hierzu komplexere Unterrichtseinheiten zu entwerfen, die über Wortschatzvermittlung hinausgehen.

Problematisch ist hierbei, dass nicht allein Lernende Phraseologie als Unterkategorie zu Lexik und Wortschatzerwerb einordnen, ohne deren je speziellen Eigenschaften Rechnung zu tragen. Auch vielen Lehrkräften fehlt es an einer vertieften Fachkenntnis, was angesichts der randständigen Stellung in Curricula der Lehrerausbildung auch nicht verwundert (vgl. Bergerová 2011: 115).

Bei einer Reflexion zu phraseodidaktischer Vermittlung anhand von Literatur im Kontext des Unterrichts Deutsch als Fremdsprache sind zunächst drei grundlegende Fragestellungen zu formulieren:
- Welche Phraseologismenklassen kommen gehäuft in literarischen Texten vor? Und damit verbunden: Welche Eigenschaften von Phraseologismen sind bei der Vermittlung besonders zu berücksichtigen?
- Anhand welcher literarischer Textsorten ist eine Vermittlung möglich und sinnvoll?
- Welche methodischen Vorteile und Möglichkeiten sind hiermit verbunden?

Diese drei Fragen stehen im Bezug zu einem schon lange in der Phraseodidaktik formulierten Ansatz, der die Auswahl (Phraseologismenklasse, produktives oder rezeptives Beherrschen von Phraseologismen, phraseologisches Optimum) der Methodik gegenüberstellt (vgl. Lorenz-Bourjot & Lüger 2001: VI). Im Folgenden soll anhand dieser drei Leitfragen der Implementierung von Phraseologismen im DaF-Unterricht nachgegangen werden. Abschließend wird ein Praxisbeispiel gegeben.

2 Drei Leitfragen zu Phraseologismen in literarischen Texten

2.1 Welche Phraseologismenklassen gibt es in Literatur und wie lässt sich dies im DaF-Unterricht thematisieren?

Das Vorkommen aller möglichen Phraseologismenklassen in allen möglichen Textsorten – in journalistischen Texten, in Werbesprache oder aber auch in Alltagstexten wie Horoskopen, um nur drei Beispiele von Kontexten zu nennen, in denen Phraseologismen sehr häufig untersucht werden – legt nahe, dass Phraseologismen allen Lernenden auf allen Sprachniveaus vermittelt werden sollten. Literarische Texte eignen sich dabei nicht allein für Literaturaffine,[1] sondern tra-

---

1 Dies schlägt etwa Henk in ihrem Artikel zu Peter Handke im DaF-Unterricht vor, wenn sie ihre Zielgruppe eingrenzt auf einen Kurs von „Deutschlernenden, die ein grundsätzliches Inte-

gen hochgradig zur Motivation auch von weniger an Literatur Interessierten bei (vgl. Ehlers 2010: 1531). Vor allem lassen sich literarische Texte auch im Anfängerunterricht platzieren, wodurch man schon gleich dafür sensibilisiert, dass Sprache mehr ist als nur ihre Verwendung. Veranschaulichen lässt sich die Relevanz der Gesamtheit an Phraseologismen daran, dass ebenso wie in gesprochener Sprache nicht etwa der oft angeführte idiomatische Kernbereich der Phraseologie in literarischen Texten mit je unterschiedlichen Intentionen verarbeitet wird, sondern alle Phraseologismenklassen eine Rolle spielen.

Im Anfängerunterricht lassen sich Routineformeln ideal platzieren und mit Literatur vertiefen. Ein Beispiel hierfür bietet etwa das Gedicht *Einführung in die Handelskorrespondenz* von Hans Magnus Enzensberger alias Andreas Thalmayr, das die Routineformel *Mit freundlichen Grüßen* im Verlauf des Gedichtes insgesamt 17 Mal modifiziert. Das Gedicht ist eingerahmt in die ursprüngliche korrekte Routineformel, beginnt also mit dieser, um nach den Modifikationen wieder mit dieser Routineformel in Ursprungsform zu schließen. Die ersten drei Zeilen lauten: „Mit freundlichen Grüßen / Mit grämlichem Hüsteln / Mit christlichem Fröstein" (Thalmayr 2005: 50). Trotz der tendenziell einfachen und leicht zu verstehenden phraseologischen Grundlage ist der Wortschatz durch die folgenden Modifikationen recht komplex und im Anfängerunterricht möglicherweise nicht angemessen. So ist der Witz der Modifikationen, die mit der diametralen Verkehrung der ursprünglichen Formel in der Aussage „Mit kreischenden Flüchen" im vorletzten Vers gipfeln, eigentlich im Detail nur zu verstehen, wenn das elaborierte Vokabular bei Lernenden vorhanden ist. Allerdings lässt sich die Hauptaussage des Gedichtes sehr leicht erläutern: Die Formel *Mit freundlichen Grüßen* wird stets unter formelle Brief- und E-Mail-Korrespondenzen gesetzt, auch wenn der Absender dem Empfänger nicht zwingend freundlich gesonnen sein muss. Nicht allein idiomatische, sondern alle Phraseologismenklassen sollten stets in einem textuellen Kontext erlernt werden (vgl. Ettinger 2019: 21). Durch eine literaturgestützte Kontextualisierung der zu vermittelnden Routineformeln ist die Erfolgsgarantie einer neurodidaktischen Verankerung und Festigung bei den Lernenden ungleich höher (vgl. Grein 2013: 68).[2] Somit kann dieses Gedicht im Anschluss an

---

resse und Verständnis für sprach- und literaturwissenschaftliche Probleme mitbringen." (2001: 192). Dennoch zeigt ihr gelungener Didaktisierungsvorschlag, dass die Lernziele für Lernende mit jedweder Bildungsbiographie relevant sind. Zu einer zusammenfassenden kritischen Argumentation der Vor- und Nachteile von Literatur im Fremdsprachenunterricht allgemein vgl. O'Sullivan & Rösler 2013: 43–44.

2 Eine ähnliche Vermittlung der Routineformel *Meine Damen und Herren* wäre mittels des Gedichtes *hörprobe* von Ernst Jandl möglich. Vgl. zu einem ausführlicheren Didaktisierungsvorschlag Bernstein 2009: 112–114.

typische Anredeformeln im formellen und informellen Kontext gezeigt werden. Die Wahrscheinlichkeit der lexikalischen Verankerung und insgesamt die Motivation der Lernenden wird dadurch erhöht.

Neben Routineformeln können ebenso Einwortmetaphern (Tischbein, Flussbett, Bananenrepublik, Salamitaktik) und deren je unterschiedliche Grade von Idiomatizität diskutiert werden. In der Phraseologieforschung gehören sie eher in den Randbereich, wobei man sich mittlerweile doch für deren Berücksichtigung innerhalb der Phraseologie ausspricht (vgl. Szczęk 2004: 83). Interessant sind Einwortmetaphern insbesondere deshalb, da die Produktion von Komposita ein Phänomen ist, das von Lernenden als charakteristisch für das Deutsche wahrgenommen wird. Hierzu ein Beispiel: In dem Gedicht *hoffmannstropfen* verfährt Ernst Jandl durch Remotivierung mit diesen Einwortmetaphern solchermaßen, als ob es sich um Phraseologismen handelte, deren übertragene Bedeutung ein Wörtlich-Nehmen erlaubt. So werden im Verlaufe des Gedichtes nicht nur „hoffmannstropfen" sondern auch „hofmann von hofmannswaldauer tropfen" oder „e.t.a. hoffmanns tropfen" u. ä. eingenommen (Jandl 1997: 141).

Einwortmetaphern eignen sich auch, zentrale Eigenschaften von Phraseologismen zu erläutern. Gerade die Polylexikalität, die ebenso wie Idiomatizität und Festigkeit graduell sein kann, steht bei Einwortmetaphern naturgemäß im Vordergrund. Vor Veranschaulichung am Beispiel von Jandls Gedicht ließe sich vermitteln, dass die Glieder eines Kompositums wie *Tischbein* unterschiedliche Grade von Idiomatizität aufweisen können: Das Grundwort ist in einem übertragenen Sinne aufzufassen, das Bestimmungswort wiederum wörtlich auf *Tisch* bezogen, dessen Bestandteil ein Tischbein ist. Nun ist wiederum das Substantiv *Hoffmantstropfen* nicht unbedingt eines, dessen Relevanz in der Wortschatzarbeit im Fremdsprachenunterricht absolut naheliegt. Es lassen sich hierzu aber auch andere Beispiele in lyrischen Texten wie auch in Liedtexten finden. So ist etwa das Kompositum *Ressourcenschonung* im Lied *Es gibt kein richtiges Leben im falschen* von Rainald Grebe dafür geeignet, ein zentrales Schlagwort aktueller gesellschaftspolitischer Debatten nachzuzeichnen. Wie das auf Adorno zurückgehende geflügelte Wort des Liedtitels verspricht, so ist auch der übrige Text des Liedes wie überhaupt das Werk Grebes ausgesprochen geeignet für eine Didaktisierung von Phraseologismen im Fremdsprachenunterricht.[3] Mittels der Texte von Rainald Grebe ließen sich nicht allein weitere geflügelte Worte, sondern auch Sprichwörter oder idiomatische Phraseologismen veranschaulichen. Der Vorteil ist eine erhöhte Motivation der Lernenden durch eine weitere

---

3 Zu einer Didaktisierung des Liedes *Es gibt kein richtiges Leben im falschen* vgl. Bernstein 2014: 207–210.

ästhetische Komponente, bei der auch der Musik Rechnung zu tragen wäre und auf die Gegebenheiten dieser Kunstform durch entsprechende Arbeitsaufträge eingegangen werden sollte.[4]

Freilich ist auch der ursprüngliche Kernbereich der Phraseologie mit vollidiomatischen Phraseologismen sehr gut mittels literarischer Texte zu thematisieren. Ein denkbar kurzer Text, den Burkhard Garbe anführt, kann dies veranschaulichen: „Wenn der Papst ex cathedra spricht, müssen Katholiken dran glauben" (Garbe 1982: 47). Hier werden gleich zwei Phraseologismen in aller Kürze des Bonmots vereinigt: *ex cathedra* und *an etw. glauben müssen*, ersterer mit der Bedeutungsparaphrase „‚vom Lehrstuhl herab' mit der Wortbedeutung ‚kraft päpstlichen Lehramtes [u. darauf beschränkter Unfehlbarkeit]'" (DUW 2007: 533), zweiterer mit der Bedeutung und Angabe zur stilistischen Ebene „salopp; ums Leben kommen [...] ugs.; von etw. Unangenehmem betroffen sein, an der Reihe sein" (DUW 2007: 700). Hierbei wird der zweite vollidiomatische Phraseologismus durch die Einbettung in den Kontext remotiviert und ist eigentlich nur literal zu verstehen: Wenn der Papst spricht, müssen Katholiken seinen Worten Glauben schenken. Neben der lakonischen Komik durch Remotivierungen veranschaulicht das Beispiel zudem, inwiefern die Beschreibungen der stilistischen Ebene und der Konnotation in Nachschlagewerken defizitär bzw. für Lernende nicht nachvollziehbar sind, wenn die eine Bedeutung mit „salopp", die andere mit „umgangssprachlich" umschrieben wird.

2.2 Welche literarischen Texte sind zur Vermittlung von Phraseologie im Fremdsprachenunterricht geeignet?

Die Frage, welche literarischen Texte insbesondere zur Vermittlung von Phraseologismen geeignet sind, lässt sich leicht beantworten: alle. Doch natürlich gibt es Präferenzen und Kriterien, die zu beachten sind.[5] Zunächst einmal ist die generelle textuelle Einbettung von Phraseologismen sinnvoll. Ein Einzelfall aus einem prominenten DaF-Lehrwerk veranschaulicht die Relevanz der textuellen Einbettung: Im *Lehr- und Übungsbuch der deutschen Grammatik* findet sich unter § 62

---

[4] Zum Konnex ästhetisches Lernen, Musik und Ganzheitlichkeit vgl. Badstübner-Kizik 2012: 298–299.
[5] Einen Kriterienkatalog zur Eignung literarischer Texte im Unterricht geben Hille/Schiedermair 2021: 221. Die dort aufgelisteten Kriterien lauten: Unterrichtsziele, Inhalt der Texte, Struktur und Umfang der Texte, Literarizität der Texte, Illustrationen zu den Texten, Gattungs- und Medienvielfalt, Adaptionen und Übersetzungen. Das gewählte Beispiel aus Kapitel 3.1 und 3.2 erfüllt all diese Kriterien.

das Kapitel „Verben in festen Verbindungen"; das Kriterium der Festigkeit wird damit indirekt thematisiert. Unter „Redensarten und ihre Bedeutungen" steht dann der Arbeitsauftrag „Ergänzen Sie den Artikel". Idiomatische Phraseologismen wie etwa *kein Blatt vor den Mund nehmen* finden sich dann um den Artikel verkürzt mit anschließender Nennung der nicht-phraseologischen Bedeutung (hier: „seine Meinung offen sagen" (Dreyer & Schmitt 2000: 322). Die Phasen des Erkennens, Entschlüsselns, Verfestigens und Anwendens sind nicht thematisiert. Wie bei solch isolierter Präsentation von Phraseologismen ein auch nur passiver Wortschatzerwerb stattfinden soll, bleibt unklar. Aus genannten Gründen ist der Aussage von Lüger unbedingt zuzustimmen:

> Will man phraseologische Wortverbindungen angemessen beschreiben und ihr Bedeutungspotenzial auch nur annähernd erfassen, ist ein textorientierter Zugang vonnöten; Faktoren wie Situationsangemessenheit, Adressaten- und Textsortenspezifik, erfordern eine pragmatische, handlungstheoretisch begründete Perspektive. Deshalb sollte die Unterrichtsarbeit mit und an Phraseologismen auf Arbeit mit und an Texten beruhen.
> (2006: 213)

Autor*innen haben bei der Verwendung von Phraseologismen je unterschiedliche Intentionen. In einigen Definitionsansätzen wird gerade die Abweichung von Alltagssprache als Kriterium literarästhetischen Sprechens in literarischen Texten überhaupt, in Sonderheit aber in lyrischen Texten, erachtet. Wenngleich hiermit einige Probleme verbunden und nicht unbedingt hinreichende Kriterien genannt sind, so lässt sich doch, hierin Burdorf folgend (1997: 6), die charakteristische Abweichung von Alltagssprache als lyriktypische Eigenschaft neben einigen anderen (Kürze, Reim) annehmen. Phraseologismen wiederum sind v. a. in gesprochener Sprache charakteristisch (vgl. Lenk 2001: 164). Wenn nun also von Autor*innen in gemeinhin konzeptionell schriftlichen literarästhetischen Texten Sprachmaterial verwendet wird, das konzeptionell mündlich ist, so wird mit dem definitiv vielerseits konstatierbarem Interesse für Phraseologie innerhalb der Literatur ein bestimmter Zweck verfolgt. Sehr häufig werden Phraseologismen in literarischen Texten mit einem sprachkritischen Impetus verwendet und sollen damit erhöhte Sprachsensibilität hervorrufen. Einerseits weckt gerade Idiomatizität bei Schreibenden ein erhöhtes Interesse, da Idiomatizität mit metaphorischem Sprechen oder einem uneigentlichen Wortsinn verbunden ist. Dies lässt sich mit der poetischen Funktion von Sprache im Sinne Roman Jakobsons parallelisieren: Sprache wird um ihrer selbst willen verwendet (vgl. Jakobson 1979: 92). Der uneigentliche Sinn ist in der Sprechergemeinschaft bekannt. Der eigentliche wörtliche Sinn hingegen wird häufig nicht weiter hinterfragt. Bei Lernenden ruft – Unkenntnis der Wortbedeutung eines idiomatischen Phraseologismus vorausgesetzt – genau diese semantische Inkompatibilität oder aber eine morphosyntaktische Abweichung Irritation hervor.

Geht man zunächst einmal von der klassischen Einteilung literarischer Texte in Lyrik (zu der selbstredend auch Liedtexte gehören), Dramatik und Epik aus, so erhärtet sich die These, dass einerseits alle literarischen Texte geeignet sind. Gleichzeitig ergeben sich gattungsbezogene unterrichtsmethodische Präferenzen. Phraseologismen kommen in Romanen und Erzählungen vor. Der Umfang von Romanen erlaubt es jedoch meist nicht, diese als Ganztexte zu rezipieren. Verkürzungen sind notwendig, jedoch unter der Gefahr, dem ästhetischen Mehrwert nicht mehr gerecht werden zu können. In der Phraseologieforschung häufiger angeführte Autor*innen von Romanen bringen Forschungsergebnisse mit linguistischem Interesse hervor, seltener sind Untersuchungen mit literaturdidaktischem oder gar sprachmittelndem Fokus. Häufig angeführt in der Phraseologieforschung ist das Beispiel aus Bertolt Brechts dramatischem Text *Der kaukasische Kreidekreis*, das so genannte Sprichwortduell. Allerdings beschränkt sich der eigentliche Dialog zwischen Simon und Azdak, der aufgrund der Regieanweisung „nimmt die Herausforderung eifrig an" (Brecht 1997: 664) als Duell bezeichnet werden kann, auf genau sieben Sprichwörter und Wellerismen. Auch hier wäre nur ein Auszug möglich und empfehlenswert, eine Thematisierung des inhaltlichen Gesamtkontextes der Dialogszene zur phraseodidaktischen Wortschatzvermittlung ist nicht zwingend notwendig. Ein zumindest in Auszügen möglicher und unter phraseodidaktischem Gesichtspunkt gut geeigneter dramatischer Text ist Peter Handkes *Kaspar*. Das Stück zeigt unter anderem, verkürzt dargestellt, den Spracherwerbsprozess des Protagonisten, der von den „Einsagern" begleitet und gleichzeitig bevormundet wird. Die Beispielsätze, die dem Protagonisten von den Einsagern eingeimpft werden, sind nicht frei von Gemeinplätzen und Sprachklischees, die phraseologischen Gestaltungsmustern gleichen: „Der Raum ist klein, aber mein." (Handke 1969: 45). Kollokationen finden im Sinne „präferierte[r] Wortverbindungen" (Handwerker 2010: 246) Verwendung und, ebenso wie dies Lernende tun würden, werden Basis und Kollokator hinterfragt und in neue Kontexte gestellt: „Der Hund bellt. Der Befehlshaber bellt. Das Wasser steigt. Das Fieber steigt" (Handke 1969: 50). Ebenso wie dies Henk an Handkes Erzählung *Halbschlafgeschichten* illustriert (2001: 195–199), lässt sich auch Handkes dramatischer Text *Kaspar* in gekürzter Fassung im Unterricht thematisieren und ist für phraseodidaktische Zwecke perfekt geeignet.

2.3 Welche methodischen Vorteile und Möglichkeiten zur Vermittlung von Phraseologismen bieten literarische Texte?

Insbesondere drei Vorteile fallen ins Auge, wenn Phraseologismen mittels literarischer Texte im Fremdsprachenunterricht thematisiert werden. Zunächst einmal begeben sich viele Autor*innen bei der Verwendung von Sprache allgemein und besonders bei Phraseologismen in die Perspektive von Fremdsprachenlernenden: Sie hinterfragen sprachliche Routinen, das Eingefahrene, hinterfragen das durch Konventionen Übermittelte und unreflektiert Hingenommene von sprachlichen Bedeutungsmustern. Autor*innen begeben sich in eine Fremdperspektive und schreiben Sinn neu zu. Ebenso wie bei Lernenden wird dann bei Enzensberger gefragt, warum gemäß der Routineformel *Grüße* stets *freundlich* zu sein haben oder was damit gemeint sein kann, wenn gemäß dem vollidiomatischen Phraseologismus *jemand daran glauben muss*, wie dies bei Garbe der Fall war.

Zum Zweiten lässt sich der phraseodidaktische Vierschritt – 1992 von Kühn noch als Dreischritt entworfen und 1997 um die Festigungsphase erweitert (vgl. Lüger 1997: 102 sowie zur Ergänzung weiterer Phasen Hallsteinsdóttir 2011: 7–8) – perfekt an literarischen Texten exemplifizieren. Besonders die ersten drei Phasen Erkennung, Entschlüsselung und Festigung lassen sich mit entsprechenden Arbeitsaufträgen bei einer aktiven, nämlich Sinn zuschreibenden Rezeption literarischer Texte in idealer Weise umsetzen. Die abschließende Phase der Verwendung wiederum setzt eine weiterhin erhöhte Aktivität der Lernenden voraus. Verwendung kann nur bei den Fertigkeiten Sprechen und Schreiben sinnvoll umgesetzt werden und löst sich von der alleinigen Rezeption literarischer Vorlagen. In der Unterrichtspraxis funktioniert die erste Phase, das Erkennen von Phraseologismen, meist über das Erkennen der semantischen Inkompatibilität der Komponenten. So lassen sich literarische Texte einführen, bei denen idiomatische Phraseolexeme zu erkennen sind. Bei der zweiten Phase der Entschlüsselung können vor dem Nachschlagen im Wörterbuch oder einer Erklärung durch die Lehrkraft zunächst Hypothesen über die Wortbedeutung seitens der Lernenden formuliert werden. Während die Festigungsphase anhand verschiedener Übungen oder der Beleuchtung des Entstehungszusammenhanges vonstatten geht, ist bei der Verwendungsphase zur Diskussion zu stellen, ob tatsächlich alle Phraseologismenklassen angewandt werden sollten. Vor allem bei Sprichwörtern und Geflügelten Worten herrscht die Meinung vor, sie aus dem Bereich aktiver Verwendung auszuklammern (vgl. Balzer et al. 2010: 10). Weitgehende Einigkeit besteht darüber, dass Nachschlagewerke über die initialalphabetische Sortierung hinaus auch einer lernerfreundlichen onomasiologischen Präsentation sowie eines Übungsteiles bedürfen (Wotjak 2011: 219).

Schließlich ist zum Dritten die erhöhte Motivation anzuführen: Gerade Lernende in Anfängerniveaus motiviert es, wenn sie in der Lage sind, literarische Texte in einer fremden Sprache zu erfassen und zu reflektieren. Anschlussfähigkeit bieten hier viele Texte der Konkreten Poesie, in denen Phraseologie eine hohe Vorkommenshäufigkeit hat.

Aus literaturdidaktischer Perspektive lässt sich möglicherweise der Zweifel anbringen, ob bei einem solchen Umgang mit Literatur der ästhetische Mehrwert genügend zur Geltung gebracht werde. Ist Literatur im Unterricht als Mittel zur Implementierung von Phraseodidaktik und Wortschatzarbeit nicht eine Instrumentalisierung von Literatur? Wird man der Literarizität bei einer solchen Instrumentalisierung überhaupt noch gerecht? Dieser Zweifel lässt sich leicht ausräumen: Zum einen wird jeder Sprechakt, wird er in einer Unterrichtssituation geäußert, ohnehin einem Lernziel untergeordnet. Zum anderen wird gerade der Stellenwert von Literarizität bei einer Betrachtung von Phraseologie in Literatur berücksichtigt, da ja die poetische Funktion von Phraseologismen und deren oftmals rhetorische Gestaltung beleuchtet wird (beispielsweise Anapher, Parallelismus, Alliteration, Chiasmus, Wortwiederholung usw.). Insofern ist der von Dobstadt vorgebrachten Doppelthese unbedingt zuzustimmen, der zufolge Literatur zwingend „eine für Sprach- und Kulturzwecke funktionalisierte Literatur" (Dobstadt 2009: 23) ist und gleichzeitig stets die „Reflexion auf ihre Literarizität" (23) Ausgangs- und Bezugspunkt bleibt.

3 Praxisbeispiel

3.1 Vier Gründe der literatur- und fremdsprachendidaktischen Eignung des Textes

Als Praxisbeispiel wird hier ein von sehr breiter Zielgruppe ästhetisch erfahrbarer Text angeführt, bei dem Phraseologismen große Relevanz haben: Das Kinderbuch *Baby Dronte* des in Hamburg lebenden Autors und Zeichners Peter Schössow (*1953). Dieses Werk wird aus mehreren Gründen gewählt. Zunächst einmal lässt sich damit die These kritisch reflektieren, dass Kinderbücher auch im Fremdsprachenunterricht mit (jungen) Erwachsenen sehr gut eingebracht werden können, dies jedoch nicht etwa, weil sie – was eine irrtümliche Annahme ist – einen reduzierten Wortschatz haben. Die Lexik von Kinderbüchern kann sehr komplex werden (vgl. O'Sullivan & Rösler 2013: 49ff). Darüber hin-

Abb. 1: Käpt'n Lüttich © Peter Schössow, mit freundlicher Genehmigung des Autors.

aus sprechen die Illustrationen Lernende auf weiteren Sinneskanälen an, unterstützen das Leseverstehen, bieten über Wortschatzvermittlung hinausgehende Gesprächsanlässe und schließlich ist der Text als Ganztext im Unterricht lesbar (vgl. Conrady 1994: 23).[6]

Da die im Folgenden angeführten Phraseologismen aus *Baby Dronte* teils mit der Handlung verknüpft sind, aus Gründen des Umfanges aber auf den unverkürzten Abdruck des Originaltextes verzichtet wird, sei der Inhalt hier in einigen Sätzen grob umrissen: Das Buch zeigt den Kapitän eines Hamburger Schleppers (vgl. Abb. 1) und seine zweiköpfige Crew. Durch den Fund eines Dronteneis und die Aushändigung der mittlerweile geschlüpften und auf den Kapitän geprägten Dronte an den Bürgermeister der Stadt sowie ein Team von Forschern erhält der Kapitän und die Crew einen Finderlohn, mit dem der Leck geschlagene Schlepper repariert werden kann. Da die Crew die Dronte sehr vermisst, entschließen sie sich, den Vogel aus dem Zoo zu befreien. Die Flucht vor der Polizei gelingt, die Dronte erlernt jedoch das Fliegen nicht und wird deshalb mit dem Schlepper zurück zum vermutlich ursprünglichen Fundort, Mauritius, gebracht, wo die Mutter sowie eine ganze Kolonie der eigentlich seit 300 Jahren ausgestorbenen Dronten ausfindig gemacht werden.

---

6 Weitere allgemeine Kriterien für den Einsatz von Kinder- und Jugendliteratur auch im Unterricht mit Erwachsenen werden bei O'Sullivan & Rösler (2012: 47–55) ausführlich reflektiert.

Baby Dronte ist aus vier Gründen für didaktische Zwecke überaus geeignet, nicht jedoch unbedingt für alle Sprachniveaus. Wegen seiner sprachlichen Komplexität ist der Text ab einem B1-Niveau des „Gemeinsamen Europäischen Referenzrahmens" nur unter Hinnahme fehlender Ausdeutbarkeit durch Lernende thematisierbar, ab einem B2-Niveau hingegen gut anwendbar.

Zu den vier Gründen der Eignung des Textes: Zunächst ist die Sprachverwendung im Buch über die hohe Vorkommenshäufigkeit von Phraseologismen hinaus bewusst durchkonzipiert. So werden die *verba dicendi* der Stimmung bzw. dem Charakter der Personen angepasst (vgl. Schössow 2008: ohne Paginierung, im Folgenden mit BD abgekürzt). Während der Protagonist Käpt'n Lüttich seine Diskursanteile rational schlicht „dachte", „knurrt" oder „brummt" der wortkarge Maschinist Krittel seine Redeanteile. Der Smutje namens Zausenke dagegen „nölt" oder „quakt". Die Namen sind zwar keine *telling names*, klingen aber in Kombination mit der Berufsbezeichnung für Muttersprachler*innen höchst assoziativ: Der Käpt'n heißt Lüttich, der Werftbesitzer Mackeprang, der Bürgermeister Piepenbrink und der Professor der Drontenexpedition Müller-Malowsky. Im Zoo werden Vögel ausfindig gemacht, die eventuell gar unter Ornithologen Seltenheitswert haben dürften: „Steißhühner, Wüstengimpel, Abendkernbeißer, Gänsesäger, Mittelmeersteinschwätzer [Sic], Korsenkleiber, Hokkos und, und, und ..." (BD). Einzig der ursprünglich Mittelmeer-Steinschmätzer genannte Vogel wird bei Schössow – beabsichtigt oder unbeabsichtigt, so jedenfalls durchaus mit Doppelbödigkeit – zum Steinschwätzer. Schließlich widmet sich der Kapitän zur Zerstreuung der Lektüre höchst diverser Bücher, die stets mit Seefahrt zu tun haben, deren literarischer Wert hingegen je nach Lesepublikum durchaus unterschiedlich eingeschätzt werden dürfte: „Um auf andere Gedanken zu kommen, fing der Käpt'n an zu lesen: ‚Moby Dick', ‚Die Meuterei auf der Bounty', ‚Die Caine war ihr Schicksal'" (BD). Offenbar ist der Protagonist literaturaffin, ebenso wie dies für den Autor des Buches zutrifft, der Gedichte unterschiedlicher, aber allesamt kanonisierter Dichter wie Heine, Goethe und Morgenstern illustrierte und auch mit zeitgenössischen Schriftstellern wie Jostein Gaarder oder Harry Rowohlt zusammenarbeitete.

Darüber hinaus lädt die Struktur des Buches zur Lektüre ein: Es ist mit seinem ohne Illustrationen insgesamt auf etwa 3 Seiten (fast 11.000 Zeichen mit Leerzeichen) darstellbarem Text relativ kurz, mit Illustrationen hat das Werk einen Umfang von 22 Doppelseiten und einer abschließenden einfachen Seite. Bei einer Lektüre ohne Unterbrechung durch Gespräch, Rückfragen oder Arbeitsaufträge wäre diese mit einem ungefähr dreißigminütigen Zeitpensum zu veranschlagen. Die ansprechenden handgezeichneten Aquarelle, die noch „mit Pinsel, Spritzpistole und Zahnbürste entstanden" (David 2013: ohne Paginierung), erhöhen die Motivation, unterstützen das Leseverstehen und regen die Phantasie und Anschlussfähigkeit zum Austausch an. Der Humor in Text und Bild ist in seinem Anspielungsreichtum und seiner Subtilität auch an Erwachsene adressiert, auch wenn es sich ursprünglich um ein Kinderbuch handelt.

Zum Dritten unterstreichen sowohl die Bildinhalte als auch die gelegentlichen plattdeutschen Routineformeln, wie etwa „Wat mutt, dat mutt" (BD), den Lokalkolorit: Hamburg ist durch das im Hintergrund Dargestellte leicht erkennbar. Auf der Flucht des Kapitäns und seiner Crew vor der Wasserpolizei sieht man am hinteren Elbufer deutlich den Michel und andere Gebäude Hamburgs. Andeutungen auf den Stadtteil St. Pauli sind unverkennbar. Die Stimmung der zweiköpfigen Crew von Käpt'n Lüttich nach Aushändigung der Dronte wird mit Anspielung auf norddeutsche Kulinarik wie folgt umschrieben: „Krittels Laune und Zausenkes Labskaus wurden Tag für Tag ein bisschen schlechter." Mit diesen Regionalismen bietet das Buch breite Anschlussmöglichkeiten kulturkundlicher Vermittlung, auch und gerade an Lernorten außerhalb Norddeutschlands und fernab der Zielsprachenländer.

Schließlich ist viertens, mit Rekurrenz auf den anfangs genannten Grund der durchkonzipierten Sprachverwendung, natürlich die Phraseologie im Text zu nennen: Bereits der Titel des Buches spielt auf einen Phraseologismus an, der im Englischen Verwendung findet: *dead as a dodo*, wörtlich als ‚tot wie eine Dronte' zu übersetzen, mit dem übertragenen Wortsinn ‚mausetot'. Der flugunfähige Drontenvogel wiederum hatte bereits einen literarischen Vorläuferauftritt im dritten Kapitel in Lewis Carrolls weithin bekanntem *Alice in Wonderland*, auf den die Popularität des Vogels zurückzuführen ist.

Unter Berücksichtigung von Einwortmetaphern („Pressefritzen"), Funktionsverbgefügen („einen Entschluss fassen"), Routineformeln („Aus und vorbei"), Zwillingsformeln („Tag für Tag"), Kollokationen („tosende Wellen") und nicht- („die Augen fallen zu"), teil- („Bücher wälzen") sowie vollidiomatischen Phraseologismen („etw. ist für die Katz" (alle BD)) kommen im Text insgesamt 65 phraseologische Wortverbindungen vor. Bei einer solchen Zählung wird Phraseologismen des Rand- wie Kernbereiches Rechnung getragen. Innerhalb der Forschungsdiskussion wirft dies insofern weitere Fragen auf, da neben naheliegenden Einwortmetaphern wie „Blitzlichtgewitter" oder „Gänsemarsch" im Text auch Adjektive wie „stinksauer" oder „mutterseelenallein" (BD) und Verben wie „flottmachen" vorkommen. Daher ist zu reflektieren, inwiefern diese Wortverbindungen im Randbereich der Phraseologie stehen, aber dennoch zum phraseologischen und zu vermittelnden Wortschatz zu zählen sind. Aus Perspektive der Lernenden ist eine Berücksichtigung unter Hinzuziehung des phraseodidaktischen Vierschrittes durchaus sinnvoll, da die Mechanismen des Erkennens, Entschlüsselns, Verfestigens und Anwendens wirksam werden. Schließlich kommen im Text auch Phraseologismen des idiomatischen Kernbereiches vor, die im Text mittels syntagma-interner Sprachspiele modifiziert werden, etwa „dem keiner das Schmieröl reichen konnte" (BD) (zu *jmdm. nicht das Wasser reichen können* mit der Bedeutung „an jmds. Fähigkeiten, Leistungen o. Ä. nicht heranreichen" (Dudenredaktion 2012: 844), oder aber Phraseologismen, die durch die kontextuelle Einbettung im syntagma-externen Sprachspiel[7] eine sowohl wörtliche als auch übertragene Lesart zulassen, wie etwa „komische Vögel" (BD), was beim Betreten des Zoos geäußert wird. „Komische Vögel" ist hier als Pendant zu *schräger Vogel* aufzufassen, mit der Bedeutung „ein zwielichtiger Mensch" (Dudenredaktion 2012: 680).

3.2 *Baby Dronte* im Unterricht Deutsch als Fremdsprache

Im Folgenden werden mögliche Fragestellungen zur Thematisierung von *Baby Dronte* im Fremdsprachenunterricht vorgestellt und erläutert. Im Zentrum steht dabei die Arbeit mit phraseologischem Wortschatz, wobei auch weitere Aspekte der Gestaltung und des Buchinhaltes für den Fremdsprachenunterricht thematisiert werden können und sollten. Insbesondere die ersten Fragestellungen gehen dabei auf den ästhetischen Mehrwert eines Buches mit Illustrationen ein.
– Was sehen Sie auf dem Bild? Beschreiben Sie so genau wie möglich (*Im Vordergrund/Hintergrund/Links/Rechts sieht man ...*)
– Wie ist das gezeichnet? Was für eine Art der Zeichnung ist dies?
– Wo könnte das sein? Stellen Sie Vermutungen an (*Das ist vielleicht/möglicherweise in ... /Ich nehme an/vermute/denke, das ist in ...*)

Präsentiert wird dabei ein Bild, auf dem Käpt'n Lüttichs Schlepper ‚Die Krautsand' ein Containerschiff in der Elbe zieht (vgl. Abb. 2). Im Buch wird dieses Bild nach der Instandsetzung des Schleppers gezeigt. Die Redemittel in Klammern sind Formulierungsvorschläge, die (ggf. weniger geübte) Lernende verwenden können.
– Lesen Sie eine Inhaltsangabe zum Buch *Baby Dronte* von Peter Schössow.
– Recherchieren Sie, was eine Dronte ist.
– Mit welchen Adjektiven könnte die Stimmung der Crew-Mitglieder an verschiedenen Stellen des Buches umschrieben werden, beispielsweise beim Fund des Eies, bei Aushändigung des Eies, bei der Fahrt nach Mauritius oder bei der Ankunft dort? (Ggf. für weniger geübte Lernende ein Zusatz: Wählen Sie aus folgenden Adjektiven passende aus ...)

---

[7] Die Unterscheidung zwischen syntagma-internem vs. syntagma-externem Sprachspiel geht zurück auf Schweizer (1978: 10–11).

Abb. 2: Containerschiff © Peter Schössow, mit freundlicher Genehmigung des Autors.

Geeignet hierfür ist die Inhaltsangabe aus Kapitel 3.1 dieses Artikels, die – der Lerngruppe entsprechend – modifiziert, verkürzt, vereinfacht oder um mehr Details angereichert präsentiert werden kann. Je nach Lernziel kann dieser Text als Hörverstehen oder Lesetext präsentiert werden. Möglich ist auch die eigene Recherche des Inhaltes im Internet. Die Folgefragen bieten Gelegenheit zum Austausch in Partner- oder Gruppenarbeit und steuern die Aufmerksamkeit auf Schnittstellen der Handlung. Ziel hierbei ist es, die Handlung geballt zu präsentieren, damit während der Lektüre des Textes bereits gezielt auf Wendungen der Handlung und die sprachliche Gestaltung des Textes geachtet werden kann.
- Sortieren Sie die Bilder in der Reihenfolge, in der sie im Text vorkommen (Gezeigt werden können etwa folgende Situationen: Fund des Eies, Schlüpfen des Vogels, Flucht vor der Wasserschutzpolizei, Wiedersehen mit der Drontenmutter). Beschreiben Sie anschließend, was Sie genau auf den Bildern sehen.

Hierbei kommen nochmals die Illustrationen zur Geltung und werden ohne Text präsentiert. Die Lernenden haben somit genügend Zeit, vor der Lektüre die Bilder zu betrachten. Anschließend sollte die Lektüre des kompletten Textes mit Betrachtung der Bilder – aus Gründen der Praktikabilität möglicherweise als Hausaufgabe – erfolgen. Anschließend wird einer Gruppe eine Textpassage mit und einer anderen Gruppe dieselbe Textpassage ohne Hervorhebung der Phraseologismen gezeigt. Mit Hervorhebungen sieht dieser Text wie folgt aus:

Jahrelang hatten Käpt'n Horatio Lüttich und seine Jungs mit ihrem Schlepper KRAUT-SAND die großen Pötte in den Hafen gezogen. Rein und wieder raus. Die KRAUTSAND *war nicht mehr die Jüngste*. Aber bisher hatte sie immer funktioniert. Bis zu diesem verflixten Montag ... |

... als im Sturm die Maschine ausgefallen war. Der Käpt'n konnte der großen Tonne nicht mehr ausweichen. Die KRAUTSAND *schlug leck*. Dann *lief sie auf Grund*. Nur mühsam hatten sich Lüttich und die Jungs durch *tosende Wellen* und *zuckende Blitze* retten können. Aber *das dicke Ende* sollte noch kommen. [...]

Was sollte werden aus Paul Zausenke, dem Smutje und „*Jungen für alles*"? Und was aus Hans-Ulrich Krittel, dem Maschinisten, *dem keiner das Schmieröl reichen konnte*? Solange ihr bisschen Gespartes reichen würde, wollten sie zusammenbleiben – aber was dann? [...]

Von nun an war Baby immer dabei – Paul Zausenke kümmerte sich. Doch Baby *schien nur Augen für den Käpt'n zu haben* – und dem *ging* das ewige „Mama" bald *auf die Nerven*.

(BD)

Für beide Gruppen lautet der erste Teil der Aufmerksamkeit steuernden Aufgabenstellung gleich: „Was fällt Ihnen an der sprachlichen Gestaltung des Textes auf?" Für die Gruppe ohne Hervorhebungen ist darüber hinaus zu klären: „Finden Sie auffällige Wortverbindungen!" Die Gruppe mit Hervorhebungen im Text hingegen hat die Frage: „Was charakterisiert die Hervorhebungen im Text?" Dadurch wird hingelenkt auf die Eigenschaften der literalen und übertragenen Bedeutung sowie auf die teils nur bedingte mögliche Modifikation der phraseologischen Einheiten. Thematisiert werden also, ohne dass diese Terminologie genannt oder zwingend erläutert werden muss, die Eigenschaften der Idiomatizität und der Festigkeit. Nach Sammeln der gefundenen Informationen erhalten beide Gruppen den Text mit den Hervorhebungen und schließlich die Frage, die zentral auf Kriterien der Phraseologie eingeht:

- Haken Sie ab, welche Aspekte auf die Wortverbindung zutreffen: besteht aus mehreren Wörtern, ist ein einzelner Satz, kann nicht verändert werden, ein Teil der Wortverbindung ist nicht wörtlich zu verstehen, die Wortverbindung ist als Ganzes übertragen (nicht wörtlich) zu verstehen, war mir vorher bereits bekannt, Bedeutung der Wortverbindung, Übersetzung in meine Herkunftssprache.

Möglich ist die Präsentation dieser Aufgabe als Tabelle (vgl. Tab. 1), bei der die Eigenschaften anzukreuzen sind und die letzten beiden Spalten auszufüllen wären. Für die ersten beiden Phraseologismen sieht diese Tabelle mit Aufgabenstellung wie folgt aus:

- Kreuzen Sie das Zutreffende an bzw. füllen Sie die letzten beiden Tabellen aus!

Tab. 1: Kriterien von Phraseologismen.

	Mehrere Wörter	einzelner Satz	Veränderung unmöglich	Teils nicht wörtlich zu verstehen	komplett übertragen zu verstehen	vorher bereits bekannt	Bedeutung	Übersetzung
Jmd. ist nicht mehr die Jüngste								
Etw. schlägt leck								

Die bislang genannten Übungen zum phraseologischen Wortschatz beschäftigten sich mit dem Erkennen und Entschlüsseln. Um zu der Phase des Verfestigens und – nicht für alle Phraseologismen anzustrebenden – Verwendens zu gelangen, können beispielsweise folgende Aufträge gegeben werden:
- Modifizieren Sie den Text so, dass Sie die kursiven Formulierungen durch andere freie Lexeme ersetzen, ohne dass sich der Textinhalt stark verändert.
- Schreiben Sie einen eigenen Text, in dem Sie versuchen, so viele der kursiv gesetzten Formulierungen wie möglich selbst zu verwenden.

4 Ausblick

Phraseologismen in Literatur bieten viele Möglichkeiten, ihre unterrichtsmethodische Thematisierung hat aber auch Grenzen. Nicht hinlänglich geklärt ist, wie ein fremdsprachendidaktisch bis zu einem gewissen Maße sinnvolles und korpuslinguistisch zu erörterndes phraseologisches Optimum bei phraseodidaktischer Vermittlung mit Literatur umsetzbar ist. Den zwar schon etwas weiter zurückliegenden, aber dennoch exemplarischen Vorstoß zur Erforschung eines Optimums haben Hallsteinsdóttir, Šajánková & Quasthoff (2006) vorgelegt. Zunächst suchten sie anhand von Nachschlagewerken (etwa dem Übungsbuch von Hessky & Ettinger) und dem Korpus der Universität Leipzig 1112 deutsche Phraseologismen heraus, die sie Informant*innen vorlegten. Dabei kamen sie zu einem phraseologischen Optimum von 143 empirisch belegbaren Phraseologismen, die sowohl hohe Frequenz als auch hohe Geläufigkeit aufweisen. Ettinger (2019: 15) weist darauf hin, dass ein phraseologisches Minimum für die Phraseodidaktik der Suche nach der blauen Blume gleiche. Denn insbesondere idiomatische Phraseologismen sind idiolektal und werden von einigen Sprecher*innen hoch individuell etwa zur Untermalung der Sprechintention verwendet, wohingegen andere idiomatische Phraseologismen selten oder gar nicht verwenden (Ettinger 2019: 13). Autor*innen literarischer Texte orientieren sich nicht am Optimum, einerseits da Literatur in manchen Fällen dem Prinzip der Abweichungsästhetik gehorcht und gerade dadurch Phraseologismen Verwendung finden, die im allgemeinen Sprachgebrauch weniger frequent sind. Andererseits da auch nicht zeitgenössische Literatur im Unterricht thematisiert wird, werden könnte und sollte, deren Sprachgebrauch wiederum nicht immer dem heutigen entspricht, wohl aber Sprachwandel und kreativen Umgang mit Sprache illustriert. Daher sind die Faktoren Relevanz und Aktualität, die in der Diskussion des phraseologischen Optimums zu berücksichtigen sind (vgl. Hallsteinsdóttir 2011: 8), nicht immer oder nur bedingt gegeben. Die Vorteile hingegen überwiegen: Geht es um das passive Erkennen von Phraseologismen, so schlägt die Verwendung von Literatur zum Zwecke der Phraseodidaktik in eine Kerbe, bei der innerhalb der internationalen Forschung der vergangenen Jahrzehnte Einigkeit bestand (vgl. Ettinger 2019: 31): Lernenden sollten Strategien vermittelt werden, mit denen sie autonom Phraseologismen erkennen. Die Sensibilisierung etwa von semantischer Inkompatibilität oder morphosyntaktischer Abweichung ist im Umgang mit Literatur sehr gut umsetzbar. Literarische Texte im Fremdsprachenunterricht erhöhen neben der Lernautonomie auch die Lernmotivation, bieten eine perfekte Möglichkeit textueller Einbettung von Phraseologismen und sind schließlich in allen Sprachniveaus thematisierbar. Anderseits müssen viele Texte – Romane und Dramentexte – wohl in Auszügen rezipiert werden, wohingegen die Lektüre von Lyrik und/oder Kinder- und Jugendbuchliteratur zeitökonomischer im Unterricht platziert werden kann. Literatur wird in diesem Ansatz der Wortschatzarbeit keineswegs instrumentalisiert. Der ästhetische Mehrwert, die Literarizität, bleibt Ausgangs- und Bezugspunkt, zumal die Komposition von Phraseologismen häufig dem Gebot der Literarizität bzw. der poetischen Funktion als Sprache um der Sprache Willen im Sinne von Jakobson gehorcht.

Literatur

Arbeitsgruppe FaDaF (Hrsg.) (2012): *Deutsche Sprachprüfung für den Hochschulzugang. Handbuch für Prüferinnen und Prüfer*. Berlin u. a.: Klartext.

Badstübner-Kizik, Camilla (2014): Text – Bild – Klang. Ästhetisches Lernen im fremdsprachigen Medienverbund. In Nils Bernstein & Charlotte Lerchner (Hrsg.), *Ästhetisches Lernen im DaF-/DaZ-Unterricht. Musik – Kunst – Film – Theater – Literatur*, 297–312. Göttingen: Universitätsverlag.

Bergerová, Hana (2011): Zum Lehren und Lernen von Phraseologismen im DaF-Studium. Überlegungen zu Inhalten und Methoden ihrer Vermittlung anhand eines Unterrichtsmodells. *Linguistik online* 47 (3), 107–117.

Bernstein, Nils (2009): Phraseologismen im Fremdsprachenunterricht. Didaktisierungsvorschläge für den Umgang mit festen Mehrwortverbindungen in literarischen Texten. In Christoph Chlosta & Matthias Jung (Hrsg.), *DaF integriert: Literatur – Medien – Ausbildung. Tagungsband der 36. Jahrestagung des Fachverbandes Deutsch als Fremdsprache 2008*, 107–122. Göttingen: Universitätsverlag.

Bernstein, Nils (2011): *‚kennen sie mich herren/meine damen und herren'. Phraseologismen in Moderner Lyrik am Beispiel von Ernst Jandl und Nicanor Parra*. Würzburg: Königshausen & Neumann.

Bernstein, Nils (2014): Phraseodidaktische Vorschläge anhand der Liedtexte Rainald Grebes. In Katharina Herzig, Sabine Pfleger, Karen Pupp Spinassé & Sabrina Sadowski (Hrsg.), *Transformationen. DaF-Didaktik in Lateinamerika: Impulse aus Forschung und Unterrichtspraxis*, 201–213. Tübingen: Stauffenburg.

Brecht, Bertolt (1997): *Ausgewählte Werke in sechs Bänden. Stücke 2.* Frankfurt a. M.: Suhrkamp.
Burdorf, Dieter (1997): *Einführung in die Gedichtanalyse.* 2. überarb. u. aktual. Aufl. Stuttgart, Weimar: Metzler.
Conrady, Peter (1994): Bücher sind zum Lesen da – Jugendbücher für Deutsch als Fremdsprache. Darstellung von konstitutiven Elementen und Konsequenzen für Analysen und Auswahl. *Zielsprache Deutsch* 25 (1), 19–24.
Council of Europe (2020): *Gemeinsamer europäischer Referenzrahmen für Sprachen: lernen, lehren, beurteilen. Begleitband.* Stuttgart: Klett.
David, Thomas (2013): Bilderbuchkünstler Peter Schössow. Hundertstundenwoche? Aber klar! *Frankfurter Allgemeine Zeitung* vom 05.04.2013. http://www.faz.net/aktuell/feuilleton/buecher/autoren/bilderbuchkuenstler-peter-schoessow-hundertstundenwoche-aber-klar-12136468.html?printPagedArticle=true#pageIndex_2 (letzter Zugriff 25.08.2022).
Dobstadt, Michael (2009): „Literarizität" als Basiskategorie für die Arbeit mit Literatur in DaF-Kontexten. Zugleich ein Vorschlag zur Neuprofilierung des Arbeitsbereichs Literatur im Fach Deutsch als Fremdsprache. In: *Deutsch als Fremdsprache. Zeitschrift zur Theorie und Praxis des Deutschunterrichts für Ausländer.* 46 (2009), 21–30.
Dreyer, Hilke & Richard Schmitt (2000): *Lehr- und Übungsbuch der deutschen Grammatik.* Ismaning: Hueber.
Dudenredaktion (Hrsg.) (2012): *Redewendungen. Wörterbuch der deutschen Idiomatik* (Duden 11). 3., überarb. u. akt. Aufl. Mannheim u. a.: Dudenverlag.
DUW = *Deutsches Universalwörterbuch* (2007). Hrsg. von der Dudenredaktion. 6., überarb. u. erw. Aufl. Mannheim u. a.: Dudenverlag.
Ehlers, Swantje (2010): Die Rolle der Literatur im Fach Deutsch als Fremd- und Zweitsprache. In Hans-Jürgen Krumm, Christina Fandrych, Britta Hufeisen & Claudia Riemer (Hrsg.), *Deutsch als Fremd- und Zweitsprache. Ein internationales Handbuch* (Handbücher zur Sprach- und Kommunikationswissenschaft 35.2), 1530–1544. Berlin, New York: De Gruyter.
Eismann, Wolfgang (2007): Phraseme in literarischen Texten und Autorenphraseologie. In Harald Burger et al. (Hrsg.), *Phraseologie/Phraseology. Ein internationales Handbuch der zeitgenössischen Forschung. An International Handbook of Contemporary Research* (Handbücher zur Sprach- und Kommunikationswissenschaft 28.1), 316–329. Berlin, New York: De Gruyter.
Ettinger, Stefan (2019): Leistung und Grenzen der Phraseodidaktik. Zehn kritische Fragen zu gegenwärtigen Forschungsstand. *Philologie im Netz* 87, 84–124.
Europarat (2013) [2001]: *Gemeinsamer europäischer Referenzrahmen für Sprachen: lernen, lehren, beurteilen.* München: Klett-Langenscheidt.
Europarat (2020): *Gemeinsamer europäischer Referenzrahmen für Sprachen: lernen, lehren, beurteilen. Begleitband.* München: Klett-Langenscheidt.
Fricke, Harald (1981): *Norm und Abweichung. Eine Philosophie der Literatur.* München: Beck.
Garbe, Burckhard (1982): *sta(a)tus quo. ansichten zur lage.* Göttingen: Herodot.
Grein, Marion (2013): *Neurodidaktik. Grundlagen für Sprachlehrende.* Ismaning: Hueber.
Hallsteinsdóttir, Erla, Monika Šajánková & Uwe Quasthoff (2006): Phraseologisches Optimum für Deutsch als Fremdsprache. Ein Vorschlag auf der Basis von Frequenz- und Geläufigkeitsuntersuchungen. *Linguistik online* 27 (2) 117–136.
Hallsteinsdóttir, Erla (2011): Aktuelle Forschungsfragen der deutschsprachigen Phraseodidaktik. *Linguistik online* 47 (3), 3–31.

Handwerker, Brigitte (2010): Phraseologismen und Kollokationen. In Hans-Jürgen Krumm, Christian Fandrych, Britta Hufeisen & Claudia Riemer (Hrsg.), *Deutsch als Fremd- und Zweitsprache. Ein internationales Handbuch* (Handbücher zur Sprach- und Kommunikationswissenschaft 35.1), 246–255. Berlin, New York: De Gruyter.

Henk, Katrin (2001): Phraseologismen in literarischen Texten. Ein Unterrichtsbeispiel. In Martine Lorenz-Bourjot & Heinz-Helmut Lüger (Hrsg.), *Phraseologie und Phraseodidaktik*, 179–203. Wien: Praesens.

Hille, Almut & Simone Schiedermair (2021): *Literaturdidaktik Deutsch als Fremd- und Zweitsprache. Eine Einführung für Studium und Unterricht*. Tübingen: Narr Francke Attempto.

Jakobson, Roman (1979) [1960]: Linguistik und Poetik. In Roman Jakobson, *Poetik. Ausgewählte Aufsätze 1921–1971*, 83–121. Frankfurt a. M.: Suhrkamp.

Jandl, Ernst (1997): *Poetische Werke. 10 Bände. Bd. 10: peter und die kuh & die humanisten & Aus der Fremde*. München: Luchterhand.

Lenk, Hartmut E. H. (2001): Von Felsmalereien und Hobbyethnologen. Die Phraseologie des Deutschrock als Gegenstand des DaF-Unterrichts. In Martine Lorenz-Bourjot & Heinz-Helmut Lüger (Hrsg.), *Phraseologie und Phraseodidaktik*, 179–203. Wien: Praesens.

Lüger, Heinz-Helmut (1997): Anregungen zur Phraseodidaktik. *Beiträge zur Fremdsprachenvermittlung* 32, 153–177.

Lüger, Heinz-Helmut (2006): Phraseologismen und ihre Vernetzung im Text. In Ulrich Breuer & Irma Hyvärinen (Hrsg.), *Wörter-Verbindungen. Festschrift für Jarmo Korhonen zum 60. Geburtstag*, 213–227. Frankfurt a. M. u. a.: Peter Lang.

Lorenz-Bourjot, Martine & Heinz-Helmut Lüger (2001): Vorwort. In Martine Lorenz-Bourjot & Heinz-Helmut Lüger (Hrsg.), *Phraseologie und Phraseodidaktik*, V–VI. Wien: Praesens.

O'Sullivan, Emer & Dietmar Rösler (2013): *Kinder- und Jugendliteratur im Fremdsprachenunterricht*. Tübingen: Stauffenburg.

Schössow, Peter (2008): *Baby Dronte*. München: Hanser.

Strohschen, Carola & Florentina Mena Martínez (Hrsg.) (2020): *Teaching and Learning Phraseology in the XXI Century / Phraseologie Lehren und Lernen im 21. Jahrhundert. Challenges for Phraseodidactics and Phraseotranslation / Herausforderungen für Phraseodidaktik und Phraseoübersetzung*. Frankfurt a. M.: Peter Lang.

Szczęk, Joanna (2004): Einwortphraseologismen und ihr Verhältnis zur Phraseologie (am Beispiel des Deutschen und des Polnischen). In Csaba Földes & Jan Wirrer (Hrsg.), *Phraseologismen als Gegenstand sprach- und kulturwissenschaftlicher Forschung. Akten der Europäischen Gesellschaft für Phraseologie (EUROPHRAS) und des Westfälischen Arbeitskreises „Phraseologie/Parömiologie" (Loccum 2002)*, 76–85. Baltmannsweiler: Schneider-Hohengehren.

Schweizer, Blanche-Marie (1978): *Sprachspiel mit Idiomen. Eine Untersuchung am Prosawerk von Günter Grass*. Zürich: Juris.

Thalmayr, Andreas (2005): *Heraus mit der Sprache. Ein bisschen Deutsch für Deutsche, Österreicher, Schweizer und andere Aus- und Inländer*. München, Wien: Hanser.

Hana Bergerová
Phraseodidaktisches Potenzial der Textsorten *Fotoroman* und *Beratungstext* in Jugendzeitschriften

Abstract: Der Beitrag will mithilfe einer empirisch-induktiven Analyse zweier Textsorten aus Jugendzeitschriften – der Fotoromane und der Beratungstexte – deren phraseodidaktisches Potenzial aufzeigen. Darauf aufbauend werden Ideen entwickelt, wie mit diesem Potenzial im schulischen DaF-Unterricht umgegangen werden kann. Die Arbeit mit und an Texten, die die anvisierte Adressatengruppe inhaltlich interessieren und somit ihre Lernmotivation steigern können, wird als der beste Weg zur Vermittlung von Phrasemen in typischen Verwendungssituationen betrachtet. Beide Textsorten eignen sich durch ihren authentischen Sprachgebrauch, ihre konzeptionelle Mündlichkeit und Nähesprachlichkeit dazu, durch ein exemplarisches Kennenlernen und Lernen von Phrasemen im Gebrauch DaF-Lernende für das Wesen dieser Sprachmittel und die mit ihrer Verwendung verbundenen Schwierigkeiten zu sensibilisieren.

Keywords: Jugendzeitschriften, Fotoroman, Beratungstext, Phraseodidaktik, schulischer DaF-Unterricht

1 Ausgangsüberlegungen

Der Beitrag verfolgt im Wesentlichen zwei Ziele. Sein Anliegen besteht zum einen darin, einen Bogen zwischen der Textsortenlinguistik und der Phraseodidaktik im schulischen Unterricht Deutsch als Fremdsprache zu spannen. Es wird dabei von zwei Prämissen ausgegangen. Die eine geht auf Peter Kühn (1996, 2013) zurück und basiert auf der Überzeugung, dass die Wortschatzvermittlung im Allgemeinen und diejenige von Phrasemen im Besonderen am besten mittels Arbeit mit und an Texten gelingt. Selbst im muttersprachlichen Unterricht wird Textorientierung als „geradezu verpflichtend" angesehen (Stein 2011: 256). Umso mehr gilt dies für den Deutsch-als-Fremdsprache-Unterricht, wo die rezeptive Kompetenz im Vordergrund steht und die produktive lediglich für einen kleinen Ausschnitt aus dem Phraseolexikon angepeilt werden kann. Im Zuge der Diskussion um die Kompetenzorientierung des Sprachunterrichts wird Wortschatz als Werkzeug zur Erfüllung bestimmter kommunikativer Absichten, zur Realisierung kommunikativer Fähigkeiten und Fertigkeiten angesehen. Da sich diese nur in Texten manifestieren, werden Texte und Textarbeit zum Ausgangspunkt und gleichzeitig zum Ziel einer kompetenzorientierten Wortschatzdidaktik erhoben. „Wortschatzarbeit ist Textarbeit – alles andere bleibt Konstrukt", summiert Kühn diese wortschatzdidaktische Maxime, die zwar programmatisch allgemein akzeptiert sei, es mangele jedoch noch immer an ihrer didaktischen Fundierung und unterrichtspraktischen Umsetzung (Kühn 2013: 158). Der Autor kritisiert den weiterhin vorherrschenden Wortschatzdrill:

> Wortschatzaufgaben sind sprachstrukturell und -systematisch statt kommunikativ, deduktiv statt induktiv, lehrer- und lehrbuchzentriert statt lernerorientiert, reproduktiv statt kreativ – und vor allem kaum text(sorten)bezogen und auf das produktive und rezeptive Sprachhandeln der Lernenden hin angelegt. (Kühn 2013: 158)

Bezogen auf Phraseme als einen besonderen Teil des Wortschatzes heißt dies folgerichtig, dass ihre adressatenspezifische, situationsangemessene und textsortentypische Verwendung ebenfalls nur aus authentischen Texten herausgearbeitet werden kann. Durch ein solches exemplarisches Kennenlernen und Lernen von Phrasemen im Gebrauch können DaF-Lernende für das Wesen dieser Sprachmittel und die mit ihrer Verwendung verbundenen Schwierigkeiten sensibilisiert werden, damit sie sich die so gewonnenen Erkenntnisse und Einsichten bei ihren späteren Begegnungen mit Phrasemen in Texten zunutze machen können.

Die andere Prämisse, die diesen Überlegungen zugrunde liegt, ist die, dass mit Hilfe einer umfassenden empirisch-induktiven Beschreibung ausgewählter Textsorten ihr Potenzial für die Grammatik- und Wortschatzvermittlung im DaF-Unterricht aufgedeckt werden kann. Das Potenzial besteht darin, dass solche Textsorten sprachliche Mittel (grammatische wie lexikalische) in Funktion für die Lernenden sichtbar machen (Fandrych & Thurmair 2011; Bergerová & Schmidt 2015). Kühn (1996: 13) hat vorgeschlagen, bei der Adressatengruppe Jugendliche im Schulunterricht neben bspw. Filmankündigungen, Buchvorstellungen, Auszügen aus Medientexten und literarischen Werken auch verschiedene Textsorten aus Jugendzeitschriften einzusetzen, um Phraseme im Gebrauch zu präsentieren. Kühns Empfehlung aufgreifend werden zwei Textsorten aus Jugendzeitschriften in den Mittelpunkt der nachfolgenden Ausführungen gestellt.

Das zweite Anliegen des Beitrags zielt auf methodisch-didaktisch eingebettete Ideen zur Umsetzung des phraseodidaktischen Potenzials der beiden Textsorten im DaF-Unterricht bei Jugendlichen. Es wird dabei von der bereits etablierten Methode des phraseodidaktischen Vierschritts ausgegangen.

2 Phraseodidaktik im Aufwind

Seit über 30 Jahren erfreut sich die Phraseodidaktik eines stetig wachsenden Interesses und kann inzwischen etliche Erfolge verbuchen, sei es in Form von einschlägigen Sammelbänden (u. a. Lorenz-Bourjot & Lüger 2001; Jesenšek & Fabčič 2007; Gonzáles Rey 2013; Konecny, Hallsteinsdóttir & Kacjan 2013; Mena Martínez & Strohschen 2020) und Monographien (bspw. Chrissou 2012; Zenderowska-Korpus 2020), Arbeits- und Übungsbüchern (für DaF seien beispielhaft Wotjak & Richter 1993; Hessky & Ettinger 1997 oder Vajičková & Kramer 2003 genannt) oder Internetauftritten. Einen prägnanten Überblick über diese Forschungsrichtung innerhalb der Phraseologie liefern in jüngster Zeit die Beiträge von Lüger (2019: 69–75) und Ettinger (2019: 85–89). Die fremdsprachliche Phraseodidaktik stellt sich einer recht großen Herausforderung, wenn sie das Ziel anvisiert, Lernende für formale, semantische und pragmatische Besonderheiten dieser Wortschatzeinheiten zu sensibilisieren. Denn die Erklärung dessen, *wer* ein konkretes Phrasem *in welcher Textsorte, bei welcher Gelegenheit, mit welcher Absicht* und *an wen* gerichtet gebraucht, ist in der Regel nicht mit einem Satz getan, sofern nicht der Glücksfall eintritt, dass die Muttersprache der Lernenden über ein vergleichbares Phrasem verfügt, das vom gleichen Personenkreis in gleicher Textsorte, bei gleicher Gelegenheit, mit gleicher Absicht und an gleichen Adressatenkreis gerichtet verwendet werden kann. Dennoch oder gerade deshalb widmen sich immer mehr Forscherinnen und Forscher der Frage, wie man phraseologische Erscheinungen im fremdsprachlichen Unterricht effizient vermittelt, wie man die Lernenden am besten auf die Schwierigkeiten im Gebrauch von Phrasemen aufmerksam macht und welche Vermeidungsstrategien man ihnen an die Hand gibt. Die theoretischen Überlegungen mündeten in den letzten Dekaden in einige bemerkenswerte Taten – Projekte und Internet-Auftritte wie EPHRAS – Ein mehrsprachiges phraseologisches Lernmaterial (s. URL 1), die Internetseite von Stefan Ettinger (s. URL 2) oder die Internet-Lernplattform SprichWort (s. URL 3). Es sei in diesem Zusammenhang auch auf den Artikel von Strohschen (2013) verwiesen, in dem sie eine kollaborative Datenbank von phraseologischen Einheiten in Form einer Wiki vorstellt, „in der sowohl Lehrende als auch Lernende Informationen zu phraseologischen Einheiten eingeben, modifizieren und erweitern können" (Strohschen 2013: 89). Die „Phraseopedia", wie die Datenbank hieß, gibt es leider nicht mehr, man kann hier aber auf das Folgeprojekt „Redewendungen besser lernen" (s. URL 4) aufmerksam machen. Aus dem Gesagten ergibt sich, dass es inzwischen eine solide weg- und richtungsweisende Grundlage für alle diejenigen gibt, die auf diesem Gebiet erst noch ihren Weg suchen oder nicht sicher sind, ob sie die richtige Richtung eingeschlagen haben. Allerdings richten sich die genannten Auftritte in erster Linie an erwachsene Deutschlernende, bevorzugt an Germanistikstudierende. Projekte vergleichbaren Ausmaßes, die jugendliche Deutschlernende fokussieren, sind eher rar (s. URL 5).

3 Warum Texte aus Jugendzeitschriften

Bei Jugendzeitschriften handelt es sich um periodisch erscheinende, an Jugendliche gerichtete und von ihnen in nennenswertem Umfang tatsächlich gelesene, d. h. faktische Jugendlektüre (zum Definitorischen vgl. Ewers 2012: 4). Die kommerziell ausgerichtete Zeitschriftenlandschaft in Deutschland bietet in Hinblick auf Kinder- und Jugendmagazine einerseits thematisch ausgerichtete Zeitschriften für Kinder und Jugendliche mit bestimmten Interessen und Hobbys wie *Bravo Sport*, *Tiere – Freunde fürs Leben*, *Just Kick-it* (Zeitschrift für fußballbegeisterte Jungen), *Game Master* (alles rund um das Thema Videospiele) oder *National Geographic Kids*. Andererseits werden auf dem Markt Zeitschriften angeboten, die vor allem Mädchen als Publikum anvisieren und Themen wie Liebe, Musik, Stars, Mode und Aussehen in den Mittelpunkt stellen. Diese sind bspw. *BRAVO*, *BRAVO GIRL*, *Popcorn* oder *Mädchen* (Näheres zur Typologie und Funktion der Kinder- und Jugendzeitschriften vgl. Meier 2012: 471–473). Die in Deutschland erscheinenden Jugendzeitschriften richten sich freilich primär an Leserinnen und Leser mit deutscher Muttersprache. Da der Zeitschriftenmarkt in vielen (europäischen) Ländern jedoch ähnlich geartete, teilweise sogar gleichnamige Zeitschriften bietet, kann vorausgesetzt werden, dass fremdsprachliche Deutschlernende mit dieser Art von Medientexten vertraut sind. Das ist der erste Grund, warum Texte aus Jugendzeitschriften Relevanz für den schulischen DaF-Unterricht haben.

Der zweite Grund stützt sich auf die Tatsache, dass die meisten DaF-Lernenden weltweit Jugendliche sind (vgl. Salomo & Mohr 2016: 7). Es lohnt sich daher, sich mit dieser Adressatengruppe und mit Texten, die speziell für sie verfasst wurden, zu befassen.

Der dritte Grund fußt auf der Überzeugung, dass die Lernmotivation der Jugendlichen nur dann zu steigern ist, wenn man ihr Interesse gewinnt. Dies kann nur dann gelingen, wenn man im Unterricht Inhalte anbietet, „die Jugendliche interessieren und für sie von Bedeutung sind" (Salomo & Mohr 2016: 76). Es ist davon auszugehen, dass Redaktionen der Jugendzeitschriften genau dieses Ziel vor Augen haben, denn sie wollen, dass ihre Produkte von dem anvisierten Publikum tatsächlich gelesen werden. So gesehen sind Texte aus Jugendzeitschriften aus inhaltlicher Sicht geeignet, um die Kluft zwischen dem Unterricht und dem Leben der Jugendlichen außerhalb der Schule zu überbrücken. Außerdem ist damit zu rechnen, dass die angesprochenen Themen altersgerecht behandelt werden.

Jugendzeitschriften leben von der synergetischen Verbindung von schriftlichen Texten und statischen Bildern. Die Letzteren erfüllen dabei unterschiedliche Funktionen, je nachdem in welcher der verschiedenen Rubriken sie eingesetzt werden (zu den Funktionen von Bildern s. Klemm & Stöckl 2011: 14). In der Werbung bspw. dienen sie der Argumentation und Persuasion, in Fotoromanen hingegen der Erzählung. Durch ihre Bimodalität eignen sich Texte aus Jugendzeitschriften vorzüglich für fremdsprachendidaktische Zwecke, weil dank der Einbeziehung von parallelen Kanälen und mehreren Sinnen das Textverstehen den Lernenden leichter fällt. Darin ist der vierte Grund für ihren Einsatz im schulischen DaF-Unterricht zu sehen.

Die Authentizität des Sprachgebrauchs ist ein weiterer Grund, warum man im schulischen DaF-Unterricht auf Jugendzeitschriften zurückgreifen könnte.

4 Texte aus Jugendzeitschriften und die Phraseologievermittlung im DaF-Unterricht

Die konzeptionelle Mündlichkeit und Nähesprachlichkeit des für die Jugendzeitschriften typischen Sprachstils geht mit dem Gebrauch von Phrasemen einher. Zudem kann man auf diesem Wege eine der größten Herausforderungen der Phraseodidaktik zumindest teilweise umgehen – die der Auswahl von Phrasemen, die im Unterricht zu vermitteln sind. Bei der Auswahl spielen bekanntlich verschiedene Kriterien eine Rolle: die Frequenz, der Bekanntheitsgrad, die Verwendungsweise (die Gewährsperson kennt das Phrasem und verwendet es auch oder sie kennt es zwar, würde es aber nicht verwenden; Näheres dazu in Ettinger 2019: 97) oder die kommunikative Dringlichkeit (vgl. hierzu Lüger 2004: 153). Zumindest die Fragen nach der Frequenz und Bekanntheit der in Jugendzeitschriften vorkommenden Phraseme dürften sich von selbst beantworten. Man wird der jugendlichen Leserschaft wohl kaum veraltendes oder gar veraltetes, ungebräuchliches Sprachgut zumuten.

Sucht man unter Texten in Jugendzeitschriften nach besonders geeigneten Textsorten für fremdsprachendidaktische Zwecke im Allgemeinen und phraseodidaktische im Besonderen, dann bieten sich vor allem solche Textsorten an, die relativ kurz sind, denn die Lehrkräfte kämpfen stets mit Zeitmangel. Hierher gehören die in der Forschung bereits des Öfteren thematisierten Horoskope (Bachmann-Stein 2005; Bergerová 2008; Köster 1998, 2001, 2007; Zenderowska-Korpus 2020: 71–89), daneben aber auch etliche andere Textsorten aus der Rubrik „Fun/Spaß" mit kurzen, lustigen Pannen-Geschichten, Witzen oder Scherzfragen als einer Mischform aus Rätsel und Witz. Einige Witze (s. (1) und (2)) und Scherzfragen (bspw. *Wer verdient sein Geld im Handumdrehen? Ein Drehorgelspieler* oder *Wer lebt von der Hand in den Mund? Der Zahnarzt*) haben einen phraseologischen Hintergrund und können – falls anzunehmen ist, dass das Sprachspiel von den Lernenden verstanden wird – den Unterricht beleben. Da der Kontext hier jedoch sehr knapp ist und meist nicht genügend Anhaltspunkte für die Bedeutungserschließung der benutzten Phraseme bietet, müssen diese den Lernenden entweder schon bekannt oder für sie aufgrund ihrer nachvollziehbaren Metaphorik und/oder dank zwischensprachlicher Äquivalenz leicht dekodierbar sein. So dürfte der Witz (1) tschechischen Lernenden dank der Existenz einer volläquivalenten festen Wortverbindung in ihrer Muttersprache keine Probleme bereiten.

(1) „In meinem Hotel *fühlte ich mich wie zuhause.*" – Ach, du Ärmster. Manchmal hat man eben viel Pech im Urlaub!"
BRAVO GIRL 17/2009, S. 52 (Hervorhebung durch die Autorin)

Die Pointe des nachfolgenden Witzes hingegen ist für sie nicht zu verstehen, weil weder die Muttersprache noch der Kontext weiterhelfen.

(2) Frau kommt vom Arzt. Ihr Mann fragt: „Na, was hat er gesagt?" Sie: „Ich hätte ein Porzellan-Syndrom." Er ruft sofort den Arzt an und fragt, was das ist. „Ich konnte ihr doch nicht sagen, dass sie *nicht alle Tassen im Schrank hat.*"
BRAVO GIRL 24/2011, S. 66 (Hervorhebung durch die Autorin)

Für phraseodidaktische Zwecke nicht so gut geeignet sind aufgrund ihrer Länge oder des geringen Vorkommens von Phrasemen bspw. die Textsorten Reportage oder Psychotest, des Weiteren Styling- und Modetipps, Werbung für Kosmetik, Bekleidung u. a. Im Folgenden wird in zwei Fallstudien auf Fotoromane (in der Zeitschrift *Mädchen* Fotostory, in den neueren Jahrgängen von *BRAVO GIRL* Fotolove genannt) und Beratungstexte aus Jugendzeitschriften und ihr phraseodidaktisches Potenzial näher eingegangen. Im Mittelpunkt der nachfolgenden Betrachtungen stehen zum einen Idiome, weil sie für DaF-Lernende eine Herausforderung im Hinblick auf das Verstehen darstellen. Zum anderen werden pragmatische Phraseme/Routineformeln unabhängig von ihrem Idiomatizitätsgrad fokussiert, weil sie hinsichtlich ihrer Kopplung an spezifische kommunikative Situationen von Interesse sind.

Die in den nachfolgenden Fallstudien präsentierten Überlegungen gehen von der Methode des phraseodidaktischen Vierschritts aus: Entdecken, Verstehen, Üben/Festigen, Anwenden. Über die Hintergründe und die Entstehungsgeschichte dieser Methode kann man z. B. bei Etttinger (2019) oder Lüger (2004) nachlesen. Die Überlegungen sind außerdem von der Überzeugung geleitet, dass bei jugendlichen Lernenden mit Sprachniveau A2–B1 das Lernziel keinesfalls ein umfassender und systematischer Aufbau phraseologischer Kompetenz sein kann. Ich schließe mich hier dem fremdsprachendidaktischen Realismus von Ettinger (2007: 901), Lüger (2004: 157), aber auch von Lehrkräften aus der Schulpraxis an, die von mir befragt wurden. Vielmehr geht es im schulischen DaF-Unterricht um ein Hineinschnuppern in die Phraseologie des Deutschen, um die Sensibilisierung für die Besonderheiten phraseologischer Sprachmittel, die sich besonders deutlich an semantischen Irregularitäten festmachen lassen, aber auch um die Herstellung von Bezügen zu der muttersprachlichen Phraseologie bzw. auch zur Phraseologie einer anderen von den Schülerinnen und Schülern gelernten Fremdsprache. Daraus ergibt sich zwangsläufig, dass – mit gewissen Ausnahmen – nicht die produktive, sondern lediglich die rezeptive phraseologische Kompetenz angepeilt wird. Genauso wenig wird angestrebt, die Lernenden zu einem autonomen Weiterlernen zu motivieren (vgl. Ettinger 2007), denn das kann man realistischerweise erst auf einem fortgeschritteneren Niveau fordern und von Lernenden erwarten, die an die Erlernung der deutschen Sprache mit einer ganz anderen Motivation herangehen als die Schülerinnen und Schüler. Man muss sich stets vor Augen führen, dass Deutsch für sie ein Pflichtfach ist, das viele von ihnen ohne große Begeisterung absolvieren. Die nachfolgenden Überlegungen stützen sich auf Erfahrungen und Meinungen meiner ehemaligen Lehramtsstudierenden, die – durch eine einschlägige Lehrveranstaltung für Phraseologie und Phraseodidaktik sensibilisiert und motiviert – an tschechischen Schulen den Herausforderungen der Unterrichtspraxis standhalten müssen und dabei an die Grenzen des (nicht nur hinsichtlich der Phraseologievermittlung) Machbaren stoßen. Angemerkt sei außerdem, dass meine Beraterinnen und Berater an acht- oder vierjährigen Gymnasien tätig sind. Würden sie an anderen Schultypen unterrichten, wäre die Ausgangslage noch viel komplizierter. Schließlich soll noch betont werden, dass die Didaktisierung konkreter Textexemplare für den Unterricht immer unterschiedlichen Lernzielen dient. Der Wunsch, die Schülerinnen und Schüler an die Phraseologie heranzuführen, ist nur eines davon. Dies steht aber im Einklang mit der bekannten Prämisse, dass Phraseologievermittlung kein einmaliges Unterrichtsgeschäft, sondern eine Daueraufgabe ist, die immer dann anzugehen ist, wenn sich die Gelegenheit dazu bietet – mittels geeigneter Textmaterialien (vgl. hierzu bspw. Lüger 2004: 159; Bergerová 2009: 75).

5 Fallstudie 1: Fotoromane

5.1 Spezifika der Textsorte Fotoroman in Jugendzeitschriften

Die Beschreibung dieser Textsorte fußt auf einer 25 Fotoromane umfassenden Textsammlung. Es handelt sich um erzählende Texte, die zwar relativ lang sind (sie enthalten je nach Zeitschrift sechs bis sieben Seiten), jedoch nicht viel Text beinhalten. Die Länge hängt mit den vielen Bildern zusammen. Im Durschnitt sind es 60–70 Bilder. Zu Beginn des Fotoromans werden die (in der Regel drei) Hauptprotagonisten kurz vorgestellt, und mit einem kurzen Text wird die Ausgangssituation geschildert. Zur Veranschaulichung folgen zwei Belege ((3) und (4)) für solche Eingangstexte aus dem Fotoroman „Die glückliche Welle" aus *BRAVO GIRL 16/2014*, S. 36. In beiden Ausschnitten kommen bereits (im Text durch Kursivierung markierte) Phraseme zum Einsatz. Eine der Hauptfiguren wird folgendermaßen vorgestellt:

(3) ANNA (16) Macht gerade mit ihrem Dad und ihrer großen Schwester Urlaub auf einem Campingplatz in Kiel. Das arme Mädchen *langweilt sich zu Tode* und würde gern viel mehr erleben ... (Hervorhebung durch die Autorin)

In die Geschichte werden die Leserinnen und Leser wie folgt eingeführt:

(4) Als Anna im Urlaub Philipp *über den Weg läuft*, ist sie sofort total begeistert von dem blonden Surfer. *Wendet sich* der langweilige Campingurlaub doch noch *zum Besseren*? (Hervorhebung durch die Autorin)

Zu jedem Bild eines Fotoromans gehören eine bis drei Sprechblasen mit bis zu 20 Wörtern. Es können zwei Arten von Sprechblasen unterschieden werden: Die eine gibt die Äußerungen der Figuren im Gespräch wieder, die andere gibt Einblicke in die unausgesprochenen Gedanken der Figuren. Ein Teil der Bilder (etwas mehr als ein Drittel) wird von einem kommentierenden Text begleitet. Syntaktisch gesehen sind es kurze einfache oder komplexe Sätze, gelegentlich auch Ellipsen (*Auf dem Heimweg ...*). Die Anzahl der Wörter in den kommentierenden Texten beläuft sich auf 1–15. In der Regel handelt es sich um Aussagesätze, es kommen aber auch Frage- und Ausrufesätze vor: *Ob das ein Zeichen ist?* oder *Überraschung! Krass!*. Das dominierende Thema der Fotoromane ist die Liebe, die sich in jeder Geschichte erst einmal gegen Intrigen, Eifersucht, Misstrauen, Schüchternheit u. Ä. durchsetzen muss, bevor es zu dem in dieser Textsorte offensichtlich obligatorischen Happyend kommt. Die Titel der Geschichten geben das Hauptthema häufig klar wieder: „Zickenkrieg im Urlaubsparadies" (*Mädchen* 7/2019), „Die Flirtnachhilfe" (*BRAVO GIRL* 7/2019) oder „Eiskalt betrogen?" (*Mädchen* 12/2019), manchmal lässt man die Leserschaft jedoch im Unklaren wie in „Netter Empfang" (*Mädchen* 13/2019 oder „Ausnahmen bestätigen die Regel" (*BRAVO GIRL* 17/2014). Neben Liebe werden auch andere Themen angesprochen wie Ausgrenzung oder Mobbing (bspw. in „Dazugehören um jeden Preis" in *Mädchen* 11/2019).

5.2 Zum Gebrauch von Phrasemen in Fotoromanen

Die Textsorte Fotoroman erweist sich als relativ phrasemreich. Es wurden 25 Fotoromane durchgesehen und durchschnittlich 16 Phraseme (in der Regel Idiome und/oder Routineformeln) gefunden. Bei der durchschnittlichen Anzahl von 60–70 Bildern heißt dies, dass ca. bei jedem vierten Bild ein Idiom oder eine Routineformel erscheint. Routineformeln (*Zum Glück! Das musst du gerade sagen! Wie wär's mit* ...) kommen erwartungsgemäß ausschließlich in den Sprechblasen vor, die Idiome hingegen auch in den kommentierenden Texten. Der Vorteil dieser Textsorte für die Phrasemvermittlung liegt darin, dass dank des Zusammenwirkens von Bildern und den sie ergänzenden knappen Texten hervorragende Bedingungen für die Bedeutungserschließung unbekannter idiomatischer Phraseme sowie für das Herausarbeiten der pragmatischen Funktion der Routineformeln herrschen. Dies soll erneut an einigen Beispielen aus demselben Fotoroman verdeutlicht werden.

Abb. 1: Bild 18 aus dem Fotoroman „Die glückliche Welle" (*BRAVO GIRL* 16/2014, S. 37).

In der Abb. 1 erscheinen zwei Routineformeln, deren Gebrauch durch den situativen Kontext, der durch das Bild visualisiert wird, sowie durch das international gebräuchliche *Ciao* klar erklärt werden.

Abb. 2: Bild 19 aus dem Fotoroman „Die glückliche Welle" (*BRAVO GIRL* 16/2014, S. 37).

Die Funktion der Routineformel *Verdammt noch mal* als Ausdruck der Verärgerung im inneren Monolog in der Abb. 2 geht nicht nur aus dem vorhergehenden Text (der hier jedoch nicht abgedruckt wird) deutlich hervor, sondern auch aus dem Bildkommentar: *Anna ärgert sich über sich selbst*.

Abb. 3: Bilder 34 und 35 aus dem Fotoroman „Die glückliche Welle" (*BRAVO GIRL* 16/2014, S. 38).

In der Abb. 3 geht es um das Idiom *etw. auf den Tisch packen*, das wir in dem Kommentar über dem Bild 35 sehen. Ausgehend von dem vorhergehenden Kommentar unter dem Bild 34 kann leicht erschlossen werden, dass der Satz mit diesem Idiom bedeutet: ‚Anna sagt ihm die ganze Wahrheit'.

Aufgrund der Länge der Fotoromane empfiehlt es sich, sie in zwei bis drei Teile zu zerlegen und sozusagen als einen Fortsetzungsroman zu behandeln, wobei die Lernenden als Hausaufgabe einzeln oder in Gruppen ihre eigenen Vermutungen darüber anstellen können, wie es weitergeht. Eine andere Variante wäre, im Unterricht nur den Anfang der Geschichte (1–2 Seiten) zu behandeln und eine oder einen der Lernenden damit zu beauftragen, in der nächsten Stunde in einigen Sätzen über den Ausgang der Geschichte zu berichten. Erfahrungsgemäß finden sich interessierte Schülerinnen und Schüler, die sich der Aufgabe freiwillig annehmen.

5.3 Überlegungen zum Einsatz von Fotoromanen im Dienste der Phraseologievermittlung

Eine gute Ausgangsposition bieten Texte, in denen Phraseme gleich am Anfang, am besten in dem Einleitungstext vorkommen. Ich habe die Titelseite der Fotostory „Eiskalt betrogen?" (*Mädchen* 12/2019) ausgewählt (Abb. 4), um exemplarisch aufzuzeigen, wie man sich den dort vorkommenden Idiomen *es mit jmdm. ernst meinen* und *ein Auge auf jmdn. werfen* nähern könnte. Beachtenswert ist aber auch die Kollokation *jmdn. eiskalt betrügen*. Als Einstieg in das Thema kann (unter Zuhilfenahme von Wörterbüchern) ein Assoziogramm zum Begriff Liebe erstellt werden. Als hilfreich erweist sich die Gegenüberstellung von gleichen Assoziogrammen in der Mutter- und Fremdsprache. Naturgemäß ist das muttersprachliche Assoziogramm viel umfassender. Zudem kann man den Lernenden durch geschickte Hinführung auch muttersprachliche Phraseme entlocken. Dabei kann die Aufmerksamkeit auf Untreue und das damit zusammenhängende Verb *betrügen* gelenkt werden, um den Titel der Geschichte richtig zu verstehen. Durch die Frage, für welches der beiden Mädchen sich Ben interessiert, wird bereits der erste Schritt der Methode des phraseodidaktischen Vierschritts angegangen, denn die Lernenden stolpern dabei zwangsläufig über das Idiom *ein Auge auf jmdn. werfen*. Sie werden es verstehen, denn aus der Übersetzung der einzelnen Komponenten wird sich ihnen – dank der zwischensprachlichen Äquivalenz – die idiomatische Bedeutung erschließen. Somit wird der zweite Schritt der hier befolgten Methode ohne viel Aufwand mit erledigt. Allerdings sind das deutsche und das tschechische Idiom formal nicht absolut kongruent. Hier kann man mit dem Sprachvergleich anschließen und die Unterschiede herausarbeiten: Sie bestehen in der Präposition, aber vor allem im Gebrauch des Diminutivums im Tschechischen: Man wirft ein Äuglein auf jemanden, besser gesagt nach jemandem (*hodit/ házet po někom očkem*). Da alle anderen Gebrauchsbedingungen (wer zu wem bei welcher Gelegenheit und mit welcher Absicht) übereinstimmen, kann man sich erst einmal dem zweiten Phrasem zuwenden. Die Aufgabenstellung könnte lauten: Worüber denkt Sara nach, als sie Ben mit einem anderen Mädchen sieht? Woran zweifelt sie? Wie wird es im Text gesagt? Das Idiom *es mit jmdm. ernst meinen* stellt zwar für tschechische Muttersprachler semantisch keine besonders schwere Hürde dar, weil es ein äquivalentes Phrasem gibt, auch in diesem Fall gibt es aber einen formalen Unterschied. Es geht um das Pronomen *es* als festen Bestandteil des Idioms, dem im Tschechischen das Pronomen *das/to* entspricht (*myslet to s někým vážně*). Da die ersten zwei Schritte der hier befolgten Methode auch bei diesem Idiom recht schnell erledigt werden können, kann man sich im dritten Schritt der Festigung der Probleme bereitenden Form widmen. Es kommen verschiedene Übungsformen in Frage (bspw. Lückentexte, Ergänzungs- oder Umformulierungsübungen), die auf dem Ausgangstext aufbauen. Eine Variante wäre die folgende Übung:

> Formuliere um! Benutze die feste Wortverbindung aus dem Text!
> *Sara fragt sich: Interessiert sich Ben wirklich für mich?*
> *Lisa fragt sich: Interessiert sich Ben wirklich für meine Freundin?*
> *Ben sagt zu Sara: Ich interessiere mich wirklich für dich.*
> *Sara sagt zu Ben: Ich bin glücklich, dass du dich wirklich für mich interessiert.*
>
> Ergänze den Satz im richtigen Tempus!
> *Lisa denkt:*
> *Ich glaube, Ben ... ...* (meine BFF, auf jmdn. ein Auge werfen, Perfekt)
> *Ich glaube, Ben ... ...* (meine BFF, es mit jmdm. ernst meinen, Präsens)

Ob man bei den besprochenen Idiomen auch den vierten Schritt (Anwenden) gehen möchte, bleibt der Lehrkraft überlassen. Die Lernenden können mit Hilfe der Verben *sich interessieren* oder *gefallen* den beabsichtigten Sinn wiedergeben. Beide Verben gehören laut duden.de zum Wortschatz des Goethe-Zertifikats B1. Es besteht mit Sicherheit keine kommunikative Dringlichkeit für die produktive Beherrschung dieser Idiome.

Wie bereits oben erwähnt, würde auch die Kollokation *jmdn. eiskalt betrügen* im deutsch-tschechischen Sprachvergleich Aufmerksamkeit verdienen. Zwar kann auch im Tschechischen das entsprechende Adjektiv in der Lesart < gefühllos > verwendet werden, in Verbindung mit Betrug/Untreue ist es jedoch nicht akzeptabel.

Zum Schluss dieses Kapitels sollen noch einige Ideen zur Arbeit mit Routineformeln entwickelt werden. Zwar genügen nicht alle in diesem Fotoroman vorkommenden Routineformeln dem Kriterium der kommunikativen Dringlich-

Abb. 4: Titelseite der Fotostory „Eiskalt betrogen?" (*Mädchen* 12/2019, S. 47).

keit und nicht alle hier verwendeten sprachlichen Routinen dem der Polylexikalität (*Krass!* oder *Gerne!*), beachtenswert sind sie jedoch ohne Zweifel alle, weil sie die Lernenden für die Routinehaftigkeit unserer Kommunikation sensibilisieren, die es uns ermöglicht, schneller und spontaner zu reagieren. Allerdings sollte man die Lernenden darauf hinweisen, dass so manche dieser Routinen umgangssprachlich ist und nicht in jeder Situation als passend zu bewerten ist. Dieser Aspekt kann auch bei dem Vergleich mit der Muttersprache in den Vordergrund gerückt werden. Dem Erkennen, gleichzeitig aber auch schon dem Semantisieren solcher Sprachmittel könnte zum Beispiel die folgende Aufgabe dienen: Man beschreibt konkrete im Text vorkommende Situationen und lässt die Lernenden ermitteln, wie die Protagonisten der Geschichte in diesen Situationen sprachlich reagieren.

> Was sagt Lisa, als sie in die Eisdisco kommt? Wie würdest du auf Tschechisch reagieren? (*Cool hier!*)
>
> Sara wartet in der Eisdisco auf Ben, der sich etwas verspätet. Wie reagiert sie, als Ben endlich kommt? Was würdest du in dieser Situation auf Tschechisch sagen? (*Hey, da bist du ja!*)
>
> Sara kann nicht gut Schlittschuh laufen. Sie hat Angst, dass sie hinfällt. Was fragt sie Ben und wie antwortet er? Was würde Ben auf Tschechisch sagen? (Auf Saras Frage: *Kannst du mir deine Hand geben?* antwortet Ben mit der Routineformel: *Kein Problem!*)
>
> Ben verabschiedet sich in der Eisdisco von Sara, weil er für Mathe lernen muss. Was sagt Sara zu ihm? Wie würdest du auf Tschechisch reagieren, wenn du ihm sagen möchtest, dass du auch nicht mehr lange bleibst? (*Na ja, wir sind dann auch mal weg.*)
>
> Ein fremder Junge sieht, dass Sara weint und will ihr die Tränen abwischen. Das gefällt ihr nicht. Was sagt sie ihm? Was würdest du auf Tschechisch sagen, wenn du nicht möchtest, dass ein fremder Junge dir die Tränen trocknet? (*Finger weg!*)
>
> Sara stürzt auf dem Eis. Ben macht sich Sorgen. Was fragt er Sara und wie antwortet sie? Wie würde die Frage auf Tschechisch lauten und wie die Antwort? (*Hast du dir wehgetan? – Alles okay.*)

Mit ausgewählten Routineformeln kann man sich eingehender beschäftigen. Bemerkenswert ist z. B. *Finger weg!*. Im Tschechischen gibt es zwar eine teiläquivalente Formel *Ruce pryč!* (*Hände weg!*), sie passt aber nicht optimal zu der dargestellten Situation. Am besten passt hier: *Nesahej na mě!* (*Fass mich nicht an!*). Über die Übersetzungsmöglichkeiten könnte man anhand von weiteren Beispielen diskutieren: *Finger weg von Drogen!*, *Finger weg von dieser Diät!*, *Finger weg von meinem Handy!* oder *Finger weg von unseren Kindern* (s. URL 6). Freilich ließe sich anhand der Beispiele auch die ihnen allen gemeinsame pragmatische Funktion der Warnung herausarbeiten, die u. U. mit Androhung kombiniert wird.

Die obigen Ausführungen ließen sich noch lange fortsetzen, denn die Liste der in diesem Fotoroman benutzten Phraseme ist noch lange nicht vollständig. Vollständigkeit wurde aber nicht angestrebt. Das Ziel war, einen Einblick in die vielfältigen Einsatzmöglichkeiten eines Fotoromans bei der Sensibilisierung jugendlicher Lernender für Phraseme zu gewähren.

6 Fallstudie 2: Beratungstexte

Alle in diese Untersuchung einbezogenen Zeitschriften enthalten die Rubrik Beratungstexte, die zwar je nach Zeitschrift verschieden benannt (in *Mädchen* „Body & Soul", in *Bravo Girl* „Herz & Seele"), jedoch inhaltlich gleich oder sehr ähnlich ausgerichtet ist. Meiner Untersuchung liegt eine Textsammlung von rund 150 Texten zugrunde.

6.1 Spezifika der Textsorte Beratungstext in Jugendzeitschriften

Die Beratungstexte stellen einen Fall der Leser-Medien-Interaktion dar. Die Kommunikation verläuft räumlich und zeitlich asynchron. Die Kommunikationspartner sind sozial nicht gleichgestellt. Es besteht ein Macht- und Wissensgefälle zwischen ihnen. Die jugendlichen Leserinnen und Leser wenden sich im Vertrauen, das durch die weitgehende Anonymität gestärkt wird, mit ihren persönlichen Fragen und Problemen an einen Experten (in der Regel jedoch eine Expertin), der (oder die) die Redaktion der Zeitschrift vertritt. Die jugendlichen Ratsuchenden erwarten von dem (oder der) Ratgebenden einen konkreten Handlungsplan. Die Beratungstexte stellen folglich grundsätzlich einen zweiteiligen Textverbund dar: Auf eine Frage folgt eine Rückmeldung. In der Regel lächelt der Berater (die Beraterin) die Leserinnen und Leser auf einem Foto freundlich an und erzeugt somit Nähe und Sympathie. Dies wird meist noch durch einen emotionalisierenden kurzen Kommentar untermauert: *Kummer oder intime Fragen? Es gibt immer eine Lösung oder Antwort. Das Team von MÄDCHEN hat jederzeit ein offenes Ohr für dich!* (Mädchen), oder *Was immer dich bewegt – wir sind für dich da! Das Dr. Sommer-Team: Jutta (l.) und Sabine* (BRAVO). Auch wenn Liebe und Sexualität zweifelsohne ein dominantes Thema dieser Rubriken darstellen (rund 30% der Texte behandeln dieses Thema), geht es dort um einiges mehr. In den meisten Fällen hängen die Anfragen mit Problemen in den Beziehungen zu den Mitmenschen zusammen, seien es Partner, Eltern, Geschwister, Freunde oder Lehrer. Zu den im Mittelpunkt stehenden Emotionen bzw. stark emotiv besetzten kognitiven Zuständen gehören somit Angst, (Liebes-)Kummer, Scham, Einsamkeit, Verzweiflung, Eifersucht (nicht nur im Zusammenhang mit intimen Beziehungen, sondern auch zwischen Geschwistern oder Mitgliedern einer Clique) oder ein niedriges Selbstwertgefühl. Die Aufgabe der beratenden Person besteht darin, diesen Gefühlen entgegenzuwirken und positive Emotionen bzw. positive kognitive Zustände mit stark emotiver Besetzung (wie Selbstvertrauen, Selbstbewusstsein, Ausgeglichenheit) hervorzubringen. Dies kann

m. E. zumindest teilweise die negative Bewertung von Meier relativieren, der über den Marktführer *BRAVO* sagt, dass die Zeitschrift „ihrer Leserschaft einen Ausschnitt von Wirklichkeit präsentiert, in dem sexueller Aufklärungsanspruch, Stars und Musik dominieren – alles andere bleibt ausgespart (z. B. existenzielle Probleme, Arbeitslosigkeit usw.)" (Meier 2012: 478).

Die Beschäftigung mit den hier im Mittelpunkt stehenden Texten ergab, dass Angst die dominierende Emotion ist, die Jugendliche dazu bewegt, sich in solch einer Rubrik mitzuteilen (etwa 40% der Texte). Andere Beweggründe sind bspw. Probleme in der Schule einschl. Mobbing und Gewalt, Probleme mit den Eltern und/oder Geschwistern.

Für didaktische Zwecke hat die Textsorte Beratungstext den Vorteil, dass solche Texte recht kurz sind: Im Durchschnitt umfassen sie 150–250 Wörter, von denen 60–80% auf die Rückmeldung der ratgebenden Person entfallen. Zudem kann man Beratungsrubriken auch online finden, so bspw. auf der Webseite der Zeitschrift *Mädchen* in der Rubrik „Frag Mona" (URL 7). Etwa ein Drittel der Beratungstexte in den Zeitschriften wird von einem Bild begleitet. Zusammen bilden Text und Bild eine Bedeutungseinheit. Die Bilder visualisieren mehr oder weniger treffend das Thema des Textes. In allen Bildern befindet sich ein Schriftzug als kommentierende Erläuterung zum Bild (grundsätzlich in Satzform) und gleichzeitig als eine einführende Information zum Inhalt des Beratungstextes. In die Abb. 5 (*BRAVO GIRL* 16/2013, S. 36) ist nicht nur die kommentierende Erläute-

Abb. 5: Bild zum Thema Magersucht (*BRAVO GIRL* 16/2013, S. 36).

rung („*Hoffentlich hab ich nicht zugenommen.*" *Ständige Gewichtskontrolle ist für Magersüchtige typisch*) integriert, sondern auch die Überschrift „*Ist Magersucht eine Krankheit?*".

6.2 Zum Gebrauch von Phrasemen in Beratungstexten

Die Textsorte Beratungstext erweist sich als nicht besonders phrasemreich: Nur etwa jeder dritte Text beinhaltet die hier im Mittelpunkt stehenden Phrasemklassen (Idiome und Routineformeln). Meistens kommen ein bis zwei Phraseme in den Texten vor, nur selten sind es mehr. Schaut man sich genauer an, an welchen Stellen sie platziert sind, so kann man festhalten, dass es keine eindeutigen Präferenzen gibt. Auffällig ist lediglich, dass Phraseme äußerst selten in den Überschriften belegt sind. Sie kommen außerdem häufiger in den Rückmeldungen der Psychologinnen und Psychologen als in den Anfragen vor. Dies kann aber an der unterschiedlichen Länge beider Textteile liegen.

Des Öfteren beginnt die Rückmeldung der Psychologin oder des Psychologen mit einem phraseologischen Ausdruck, der die Funktion hat, den verunsicherten Jugendlichen erst einmal zu beruhigen wie bei *mach dir keinen Druck/ keinen Stress, keine Panik, keine Sorge, mach dir keine/nicht so viele Gedanken*. In den älteren *BRAVO*-Ausgaben kommen Abschlussformeln vor wie: *Viel Erfolg! Alles Liebe! Liebe Grüße! Alles Gute wünscht Dir Sabine/Jutta*. In allen anderen Fällen erscheinen Phraseme im Text verstreut. Keines der gefundenen Phraseme ist modifiziert worden, was für fremdsprachendidaktische Zwecke von Vorteil ist. Sucht man nach semantisch zusammenhängenden Phrasemen, so ist lediglich festzustellen, dass Phraseme aus dem semantischen Feld Liebe/ Beziehungen (*jmds. Ein und Alles sein, ein Herz und eine Seele sein, jmdm. das Herz brechen, jmds. Herz höher schlagen lassen, Schmetterlinge im Bauch fühlen, jmdm. zur Seite stehen*) und emotionale Zustände (*rot werden wie eine Tomate, vor Scham am liebsten im Erdboden versinken, Trübsal blasen, jmdm. wird es leicht(er) ums Herz*) öfter vorkommen. Alle anderen Phraseme lassen sich nicht sinnvoll gruppieren. Einige konkrete Phraseme kommen wiederholt vor, weil sie besonders gut in den thematischen Rahmen der Beratungstexte hineinpassen. Die Jugendlichen haben Probleme, die sie *in den Griff bekommen* sollen. Dabei hilft es oft, sich *unter vier Augen* auszusprechen, *sich alles von der Seele zu reden*, etwas *zur Sprache zu bringen, mit der Sprache rauszukommen* oder aber auch *jemanden in Ruhe zu lassen*. Versuchungen lauern überall und so kommt oft der Rat, von jemandem oder etwas (Alkohol, Drogen u. Ä.) *die Finger zu lassen*, um nicht etwas Wertvolles (Beziehung, Freundschaft, Vertrauen, Gesundheit u. Ä.) *aufs Spiel zu setzen*.

Allgemein kann man sagen, dass in solchen Beratungstexten Phraseme in einen ausreichenden Kontext eingebettet sind, der bei der Bedeutungserschließung weiterhilft. Zur Veranschaulichung folgen zwei Textausschnitte (5) – (6). Die dort vorkommenden Idiome sowie die Textstellen, die zur Erschließung der Bedeutung dieser Idiome beitragen können, sind durch Kursivschrift hervorgehoben.

(5) Ich freue mich auf Weihnachten und auf die Ferien. Allerdings ist es schon häufiger passiert, dass wir genau an Weihnachten einen Riesen-*Streit* hatten und die Stimmung dann komplett *im Eimer war*.
(BRAVO GIRL 26/2011, S. 49) (Hervorhebung durch die Autorin)

In diesem Textausschnitt geht es um das Idiom *etw.* (hier konkret die Stimmung) *ist im Eimer*. Durch das Auftreten des Wortes *Streit* im gleichen Satz ist es nicht sonderlich schwer zu erraten, wie die Stimmung ist, wenn sie im Eimer ist.

(6) Ich weiß nicht mehr weiter. Mein Freund will mir ständig *Vorschriften machen. Er* selbst *tut* immer, *was er will*. Aber *ich darf* zum Beispiel *nicht* rausgehen oder mich mit meinen Freundinnen treffen.
(BRAVO 16/2011, S. 47) (Hervorhebung durch die Autorin)

Hier steht das Idiom *jmdm. Vorschriften machen* im Vordergrund. Durch den Gebrauch der Modalverben in den nachfolgenden Sätzen dürfte seine Bedeutung ebenfalls leicht erschließbar sein.

6.3 Überlegungen zum Einsatz von Beratungstexten im Dienste der Phraseologievermittlung

Für dieses Kapitel habe ich einen Text ausgewählt, der beim Thema Familie zum Einsatz kommen könnte. Er wurde leicht gekürzt. Im Text kommt das Idiom *ein Herz und eine Seele sein* vor.

> Früher mochten mein zehnjähriger Bruder und ich uns eigentlich total gerne, aber in letzter Zeit hasse ich ihn regelrecht. Er provoziert mich immer. [...] (Lea, 15)
> DR.-SOMMER-TEAM: Erzähl deiner Familie, wie du dich fühlst. [...] Übrigens streiten sich ganz viele Geschwister in eurem Alter, verstehen sich aber als Erwachsene prima! [...] Doch sei sicher, in einigen Jahren *seid ihr* wieder *ein Herz und eine Seele*.
> BRAVO 16/2011, S. 46 (Hervorhebung durch die Autorin)

In der Einstiegsphase können sich die Lernenden darüber austauschen, ob sie Geschwister haben, wie sie sich mit ihnen verstehen, ob sie etwas zusammen unternehmen, was sie verbindet, was trennt. Im Anschluss daran kann gefragt werden, mit wem die Schülerinnen und Schüler über Probleme mit ihren Geschwistern reden würden. Am Ende der Einstiegsphase kann auf die Zeitschriftenrubrik verwiesen werden, entsprechende Webseiten können gezeigt werden. Danach kann auf den Text eingegangen werden mit Fragen wie: Wie hat sich die Beziehung zwischen Lea und ihrem Bruder entwickelt? Was raten ihr die Psychologen aus dem Dr.-Sommer-Team? Wie beschreiben die Psychologen die Beziehung zwischen Lea und ihrem Bruder in einigen Jahren? Durch die letzte Frage werden die Lernenden an die Stelle herangeführt, wo sie das Idiom finden (1. Schritt: Erkennen). Die Erschließung der Bedeutung dürfte aufgrund der Bildlichkeit des Idioms, aber auch der anderen Indizien im Text nicht besonders schwer sein, und zwar unabhängig davon, ob in der Muttersprache der Lernenden ein voll- oder teiläquivalentes Phrasem existiert, ob es eine zwar formal unterschiedliche, aber semantisch entsprechende phraseologische Wortgruppe gibt oder phraseologische Nulläquivalenz zu verzeichnen ist. Die Semantisierung kann durch eine einfache Frage geleitet werden: Wird nach Meinung der Psychologen die Beziehung zwischen Lea und ihrem Bruder in einigen Jahren besser oder schlechter? Sag mit eigenen Worten, wie die Beziehung sein wird? (2. Schritt: Erschließen). Ferner könnte man die Lernenden eine muttersprachliche Entsprechung suchen lassen und diese mit dem deutschen Idiom ver-

Abb. 6: Bildliche Darstellung zu *ein Herz und eine Seele sein* (1). https://www.pinterest.de/pin/793548396828108306/ (letzter Zugriff 30.10.2020).

Abb. 7: Bildliche Darstellung zu *ein Herz und eine Seele sein* (2). https://www.bunte.de/family/bewegende-geschichten/tierische-geschichten/ein-herz-und-eine-seele-hunde-opa-adoptiert-verwaistes-baby-kaetzchen.html (letzter Zugriff 30.10.2020).

Abb. 8: Bildliche Darstellung zu *ein Herz und eine Seele sein* (3). https://www.fischerverlage.de/buch/andreas-krass-ein-herz-und-eine-seele-9783103972061 (letzter Zugriff 30.10.2020).

gleichen (im Tschechischen gibt es das Phrasem *být jedno tělo a jedna duše*, das wörtlich bedeutet *ein Körper und eine Seele sein*). Der Semantisierung kann sich eine Diskussion darüber anschließen, ob man nur über Geschwister sagen kann, dass sie ein Herz und eine Seele sind. Da die beiden hier betrachteten Sprachen bei diesem Idiom in den Gebrauchsregeln übereinstimmen, dürfte die Diskussion ohne große Anstrengung zum Ergebnis führen. In der Festigungsphase (3. Schritt) könnten die Lernenden zum Beispiel sagen, wer auf den Bildern 6–8 ein Herz und eine Seele ist.

Den Abschluss der Beschäftigung mit diesem Phrasem könnte eine schriftliche Hausaufgabe darstellen zum Thema: Beschreibe deine Beziehung zu einer Person, mit der du ein Herz und eine Seele bist.

7 Schlussbemerkungen

Selbstverständlich konnte das phraseodidaktische Potenzial der zwei ausgewählten Textsorten aus Jugendzeitschriften in diesem Beitrag nur angedeutet werden. Nichtsdestotrotz hoffe ich gezeigt zu haben, dass Fotoromane und Beratungstexte in der Tat über ein beachtliches Potenzial für eine Einführung in die Phraseologie der Fremdsprache Deutsch verfügen und deshalb stärker in den Fokus von Phraseodidaktikerinnen und -didaktikern und an der Vermittlung von Phrasemen interessierten Deutschlehrenden gerückt werden sollten. Abgesehen davon dürfte die Thematik – insbesondere die der Beratungstexte – einiges Potenzial haben, um die Lernenden zum Reden zu bewegen und somit neben den rezeptiven Fertigkeiten auch die produktiven zu fördern. Diese Rubrik hat inhaltlich durchaus mehr zu bieten als nur die berühmt-berüchtigten *BRAVO*-Themen. Sie birgt auch ein nicht zu verachtendes interkulturelles Potenzial, zwar nicht aus deutsch-tschechischer Perspektive, aber mit Sicherheit bei weiter voneinander entfernten Kulturen.

Literatur

Bachmann-Stein, Andrea (2005): Der Nutzen der Textsorte ‚Horoskop' für die Fremdsprachendidaktik – Überlegungen und Vorschläge aus linguistischer Sicht. In Magdolna Orozs & Terrance Albrecht (Hrsg.), *Jahrbuch der ungarischen Germanistik 2005*, 299–319. Budapest: Gondolat Kiadói Kör.

Bergerová, Hana (2008): Überlegungen zum Einsatz von Horoskopen bei der Vermittlung von Phraseologismen im DaF-Unterricht bei jugendlichen Lernern. *Pedagogy and Teacher's Education* (Acta Universitatis Latviensis) 741, 182–188.

Bergerová, Hana (2009): Wie viel Phraseologie brauchen künftige Deutschlehrende? In Libuše Spáčilová & Lenka Vaňková (Hrsg.), *Germanistische Linguistik – die neuen Herausforderungen in Forschung und Lehre*, 71–80. Brno: Academicus.

Bergerová, Hana & Marek Schmidt (2015): Textsortenlinguistik und Fremdsprachendidaktik. Zum Einsatz von Beratungstexten aus Jugendzeitschriften im schulischen DaF-Unterricht. *Aussiger Beiträge* 9, 49–65.

Chrissou, Marios (2012): *Phraseologie in Deutsch als Fremdsprache: linguistische Grundlagen und didaktische Umsetzung eines korpusbasierten Ansatzes*. Hamburg: Dr. Kovač.

Ettinger, Stefan (2007): Phraseme im Fremdsprachenunterricht. In Harald Burger, Dimitrij Dobrovol'skij, Peter Kühn & Neal R. Norrick (Hrsg.), *Phraseologie/Phraseology. Ein internationales Handbuch zeitgenössischer Forschung / An International Handbook of Contemporary Research*, 893–908. Berlin, New York: De Gruyter.
Ettinger, Stefan (2019): Leistung und Grenzen der Phraseodidaktik. Zehn kritische Fragen zum gegenwärtigen Forschungsstand. *Philologie im Netz* 87, 84–124.
Ewers, Hans-Heino (2012): Kinder- und Jugendliteratur – Begriffsdefinitionen. In Günter Lange (Hrsg.), *Kinder- und Jugendliteratur der Gegenwart. Ein Handbuch*, 3–12. Baltmannsweiler: Schneider Hohengehren.
Fandrych, Christian & Maria Thurmair (2011): *Textsorten im Deutschen. Linguistische Analysen aus sprachdidaktischer Sicht*. Tübingen: Stauffenburg.
Gonzáles Rey, Isabel (2013) (Hrsg.): *Phraseodidaktische Studien zu Deutsch als Fremdsprache. Phraseodidactic Studies on German as a Foreign Language*. Hamburg: Dr. Kovač.
Hessky, Regina & Stefan Ettinger (1997): *Deutsche Redewendungen. Ein Wörter- und Übungsbuch für Fortgeschrittene*. Tübingen: Narr.
Jesenšek, Vida & Melanija Fabčič (Hrsg.) (2007): *Phraseologie kontrastiv und didaktisch. Neue Ansätze in der Fremdsprachenvermittlung*. Maribor: Slavistično društvo, Filozofska fakulteta.
Klemm, Michael & Hartmut Stöckl (2011): „Bildlinguistik" – Standortbestimmung, Überblick, Forschungsdesiderate. In Hajo Diekmannshenke, Michael Klemm & Hartmut Stöckl (Hrsg.), *Bildlinguistik. Theorien – Methoden – Fallbeispiele*, 7–18. Berlin: Erich Schmidt.
Konecny, Christine, Erla Hallsteinsdóttir & Brigita Kacjan (Hrsg.) (2013): *Phraseologie im Sprachunterricht und in der Sprachdidaktik / Phraseology in language teaching and in language didactics*. Maribor u. a.: Mednarodna založba Oddelka za slovanske jezike in književnosti, Filozofska fakulteta.
Köster, Lutz (1998): Phraseolexeme in Horoskopen. Funktionale Analyse und didaktische Potenz dieser Textsorte für die Vermittlung von Deutsch als Fremdsprache. In Jan Wirrer (Hrsg.), *Phraseologismen in Text und Kontext* (Phrasemata I), 97–120. Bielefeld: Aisthesis.
Köster, Lutz (2001): *Vorsicht. Sie könnten andere mit Ihren Ansprüchen vor den Kopf stoßen*. Phraseologismen in populären Kleintexten und ihr Einsatz im DaF-Unterricht. In Martine Lorenz-Bourjot & Heinz-Helmut Lüger (Hrsg.), *Phraseologie und Phraseodidaktik*, 137–153. Wien: Praesens.
Köster, Lutz (2007): Phraseme in populären Kleintexten. In Harald Burger, Dimitrij Dobrovol'skij, Peter Kühn & Neal R. Norrick (Hrsg.), *Phraseologie/Phraseology. Ein internationales Handbuch zeitgenössischer Forschung / An International Handbook of Contemporary Research*, 308–312. Berlin, New York: De Gruyter.
Kühn, Peter (1996): Redewendungen – nur im Kontext! Kritische Anmerkungen zu Redewendungen in Lehrwerken. *Fremdsprache Deutsch* 15 (2), 10–16.
Kühn, Peter (2013): Wortschatz. In Ingelore Oomen-Welke & Bernt Ahrenholz (Hrsg.), *Deutsch als Fremdsprache* (Deutschunterricht in Theorie und Praxis, DTP; Handbuch zur Didaktik der deutschen Sprache und Literatur 10), 153–164. Baltmannsweiler: Schneider Hohengehren.
Lorenz-Bourjot, Martine & Heinz-Helmut Lüger (Hrsg.) (2001): *Phraseologie und Phraseodidaktik* (Beiträge zur Fremdsprachenvermittlung, Sonderheft 4). Wien: Praesens.
Lüger, Heinz-Helmut (2004): Idiomatische Kompetenz – ein realistisches Lernziel? Thesen zur Phraseodidaktik. In Heinz-Helmut Lüger & Rainer Rothenhäusler (Hrsg.), *Linguistik für die*

Fremdsprache Deutsch (Beiträge zur Fremdsprachenvermittlung, Sonderheft 7), 121–169. Landau: Empirische Pädagogik.
Lüger, Heinz-Helmut (2019): Phraseologische Forschungsfelder. Impulse, Entwicklungen und Probleme aus germanistischer Sicht. In: *Beiträge zur Fremdsprachenvermittlung* 61, 51–82.
Meier, Bernhard (2012): Zeitschriften für Kinder und Jugendliche. In Günter Lange (Hrsg.), *Kinder- und Jugendliteratur der Gegenwart. Ein Handbuch*, 465–481. Baltmannsweiler: Schneider Hohengehren.
Mena Martínez, Florentina & Carola Strohschen (Hrsg.) (2020): *Teaching and Learning Phraseology in the XXI Century. Phraseologie Lehren und Lernen im 21. Jahrhundert. Challenges for Phraseodidactics and Phraseotranslation. Herausforderungen für Phraseodidaktik und Phraseoübersetzung*. Berlin u. a.: Peter Lang.
Salomo, Dorothé & Imke Mohr (2016): *Deutsch lehren lernen 10: DaF für Jugendliche*. München: Klett-Langenscheidt.
Stein, Stephan (2011): Phraseme und Phrasemsemantik. In Inge Pohl & Winfried Ulrich (Hrsg.), *Wortschatzarbeit*, 256–279. Baltmannsweiler: Schneider Hohengehren.
Strohschen, Carola (2013): Phraseopedia: Eine Wiki als kollaboratives Werkzeug zum Erlernen phraseologischer Einheiten Deutsch-Spanisch. In Isabel Gonzáles Rey (Hrsg.): *Phraseodidaktische Studien zu Deutsch als Fremdsprache. Phraseodidactic Studies on German as a Foreign Language*, 89–99. Hamburg: Dr. Kovač.
Vajičková, Mária & Undine Kramer (2003): *Deutsche Phraseologie: Ein Lehr- und Übungsbuch*. Bratislava: Retaas.
Wotjak, Barbara & Manfred Richter (1993): *Sage und schreibe: deutsche Phraseologismen in Theorie und Praxis*. Leipzig u. a.: Langenscheidt Enzyklopädie.
Zenderowska-Korpus, Grażyna (2020): *Phraseme in Textsorten* (Beiträge zur Fremdsprachenvermittlung, Sonderheft 27). Landau: Empirische Pädagogik.

Primärliteratur

Bravo, Nr. 10–16/Jahrgang 2011. Hamburg: Bauer Media KG.
Bravo, Nr. 33, 46–49/Jahrgang 2014. Hamburg: Bauer Media KG.
Bravo Girl, Nr. 1–10/Jahrgang 2011. Hamburg: Bauer Media KG.
Bravo Girl, Nr. 1, 16, 22–24/Jahrgang 2014. Hamburg: Bauer Media KG.
Bravo Girl, Nr. 6–10/Jahrgang 2019. Hamburg: Bauer Verlag KG.
Mädchen, Nr. 1–13/Jahrgang 2019. Berlin: Egmont Ehapa Media GmbH.
Popcorn, Nr. 6–9/Jahrgang 2009. München: Vision Media GmbH.
Popcorn, Nr. 6–10/Jahrgang 2010. München: Vision Media GmbH.
Popcorn, Nr. 3–5/Jahrgang 2011. München: Vision Media GmbH.

Internetquellen

URL 1: http://www.ephras.org/index.php (letzter Zugriff 30.10.2020).
URL 2: www.ettinger-phraseologie.de (letzter Zugriff 30.10.2020).

URL 3: http://www.sprichwort-plattform.org/ (letzter Zugriff 30.10.2020).
URL 4: http://redewe.de/ (letzter Zugriff 30.10.2020).
URL 5: http://frazeologie.ujepurkyne.com/index2.htm (letzter Zugriff 30.10.2020).
URL 6: https://www.finger-weg.info/ (letzter Zugriff 30.10.2020).
URL 7: https://www.maedchen.de/love/frag-mona (letzter Zugriff 02.03.2021).

Bildernachweise

Abb. 6 https://www.pinterest.de/pin/793548396828108306/ (letzter Zugriff 30.10.2020).

Abb. 7 https://www.bunte.de/family/bewegende-geschichten/tierische-geschichten/ein-herz-und-eine-seele-hunde-opa-adoptiert-verwaistes-baby-kaetzchen.html (letzter Zugriff 30.10.2020).

Abb. 8 https://www.fischerverlage.de/buch/andreas-krass-ein-herz-und-eine-seele-9783103972061 (letzter Zugriff 30.10.2020).

Tamás Kispál
Verwendung von sprachlichen Mustern in textproduktiven Aufgaben im universitären DaF-Unterricht
Redemittel zur Einführung der Grafikbeschreibung in der DSH-Aufgabe zur Textproduktion

Abstract: Die richtige Verwendung von sprachlichen Mustern gehört zu den wichtigsten produktiven Kompetenzen der Deutschlernenden. Im universitären handlungsorientierten DaF-Unterricht sind textsortenbezogene Kompetenzen gefragt. Die Grafikbeschreibung bildet häufig die Grundlage für die textproduktive Aufgabe in der DSH-Prüfung. Der Beitrag behandelt die Redemittel zur Einführung der Grafikbeschreibung in der DSH-Aufgabe zur Textproduktion. Nach einer exemplarischen Analyse von einschlägigen Abschnitten aus einigen Lehrwerken und Ratgebern werden fünf sprachliche Handlungssequenzen bei der Einführung der Grafikbeschreibung anhand von Belegen aus ausgewählten Prüfungsantwortblättern untersucht. Es werden verschiedene Verwendungsformen bei diesen Redemitteln aufgezeigt, um einerseits DaF-Lehrende für diese Problematik bei der Verwendung von Redemitteln in textproduktiven Aufgaben zu sensibilisieren, andererseits Forschende in der Phraseodidaktik zu weiteren Forschungen auf diesem Gebiet anzuregen.

Keywords: Deutsch als fremde Wissenschaftssprache, DSH, Grafikbeschreibung, Textproduktion

1 Einführung

Eine der wichtigsten Aufgaben von Fremdsprachenlernenden ist es, sich die Fähigkeit anzueignen, sprachliche Muster in produktiven Situationen anzuwenden. Unter sprachlichem Muster verstehe ich vorgefertigte sprachliche Einheiten, die einen festen Bestandteil der Sprache bilden und nach einem bestimmten regelhaften Muster gebildet werden, aber auch „variable Leerstellen (Slots) enthalten, die ihrerseits mit lexikalischen Vertretern ähnlicher Art gefüllt werden". Diese Definition von Steyer (2013: 48) für die Wortverbindungsmuster ist zwar in einem korpuslinguistischen Sinne verstanden, kann aber auch für die vorliegende Untersuchung angewandt werden. Diese festen Wortverbindungen werden auch

Phraseoschablonen, Routineformeln oder Konstruktionen genannt (Feilke 2007) und Formelhaftigkeit und Musterhaftigkeit sind für sie charakteristisch (Stein 2007: 233–234). Sie werden zwar oft zu den satzwertigen Phraseologismen gerechnet (Lüger 2007: 452–453), aber durch ihre lückenhafte Struktur relativiert sich dieses Klassifikationsmerkmal. In psycholinguistischen und spracherwerbsbezogenen Arbeiten werden sie oft Chunks genannt (Handwerker & Madlener 2009). Im Folgenden werden situationsspezifische Chunks untersucht. DaF-Lehrwerke sowie Arbeiten zur Fremdsprachendidaktik rechnen diese traditionell oft nichtidiomatisch geltenden situationsspezifischen, typischerweise lückenhaften sprachlichen Mittel, die den Gegenstand der vorliegenden Untersuchung bilden, meistens zu den Redemitteln. Diese Redemittel sind im Gegensatz zu ihrer Benennung nicht nur in der gesprochenen Sprache, sondern auch beim schriftlichen Ausdruck relevant. Bei der Behandlung von festen Wendungen werden Redemittel meistens nicht in die Untersuchung einbezogen. In neueren, besonders didaktischen Untersuchungen zur Phraseologie werden allerdings auch diese formelhaften Wendungen immer öfter berücksichtigt (Barkowski et al. 2014: 26–47).

Ziel des Beitrags ist die Untersuchung der Verwendung von Redemitteln in zwei ausgewählten DSH-Aufgaben zur Textproduktion. Vorlage zur Textproduktion bilden in diesen Aufgaben Diagramme. Es werden Redemittel untersucht, die zur Beschreibung von Diagrammen/Grafiken dienen. Ausführlicher wird die Einführung der Grafikbeschreibung analysiert.

2 Wissenschaftssprachliche Redemittel

Das Verstehen und Verwenden von wissenschaftssprachlichen Strukturen stellen meistens auch für Muttersprachler eine Herausforderung dar (Graefen 2009). Nichtmuttersprachler sollten diesen Strukturen eine besondere Beachtung schenken und im Falle eines Hochschulstudiums sich das Deutsche als fremde Wissenschaftssprache und damit eine wissenschaftskommunikative Kompetenz aneignen. In erster Linie handelt es sich dabei um die alltägliche Wissenschaftssprache, die im Sinne von Ehlich (1993: 33) fachübergreifend, d. h. ohne fachliche Besonderheiten, verstanden werden soll. Vor allem aus dem schulischen Kontext ist dabei noch die Bildungssprache zu beachten, die mit ihrer Mittlerrolle zwischen Wissenschafts-, Fach- und Alltagssprache die Grundlage für das Verstehen der Fachsprache bildet (Föhr 2018).

In der letzten Zeit sind mehrere Übungsbücher zum Deutschen als Wissenschaftssprache erschienen, die insbesondere für die Zielgruppe des Deutschen als fremder Wissenschaftssprache geeignet sind. Graefen & Moll (2011) bietet eine gute Einführung in verschiedene Aspekte der deutschen Wissenschaftssprache. In diesem Lehr- und Arbeitsbuch stehen sprachliche Handlungsformen der wissenschaftlichen Kommunikation sowie Listen von wissenschaftssprachlichen Fügungen und Aufgaben im Mittelpunkt (Kispál 2013), vgl. die Fügungen zu *Gegenüberstellen* und *Vergleichen* (Abb. 1).

N_1 und N_2 gleichen sich ⎱ in der Eigenschaft X
N ist mit D vergleichbar ⎰ unter dem Gesichtspunkt X
N_1 und N_2 sind vergleichbar ⎱ insofern, als ...
 ⎰ in dem Punkt, dass ...
 ⎱ bezüglich X / in Bezug auf X
 ⎰ hinsichtlich X

F vergleicht A mit D
F unterzieht A_1 und A_2 einem Vergleich
F führt einen Vergleich von D und D durch
F nimmt eine Gegenüberstellung von D und D vor
F trifft eine Unterscheidung zwischen D und D
F grenzt A von D ab

F untersucht ⎱ die Beziehung zwischen D und D
 ⎰ das Verhältnis zwischen D und D
 ⎱ das Verhältnis von D zu D

F macht einen Unterschied zwischen D und D

der Vergleich von D und D ⎱ macht deutlich, dass ...
 ⎰ ergibt A
 ⎱ führt zu dem Ergebnis / Resultat X

zum Vergleich mit D wird N herangezogen
im Vergleich zu D erweist sich N als besser / stärker / schwächer
vergleicht man A mit D, (so) zeigt sich N
N unterscheidet sich von D darin, dass ... / in D

Abb. 1: Fügungen zu *Gegenüberstellen* und *Vergleichen* (Graefen/Moll 2011: 82).

Fügert & Richter (2015) behandeln das Verstehen der Wissenschaftssprache in Wortschatz, Grammatik, Stil und Lesestrategien ebenfalls vor dem Hintergrund der alltäglichen Wissenschaftssprache. Die Autorinnen dieses Buches schlagen die gleiche Notationstechnik der Redemittel mit Hilfe von Chunks vor wie Graefen & Moll (2011) (Abb. 2).

Die Wissenschaftssprache ist in hohem Maße idiomatisch geprägt. Die durch ausdrucksseitige Selektions- und Kombinationspräferenzen bedingte Feilkesche idiomatische Prägung (Feilke 1998) zeigt sich in vielen Redemitteln der Wissenschaftssprache: einerseits durch die arbiträre Selektion aus einem Kollokationsparadigma, andererseits durch eine Kombinationspräferenz. Diese in der Phraseologie gewöhnlich Routineformeln genannten, in der traditionellen Phraseologieforschung jedoch als nichtidiomatisch geltenden sprachlichen Einheiten zeichnen sich dadurch aus, dass sie an bestimmte Situationen, Textsorten, sprachliche Handlungsformen gebunden sind. Zu ihrer Beschreibung ist auch das Instrumentarium der Pragmatik nötig. Deshalb nennt man sie auch

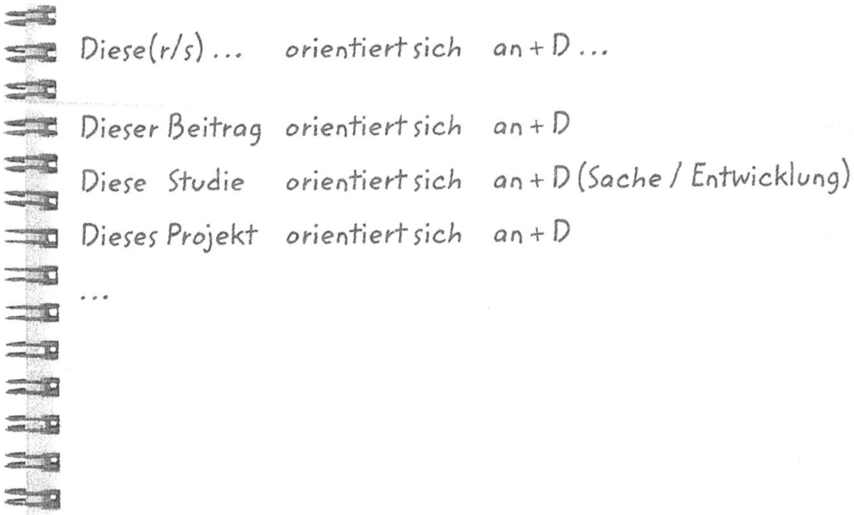

Diese(r/s) ... orientiert sich an + D ...

Dieser Beitrag orientiert sich an + D

Diese Studie orientiert sich an + D (Sache / Entwicklung)

Dieses Projekt orientiert sich an + D

...

Abb. 2: Chunks in der Wissenschaftssprache (Fügert & Richter 2015: 70).

pragmatische Phraseologismen. Für diese Fügungen gibt es auch den Terminus Mikroformel, den z. B. Wirrer (2007: 183–186) (in seinem Aufsatz über Phraseme in der Argumentation) in Anlehnung an Tappe (2002) verwendet.

3 Diagramme und Grafiken beschreiben

Das Üben der Beschreibung von Diagrammen und Grafiken gehört zu den Themen von Übungsbüchern zum wissenschaftlichen Schreiben. Im Folgenden soll das an einigen neueren Lehrbüchern exemplarisch gezeigt werden.

Der vom Klett-Verlag zum Lehrwerk *Mittelpunkt* herausgegebene in Neuauflage erschienene Intensivtrainer mit dem Titel *Textsorten für Studium und Beruf* widmet ein Kapitel von fünf Seiten dem Thema „Diagramme und Grafiken" (Backhaus, Sander & Skrodzki 2015: 29–33). In diesem Buch werden die Redemittel in Kästen hervorgehoben (Abb. 3). Dabei werden die Redemittel verschiedenen Diagrammtypen zugeordnet: Kreisdiagramm zur Veranschaulichung des Ganzen und seiner Teile, Säulen- oder Kurvendiagramm zur Veranschaulichung von Entwicklungen bzw. Balkendiagramm zur Veranschaulichung der Rangfolge. Zu dem Lehrwerk *Mittelpunkt* gibt es auch eine Redemittelsammlung.

> Das Diagramm gibt Auskunft über … | Die rechte/linke Säule steht für … | Die graue/blaue Kurve steht für … | Während sich … gut/schlecht/nach oben/nach unten entwickelt, sieht die Entwicklung bei … gut/positiv/schlecht aus. | Im Vergleich zu … entwickelt sich … | Während die Kurve bei … steigt/fällt, fällt/steigt die Kurve bei … | Gegenüber … steigt/fällt … | … steigt/fällt, … jedoch fällt/steigt.

Abb. 3: Redemittel „Diagramme und Grafiken" (Backhaus, Sander & Skrodzki 2015: 30).

Die Campus-Deutsch-Reihe des Hueber-Verlags thematisiert die Beschreibung von Grafiken und Diagrammen im Band *Präsentieren und Diskutieren* unter dem Stichwort „Daten visualisieren" (Bayerlein 2014: 33–35). In diesem Buch steht weniger die Sprache als vielmehr praktische Informationen im Vordergrund. Hervorgehoben werden Tipps, die zu einer erfolgreichen Präsentation beitragen. Da jedoch das Zielpublikum des Buches Lernende des Deutschen als Fremdsprache bilden, sollte auch der sprachliche Aspekt eine wichtige Rolle spielen, was in diesem Buch bei der Beschreibung von Grafiken und Diagrammen m. E. leider viel zu kurz kommt. Die induktive Methode, indem z. B. aus einem Text (zum Thema „Grippeschutzimpfung in Deutschland") die Zahlen mit ihrem Kontext im Buch markiert werden sollen, hätte zwar eine sinnvolle didaktische Zielsetzung (Abb. 4).

Leider werden die Empfehlungen zur Impfung nicht genug beachtet. Die *Weltgesundheitsorganisation* (WHO) empfiehlt Influenza-Impfquoten von 75 % bei älteren Menschen. In der Realität liegt die Impfquote jedoch bei Menschen über 60 Jahren nur bei durchschnittlich 56,6 %. Dabei gibt es einen großen Unterschied zwischen Männern und Frauen: Die Quote bei Frauen liegt bei 58,5 %, bei Männern dagegen nur bei 54,3 %.

Abb. 4: Auszug aus dem Text „Grippeschutzimpfung in Deutschland" (Bayerlein 2014: 34).

Dem Text lassen sich aber relativ wenige Fügungen zur Grafikbeschreibung entnehmen, z. B. folgende:

(1) Die Quote bei Frauen liegt bei …

(2) … liegen die Impfquoten bei …

(3) … nimmt mit weniger als 40 % das Schlusslicht ein.

Am Ende des Buches gibt es allerdings eine Redemittelsammlung, je eine Seite zu den Themen Präsentieren, Diskutieren und Moderieren. Beim Thema Präsentieren findet man unter dem Stichwort „Medien erklären" zwölf Redemittel (Abb. 5):

> Medien erklären
>
> Das Bild / Die Infografik ist aufgeteilt in ... Teile.
>
> In der Mitte des Bildes können Sie erkennen, dass ...
>
> Links/Rechts sehen Sie, ...
>
> Auf dem Bild sehen Sie oben/unten, ...
>
> Bitte sehen Sie sich die Zahlen auf der linken/ rechten Seite an: ...
>
> Bitte sehen Sie sich die Zahlen am oberen/unteren Bildrand an: ...
>
> Die Bilderserie zeigt ...
>
> In dem Kasten wird gezeigt, ...
>
> Wie der Beschriftung/Legende zu entnehmen ist, ...
>
> In dem vergrößerten Ausschnitt ist zu sehen, dass ...
>
> Links/Rechts von ... befindet sich ...
>
> Auf der linken/rechten Seite von ... befindet sich ...

Abb. 5: Redemittel „Medien erklären" (Bayerlein 2014: 80).

Diese Redemittel beziehen sich zwar auf die Veranschaulichung durch verschiedene Medien, aber sie sind in der Tat beim Präsentieren zu verwenden, es handelt sich dabei um Chunks in der gesprochenen Sprache.

Die auf der induktiven Methode basierende situations- und textbezogene praktische Übungsgrammatik von Fandrych (2015) widmet sich der Grafikbeschreibung auf fünf Seiten im Kapitel „Beschreiben in Sach- und Fachtexten". Die in vier Teile gegliederte Grafikbeschreibung (Nennung des Themas, Angabe der Quelle, Darstellung und Vergleich der Daten, Schlussfolgerung) wird durch eine Liste von Redemitteln, in Form von Chunks, thematisiert (Abb. 6) sowie durch einige Aufgaben geübt. Die Auflistung und Übung der Redemittel können zu ihrer effektiven Anwendung beitragen.

4.2 Ergänzen Sie nun mit den markierten sprachlichen Mitteln aus 4.1 die folgende Übersicht.

Sprachliche Mittel der Grafikbeschreibung I	
Thema	– _____ – In der Abbildung sind ... angezeigt. – Das Kreisdiagramm ... gibt Auskunft über ...
Angabe der Quelle	– _____ – Das Kreisdiagramm, das von ... stammt.

Abb. 6: Redemittel zur Grafikbeschreibung (Fandrych 2015: 200).

Das für die DSH-Vorbereitung erstellte Lehr- und Übungsbuch von Lodewick (2010) enthält beim Thema Textproduktion ein Kapitel mit dem Titel „Eine Grafik beschreiben". Dabei wird auch die Diagrammbeschreibung behandelt. Der Leser bekommt gute Tipps zu diesem Aufgabentyp. Redemittel sind jedoch sehr spärlich vorhanden, und sie werden auch nur selten hervorgehoben und kaum speziell geübt.

Die in der Grafikbeschreibung verwendeten Redemittel kann man grob zwei großen Klassen zuordnen, die auch die Gliederung des Lehrbuches von Graefen & Moll (2011: 15) prägen: Sie gehören einerseits zu textorganisatorischen Elementen: sie geben das Thema der Grafik an (z. B. *die vorliegende Grafik liefert Informationen über ...*), andererseits zu sprachlichen Handlungsformen: sie behandeln zum Beispiel Gegenüberstellungen und Vergleiche (z. B. *die Grafik zeigt einen deutlichen Unterschied zwischen ...; ... unterscheidet sich von ... darin, dass ...*) und stellen auch sprachliche Mittel des Argumentierens dar (z. B. *der Grund für ... ist in ... zu suchen*). Vorliegender Beitrag behandelt sowohl textorganisatorische als auch sprachhandlungsorientierte Redemittel zur Einführung in die Grafikbeschreibung.

4 Redemittel in DSH-Aufgaben zur Textproduktion

Dieser Beitrag hat sich zum Ziel gesetzt, Redemittel in zwei ausgewählten DSH-Aufgaben zur Textproduktion zu untersuchen. Die Deutsche Sprachprüfung für den Hochschulzugang (DSH) ist eine Prüfung zum Nachweis der sprachlichen Studierfähigkeit. Beim Bestehen der Prüfung liegen die Sprachkenntnisse der Teilnehmenden auf den Stufen B2 (DSH-1), C1 (DSH-2) und C2 (DSH-3) des „Gemeinsamen Europäischen Referenzrahmens für Sprachen" (GERS). An den meisten Hochschulen bzw. Studiengängen werden nur die DSH-Stufen 2 und 3, die der Niveaustufe C1 und C2 entsprechen, akzeptiert. Betroffen sind für diese Prüfung folglich die Niveaustufen C1 und C2. Die DSH besteht aus einer schriftlichen und einer mündlichen Prüfung. Die schriftliche Prüfung hat vier Teile: 1) Hörverstehen, 2) Leseverstehen, 3) wissenschaftssprachliche Strukturen und 4) Textproduktion. Hörverstehen, Leseverstehen und die wissenschaftssprachlichen Strukturen messen rezeptive Fertigkeiten, die Textproduktion entsprechend produktive Fertigkeiten. Wie es im DSH-Handbuch (2012: 82) steht, soll mit der Textproduktion „die Fähigkeit überprüft werden, sich in universitären Kontexten zu studienrelevanten Themen schriftlich zu äußern und beschreibend-argumentative Sachtexte zu verfassen".[1] Die möglichen sprachlichen Handlungen, die auch zur Bildungssprache gehören (Feilke 2012: 12), umfassen Folgendes: *Beschreiben, Vergleichen, Beispiele anführen, Argumentieren, Kommentieren, Bewerten*. Vorlage zur Textproduktion bilden dabei Grafiken, Schaubilder, Diagramme, Stichwortlisten oder Zitate (DSH-Handbuch 2012: 82).

Die zur Untersuchung ausgewählten Prüfungsaufgaben stammen aus dem DSH-Prüfungszentrum der Georg-August-Universität Göttingen. Je eine Aufgabe aus den Jahren 2013 und 2015 wird zu dieser empirischen Untersuchung verwendet. Je 50 Antwortblätter zu diesen zwei Prüfungen wurden untersucht. Insgesamt wurden somit 100 Aufsätze durchgelesen und auf die Korrektheit der verwendeten Redemittel analysiert. Vorlage zur Textproduktion bilden in allen diesen Aufgaben Diagramme und Tabellen. Die Aufgabe mit dem Titel „Wofür geben die Deutschen ihr Geld aus?" (aus dem Jahr 2013) enthält ein Kreisdiagramm (Abb. 7).

Die Aufgabe mit dem Titel „Gedruckte oder elektronische Bücher?" (aus dem Jahr 2015) hat ein Säulendiagramm als Vorlage (Abb. 8).

In beiden Aufgaben sind unter den Bildern drei Fragen aufgeführt. Zunächst wird nach den wesentlichen Aspekten der Grafik gefragt.[2] Bei der Beantwortung der zweiten Frage sollen die Prüfungsteilnehmenden die Situation in ihrem Heimatland beschreiben. Die dritte Frage bezieht sich auf die persönliche Einstellung.

Im Folgenden wird untersucht, welche Redemittel die Teilnehmenden bei dem Einstieg in den Diskurs und der Einführung der Grafikbeschreibung verwenden. Es werden zwei Hauptsequenzen betrachtet (Einstieg und Einführung der Grafikbeschreibung) sowie vier Unterkategorien (Handlungsformen) zur

---

[1] Überlegenswert ist allerdings die Bemerkung von Demmig (2014: 229), dass diese Textsorte keine Entsprechung im Studium mehr hat. „Sie ist vielmehr als eine vorwissenschaftliche Textsorte zu sehen, ähnlich der in deutschen Schulen üblichen Erörterungen".
[2] Die DSH-Richtlinien und das DSH-Handbuch werden aktuell überarbeitet. Zum Erscheinungsdatum des vorliegenden Beitrags gilt ein modifiziertes Konzept bei der Textproduktion. Mögliche Grafiken sollen zur Unterstützung der Argumentation dienen. In der Aufgabenstellung wird jedoch keine (ausführliche) Grafikbeschreibung mehr verlangt.

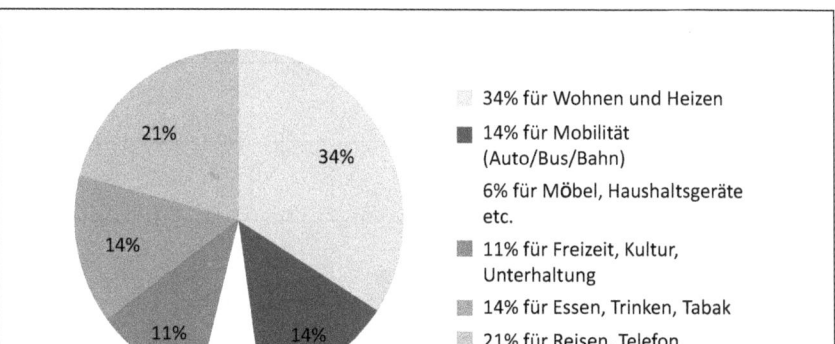

Quelle: Göttinger Tageblatt vom 7.1.2013

Aufgaben:
1. Bitte beschreiben Sie kurz die wesentlichen Aspekte der Grafik und kommentieren Sie diese.
2. Vergleichen Sie mit Ihrem Heimatland. Wie verteilen sich dort die Ausgaben? Warum? Was fällt auf?
3. Wofür geben Sie Ihr Geld aus? Begründen Sie dies bitte.

Schreiben Sie bitte einen zusammenhängenden Text. Er sollte <u>mindestens 200 Wörter</u> umfassen. <u>Zählen Sie am Ende bitte genau</u>, wie viele Wörter Sie geschrieben haben und <u>notieren Sie die Wörterzahl am Ende Ihres Textes!</u>

Abb. 7: Kreisdiagramm (DSH Textproduktion – März 2013).

Einführung der Grafikbeschreibung: 1) *Grafik ankündigen*, 2) *Thema der Grafik angeben*, 3) *Quelle der Grafik angeben*, 4) *Datenformen in der Grafik angeben*.

Folgender ausgewählter Ausschnitt aus einem Antwortbogen (6/2013) soll diese Sequenzen veranschaulichen (Abb. 9).

Redemittel zur Grafikbeschreibung sind typische Mehrwortverbindungen bei studienvorbereitenden Textproduktionsaufgaben, wie auch beim TestDaF, der eine alternative deutsche Sprachprüfung für internationale Studienbewerber ist. Auch die Ergebnisse der Untersuchung von Zimmermann & Rupprecht (2013: 86) zu Textproduktionsaufgaben beim TestDaF zeigen, dass „der überwiegende Teil der [lexikalischen] Bündel [im Sinne von 4-Wort-Gruppen] im Kon-

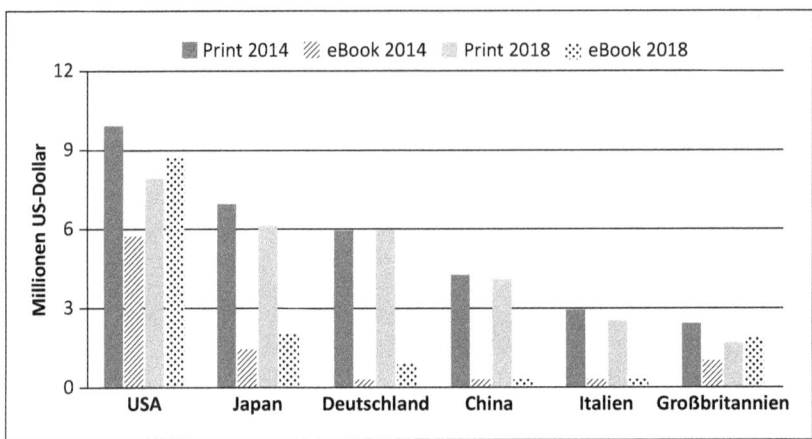

Gedruckte oder elektronische Bücher? (200 Punkte)

Quelle: Statista 2015

1. Fassen Sie die wesentlichen Aussagen der Grafik zusammen. Welche Ursachen könnten die Unterschiede haben?
2. Beschreiben Sie die Lesekultur in Ihrem Heimatland. (Was wird gelesen? Wie? Wo? Wann?)
3. Was lesen Sie persönlich? Was lesen Sie in gedruckter, was in elektronischer Form? Und warum?

Schreiben Sie einen zusammenhängenden Text. Er <u>sollte mindestens 250 Wörter</u> umfassen.

Abb. 8: Säulendiagramm (DSH Textproduktion – September 2015).

text der Grafikbeschreibung verwendet wird und der Gruppe der referentiellen Bündel zuzuordnen ist". Wie stark sich Fremdsprachler bei der Textproduktion an sprachliche Muster halten, bestätigt auch die Analyse von Zimmermann & Rupprecht (2013: 86): „Die Texte der Fremdsprachler weisen insgesamt deutlich mehr Bündel auf", fast sechsmal so viel wie die Texte der Muttersprachler.

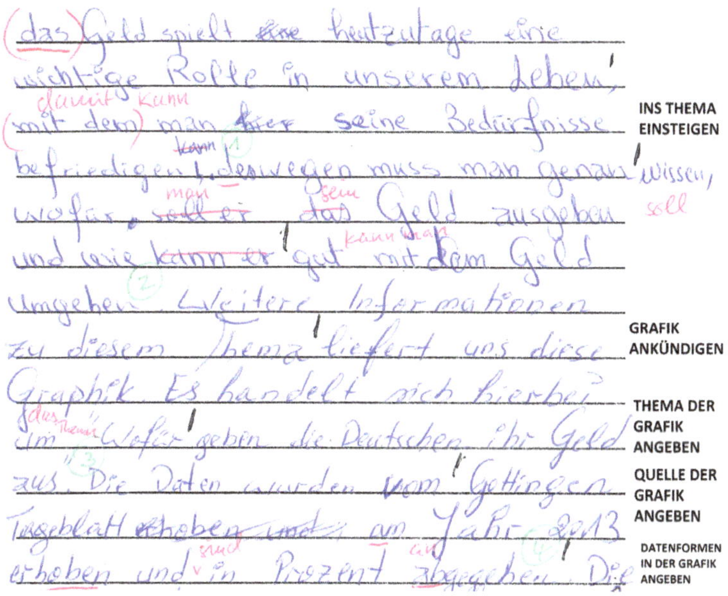

[Handwritten student text with annotations in the margin:]

(das) Geld spielt eine heutzutage eine
wichtige Rolle in unserem Leben, — **INS THEMA EINSTEIGEN**
damit kann
(mit dem) man hier seine Bedürfnisse
kann
befriedigen, deswegen muss man genau wissen,
man sein
wofür soll er das Geld ausgeben soll
kann man
und wie kann er gut mit dem Geld
umgehen. Weitere Informationen — **GRAFIK ANKÜNDIGEN**
zu diesem Thema liefert uns diese
Graphik. Es handelt sich hierbei — **THEMA DER GRAFIK ANGEBEN**
durch
im Wofür geben die Deutschen ihr Geld
aus. Die Daten wurden vom Göttingen — **QUELLE DER GRAFIK ANGEBEN**
Tageblatt erhoben und am Jahr 2013
sind — **DATENFORMEN IN DER GRAFIK ANGEBEN**
erhoben und in Prozent abgegeben. Die

Abb. 9: Auszug aus einem Antwortbogen (DSH Textproduktion – März 2013).

4.1 Einstieg

Vor der Beschreibung der Grafik kann eine kurze Einführung ins Thema in ein, zwei Sätzen den Einstieg in den Diskurs darstellen. Der Relevanz dieser thematischen Einführung sind sich die meisten Prüfungsteilnehmer bewusst: 67 Prozent der untersuchten Arbeiten (67 von 100: 32 von 50 (2013), 35 von 50 (2015)) enthalten eine kurze thematische Einführung, bevor sie die Grafikbeschreibung einführen. Bei diesem Einstieg kann beispielsweise ein allgemeiner Sachverhalt festgestellt werden. Zum Beispiel, dass das Thema immer wieder für heftige Diskussionen sorgt.

(4) Heutzutage, wie auch früher, stehen die Ausgaben der Deutschen zur Diskussion. (13/2013)

In Satz (4) wird eine Kollokation (*etw. steht zur Diskussion*) zur Thematisierung verwendet. Auch im folgenden Textausschnitt (5) wird auf die häufige Diskussion Bezug genommen.

(5) Ein interessantes Thema, über das in *der Medien oft diskutiert wird, ist „Gedruckte oder elektronische Bücher". (2/2015)

Auch ein Hinweis auf die Aktualität des Themas kann theoretisch ein passender Einstieg sein. Das Thema „Wofür geben die Deutschen ihr Geld aus?" ist jedoch für sich kein aktuelles, neues Thema. Deshalb passt hier die Verwendung des folgenden Redemittels (6) weniger, was allerdings auch auf mangelndes kulturelles, landeskundliches Wissen zurückzuführen ist. Diese situative Einbettung kann jedoch nicht als Fehler betrachtet werden, da in der Prüfung kein großes enzyklopädisches Vorwissen vorausgesetzt werden kann und die Prüfungsteilnehmenden verschiedene kulturelle Hintergründe haben.

(6) Heutzutage ist *die aktuelle Frage in Deutschland, wofür die Deutschen ihr Geld ausgeben. (26/2013)

In diesem Fall hat der/die Textproduzent/in eine Konstruktion aus einem Repertoire von möglichen Redemitteln zum Einstieg ausgewählt (*heutzutage ist eine aktuelle Frage in Deutschland, ...*), das Thema des Textes jedoch weniger gelungen in das Muster eingefügt und den Wahrheitsgehalt des formulierten Satzes vielleicht nicht genau überlegt. Im folgenden Satz (7) trifft die Thematisierung der Aktualität inhaltlich besser zu:

(7) In unserer durch Modernisierung und Digitalisierung geprägten Gesellschaft haben *die Lesegewohnheiten *von Menschen allmählich verändert. (21/2015)

Hier fehlt zwar das Reflexivpronomen, aber die Verwendung der Konstruktion „die Lesegewohnheiten haben sich allmählich verändert" ist eine angemessene kontextuelle Anpassung.

4.2 Einführung in die Grafikbeschreibung

Da eine Grafik die Vorlage für die Aufgabe bildet, ist der genaue Hinweis auf die Grafik im Text wichtig. Die Einführung der Grafikbeschreibung besteht meistens aus folgenden vier sprachlichen Handlungssequenzen: 1) *Grafik ankündigen*, 2) *Thema der Grafik angeben*, 3) *Quelle der Grafik angeben*, 4) *Datenformen in der Grafik angeben*.

4.2.1 Grafik ankündigen

Nach dem Einstieg ins Thema wird meistens die Grafik angekündigt, indem man auf das vorher genannte Thema verweist und die später anschließende ausführliche Darstellung der Problematik mit der Grafikbeschreibung verbindet.

Bei der Ankündigung der Grafik wurden z. B. folgende Redemittel verwendet (8) – (12):

(8) Bevor ich auf diese Problematik näher eingehe und die Situation in meiner Heimat darstelle, möchte ich anhand einer Grafik einige statistische Angaben vorstellen. (6/2015)

(9) Bevor ich auf dieses Thema näher eingehen werde, möchte ich zunächst die vorliegende Grafik beschreiben. (37/2013)

(10) Bevor ich zu diesem Thema Stellung nehme, möchte ich einige Fakten mit einer Grafik verdeutlichen. (10/2013)

(11) Bevor ich auf diese Frage eingehe, möchte ich einige Zahlen darstellen. (33/2013)

(12) Bevor ich diese Frage beantworte, möchte ich zuerst das gegebene Material näher betrachten. (9/2015)

Begriffserklärung kann ein wichtiger Teil der Einleitung der gegebenen Textsorte sein. Dazu gehört auch folgendes Redemittel: *Bevor ich auf das Thema eingehe, möchte ich den Begriff ... klären.* Der/Die Textproduzent/in soll sich jedoch darüber im Klaren sein, dass eine Begriffserklärung nicht in jedem Fall notwendig ist. Folgende Auffälligkeit (13) ist dadurch entstanden, dass der/die Autor/in das gelernte Redemittel auf eine Situation anwenden wollte, in der es nicht passt. Ein für den/die Autor/in eventuell unbekanntes Wort aus der Alltagssprache soll natürlich nicht notwendigerweise ähnlich wie ein wichtiger Begriff, ein wissenschaftlicher Terminus für die Themenbehandlung definiert werden.

(13) Bevor ich auf das Thema eingehe, möchte ich den Begriff „ausgeben" klären. (15/2013)

Die typische Verwendung des Redemittels *bevor ich auf ... eingehe* in den DSH-Prüfungen zeugt auch von der Beliebtheit dieser Konstruktion. Ihre Häufung kann jedoch irritierend sein (14).

(14) Bevor ich auf diese Problematik näher eingehe, möchte ich auf die Wahl der Bücher anhand des Schaubildes näher eingehen. (4/2015)

4.2.2 Thema der Grafik angeben

Bei der Angabe des Themas der Grafik wird hier nur diejenige Sequenz berücksichtigt, die das Thema der Grafik benennt. Mögliche richtige Formulierungen mit passenden Redemitteln lauten wie folgt (15) – (21):

(15) Die vorliegende Grafik beschäftigt sich mit dem Thema „Wofür geben die Deutschen ihr Geld aus?" (47/2013)

(16) (1) Die Grafik zeigt, wofür deutsche Menschen ihr Geld ausgeben (2/2013)

(17) Das Thema der folgenden Grafik lautet: „Wofür geben die Deutschen ihr Geld aus?" (14/2013)

(18) Die vorliegende Grafik handelt davon, wofür die Deutschen ihr Geld ausgeben. (11/2013)

(19) Die vorliegende Grafik, die *von Göttinger Tageblatt *im Jahr 2013 stammt, informiert uns darüber, wofür die Deutschen ihr Geld ausgeben. (18/2013)

(20) Das Kreisdiagramm gibt Informationen darüber, wofür die Deutschen ihr Geld ausgeben. (19/2013)

(21) In dieser Graphik geht es darum, wofür die Deutschen ihr Geld ausgeben. (31/2013)

Viele Redemittel, die das Thema der Grafik angeben, wurden im Korpus allerdings fehlerhaft verwendet. Ein typisches Beispiel dafür (22):

(22) *Die vorliegende Grafik geht es um die Frage wofür *geben die Deutschen ihr Geld aus? (48/2013)

Die Konstruktionen *es geht um A; es handelt sich um A; N handelt von D* werden tatsächlich häufig verwechselt. Die Valenzstruktur und der Perspektivenwechsel werden dabei nicht beachtet. Solche leicht verwechselbaren Kollokationen sollten deshalb öfter im Unterricht geübt werden. Weitere häufige Fehler sind in den Bereichen Nominalisierung (23) und Wortstellung (24) zu beobachten.

(23) Das vorliegende Schaubild gibt Auskunft über *die Ausgaben der Deutschen ihres Geldes. (33/2013)

(24) Das Kreisdiagramm zeigt, wofür *geben die Deutschen ihr Geld aus. (13/2013)

4.2.3 Quelle der Grafik angeben

Die Quelle der Daten steht meistens unter der Grafik. Folgende Redemittel können zur Angabe der Grafikquelle dienen (25) – (26):

(25) Die Zahlen beruhen auf Angaben vom Göttinger Tageblatt vom 7.1.2013. (14/2013)

(26) Die Daten stammen aus dem Göttinger Tageblatt vom 7. Januar 2013. (19/2013)

Die meisten Belege enthalten sprachliche Fehler bei dieser Sequenz. Es gibt hier nur sehr wenige richtig verwendete Redemittel. Typische Fehler in diesem Bereich sind falscher Artikelgebrauch (27) – (28) oder falscher Präpositionsgebrauch (29).

(27) Die Quelle der Grafik ist *die Göttinger Tageblatt *von 7.1.2013. (25/2013)

(28) Die Informationen stammen *von Göttinger Tageblatt *7.1.2013. (3/2013)

(29) Die vorliegende Grafik, die *von Göttinger Tageblatt *im Jahr 2013 stammt, informiert uns darüber, wofür die Deutschen ihr Geld ausgeben. (18/2013)

Auch diese Fehler bei der Angabe von Zeitungsquellen weisen auf die Relevanz von Übungen im Bereich der Redemittel und die Wichtigkeit ihrer genauen Einprägung in verschiedenen Varianten hin. Die bloße Auflistung dieser Redemittel ist nicht ausreichend. Ihre situative Einbettung, ihre Übung in verschiedenen Kontexten sind wichtig, um solche Fehler zu vermeiden.

4.2.4 Datenformen in der Grafik angeben

Die Form der Grafik wird meistens mit Komposita ausgedrückt (*Kreisdiagramm, Säulendiagramm*) und nicht mit einem mehrgliedrigen Redemittel. Es wird meistens in den weiteren Diskursverlauf bzw. in weitere Redemittel integriert (z. B. *das vorliegende Kreisdiagramm zeigt ...*). Deshalb bereitet das kaum Probleme beim Schreiben. Die Formulierung der Daten, die einen Teil der Grafik bilden, ist jedoch eine mögliche Fehlerquelle. Die Redemittel, die hier verwendet werden, sind unter anderem folgende (30) – (32):

(30) Die Zahlen sind in Prozent angegeben. (10/2013)

(31) Die Angaben erfolgen in Prozent. (13/2013)

(32) Die Angaben erfolgen in absoluten Zahlen und sie beziehen sich auf Millionen in US-Dollar. (12/2015)

Den Prüfungsteilnehmenden sind wahrscheinlich mehrere Varianten für die Grafikdatenformenangabe bekannt, und möglicherweise verwechseln sie sie bei (33) und (34) deswegen. Die Vermischung von sprachlichen Varianten ist allgemein ein bekanntes Phänomen.

(33) Die Grafik ist aus *das Jahr 2013 und *erfolgt *sich *im Prozent. (43/2013)

(34) Die Daten sind *im *Prozen *erhoben. (22/2013)

5 Zusammenfassung und Ausblick

Bei der Untersuchung von 100 ausgewählten Antwortblättern der Göttinger DSH-Aufgabe zur Textproduktion aus den Jahren 2013 und 2015 lässt sich erkennen, dass sich die meisten Prüfungsteilnehmenden auf diese Aufgabe, insbesondere auf den Einstieg ins Thema und die Einführung der Grafikbeschreibung, sorgfältig vorbereitet haben, indem sie unter anderem vorgeformte musterhafte Redemittel gelernt haben. Der sinnvolle Einsatz der Redemittel erhöht die Textkohäsion und -kohärenz, gibt eine klare Gliederung und trägt zum Verstehen des Textes bei. Neben den Rechtschreibfehlern und grammatischen Fehlern bei diesen Redemitteln gibt es allerdings auch einige typische, wiederkehrende Wortschatzfehler, die sich auf die fehlerhafte Verwendung der Wörter, die Nichtbeachtung der idiomatischen Prägung dieser Routineformeln, der Selektions- und Kombinationspräferenz zurückführen lassen. Wenn ein Synonym oder ein ähnlich klingendes Wort anstelle der festen Komponente des Redemittels aus dem mentalen Lexikon abgerufen wird, liegt eine falsche Wortwahl vor. Wenn eine Leerstelle im Redemittel nicht an der richtigen Stelle besetzt ist, kann falsche Wortstellung vorliegen. Da die sprachlichen Aspekte (Morphologie, Syntax, Textualität, Lexik) bei der Bewertung der DSH-Textproduktionsaufgabe wichtiger als die inhaltlichen Aspekte (Themenbezug und Vollständigkeit, Textaufbau) sind (60 zu 40 Prozent), sollte der sprachlichen Korrektheit eine angemessene Relevanz bei der Prüfungsvorbereitung beigemessen werden.

Viele Fehler ließen sich wahrscheinlich auf entsprechende Konstruktionen in der Erstsprache zurückführen (Kispál 2014), aber solche Interferenzfehler konnten in der Untersuchung aufgrund der Heterogenität der Prüfungsteilnehmenden in Hinblick auf die Mehrsprachigkeit und ihre unbekannten Erstsprachen nicht ausfindig gemacht werden. Bei der Vermittlung dieser Konstruktionen sind hier sprachliche, fachliche und kulturelle Heterogenität zu berücksichtigen (Leisen 2018). Zudem kann man Kiefer (2005: 355) zustimmen, dass „die Fähigkeit, Grafiken zu rezipieren und ihren Inhalt wiederzugeben, in erheblichem Maße von individuellen (kognitiven) Lernervoraussetzungen abhängt".

Als Aufgabe der Didaktik der Redemittel zur Grafikbeschreibung bleibt festzuhalten: Die genaue Einprägung der Form und der Wortstellung und die richtige Füllung der Leerstellen der Chunks aus dem gegebenen Kontext sollten regelmäßig und mit verschiedenen Grafiktypen geübt werden (vgl. auch Kiefer 2005: 357). Zum Üben können auch die oben behandelten sowie weitere Lehrwerke, Ratgeber verwendet werden.

Weitere Elemente der Grafikbeschreibung in den ausgewählten Texten, d. h. die sprachliche Formulierung der Redemittel zu den Handlungsformen *Gegenüberstellen, Vergleichen, Argumentieren, Kommentieren, Bewerten,* konnten im Rahmen dieser Untersuchung nicht behandelt werden. Sie bleiben zukünftigen Forschungen vorbehalten.

Literatur

Backhaus, Anke, Ilse Sander & Johanna Skrodzki (2015): *Mittelpunkt neu B2/C1. Textsorten für Studium und Beruf. Intensivtrainer mit Audio-CD.* Stuttgart: Klett.
Barkowski, Hans et al. (2014): *Deutsch als fremde Sprache.* München: Klett-Langenscheidt.
Bayerlein, Oliver (2014): *Campus Deutsch – Präsentieren und Diskutieren.* München: Hueber.
Demmig, Silvia (2014): Zur Konstruktvalidität der DSH. In Gisella Ferraresi & Sarah Liebner (Hrsg.), *SprachBrückenBauen. 40. Jahrestagung des Fachverbandes Deutsch als Fremd-*

und Zweitsprache an der Universität Bamberg 2013, 219–233. Göttingen: Universitätsverlag.

DSH-Handbuch = Arbeitsgruppe FaDaF (Hrsg.) (2012): *Deutsche Sprachprüfung für den Hochschulzugang. Handbuch für Prüferinnen und Prüfer zur DSH-Erstellung und – Durchführung nach der DSH-MPO vom 17. 11.2011*.Göttingen: FaDaF.

Ehlich, Konrad (1993): Deutsch als fremde Wissenschaftssprache. *Jahrbuch Deutsch als Fremdsprache* 19, 13–42.

Fandrych, Christian (Hrsg.) (2015): *Klipp und klar. Übungsgrammatik Mittelstufe B2/C1. Deutsch als Fremdsprache*. Stuttgart: Klett.

Feilke, Helmuth (1998): Idiomatische Prägung. In Irmhild Barz & Günther Öhlschläger (Hrsg.), *Zwischen Grammatik und Lexikon*, 69–80. Tübingen: Niemeyer.

Feilke, Helmuth (2007): Syntaktische Aspekte der Phraseologie III: *Construction Grammar* und verwandte Ansätze. In Harald Burger et al. (Hrsg.): *Phraseologie. Ein internationales Handbuch zeitgenössischer Forschung. 1. Teilband*, 63–76. Berlin: De Gruyter.

Feilke, Helmuth (2012): Bildungssprachliche Kompetenzen – fördern und entwickeln. *Praxis Deutsch* 233, 4–13.

Föhr, Doris (2018): Bildungssprache im Zweitspracherwerb. *Fremdsprache Deutsch* 58, 6–9.

Fügert, Nadja & Ulrike A. Richter (2015): *Wissenschaftssprache verstehen. Wortschatz, Grammatik, Stil, Lesestrategien*. Stuttgart: Klett.

Graefen, Gabriele (2009): Die Didaktik des wissenschaftlichen Schreibens: Möglichkeiten der Umsetzung. *GFL (German as a Foreign Language)* 2, 105–127.

Graefen, Gabriele & Melanie Moll (2011): *Wissenschaftssprache Deutsch: lesen – verstehen – schreiben. Ein Lehr- und Arbeitsbuch*. Frankfurt a. M.: Peter Lang.

Handwerker, Brigitte & Karin Madlener (2009): *Chunks für DaF. Theoretischer Hintergrund und Prototyp einer multimedialen Lernumgebung*. Baltmannsweiler: Schneider Hohengehren.

Kiefer, Karl-Hubert (2005): Die sensorische und verbale Verarbeitung grafischer Darstellungen oder wie Fremdsprachenlerner mit einem Angstgegner fertig werden können. *InfoDaF* 32 (4), 336–358.

Kispál, Tamás (2013): Deutsch als fremde Wissenschaftssprache im Germanistikstudium. *Beiträge zur Fremdsprachenvermittlung* 53, 73–83.

Kispál, Tamás (2014): Wissenschaftssprachliche Kollokationen in Seminararbeiten ausländischer Germanistikstudierender. In Gisella Ferraresi & Sarah Liebner (Hrsg.), *SprachBrückenBauen. 40. Jahrestagung des Fachverbandes Deutsch als Fremd- und Zweitsprache an der Universität Bamberg 2013*, 235–250. Göttingen: Universitätsverlag.

Leisen, Josef (2018): Von der Alltagssprache über die Unterrichtssprache zur Fachsprache. Sprachbildung im Fachunterricht. *Fremdsprache Deutsch* 58, 10–17.

Lodewick, Klaus (2010): *DSH & Studienvorbereitung 2020. Text- und Übungsbuch*. Göttingen: Fabouda.

Lüger, Heinz-Helmut (2007): Pragmatische Phraseme: Routineformeln. In Harald Burger et al. (Hrsg.), *Phraseologie. Ein internationales Handbuch zeitgenössischer Forschung. 1. Teilband*, 444–459. Berlin: De Gruyter.

Stein, Stephan (2007): Mündlichkeit und Schriftlichkeit aus phraseologischer Perspektive. In Harald Burger et al. (Hrsg.), *Phraseologie. Ein internationales Handbuch zeitgenössischer Forschung. 1. Teilband*, 220–236. Berlin: De Gruyter.

Steyer, Kathrin (2013): *Usuelle Wortverbindungen. Zentrale Muster des Sprachgebrauchs aus korpusanalytischer Sicht*. Tübingen: Narr.

Tappe, S. (2002): Zur Funktion von Mikroformeln in argumentativen Texten. In Dietrich Hartmann & Jan Wirrer (Hrsg.), *Wer A sägt, muss auch B sägen. Beiträge zur Phraseologie und Sprichwortforschung aus dem Westfälischen Arbeitskreis*, 373–390. Baltmannsweiler: Schneider Hohengehren.

Wirrer, Jan (2007): Phraseme in der Argumentation. In Harald Burger et al. (Hrsg.), *Phraseologie. Ein internationales Handbuch zeitgenössischer Forschung. 1. Teilband*, 175–187. Berlin: De Gruyter.

Zimmermann, Sonja & Ellen Rupprecht (2013): Typisch DaZ? – Ein Vergleich schriftlicher Leistungen von Studierenden mit Deutsch als Erst-, Zweit- und Fremdsprache. In Heike Brandl et al. (Hrsg.), *Mehrsprachig in Wissenschaft und Gesellschaft. Mehrsprachigkeit, Bildungsbeteiligung und Potenziale von Studierenden mit Migrationshintergrund*, 81–89. Bielefeld: Universität Bielefeld.

Hrisztalina Hrisztova-Gotthardt
Sprichwortdidaktik kontrastiv
Das Was, Wann, Warum und Wie am Beispiel Deutsch
und Englisch als Fremdsprache

Abstract: Neuere empirische Untersuchungen und Analysen von Textkorpora zeugen davon, dass Sprichwörter auch weiterhin sowohl in der geschriebenen als auch in der gesprochenen Gegenwartssprache präsent sind (vgl. u. a. Umurova 2005; Mieder 2009; Konstantinova 2015; Granbom-Herranen 2019 und Kouzas 2019). Dementsprechend sind sich Parömiologen und Fremdsprachendidaktiker darüber einig, dass ihre Kenntnis und richtige Verwendung einen wichtigen Teil der fremdsprachlichen Kompetenz ausmacht und dass sie im Fremdsprachenunterricht stärker berücksichtigt werden sollen.

Unter dieser Prämisse setzt sich der vorliegende Beitrag zum Ziel, die Bedeutung von Sprichwörtern für die Entwicklung der Fremdsprachenkompetenz zu erläutern und einige Möglichkeiten zu ihrer Vermittlung im Rahmen des DaF- bzw. EaF-Unterrichts[1] darzustellen.

Keywords: Sprichwörterkompetenz, Sprichwort-Optimum, „Gemeinsamer europäischer Referenzrahmen für Sprachen", DaF- und EaF-Unterricht, sprichwortdidaktische Ansätze

1 Einleitung und Zielsetzung

Im Wissenschaftsdiskurs herrscht ziemliche Einhelligkeit darüber, dass Phraseologismen – und darunter auch Sprichwörter – einen bedeutenden Beitrag zum Aufbau der fremdsprachlichen Kompetenz leisten (können) und daher in den Fremdsprachenunterricht integriert werden sollen (Baur & Chlosta 1996a: 23; T. Litovkina 2015a: 43–44; Zenderowska-Korpus 2020: 341–345). Allerdings war man sich nicht immer einig, die Entwicklung welcher (Teil)Kompetenz im Vordergrund stehen soll. In den 90er Jahren des 20. Jahrhunderts plädierten die meisten Phraseologen (u. a. Wotjak & Richter 1993; Baur & Chlosta 1996a und 1996b sowie Lüger 1997) für die Ausbildung einer gewissen rezeptiven Kompe-

---

[1] Die Abkürzung ‚DaF' steht für ‚Deutsch als Fremdsprache', ‚EaF' hingegen für ‚Englisch als Fremdsprache'.

Open Access. © 2023 bei den Autorinnen und Autoren, publiziert von De Gruyter. Dieses Werk ist lizenziert unter der Creative Commons Namensnennung 4.0 International Lizenz.
https://doi.org/10.1515/9783110774375-014

tenz und rieten den Fremdsprachenlernenden von einer aktiven Verwendung von Sprichwörtern – auch auf einem fortgeschrittenen Niveau der Sprachbeherrschung – ab. Diese Empfehlung begründeten sie wie folgt: Zum einen würden Muttersprachler das verstärkte Einsetzen von (insbesondere) satzwertigen Phraseologismen wie Sprichwörtern, Gemeinplätzen und geflügelten Worten als ein unbefugtes „Eindringen" in ihre Domäne, als „zu starke Identifikation mit der Zielkultur und damit als eine Art ungebührlicher Annäherung" auffassen (Lüger 1997: 87). Zum anderen sei es Nichtmuttersprachlern oft kaum möglich, einzuschätzen, ob der Gebrauch von Sprichwörtern in der jeweiligen Kommunikationssituation noch angebracht oder aber viel zu auffällig ist, welche Sprichwörter möglicherweise schon als veraltet gelten und welche auch aktuell gebräuchlich sind (vgl. Lüger 1997: 87).

In neueren Studien kommt jedoch bei Fragen bezüglich des Verhältnisses zwischen passiver Kenntnis und aktiver Verwendung von Sprichwörtern durch Sprachlernende ein anderer Standpunkt zur Geltung. Wie dies auch das folgende Zitat von Fiedler bezeugt, liegt bei Vermittlung von Sprichwörtern im Fremdsprachenunterricht der Fokus nicht mehr ausschließlich auf der Entwicklung der rezeptiven Kompetenz, denn:

> For those, who have the desire to become members of the native-speaker culture, the productive use of frequent proverbs can be important. [...] Proverbs are often used to establish and solidify relationships, create humour and to confront problems in communities of practice [...]. The shared knowledge of proverbs can help to achieve interpersonal harmony between speakers. For the majority of foreign language learners, however, the principle will be that "receptive mastery is more important than productive repertoire" (O'Keeffe et al. 2007: 76 [...]). (Fiedler 2015: 308)

In ihrem Buch *Teaching Proverbs and Anti-Proverbs* (2015a) bringt T. Litovkina ebenfalls überzeugende Argumente dafür vor, dass im Rahmen des Fremdsprachenunterrichts sowohl die rezeptive als auch die produktive Sprichwörterkompetenz der Lernenden ausgebaut werden sollte:

> The person who does not acquire competence in using proverbs will be limited in conversations; will have difficulty comprehending a wide variety of media – printed matter, radio, television, songs, advertisements, comics and cartoons – and will not understand anti-proverbs, which presuppose a familiarity with the stock proverb.
> (T. Litovkina 2015a: 43)

Unter dieser Prämisse setzt sich der vorliegende Beitrag zum Ziel, die Bedeutung von Sprichwörtern für die Entwicklung der rezeptiven und produktiven Fremdsprachenkompetenz zu erläutern und einige Möglichkeiten der didaktischen Umsetzung darzustellen. Dabei wird folgenden Fragen nachgegangen: (1) Welche Sprichwörter sollen vermittelt werden? (2) Auf welcher Stufe der

Sprachbeherrschung sollen bzw. können sie zunächst thematisiert werden? (3) Warum sollen Sprichwörter im Fremdsprachenunterricht überhaupt eingesetzt werden? (4) Mithilfe welcher Aufgaben- und Übungstypen kann eine rezeptive bzw. produktive Kompetenz in Bezug auf Sprichwörter aufgebaut werden?

Die theoretischen Ausführungen werden durch didaktische Materialien, die für die Zwecke des gesteuerten DaF- resp. des EaF-Unterrichts sowie des autonomen Lernens entwickelt wurden, und durch Beispiele aus der einschlägigen Fachliteratur veranschaulicht.

2 Was

Die Autoren des „Gemeinsamen europäischen Referenzrahmens für Sprachen" (GeR) formulieren folgende „unverbindliche Empfehlung" an die Lehrenden:

> Die Benutzer des Referenzrahmens sollen bedenken und, soweit sinnvoll, angeben [...] welche Sprichwörter, Klischees und volkstümliche Redensarten der Lernende a) erkennen und verstehen, b) selbst verwenden müssen, auf welche sie vorbereitet werden sollen und was von ihnen in dieser Hinsicht erwartet wird. (GeR 2001: 122)

In der Phraseologie- und Parömiologieforschung herrscht allgemeiner Konsens darüber, dass man die in der Gegenwartssprache nicht mehr geläufigen sprachlichen Einheiten weglassen und eher auf die modernen, aktuell gebräuchlichen Sprichwörter zurückgreifen sollte (s. Baur & Chlosta 1996b: 92; Lüger 1997: 92 sowie Mieder 2004: 147). Zu diesem Zweck bietet sich die sogenannte Sprichwörter-Minimum-Konzeption an. Unter dem „Sprichwort-Minimum" einer Sprache werden in der Parömiologie die bekanntesten Sprichwörter einer Kultur- und Kommunikationsgesellschaft verstanden, die auf empirischem Wege, mithilfe von auf Fragenbögen basierten Feldforschungen ermittelt wurden. Obwohl Mieder bereits 1990 betont hat, dass es für den Fremdsprachenunterricht ein enormer Gewinn wäre, wenn man Sprichwörter-Minima für diverse Sprachen erstellen würde (vgl. Mieder 1990: 141–142), wurden sowohl im Falle des Deutschen (vgl. Grzybek 1991) als auch im Falle des Englischen (vgl. T. Litovkina 2000; Mieder 2004 sowie Haas 2008) lediglich vereinzelte Versuche unternommen, die allgemein bekannten Sprichwörter der jeweiligen Sprache zu erheben. Es wurden also für keine der beiden Sprachen „verifizierte" Minima erstellt, die auch im Fremdspracheunterricht ohne jeglichen Vorbehalt berücksichtigt werden könnten.

Heute spricht man nicht mehr von einem „Minimum", sondern eher von einem „Sprichwort-Optimum" (vgl. Ďurčo 2006, 2015 sowie Fiedler 2015). Darunter versteht Ďurčo (2006: 3) „ein offenes erprobtes Korpus von Sprichwörtern, erstellt auf der Basis des lexikographisch-linguistischen, empirisch- und korpusbasierten Wissens über die aktuelle parömiologische Situation in der Gegenwartssprache". Dieses Korpus basiert auf der Korrelation zwischen den bekanntesten und den häufigsten Sprichwörtern einer Sprache (Ďurčo 2006: 18 und 2015: 186). Mit anderen Worten werden beim Bestimmen des sogenannten Optimums die Ergebnisse von Fragebogenuntersuchungen zur Bekanntheit von Sprichwörtern mit den Ergebnissen korpusbasierter Untersuchungen zur Vorkommenshäufigkeit dieser Sprichwörter in elektronischen Textsammlungen korreliert.

Die empirischen Untersuchungen von Ďurčo (u. a. 2005) dienten als Grundlage für weiterführende Korpusanalysen, die zur Bestimmung von 300 aktuell gebräuchlichen deutschen Sprichwörtern führten. Diese 300 Einheiten wurden in die Datenbank der Internet-Lernplattform für das Sprachenlernen *SprichWort-Plattform* (s. Abschnitt 5.1) aufgenommen und mit zahlreichen lexikographischen Informationen in Bezug auf formale Varianten, Bedeutung(en), Gebrauchsbesonderheiten, Äquivalente in anderen Sprachen etc. versehen. Die Datenbank steht allen Interessenten frei zur Verfügung, die darin gespeicherten und sorgfältig annotierten Sprichwörter und die dazu gehörenden Übungen können sowohl im Rahmen des gesteuerten Sprachunterrichts als auch im Prozess des autonomen Lernens eingesetzt werden.

Für das Englische hat Fiedler (2015: 317–322) eine Liste mit 100 Sprichwörtern zusammengestellt, die laut mehreren einschlägigen Arbeiten eine besondere Relevanz in Bezug auf die englische Sprache und Kultur haben, aufgrund von früheren empirischen Untersuchungen als hochgradig bekannt und aktuell gebräuchlich gelten und außerdem eine relativ hohe Frequenz in elektronischen Korpora aufweisen. In diesem Sinne kann die Liste von Fiedler sowohl für den EaF-Unterricht als auch für das Selbststudium der englischen Sprache Verwendung finden.

3 Wann

Der „Gemeinsame europäische Referenzrahmen für Sprachen" legt nicht fest, welche Phraseologismen auf welchen Stufen der Sprachbeherrschung vermittelt werden sollen. Daher ist es den Lehrenden selbst überlassen, zu entscheiden, ab wann sie Sprichwörter in ihrem Unterricht einsetzen und in was für einer Form sie dies tun. Kacjan et al. (2010: 37) vertreten die Ansicht, dass auf dem Niveau B1–B2 „die Betonung auf dem Verständnis der Sprichwörter sowie auf ihrer korrekten Wiedergabe" liegen sollte, „da die Niveaus B1 und B2 des

GeR keine aktive Verwendung von idiomatischen Wendungen vorsehen." Auf dem Niveau C1–C2 sollten die Lernenden hingegen bereits imstande sein, die Sprichwörter nicht nur zu verstehen, sondern sie auch „situativ korrekt und variabel [zu] verwenden" (Kacjan et al. 2010: 37). Mit anderen Worten müssten Lernende auf den Niveaus B1 und B2 eine begrenzte Anzahl an ausgewählten, in der Zielsprache als allgemein bekannt und aktuell gebräuchlich geltenden Sprichwörtern identifizieren, verstehen und (eventuell) reproduzieren können. Ab dem Niveau C1 kann von ihnen bereits erwartet werden, dass sie die gelernten Sprichwörter „sinnvoll in umfangreichere Texte unterschiedlichster Art einbetten können" (s. Víteková 2012: 459).

4 Warum

Obwohl gelegentlich die Befürchtung geäußert wird, dass Sprichwörter allmählich aussterben und somit nicht mehr einen Teil des aktuellen Sprachschatzes darstellen, zeugen neuere empirische Untersuchungen und Analysen von Textkorpora genau vom Gegenteil: Sprichwörter werden weiterhin in diversen Textsorten und Kommunikationssituationen verwendet (vgl. Baur & Chlosta 1996b; Umurova 2005; Mieder 2009; Konstantinova 2015; Granbom-Herranen 2019 und Kouzas 2019). Sie können als ein allgegenwärtiges sprachliches Phänomen bezeichnet werden, zumal sie – entweder in ihrer ursprünglichen oder aber in ihrer modifizierten Form – in den Texten moderner Popsongs, in Filmtiteln, in Werbespots und auf Werbeplakaten, in Status-Updates bei Facebook oder sogar auf T-Shirts vorkommen (s. Fiedler 2015: 295). In diesem Sinne fungieren Sprichwörter als wichtige verbale Kommunikationsmittel und dürfen auch im Fremdsprachenunterricht nicht vernachlässigt werden. Mithilfe von Sprichwörtern können sich die Fremdsprachenlernenden ganz bewusst verschiedene Grammatikstrukturen, neue Vokabeln,[2] Wortbildungsregeln, die richtige Aussprache usw. oder mit anderen Worten konkrete Elemente des für sie neuen sprachlichen Codes aneignen.

In den folgenden Abschnitten wird näher auf die Frage eingegangen, zu welchen konkreten Zwecken Sprichwörter im Fremdsprachenunterricht eingesetzt werden können.

---

[2] Zwar kommen in manchen traditionellen Sprichwörtern Wörter mit einem relativ niedrigen Häufigkeitsgrad (*Müßiggang*) oder unikalen Komponenten (*Morgenstund*) vor, aber meist enthalten sie lexikalische Einheiten, die auch heute geläufig sind (s. Ďurčo 2006: 7 im Anschnitt 4.3).

4.1 Phonetische Kompetenz

Da in einem Sprichwort gewisse Laute und ihre Kombinationen oft mehr als einmal auftreten, eignen sich Sprichwörter zum gezielten Üben von Lauten und Lautkombinationen, die für Nichtmuttersprachler schwer auszusprechen sind:

> DE: *Steter Tropfen höhlt den Stein.*[3] / *Pünktlichkeit ist die Höflichkeit der Könige.*
>
> EN: *Birds of feather flock together.* / *Where there's a will there's a way.*

Dadurch werden die Lernenden unter anderem „für die phonetischen Besonderheiten der neuen Sprache, für ihre Melodik und ihren Klang" sensibilisiert (vgl. Zenderowska-Korpus 2020: 341–342).

4.2 Grammatische Kompetenz

Laut Norrick (2007: 383) finden sich beinahe alle syntaktischen Grundstrukturen einer Sprache in ihren Sprichwörtern wieder. Dementsprechend können Sprichwörter als fertige Beispiele für die praktische Anwendung von verschiedenen grammatischen Regeln und Gesetzmäßigkeiten dienen, die die Lehrenden den Sprachlernenden im DaF- bzw. im EaF-Unterricht beibringen. So kann u. a. die Struktur von zusammengesetzten Sätzen mit einem untergeordneten Subjektsatz oder die Bildung von Komparativformen am Beispiel von Sprichwörtern illustriert werden:

> Subjektsätze
> DE: *Wer schläft, sündigt nicht.*
>
> EN: *He who hesitates is lost.*
>
> Komparativformen
> DE: *Blut ist dicker als Wasser.*
>
> EN: *Blood is thicker than water.*

---

[3] Die Mehrheit der zitierten englischsprachigen Beispiele entstammt der Arbeit von Tóthné Litovkina (1996). Die Auswahl der deutschsprachigen Belege wurde von der Verfasserin des vorliegenden Beitrags getroffen.

In dieser Hinsicht ist jedoch Vorsicht geboten, weil Sprichwörter des Öfteren Abweichungen von den grammatischen Normen einer Sprache aufweisen und dadurch die Gefahr besteht, dass sich die Fremdsprachenlernenden „falsche Modelle für die Sprachproduktion einprägen" (Baur & Chlosta 1996a: 20). Deshalb ist es sinnvoll, im Rahmen des Sprachunterrichts – ab Niveau B2 – auch auf diese „Normverletzungen" (z. B. auf das häufige Vorkommen von Ellipsen in Sprichwörtern) hinzuweisen (vgl. Kispál 2012: 422):

> DE: *Ende gut, alles gut.*
>
> EN: *When in Rome, do as the Romans do.*

4.3 Lexikalische Kompetenz

Der „Gemeinsame europäische Referenzrahmen für Sprachen" (GeR) hält fest, dass die lexikalische Kompetenz „die Kenntnis des Vokabulars einer Sprache [...] sowie die Fähigkeit, es zu verwenden", umfasst (GeR 2001: 111). Dieses Vokabular setzt sich aus diversen lexikalischen Elementen zusammen, u. a. auch aus „festen Wendungen, die aus mehreren Wörtern bestehen und jeweils als ein Ganzes gelernt und verwendet werden" (111). Zu diesen festen Wendungen gehören auch die Sprichwörter, deren Grundwortschatz „generell auf dem allgemeinen Grundwortschatz [der jeweiligen Sprache – Anm. H.H-G] aufgebaut ist" (Ďurčo 2006: 7). Demnach eignen sich Sprichwörter optimal zur Vermittlung jener lexikalischen Einheiten, die in der Fremdsprache eine relativ hohe Gebrauchsfrequenz aufweisen. Ferner können die in Sprichwörtern vorkommenden Wörter in verschiedenen semantischen Domänen bzw. Feldern organisiert werden, was eine thematisch orientierte Wortschatzerweiterung ermöglicht:

> Themenkreis ‚Tierbezeichnungen'
> DE: *Wenn die Katze aus dem Haus ist, tanzen die Mäuse (auf dem Tisch).*
>
> EN: *The early bird catches the worm.*
>
> Themenkreis ‚Essen und Trinken'
> DE: *Viele Köche verderben den Brei.*
>
> EN: *The proof of the pudding is the eating.*

4.4 Bildhafte Sprache

Ein weiteres Argument, das für den Einsatz von Sprichwörtern im Fremdsprachenunterricht spricht, ist die Tatsache, dass viele von ihnen unterschiedliche rhetorische Stilfiguren – wie z. B. Metapher oder Metonymie – enthalten (vgl. Norrick 2015: 19–21; Fiedler 2015: 297). Die bewusste Auseinandersetzung mit diesen Phänomenen kann Lernenden dazu verhelfen, nicht nur die direkten Bedeutungen von fremdsprachlichen Ausdrücken zu erfassen, sondern auch bildhafte Sprache besser zu verstehen. Metaphorische und metonymische Sprichwörter sind nämlich keine Seltenheit, weder im Deutschen noch im Englischen (vgl. Röhrich & Mieder 1977: 52–56 und Kispál 2004):

Metapher
DE: *Wer im Glashaus sitzt, soll nicht mit Steinen werfen.*

EN: *Too many cooks spoil the broth.*

Metonymie
DE: *Kindermund tut Wahrheit kund.*

EN: *Two heads are better than one.*

4.5 Pragmatische Kompetenz

Die Beschäftigung mit Sprichwörtern im DaF- bzw. im EaF-Unterricht kann nicht nur in sprachlicher, sondern auch in kommunikationstechnischer Hinsicht von erheblichem Nutzen für die Lernenden sein. Sprichwörter verfügen bekanntlich über ein großes pragmatisches Potential, das in ihren zahlreichen Funktionen zum Vorschein kommt. Sie können im Kontext als Warnung, Überredung, Argument, Empfehlung, Bestätigung, Trost, Besänftigung, Überzeugung, Beschreibung, Rechtfertigung, Zusammenfassung, Drohung, Vorschlag oder etwa auch als Zurückweisung etc. fungieren (vgl. Röhrich & Mieder 1977: 81; Umurova 2005: 139–167 und Hrisztova-Gotthardt 2010: 127–128):

Empfehlung/Rat
DE: *Spare in der Zeit, so hast du in der Not.*

EN: *Don't put off till tomorrow what you can do today.*

Warnung
DE: *Unverhofft kommt oft.*

EN: *Time and tide wait for no man.*

Sprichwörter werden also in konkreten Situationen angewandt und dienen dem Erreichen bestimmter kommunikativer Ziele. Damit sich die DaF- bzw. die EaF-Lernenden solchen Gesprächssituationen gewachsen fühlen und sie auch meistern können, ist es zu empfehlen, sie im Unterricht mit den aktuell gebräuchlichen deutschen bzw. englischen Sprichwörtern (s. Abschnitt 2), mit ihren Bedeutungen und ihren (potenziellen) pragmatischen Funktionen vertraut zu machen.

4.6 Soziokulturelle Kompetenz

Wie im Abschnitt 4.5 aufgezeigt wurde, können Sprichwörter im Diskurs unterschiedliche kommunikative Funktionen übernehmen. Dies erfolgt jedoch stets im Kreis einer bestimmten Diskursgesellschaft, in der gewisse kulturelle und soziale Normen und Wertvorstellungen gelten. Diese geteilten Einstellungen der Angehörigen der jeweiligen Diskursgesellschaft zu unterschiedlichen Themen und Fragen materiellen und geistigen Charakters werden des Öfteren durch Sprichwörter ausgedrückt, wie z. B.:

Ehrlichkeit
DE: *Ehrlich währt am längsten.*

EN: *Honesty is the best policy.*

Geld
DE: *Geld allein macht nicht glücklich.*

EN: *Money talks.*

In diesem Sinne ist „die Kenntnis dieses akkumulierten Volkswissens [...] eine bedeutsame Komponente des sprachlichen Aspekts der soziokulturellen Kompetenz" (GeR 2001: 120). Die Lernenden sollten jedoch darauf aufmerksam gemacht werden, dass nicht immer ein 1:1-Verhältnis zwischen der Botschaft eines Sprichwortes und dem Weltbild der jeweiligen Diskursgesellschaft besteht:

> Care must be taken when looking at proverbs as expressing aspects of certain worldview or mentality of a people that no stereotypical conclusions about a so-called 'national character' are drawn. (Mieder 2007: 402)

5 Wie

In theoretischen Arbeiten zum Thema Sprichwortdidaktik werden des Öfteren bestehende Defizite in Bezug auf die Vermittlung von Sprichwörtern im Fremdsprachenunterricht aufgezeigt. So führt Tóthné Litovkina in diesem Zusammenhang Folgendes aus:

> Foreign language teachers, [...], very rarely incorporate proverbs into the language classroom. Even if they do, proverbs are usually randomly placed into the language classroom [...]. Teachers often insert proverbs as a time-filler at the end of the lesson, without integrating them into context, merely asking their students to memorize them. It is essential, however, to learn when and how to apply a proverb. (Tóthné Litovkina 1996: 140)

Ferner stellen Baur und Chlosta (1996b: 92) fest, dass „Sprichwörter [meist – Anm. H.H-G] ohne didaktische Reflexion als Lernmaterial angesehen werden" und dass „bei der Aneignung von Sprichwortkenntnis die pragmatische Dimension im Fremdsprachenunterricht ausgeklammert bleibt".

Den weiter oben dargestellten Mängeln kann am effektivsten entgegenwirkt werden, indem entsprechende didaktische Materialien entwickelt werden, in denen die bis dahin gewonnenen theoretischen Erkenntnisse praktisch umgesetzt werden, u. a. in Form von konkreten Übungen und Aufgaben zu bekannten und aktuell gebräuchlichen Sprichwörtern. Diese Aufgaben sollten die Lernenden dazu befähigen, nicht nur Sprichwörter im fremdsprachlichen Kontext zu erkennen und zu verstehen, sondern diese auch in konkreten Gebrauchssituationen richtig zu gebrauchen. Im Folgenden werden eine Internet-Lernplattform und ein gedrucktes Lehrbuch vorgestellt, deren Autoren bemüht waren, diesen Anforderungen nachzukommen.

5.1 Die *SprichWort-Plattform*

Die *SprichWort-Plattform*[4] ist eine Internet-Lernplattform, die als Ergebnis des zwischen 2008 und 2009 von der Europäischen Kommission mitfinanzierten

---

[4] Die Lernplattform ist unter folgender Adresse abrufbar: http://sprichwort-plattform.org (03.03.2022).

internationalen Projekts *SprichWort* entstanden ist. Die Plattform setzt sich aus drei Komponenten zusammen: aus einer *Sprichwort-Datenbank*, in der 300 aktuell gebräuchliche deutsche Sprichwörter mit ihren parömiologischen Systemäquivalenten in den Sprachen Slowenisch, Slowakisch, Tschechisch und Ungarisch gespeichert sind (vgl. Abschnitt 2), aus einem Übungsteil,[5] der nach einer kostenlosen Registrierung für alle Interessenten frei zugänglich ist, sowie aus einem Forum (der sogenannten *SprichWort-Community*), in dem die Nutzer ihre Erfahrungen mit Sprichwörtern miteinander teilen können. Ein großes Anliegen der Plattform ist „die Unterstützung des autonomen Lernens mithilfe von modernen, interaktiven Materialien" (Kacjan 2012: 453). Demgemäß finden sich in ihrem Übungsteil zahlreiche interaktive Übungen und Aufgaben, die zusammen den Erwerb von Sprichwörtern ermöglichen.

Die 300 deutschen Sprichwörter, die eine relativ hohe Frequenz im *Deutschen Referenzkorpus* aufgewiesen haben und Entsprechungen in mindestens drei der weiter oben erwähnten Sprachen haben, bildeten die Grundlage der *Sprichwort-Datenbank*. Sie wurden in 17 nach onomasiologischen Prinzipien bestimmte Bedeutungsbereiche (z. B. *Gemeinsamkeiten*, *Gesundheit*, *Glück*, *Lernen*, *Liebe*, *Zeit* etc.) eingeteilt, die vier bis sechs Sprichwörter mit gemeinsamen thematischen Eigenschaften enthalten (vgl. Kacjan et al. 2010: 28). Alle Aufgaben und Übungen gruppieren sich um diese 17 Bedeutungsbereiche.

Die Projektmitarbeiter haben sich beim Konzipieren und Erstellen der unterschiedlichen Übungen und Aufgaben am Vierschritt des phraseologischen Lernprozesses von Lüger (1997)[6] orientiert und dementsprechend die Übungen einer der folgenden vier Phasen zugeordnet: Sprichwörter erkennen, Sprichwörter verstehen, Sprichwörter festigen und Sprichwörter anwenden. Bei der Auswahl der einzusetzenden Übungs- und Aufgabentypen (z. B. Multiple-Choice-, Zuordnungs-, Hotspotübungen sowie Aufgaben mit offenen Antworten) war das Kriterium der Lernphase von entscheidender Bedeutung (Víteková 2012: 437).

---

5 Gemäß dem Ziel des vorliegenden Beitrages wird an dieser Stelle lediglich auf jene Aufgaben und Übungen eingegangen, in deren Fokus die 300 deutschen Sprichwörter stehen.
6 Lüger hat Kühns (1992: 178) Modell zur Förderung der phraseologischen Kompetenz, den sog. „phraseodidaktischen Dreischritt", modifiziert. Kühns Modell zufolge sollten phraseologische Einheiten (darunter auch Sprichwörter) entdeckt, entschlüsselt und verwendet werden. Lüger sieht zwischen den Phasen „Entschlüsseln" und „Verwenden" eine vierte Phrase, und zwar „Festigen", vor und formuliert somit einen „phraseodidaktischen Vierschritt".

5.1.1 Sprichwörter erkennen

In dieser ersten Phase geht es primär darum, Sprichwörter im Text zu identifizieren. Die Nutzer sollen z. B. kurze, authentische, kommunikations- und situationsgebundene Textabschnitte lesen und die darin vorkommenden Sprichwörter mit der Maus markieren. Oder sie sollen sich kurze Texte anhören und dann bestimmen (durch einen Klick auf die richtige Option oder durch Drag-and-drop), welches der drei aufgelisteten Sprichwörter sie gehört haben (Multiple-Choice- bzw. Zuordnungsaufgaben). Diese Phase richtet sich an Lernende der Niveaus B1 und B2 und fördert die Entwicklung der rezeptiven parömiologischen Kompetenz.

5.1.2 Sprichwörter verstehen

Das Hauptziel der zweiten Phase besteht darin, Lernende auf den Niveaus B1 und B2 dazu zu verhelfen, „die Bedeutungen der Sprichwörter und deren eventuelle Bedeutungsbesonderheiten in verschiedenen Kommunikationssituationen kennen zu lernen und sich anzueignen" (Víteková 2012: 442) oder mit anderen Worten Sprichwörter richtig zu verstehen. Das erfolgt mithilfe von Multiple-Choice- und Zuordnungsaufgaben, bei denen die Lernenden zu jedem Sprichwort die passende Bedeutung finden sollen.

5.1.3 Sprichwörter festigen

In dieser Phase werden Aufgaben und Übungen zur lexikalen und formalen (grammatischen) Struktur der Sprichwörter angeboten, mit deren Hilfe Lernende mit Deutschkenntnissen auf den Niveaus B1–B2 sowie C1–C2 die phraseologischen Einheiten automatisieren und in ihrem Langzeitgedächtnis speichern können. Dazu stehen diverse Ergänzungsübungen (Eintippen von fehlenden Buchstaben, Wörtern oder Wortverbindungen), Drag-and-drop-Übungen (Einsetzen von fehlenden Komponenten), Korrekturübungen (Berichtigung von orthographischen, grammatischen und lexikalischen Fehlern), Zuordnungsübungen (Zuordnen von Bildern und Sprichwörtern) etc. zur Verfügung. In dieser Phase werden die Lernenden zum ersten Mal mit modifizierten Sprichwörtern bzw. Antisprichwörtern[7] konfrontiert, die in ihre Grundform gebracht werden sollen.

---

[7] Mieder hat sich als Erster intensiv mit dem Phänomen der modifizierten Sprichwörter auseinandergesetzt (Mieder 1983). Er bezeichnet diese (recht häufig) „witzigen, ironischen und sa-

5.1.4 Sprichwörter anwenden

Die Übungen und Aufgaben der vierten und somit letzten Phase[8] sollen die Lernenden dazu befähigen, die deutschen Sprichwörter in realitätsnahen Kommunikationssituationen effektiv anzuwenden (s. Kacjan et al. 2010: 33). Einige Übungen sind für Lernende auf den Niveaus B1–B2 konzipiert; die Mehrheit der Aufgaben richtet sich jedoch an Personen mit Sprachkenntnissen auf den Niveaus C1–C2, von denen auch eine gewisse produktive Kompetenz in Bezug auf phraseologische Einheiten erwartet und sogar erfordert wird (s. Abschnitt 3). In dieser Phase können die Nutzer neben den klassischen rezeptiven Übungen (Ergänzen des passenden Sprichwortes im jeweiligen Textabschnitt, Zuordnen des passenden Sprichwortes zu einer skizzierten Situation) auch zahlreiche produktive bzw. kreative Aufgaben lösen. Die Lernenden werden dazu animiert, ihre Meinung zur Botschaft eines bestimmten Sprichwortes zu äußern und diese zu begründen, Sprichwörter zu nennen, die zu einer Zeichnung passen würden, kurz über Erlebnisse und Ereignisse zu berichten, deren Moral mittels eines bestimmten Sprichwortes zusammengefasst werden kann etc.

5.2 A Proverb a Day Keeps Boredom Away

Neben den 450 im amerikanischen Englisch aktuell gebräuchlichen Sprichwörtern enthält das im Jahr 2000 erschienene Lehrbuch (T. Litovkina 2000) zusätzlich über 1.000 weitere Sprichwörter, die lediglich in einem oder in zwei US-amerikanischen Staaten geläufig sind. Mit ihrem Band verfolgt die Autorin folgendes didaktisches Ziel:

> The main intention of the book is not to give the language learner a list of some commonly used proverbs to memorize per se, but to provide a series of activities and exercises which help the learner discover what each proverb means and how to apply it in particular situations.
> (T. Litovkina 2000: viii)

---

tirischen Variationen von Sprichwörtern" als „Antisprichwörter" und gibt „den sprachlichen Spieltrieb" bzw. „die kritische Hinterfragung traditioneller Werte und Normen" als mögliche Gründe für ihre Bildung an (Mieder 2006: 195).

8 Zu der vierten Phase gehören auch die sogenannten „parömiologischen Aufgaben", die nicht der Entwicklung der Fremdsprachenkompetenz der Lernenden dienen, sondern Wissen über spezifische Merkmale (Satzwertigkeit, Idiomatizität, Reim usw.) des Genres Sprichwort vermitteln (mehr dazu bei Kispál 2012). Da die anvisierte Zielgruppe dieser Aufgaben in erster Linie Germanistikstudierende, Lehrende und Linguisten bilden, werden sie an dieser Stelle nicht näher behandelt.

Der Band ist in vier Kapitel gegliedert. Im ersten Kapitel werden Sprichwörter aufgeführt, die ihre Herkunft in der lateinischen Sprache oder in der Bibel haben. Im zweiten Kapitel werden die Sprichwörter nach ihren genrespezifischen Merkmalen (Reim, Alliteration, Metapher, Ellipse, Wortwiederholung etc.) in kleinere Gruppen eingeteilt und in einzelnen Unterkapiteln behandelt. Im Fokus des dritten Kapitels stehen jene Wörter (z. B. *man, woman, dog, cat*) und lexikalisch-semantischen Gruppen (*body parts, numbers, food and drink* usw.), die in den angloamerikanischen Sprichwörtern besonders häufig vorzufinden sind. Im vierten Kapitel werden die Sprichwörter nach den in ihnen behandelten Themen (*money, love, sexual relationship, wedding and marriage, children and parents* etc) kategorisiert.

Der Aufbau aller vier Kapitel folgt demselben Schema. Zunächst finden die Lernenden eine Auflistung mit 8 bis 18 gebräuchlichen angloamerikanischen Sprichwörtern, die später mithilfe von diversen Aufgaben eingeübt werden. Gleich danach werden zahlreiche Sprichwörter angeführt, die als weniger bekannt gelten und denen (erstaunlicherweise) auch in den Übungen wenig bis gar keine Beachtung geschenkt wird. Im Anschluss folgen mehrere Aufgaben und Übungen, von denen die ersten drei meist identisch sind:
- Read the following extracts and try to guess the meaning of the italicized proverbs.
- Match the proverbs in column A with its definition in column B.
- Fill in the blanks with proverbs. Proverbs to fill in: [...]

Die darauffolgenden Übungen variieren von Kapitel zu Kapitel. Es fällt sehr positiv auf, dass das Lehrbuch viele kreative Aufgaben mit offenen Antworten enthält, mit deren Hilfe nicht nur die produktive parömiologische Kompetenz der Lernenden, sondern auch ihre Sprech- und Schreibfähigkeit gefördert werden können. Zu den von T. Litovkina eingesetzten produktiven Aufgaben, die laut Autorin bei den Lernenden auf großen Gefallen stoßen (vgl. T. Litovkina 2015a: 61), gehören u. a.:
- Write a story, fable or tale to illustrate the proverbs of this unit.
- Using any proverbs of this unit, write an ad.
- Construct a narrative which demonstrates the wisdom or fallacy of a given proverb.
- Give a situation suggesting a view contrary to the one implicit in the proverb.

In den einzelnen Kapiteln werden die Lernenden auch mit dem Phänomen der modifizierten Sprichwörter bzw. Antisprichwörtern (*anti-proverbs*) vertraut

gemacht, die aus der Gegenwartssprache nicht (mehr) wegzudenken sind (vgl. T. Litovkina 2015b: 326). Die Lernenden sollen dazu u. a. folgende Aufgabe lösen:
- After reading the anti-proverbs below transform some proverbs of this unit into parodies.

6 Fazit

Die im einleitenden Abschnitt formulierten Fragen lassen sich zusammenfassend wie folgt beantworten:
(1) Sowohl für das Deutsche als auch für das Englische steht ein gewisses „provisorisches" Sprichwort-Optimum zur Verfügung, das aktuell gebräuchliche Sprichwörter verzeichnet und für die Zwecke des Fremdsprachenunterrichts verwendet werden kann.
(2) Zwar ist eine produktive Kompetenz in Bezug auf Sprichwörter erst ab dem Niveau C1 zu erwarten, jedoch kann und sollte die rezeptive Kompetenz (Erkennen resp. Verstehen von Sprichwörtern) bereits auf den Niveaus B1 und B2 entwickelt und trainiert werden.
(3) In Anbetracht der theoretischen Ausführungen und konkreten Beispiele aus Abschnitt 4 kann an dieser Stelle festgehalten werden, dass es genügend triftige Gründe für die gezielte Vermittlung von Sprichwörtern im DaF- und EaF-Unterricht gibt. Die bewusste Auseinandersetzung mit der Struktur und dem Inhalt der Sprichwörter kann nämlich zur Vertiefung der grammatischen, lexikalischen, pragmatischen und sozio-kulturellen Kompetenz der Fremdsprachenlernenden beitragen.
(4) Das breite Spektrum von Aufgaben und Übungen, mit deren Hilfe Sprichwörter vermittelt und geübt werden können, reicht von Übungen zum Erkennen von Sprichwörtern bis hin zur Produktion von Texten, in die Sprichwörter kreativ eingebettet werden. Allerdings herrscht – von den wenigen positiven Beispielen abgesehen, die im Rahmen dieses Beitrages präsentiert wurden – insbesondere im Fall von EaF ein großer Mangel an allgemein zugänglichen didaktischen Materialien, die den Aufbau der Sprichwortkompetenz fördern. Die Entwicklung solcher Materialien stellt eine der wichtigsten Aufgaben dar, die von Parömiologen und Fremdsprachendidaktikern zu bewältigen ist.

Literatur

Baur, Rupprecht S. & Christoph Chlosta (1996a): Welche Übung macht den Meister? Von der Sprichwortforschung zur Sprichwortdidaktik. *Fremdsprache Deutsch* 15 (2), 17–24.
Baur, Rupprecht S. & Christoph Chlosta (1996b): Sprichwörter: Ein Problem für Fremdsprachenlehrer wie -lerner?! *Deutsch als Fremdsprache* 33 (2), 91–102.
Ďurčo, Peter (2005): *Sprichwörter in der Gegenwartssprache*. Trnava: Univerzita sv. Cyríla a Metoda.
Ďurčo, Peter (2006): Methoden der Sprichwortanalysen oder auf dem Weg zum Sprichwörter-Optimum. In Harald Burger & Annelies Häcki Buhofer (Hrsg.), *Phraseologie in Motion I*, 3–20. Baltmannsweiler: Schneider Hohengehren.
Ďurčo, Peter (2015): Empirical Research and Paremiological Minimum. In Hrisztalina Hrisztova-Gotthardt & Melita Aleksa Varga (Hrsg.), *Introduction to Paremiology. A Comprehensive Guide to Proverb Studies*, 183–205. Berlin, Boston: De Gruyter.
Fiedler, Sabine (2015): Proverbs and Foreign Language Teaching. In Hrisztalina Hrisztova-Gotthardt & Melita Aleksa Varga (Hrsg.), *Introduction to Paremiology. A Comprehensive Guide to Proverb Studies*, 294–325. Berlin, Boston: De Gruyter.
Gemeinsamer europäischer Referenzrahmen für Sprachen: Lernen, lehren, beurteilen. (2001). Berlin: Langenscheidt.
Granbom-Herranen, Liisa (2019): Proverbs in SMS Messages: Archaic and Modern Communication. *Proverbium: Yearbook of International Proverb Scholarship* 36, 93–106.
Grzybek, Peter (1991): Sinkendes Kulturgut? Eine empirische Pilotstudie zur Bekanntheit deutscher Sprichwörter. *Wirkendes Wort* 41 (2), 239–264.
Haas, Heather A. (2008): Proverb familiarity in the United States: Cross-regional comparisons of the paremiological minimum. *Journal of American Folklore* 121 (418), 319–347.
Hrisztova-Gotthardt, Hrisztalina (2010): *Vom gedruckten Sprichwörterbuch zur interaktiven Sprichwortdatenbank. Überlegungen zum linguistischen und lexikographischen Konzept mehrsprachiger Sprichwortdatenbanken*. Bern: Peter Lang.
Kacjan, Brigitta (2012): Didaktische Lerntipps für das Sprichwortlernen. Bedeutung, Funktionen und Umsetzung. In Kathrin Steyer (Hrsg.), *Sprichwörter multilingual. Theoretische, empirische und angewandte Aspekte der modernen Parömiologie*, 453–470. Tübingen: Narr.
Kacjan, Brigita, Tamás Kispál, Darina Víteková & Věra Kozáková (2010): Interaktives Lernangebot auf der SprichWort-Plattform – Eine interaktive Umsetzung sprichwortdidaktischer Prinzipien im Rahmen des autonomen Lernens. *Slowakische Zeitschrift für Germanistik* 2 (2), 25–47.
Kispál, Tamás (2004): Leben ist eine Reise mit dem rollenden Stein und dem Moos. Sprichwörter in der kognitiven Metapherntheorie. In Csaba Földes (Hrsg.), *Res humanae proverbiorum et sententiarum. Ad honorem Wolfgangi Mieder*, 129–138. Tübingen: Narr.
Kispál, Tamás (2012): Parömiologische Aufgaben auf der Sprichwortplattform. In Kathrin Steyer (Hrsg.): *Sprichwörter multilingual. Theoretische, empirische und angewandte Aspekte der modernen Parömiologie*, 417–435. Tübingen: Narr.
Konstantinova, Anna (2015): Proverbs in Mass Media. In Hrisztalina Hrisztova-Gotthardt & Melita Aleksa Varga (Hrsg.), *Introduction to Paremiology. A Comprehensive Guide to Proverb Studies*, 276–293. Berlin, Boston: De Gruyter.

Kouzas, Georgius (2019): Proverbs and Anti-Proverbs as a Means of Promoting and Advertising Products in the Greek Open-Air Markets. An Ethnographic Approach. *Proverbium: Yearbook of International Proverb Scholarship* 36, 135–154.

Kühn, Peter (1992): Phraseodidaktik. Entwicklungen. Probleme und Überlegungen für den Muttersprachenunterricht und den Unterricht DaF. *Fremdsprachen lehren und lernen* 21, 169–189.

Lüger, Heinz-Helmut (1997): Anregungen zur Phraseodidaktik. *Beiträge zur Fremdsprachenvermittlung* 32, 69–120.

Mieder, Wolfgang (1983): *Antisprichwörter. Band I*. Wiesbaden: Verlag für deutsche Sprache.

Mieder, Wolfgang (1990): Prolegomena to Prospective Paremiography. *Proverbium: Yearbook of International Proverb Scholarship* 7, 133–144.

Mieder, Wolfgang (2004): *Proverbs. A Handbook*. Westport, London: Greenwood.

Mieder, Wolfgang (2006): „*Andere Zeiten, andere Lehren*". *Sprichwörter zwischen Tradition und Innovation*. Baltmannsweiler: Schneider Hohengehren.

Mieder, Wolfgang (2007): Proverbs as cultural units or items of folklore. In Harald Burger, Dimitrij Dobrovol'skij, Peter Kühn & Neal R. Norrick (Hrsg.), *Phraseologie. Ein internationales Handbuch der zeitgenössischen Forschung. 1. Halbband*, 394–414. Berlin, New York: De Gruyter.

Mieder, Wolfgang (2009): *"Yes we can"*. *Barack Obama's Proverbial Rhetoric*. New York: Peter Lang.

Norrick, Neal R. (2007): Proverbs as Set Phrases. In Harald Burger, Dimitrij Dobrovol'skij, Peter Kühn & Neal R. Norrick (Hrsg.), *Phraseologie. Ein internationales Handbuch der zeitgenössischen Forschung. 1. Halbband*, 381–393. Berlin, New York: De Gruyter.

Norrick, Neal R. (2015): Subject Area, Terminology, Proverb Definitions, Proverb Features. In Hrisztalina Hrisztova-Gotthardt & Mileta Aleksa Varga (Hrsg.), *Introduction to Paremiology. A Comprehensive Guide to Proverb Studies*, 7–27. Berlin, Boston: De Gruyter.

Röhrich, Lutz & Wolfgang Mieder (1977): *Sprichwort*. Stuttgart: Metzler.

Sprichwort-Plattform. http://www.sprichwort-plattform.org/ (letzter Zugriff 26.05.2017).

T. Litovkina, Anna (2000): *A Proverb A Day Keeps Boredom Away*. Pécs-Szekszárd: IPF-Könyvek.

T. Litovkina, Anna (2015a): *Teaching Proverbs and Anti-Proverbs*. Komárom: Selye János Egyetem Tanárképző Kara.

T. Litovkina, Anna (2015b): Anti-proverbs. In Hrisztalina Hrisztova-Gotthardt & Melita Aleksa Varga (Hrsg.), *Introduction to Paremiology. A Comprehensive Guide to Proverb Studies*, 326–352. Berlin, Boston: De Gruyter.

Tóthné Litovkina, Anna (1996): An Analysis of Popular American Proverbs and Their Use in Language Teaching. In Walther Heissig & Rüdiger Schott (Hrsg.), *Die heutige Bedeutung oraler Traditionen. Ihre Archivierung, Publikation und Index-Erschließung*, 131–158. Wiesbaden: Westdeutscher Verlag.

Umurova, Gulnas (2005): *Was der Volksmund in einem Sprichwort verpackt ... Moderne Aspekte des Sprichwortgebrauchs – anhand von Beispielen aus dem Internet*. Bern: Peter Lang.

Vítekova, Darina (2012): Autonomes Lernen von Sprichwörtern am Beispiel eines systematisch aufgebauten Konzepts interaktiver Aufgaben und Übungen auf der Sprichwortplattform. In Kathrin Steyer (Hrsg.), *Sprichwörter multilingual. Theoretische, empirische und angewandte Aspekte der modernen Parömiologie*, 437–451. Tübingen: Narr.

Wotjak, Barbara & Manfred Richter (1993): *Sage und schreibe. Deutsche Phraseologismen in Theorie und Praxis*. Leipzig: Langenscheidt Enzyklopädie.

Zenderowska-Korpus, Grażyna (2020): „Was Hänschen nicht lernt, lernt Hans nimmermehr" – Sprichwörter aus didaktischer Sicht. In Anna Gondek, Alina Jurasz, Przemysław Staniewski & Johanna Szczęk (Hrsg.), *Deutsche Phraseologie und Parömiologie im Kontakt und im Kontrast I. Beiträge der 2. internationalen Tagung zur Phraseologie und Parömiologie in Wrocław/ Polen,23.–25. Mai 2019*, 335–348. Hamburg: Dr. Kovač.

Florentina Mena Martínez, Carola Strohschen

Interlinguistische Äquivalenzen (L2 und L3) und ihr Einfluss auf das Erlernen phraseologischer Einheiten am Beispiel spanischer DaF-Lernender

Abstract: Eine wirksame Methode zum Lehren und Lernen von Phraseologie setzt die Berücksichtigung mehrerer Aspekte voraus, die mit den Phrasemen selbst, den Lernenden und den verwendeten Verfahren und Strategien zusammenhängen. Eine mögliche Strategie ist die interlinguistische Äquivalenz, wobei sich deren Umsetzung nicht allein darauf beschränkt, (teil)äquivalente Einheiten aufzunehmen und die sprachlichen Unterschiede zu verdeutlichen. Ihre Anwendung im Bereich der Phraseodidaktik impliziert die Berücksichtigung verschiedener Konzepte. So können die Äquivalenzarten nach zwei Hauptkriterien klassifiziert werden. Aus linguistischer Sicht sind verschiedene Parameter innerhalb der drei Hauptbereiche (Semantik, Morphosyntax und Pragmatik) zu berücksichtigen; aus Sicht der Lernenden gibt es reale und angenommene Äquivalenzen. Beide Gruppen von Äquivalenztypen können je nach Anzahl der Übereinstimmungen abgestuft werden. Da wir uns mit interlingualen Beziehungen im Sprachenlernen befassen, ist außerdem unabdingbar, die Prozesse des Sprachtransfers und der Interferenzen zu verstehen, sowohl von L1 zu L2, als auch von L2 zu L3.

Keywords: Phraseologische Äquivalenz, Phraseodidaktik, L2-Lernen, L3-Lernen, Lehr-/Lernstrategien

1 Einleitung

Der Begriff der interlingualen Äquivalenz ist zu einem wesentlichen Begriff in Forschungsdisziplinen wie der zweisprachigen Lexikographie bzw. Phraseographie (Scheman et al.: 2013), der Korpuslinguistik[1] und der Translationswissenschaft, d. h. im Rahmen der Textäquivalenz, geworden. Im Bereich der vergleichenden und kontrastiven Phraseologie, die sich mit den Divergenzen und Konvergenzen der Phraseme auf interlingualer Ebene befasst (vgl. Hallsteinsdóttir 2016; Sabban

---

[1] Zu korpuslinguistischen Ansätzen in der Phraseodidaktik vgl. Hallsteinsdóttir 2020.

2010), steht die Suche nach syntaktischen, semantisch-pragmatischen und funktionell-kommunikativen Ähnlichkeiten u. a. im Vordergrund. Damit einher geht auch die wachsende Relevanz dieser Untersuchungen für das Teilgebiet der Phraseodidaktik. Als mittlerweile etabliertes Forschungsgebiet, das auf vier Jahrzehnte solider Forschungsergebnisse zurückblicken kann, beschäftigt sie sich bekanntlich mit der wissenschaftlich fundierten, systematischen Vermittlung der Phraseologie und der Ausarbeitung praktisch erprobter didaktischer Konzepte. Zu den Errungenschaften gehören die grundlegenden methodischen Konzepte des Dreischritts (Kühn 1992), des darauf aufbauenden Vierschritts (Lüger 1997) und nicht zuletzt das Lehr- und Lernwörterbuch von Hessky & Ettinger (1997), in dem die erwähnten didaktischen Konzepte, namentlich „Entdecken, Entschlüsseln, Verwenden und Festigen", konsequent angewendet werden.

Im Rahmen der Erstellung von Unterrichtsvorschlägen und Materialien ist die geforderte verstärkte Integration der Phraseologie in den Fremdsprachenunterricht in den letzten Jahren zu einer Konstante geworden, was zu zahlreichen Veröffentlichungen zu verschiedenen Themen geführt hat, so z. B. zur Erarbeitung eines phraseologischen Optimums (Hallsteinsdóttir et al. 2006), zur Kritik an einer fehlenden bzw. unzureichenden Einbeziehung der Phraseme in den „Gemeinsamen Europäischen Referenzrahmen" (vgl. Hallsteinsdóttir 2013; Lüger 2020) oder auch zur Lehrwerkanalyse mit Bezug auf die phraseologischen Inhalte (Strohschen 2016).

Durch die rasante Entwicklung der IT und die verstärkte Nutzung einer Vielzahl digitaler Werkzeuge sind die Möglichkeiten der Computerlinguistik im Bereich der interlingualen Sprachuntersuchungen, des Fremdsprachenlernens und der Korpuslinguistik, u. a. durch die digitale Textanalyse, erheblich verbessert worden. Dies lässt sich im Allgemeinen auch am starken Anstieg der sprachvergleichenden Studien und insbesondere der Studien zum Bereich der interlingualen Äquivalenz erkennen (vgl. Mellado Blanco 2015, 2018). Der universelle Charakter der Phraseologie und die Existenz vieler ähnlicher bzw. übereinstimmender Phraseme in zahlreichen europäischen Sprachen wird spätestens durch das Werk Piirainens (2012) bezüglich der Verbreitung dieser Äquivalente bis über die europäischen Grenzen hinaus eindeutig belegt.

Sollte diese Tatsache also keinen Einfluss auf die phraseodidaktische Situation haben? Sowohl die Fremdsprachendidaktik als auch die Übersetzungsdidaktik haben in den letzten Jahren deutlich dazu beigetragen, dass gerade die Rolle der phraseologischen Äquivalenzen hinsichtlich der Möglichkeit einer Optimierung der phraseologischen Kompetenz immer mehr in den Vordergrund getreten ist und diese zu einem zentralen Element nicht nur des Sprachsystems und der Sprachverwendung, sondern auch der Sprachkompetenz geworden sind. Es wird im allgemein davon ausgegangen, dass das Erkennen und Einstufen phraseologischer Unterschiede bzw. Gemeinsamkeiten als Teil einer kritischen Sprachbetrachtung zu dieser Optimierung der Sprachkompetenz beiträgt. Bisher wurde diesbezüglich hauptsächlich auf den Einfluss der Muttersprache auf die Fremdsprache hingewiesen (vgl. Hallsteinsdóttir 2001, 2016). In der allgemeinen Fremdsprachendidaktik betonen im Bereich des Lexikonerwerbs jedoch mehrere Studien den verstärkten wechselseitigen Einfluss zwischen zwei erlernten Fremdsprachen (L2 und L3), wobei in besonderem Maße der Einfluss einer L2 auf den L3-Erwerb festzustellen ist. (vgl. Ecke & Hall 2000; Ecke 2015; Boratyńska-Sumara 2014). Unter anderem wird auf die Parallelität der Lernprozesse bei zwei oder mehr Fremdsprachen und auf die mögliche typologische Nähe zwischen einer L2 und einer L3, wie z. B. im Fall des Deutschen und des Englischen, hingewiesen. Zieht man zudem die Tatsache der phraseologischen Äquivalenzbeziehungen innerhalb vieler europäischer Sprachen in Betracht, scheint die Antwort auf die weiter oben gestellte Frage die Notwendigkeit einer didaktischen Miteinbeziehung dieser Aspekte zu sein.

Das Anliegen dieses Beitrags ist folglich, die interlingualen Beziehungen zwischen L2 und L3, hier dem Englischen (L2) und dem Deutschen (L3), näher zu untersuchen und mögliche Konsequenzen für die Erarbeitung didaktischer Strategien beim L3-Erwerb im Bereich der Phraseologie aufzuzeigen. Ausgehend von der erwähnten Ähnlichkeit der Spracherwerbsprozesse verschiedener Fremdsprachen und ggf. der typologischen Nähe muss davon ausgegangen werden, dass auch im Bereich der Phraseologie ein solcher transphraseologischer Einfluss auf die L3 festgestellt werden kann. Die Ergebnisse der theoretischen Ausführungen, die bereits in einem phraseologischen Unterrichtsexperiment gewissermaßen als Pilotstudie angewendet worden sind, sollen als Forschungsgrundlage zur Erarbeitung didaktischer Strategien dienen, die im Rahmen zukünftiger empirischer Studien angewendet werden können. Außerdem müssen auch die Ergebnisse bezüglich der zwischensprachlichen Konvergenzen und deren besonderen Einflusses auf den Spracherwerbsprozess miteinbezogen werden. Da es sich hier um zwei verwandte Sprachen handelt, ist auch dieser Aspekt zumindest im Hintergrund von Bedeutung für das Erkennen und Nutzen der Äquivalenzbeziehungen.

Unser Beitrag gliedert sich in folgende Arbeitsschritte: Nach einem kurzen didaktischen Abriss wird zunächst in Abschnitt 2 das Konzept der zwischensprachlichen Äquivalenz untersucht. Dabei werden die verschiedenen Ebenen, die als mögliche Vergleichsgrundlage dienen können, sowie deren Relevanz für die verschiedenen Forschungsgebiete, in denen sie eine Rolle spielen, dargestellt. Eine entsprechende Differenzierung dieser Ebenen erscheint dabei notwendig. In den folgenden Unterpunkten werden die Ebenen der Syntax und der Lexik, die die Grundlagen unserer Untersuchung bilden, hinsichtlich der Ähnlichkeiten und Unterschiede im Englischen und Deutschen beschrieben. Diese haben nach Ansicht verschiedener Autoren einen besonderen Stellenwert innerhalb des Verstehensprozesses und der linguistischen Transferenz. Auf mögliche Transferenzverfahren auf beiden Ebenen zwischen der L2 und der L3 wird dabei ebenfalls Bezug genommen, wobei Beispiele aus der Unterrichtspraxis und einige Ergebnisse der Pilotstudie, die zukünftig im Rahmen eines umfangreicheren empirischen Experiments durchgeführt werden soll, in den entsprechenden Unterpunkten einbezogen werden. Im Abschnitt 4 erörtern wir verschiedene Arten der zwischensprachlichen Beziehungen. Zum einen wird die Unterscheidung zwischen den realen, tatsächlich existierenden und den lediglich angenommenen Ähnlichkeiten erklärt und ihr Einfluss auf den Spracherwerbsprozess beleuchtet. Zum anderen soll in den Unterpunkten 4.2. und 4.3 ein kurzer Überblick über die Manifestierung der Ähnlichkeiten auf der formalen und lexikalischen Ebene und die damit verbundenen positiven und negativen Konsequenzen auf das Erkennen dieser Beziehungen und damit auf den Erwerbsprozess gegeben werden. Dabei müssen insgesamt drei Äquivalenzgrade unterschieden werden. Diese werden in Punkt 5 näher beleuchtet werden. Im nächsten Schritt werden die verschiedenen Transferprozesse näher dargestellt, um dann im Abschnitt 7 die Konsequenzen der besprochenen linguistischen Beziehungen für den allgemeinen Sprachlernprozess und schließlich konkret auf den Erwerbsprozess der Phraseologie darzustellen. Dabei wird entsprechend der Fragestellung und des Ziels unserer Arbeit besonders auf den Einfluss der Äquivalenzen zwischen L2 und L3 eingegangen. Die Ergebnisse der Überlegungen führen uns am Ende zu einigen Vorschlägen bezüglich der Nutzung dieser Beziehungen und der notwendigen Kompetenz der Dozenten und Lehrenden. Die mit spanischsprachigen Deutschlernenden mit Englisch als L2 im universitären Bildungskontext durchgeführte Pilotstudie wird am Ende kurz beschrieben, allerdings ist eine vollständige Auswertung der Ergebnisse bis dato noch nicht möglich und wird erst in einem späteren Beitrag zur Verfügung stehen.

2 Didaktischer Hintergrund

Zahlreiche Autoren besprechen die Ursachen für die bestehenden Schwierigkeiten, denen sich die Fremdsprachenlernenden sowohl beim Verstehen als auch beim Erwerb phraseologischer Einheiten, vor allem idiomatischer Ausdrücke, stellen müssen. Einer der Hauptgründe ist bekanntlich, dass es sich einerseits um Wortverbindungen handelt, die sich durch eine übertragene, nicht wörtliche Bedeutung auszeichnen, und andererseits, dass oft neben der semantischen Umdeutung auch strukturelle Besonderheiten vorliegen. Im Zusammenhang mit der

Umdeutung wird häufig auf die Nutzung kognitiver Strategien hingewiesen. Die Theorie der kognitiven Metapher von Lakoff & Johnson (2003), die besagt, dass unser gesamtes konzeptuelles Denken metaphorisch begründet ist und dass diese metaphorischen Mechanismen sich sprachlich vor allem in Phraseologismen widerspiegeln (vgl. Detry 2010), impliziert, dass es sich bei den Konzeptualisierungsprozessen um allgemeingültige, universelle Prozesse des menschlichen Denkens handelt und dass viele dieser bildlichen Vorstellungen in verschiedenen Sprachen in gleicher oder ähnlicher Form vorkommen. Der zwischensprachliche Vergleich als didaktischer Ansatz liegt hier also bereits nahe. Die auf diese Theorie aufbauende kognitive Semantik wurde auch in einer Studie von Mellado Blanco & Iglesias Iglesias (2011) bei der Feststellung der Parallelen und Unterschiede zwischen den einzelnen Phrasemen eines spanisch-deutschen Korpus in Betracht gezogen.

Ein weiterer Aspekt, der ebenfalls für den zwischensprachlichen Vergleich spricht, geht von zwei entgegengesetzten Tatsachen aus. Einerseits zeichnen sich zwar viele Phraseme durch ihren gemeinsamen kulturellen Gehalt aus, der in den identischen historischen und kulturellen Wurzeln verschiedener Sprachgemeinschaften begründet ist. Andererseits sind ein Großteil der Phraseme durch ihren spezifischen Kulturgehalt geprägt, der nur dann verstanden werden kann, wenn der Lernende das entsprechende kulturelle Wissen um die Sprachgemeinschaft hat.

> [...] su significado resulta inteligible por un locutor sólo a partir del conocimiento y de la descodificación de toda esta carga cultural (Detry 2010: 29)

Auch diese Tatsache spricht für die Nutzung des zwischensprachlichen Vergleichs und entspricht gleichzeitig dem pluralen Ansatz des modernen Sprachenlernens, der voraussetzt, dass sich nicht nur auf eine einzige Zielsprache bzw. Zielkultur konzentriert wird, sondern dass zugleich mehrere Sprachen und Kulturen einbezogen werden. Theoretischer Hintergrund dieser Überlegungen ist unter anderem der „Referenzrahmen für plurale Ansätze zu Sprachen und Kulturen" (RePA, 2009), der die Förderung von Reflexions- und Sprachlernkompetenz genauer beschreibt. Die Entwicklung der sprachlichen Kompetenz auf der Grundlage einer weiteren Sprache trägt demnach dazu bei, Verbindungen herzustellen und das Verständnis zwischen den Kulturen zu verbessern.

Ein häufiges Postulat der Arbeiten, die sich mit der Ausarbeitung didaktischer Maßnahmen beschäftigen, die den Verstehensprozess positiv beeinflussen und optimieren können, ist dementsprechend die Notwendigkeit der Nutzung bestehender phraseologischer Ähnlichkeiten zwischen der Muttersprache (L1) und der zu erlernenden Fremdsprache (L2/L3). Zahlreiche Studien und Beiträge (Irujo 1986, 1986b, 1993; Hammarberg 2001; Laufer 2000; Jesenšek 2006, 2013 u. a.)

betonen, dass es sich um eine nützliche, sogar notwendige Strategie zum Erwerb phraseologischer Kompetenz in einer (weiteren) Fremdsprache handelt, wobei die Bewusstmachung der interlingualen Beziehungen im Vordergrund stehen sollte, da sich sowohl die Ähnlichkeiten als auch die Kontraste innerhalb der verschiedenen Ebenen wie Lexik und Struktur zwischen der zu erlernenden Fremdsprache und der Muttersprache auf die Sprachproduktion auswirken. Insofern sollten auch diejenigen Fälle beachtet werden, in denen sich die Ähnlichkeit nur auf einen Teilbereich der Idiomstruktur bezieht oder sogar zwischensprachliche Kontraste bestehen, um möglichen Interferenzen im phraseologischen Erwerb entgegenzuwirken. Als wichtiger Schritt ist hierbei die Nutzung bereits bestehender Kenntnisse in der L1 und L2 anzusehen.

Was die bisher durchgeführten Studien hinsichtlich einer Konvergenz bzw. Divergenz unter didaktischem Gesichtspunkt angeht, so wurde bisher vor allem der Transfer der Muttersprache auf den Fremdsprachenerwerb untersucht. Irujo (1986) gibt als ein wichtiges Auswahlkriterium bei der Wahl der zu unterrichtenden Phraseologismen bereits an, dass diese wesentlich leichter zu erlernen sind, wenn ein entsprechendes Äquivalent in der Muttersprache vorliegt, was auch ihre empirische Studie (1993) am Beispiel spanischer Muttersprachler mit bilingualen Kenntnissen in Englisch unterstützt. Auch Hallsteinsdóttir (2001) belegt in einer empirischen Studie, dass die muttersprachliche phraseologische Kompetenz als Grundlage des Verstehens fremdsprachlicher Phraseologie zu betrachten ist. Einen Schritt weiter geht Chrissou (2020), der nicht nur für die Erstellung landesspezifischer Lernmaterialien plädiert, sondern auch für eine zielgruppenorientierte Niveauzuordnung der Phraseme nach Äquivalenztypen zwischen der Muttersprache und der Fremdsprache. Durch seine empirische Untersuchung an griechischsprachigen Deutschlernenden konnte er feststellen, dass der Grad der Äquivalenzbeziehungen zwischen deutschen und griechischen Phrasemen einen Einfluss auf das Entschlüsseln und das produktive Verwenden von Phrasemen hat. Insofern hält er eine Einbeziehung der interlingualen Ähnlichkeiten zwischen Mutter- und Fremdsprache hinsichtlich der Einstufung erwerbsrelevanter Phraseme nach Sprachniveau für gerechtfertigt. Die Ergebnisse der o. g. Studien liefern wesentliche phraseodidaktische Erkenntnisse, die von nicht zu unterschätzender Relevanz sind.

3 Vergleichsebenen der Idiomstruktur zur Feststellung von Äquivalenz

Ähnlichkeiten und Kontraste sind prinzipiell, wie oben schon angesprochen, die Basis der vergleichenden und der kontrastiven Phraseologie und nicht zuletzt der mehrsprachigen Lexikographie. (vgl. Schemann et al. 2013; Mellado Blanco 2015, 2018) Der Begriff der Äquivalenz im Sinne der Gleichwertigkeit zwischen sprachlichen Elementen und der Übersetzbarkeit der phraseologischen Einheiten ist hierbei nicht unumstritten, und auch was die terminologische Fragestellung zum Begriff angeht, wird der Terminus nicht von allen Autoren gleichwertig und in direkter Abhängigkeit vom jeweiligen Untersuchungszweck verwendet. So betont z. B. Larreta Zulategui (2019) in seiner Studie bezüglich der Falschen Freunde in Anlehnung an B. Wotjak & Ginsburg (1987) die Trennung zwischen Bedeutungs- und Ausdrucksebene. Seines Erachtens sollte diese sich auch terminologisch widerspiegeln, und zwar in Form einer Unterscheidung zwischen *Äquivalenz* als Ausdruck der Gleichheit auf der inhaltlichen Ebene, also der Bedeutung, und *Kongruenz* auf der formalen Ebene, also als Ausdruck der Gleichheit der sprachlichen Form (vgl. Larreta Zulategui 2019: 116). Bereits Korhonen (2007) wies auf die Notwendigkeit der Trennung dieser Ebenen hinsichtlich des Untersuchungsziels hin. Er trennt klar zwischen „abstrakten Formenkomplexen" und „konkreten Realisationen", wobei diese Ebenen der saussureschen Dichotomie der *langue* und *parole* entsprechen.

> Letzteres wiederum hat Bezug auf die Ebene der Langue und beinhaltet, dass bei der Gegenüberstellung die morphosyntaktische und lexikalische Variantenbildung berücksichtigt werden wird. Diese Verfahrensweise liegt dann nahe, wenn die kontrastive Analyse ein praktisches Ziel auf dem Gebiet der Phraseologie verfolgt. (Korhonen 2007: 575)

Mellado Blanco (2015: 154) betont die Notwendigkeit der Unterscheidung dieser Ebenen aus lexikographischer Sicht und spricht, was die Möglichkeit der Aufstellung phraseologischer Äquivalenzen bzw. Kontraste angeht, von drei Ebenen: der systemischen, der lexikographischen und der textuellen.[2] Innerhalb der ersten Ebene, der systemischen, wird in der Literatur hinsichtlich der Idiomstruktur und des entsprechenden Transfers im Allgemeinen zwischen drei großen Teilbereichen unterschieden, die als Vergleichsbasis zur Feststellung von Ähnlichkeiten bzw. Kontrasten dienen: Morphosyntax, Semantik und Pragmatik (vgl. Corpas Pastor 2003; Dobrovol'skij & Piirainen 2009). Im Rahmen allge-

---

[2] Dabei betont die Autorin die Entsprechung der systemischen und der textuellen Ebenen mit den Konzepten *langue* und *parole*. (vgl. Mellado Blanco 2015: 154) .

meiner Studien zum translinguistischen Transfer werden diese Ebenen zum Teil noch weiter differenziert. So sprechen Jarvis & Pavlenko (2010: 20 ff.) beispielsweise von zehn Dimensionen. Die Ebenen der Syntax, Semantik und Pragmatik stellen in ihrem Modell Typen innerhalb der Dimension der Sprachkenntnis bzw. des Sprachgebrauchs dar, wobei sich dieser Teilbereich in insgesamt neun Typen untergliedert.[3]

Mellado Blanco (2015) ihrerseits identifiziert insgesamt sechs wesentliche Parameter, die bei der Untersuchung der interlinguistischen Äquivalenz abgesehen von der denotativen Bedeutung als Grundvoraussetzung der Äquivalenz zum Tragen kommen: (1) lexikalische Komponenten, (2) morphosyntaktische Struktur und syntaktische Funktion, (3) Bildkomponente, (4) Extension und semantische Struktur, (5) konnotativ-pragmatische Komponente und (6) syntagmatische Kombinatorik (syntaktische und semantische Valenz). Auf lexikographischer und textueller Ebene, also auf denjenigen Ebenen, auf denen die funktionalen und kommunikativen Aspekte eine besondere Rolle spielen, wird von der Autorin die Bedeutung der letzten drei Bereiche betont. Sie argumentiert hingegen, dass das Bild als Teilbereich der Semantik, abgesehen von konkreten Fällen desautomatisierter Einheiten, nicht entscheidend ist.

Was das semantische Bild angeht, so erscheint dieser Aspekt zwar weniger wichtig bei der Aufstellung interlinguistischer Äquivalenzen im Bereich der Lexikographie und der Textlinguistik, kann jedoch wesentlich für die Erstellung von Unterrichtsstrategien sein. Im Bereich des fremdsprachlichen Phraseologieerwerbs ist die Ebene der Semantik entscheidend, denn es geht gerade um das Verstehen der Bedeutung, wo das Bild eine nicht zu unterschätzende Rolle spielt, wie wir w. u. im Rahmen der kognitiven Theorie ausführen werden. An der Entstehung des Bildes ist wiederum die Lexik beteiligt, so dass auch dieser ein hoher Stellenwert in den Äquivalenzbeziehungen zukommen muss. Wenn also das mentale Bild durch die lexikalische Struktur aufgerufen wird, dann sind sowohl die kognitiven Fähigkeiten als auch die Sprachkenntnisse im Bereich der Lexik an der Bedeutungskonstruktion beteiligt. So argumentiert auch Detry:

> Sin embargo, no se debe olvidar que la correcta representación mental de la imagen fraseológica depende en gran parte de la comprensión de sus componentes por parte del hablante. El desconocimiento de un elemento fraseológico puede llevar, de hecho, a una visualización parcial, errónea y poco útil para el procesamiento del SF; [...]. (2010: 66)

---

[3] Die neun Typen des „Area of Language Knowledge/Use" sind unterteilt in phonologische, orthographische, lexikalische, semantische, morphologische, syntaktische, diskursive, pragmatische und soziologische Aspekte (Jarvis & Pavlenko 2010).

Insofern erscheinen für die didaktische Nutzung die Ebenen der Lexik und der Syntax entscheidend zu sein, denn ohne sie wäre eine Bedeutungskonstruktion zunächst gar nicht möglich. Andererseits sind es für den Fremdsprachenlernenden auch die ersten Ebenen, auf denen die semantischen Unterschiede festgestellt werden können. Und in der Tat hat auch die Bildkomponente der Phraseme als Manifestierung der bildlichen Ikonizität, gemeinsam mit der metaphorischen Ikonizität, als fester Bestandteil der Idiomsemantik einen wesentlichen Beitrag zur interlingualen Vergleichbarkeit und damit zum Verstehen der Phraseme durch Nichtmuttersprachler. Es handelt sich um die konzeptuelle Grundlage vieler Phraseme, die als Mittler zwischen den lexikalischen Komponenten und der phraseologischen Bedeutung einen wichtigen Aspekt in der semantischen Entschlüsselung darstellen. Detry (2010), die sich mit Strategien des Memorisierens idiomatischer Phraseme befasst, beschreibt neueste Erkenntnisse bezüglich der Rolle der Ikonizität innerhalb dieses Prozesses und kommt zu folgender Auffassung:

> Permite también reconsiderar el papel activo (en oposición a la noción de „dead metaphors") que la iconicidad fraseológica y sus valores metafóricos pueden tener en el procesamiento de las expresiones.   (2009: 80)

Als Konsequenz ergibt sich für sie, dass der Erwerb idiomatischer Phraseme entgegen der traditionellen Auffassung nicht durch bloße Memorisierungsprozesse erreicht werden sollte, sondern durch Aufgaben, die eine aktive Sprachreflexion hinsichtlich des phraseologischen Bildes und des metaphorischen Mehrwerts miteinbeziehen. Das Fördern dieser Sprachreflexion könnte ebenfalls eine wesentliche Rolle für das Verstehen und die Produktion spielen, wenn unterschiedliche bildliche Darstellungen zwischen interlinguistischen Äquivalenzen bestehen, die dann zu Fehlerquellen werden, wenn angenommen wird, dass in der Fremdsprache ein entsprechendes identisches Phrasem mit der gleichen bildlichen Darstellung existiert. Die Übernahme einer Metapher oder eines Bildes wie z. B. „ser la media naranja de alguien" entspräche so einem nicht untypischen Fall der Annahme, dass in verschiedenen Sprachen die gleichen Metaphern und Bilder in Phrasemen benutzt werden. Auf die damit zusammenhängende Unterscheidung zwischen realen und angenommenen Äquivalenzen gehen wir näher in Punkt 4.1. ein.

Als Konsequenz der Aussage, dass das Bild ein relevanter Teil der Idiomsemantik ist, ergibt sich, dass somit der Lexik auch dann eine entscheidende Rolle im Verstehensprozess eingeräumt werden muss, wenn die Bedeutung der Komponenten nicht wortwörtlich zu verstehen ist, d. h. eine übertragene Bedeutung vorhanden ist. Mögliche zwischensprachliche Unterschiede oder Gemeinsamkeiten auf lexikalischer Ebene dürfen also keineswegs missachtet werden.

Ein weiterer Aspekt, der bei der Aufstellung von Äquivalenzbeziehungen eine Rolle spielt, sind die Verwendungsrestriktionen. Sie spielen in der Phraseologie eine besonders wichtige Rolle auf allen der drei genannten Ebenen und stellen für den Sprachlernenden ein besonderes Hindernis dar. Bereits 1989 wies Hausmann (1989, zit. in Kahl 2015) darauf hin, dass der Muttersprachler intuitiv um Wortverwendungsgrenzen weiß, während sie vom Fremdsprachenlernenden erlernt werden müssen. Da es wissentlich im Spracherwerbsprozess zu Interferenzen durch die Übernahme syntaktischer Strukturen und lexikalischer Komponenten sowohl aus der L1 als auch der L2 kommt, ist anzunehmen, dass die Verwendungsrestriktionen der Phraseologie hier eine besondere Rolle spielen.

Bezüglich der Semantik spielen diese Restriktionen in Form des konnotativen Mehrwerts innerhalb der Bedeutung eine entscheidende Rolle, da dieser auch kulturelle Konnotationen und kulturspezifische Gebundenheit einschließt. Allerdings schließen wir uns in diesem Fall der Meinung verschiedener Autoren an, dass dieser Bereich der Semantik insgesamt derjenige ist, der am schwersten definitorisch exakt zu erfassen ist und sich am wenigsten zur Erstellung klarer Äquivalenzverhältnisse und damit didaktischer Strategien eignet.

Was die Ebene der Pragmatik angeht, sind bei Phrasemen mit weitgehend identischer Form, d. h. strukturellen Äquivalenten, die aber Unterschiede bezüglich des Sprachregisters und der Gebrauchsfrequenz aufweisen, diese Restriktionen ein besonders wichtiger Parameter im Bereich der Kommunikationssituation und -funktion. Auch dieser Bereich bietet ein weites Feld an möglichen Untersuchungen, die allerdings im Rahmen dieser Studien nicht geleistet werden können.

Wie wir bisher gesehen haben, steht die Festlegung der Ebenen und Parameter, auf bzw. mit denen die Äquivalenzen und Kontraste untersucht werden, in engem Zusammenhang mit der jeweiligen Untersuchungsabsicht des Forschers. Diese kann eher theoretischer Natur sein, indem z. B. Klassifikationen ausgearbeitet werden, ohne didaktischen bzw. sprachpraktische Fragen nachzugehen, wie im Fall Larreta Zulateguis (2019), oder aber es interessieren diejenigen Kriterien, die für die Erstellung eines idiomatischen Wörterbuches von Bedeutung sind, wie im Falle von Mellado Blanco (2015). Im Falle unserer Studie wird noch eine weitere Ebene hinzugefügt, die didaktische. Auch aus der Sicht des Sprachlernenden ist es notwendig, die unterschiedlichen Äquivalenztypen zu trennen, wobei jedoch klar ist, dass ein C2-Lernender alle Stufen beherrschen sollte. Interessant ist aber gerade die Frage, welche Stufen ein Anfänger beherrschen soll. In der Didaktik steht der kommunikative und funktionale Aspekt im Vordergrund, so dass man davon ausgehen kann, dass mit einer funktionalen Äquivalenz begonnen werden sollte. Jedoch kann für didaktische Zecke weder auf die Lexik noch auf die Morphosyntaktik verzichtet werden. Eine funktionale Äquivalenz hätte also nur dann Sinn, wenn diese auch von einer formalen Äquivalenz begleitet wird.

Aus dem oben Gesagten wird deutlich, dass die strukturellen, semantischen und pragmatischen Ebenen der Phraseologie eng miteinander verflochten sind und gemeinsam an der Bedeutung der Phraseme innerhalb des Systems, d. h. der Normierung der Sprache im lexikographischen Sinne, teilhaben. Was allerdings den Spracherwerbsprozess angeht, wird immer mehr davon ausgegangen, dass eine Trennung dieser Ebenen stattfindet. Dies wird besonders durch die Untersuchungen zu den interlingualen Transferprozessen und Interferenzen deutlich, die zeigen, dass im Sprachlernprozess oft nur Elemente bestimmter Ebenen aus der Mutter- bzw. ersten Fremdsprache übernommen und auf die neue Fremdsprache übertragen werden. Da wir uns in dieser Untersuchung auf die Prozesse in den Bereichen Syntax und Lexik beschränken werden, sollen im Folgenden Beispiele für lexikalische und strukturelle Äquivalenzen aufgezeigt werden.

3.1 Syntaktische Ähnlichkeiten

Wie wir im vorhergehenden Kapitel ausgeführt haben, können Ähnlichkeiten auf verschiedenen Ebenen verortet werden, wobei der Begriff Äquivalenz im Allgemeinen dann benutzt wird, wenn alle Ebenen betroffen sind, d. h. sowohl die formale als auch die semantisch-pragmatische Struktur übereinstimmen. Dieser Zustand, der den Idealzustand der Äquivalenz beschreibt, ist allerdings eher selten. In der Regel sind nur bestimmte Ebenen betroffen, wobei die offensichtlichsten Äquivalenzbeziehungen wohl die lexikalischen Komponenten und die syntaktische bzw. morphosyntaktische Struktur betreffen. Dies ist der Fall bei vielen bedeutungsgleichen deutschen und englischen Phrasemen, bei denen Konvergenz auf beiden Ebenen, der lexikalischen und der strukturellen, festzustellen ist. Allerdings findet man auch Beispiele, in denen hauptsächlich die Struktur betroffen ist.

Beispiele für syntaktische Ähnlichkeiten mit unterschiedlichen lexikalischen Komponenten wären:

(1) *engl.: to throw the baby out with the bathwater.*   *dt.: das Kind mit dem Bade ausschütten*

(2) *engl.: to wash one's Hand of responsibility*   *dt.: seine Hände in Unschuld waschen*

(3) *engl.: a storm in a teacup.*   *dt.: ein Sturm im Wasserglas*

(4) engl.: to keep one's <u>fingers</u> crossed   dt.: Die <u>Daumen</u> drücken / halten

(5) engl.: to make a <u>mountain</u> out of a <u>molehill</u>   dt.: aus einer <u>Mücke</u> einen <u>Elefanten</u> machen

In den aufgeführten Beispielen stimmt die syntaktische Struktur fast hundertprozentig überein, wobei, wie wir zeigen werden, mindestens ein lexikalisches Element unterschiedlich ist.

- Im Beispiel (1) handelt es sich um die Komponentenpaare (a) *baby-Kind* und (b) *bathwater-Bade*. Im Falle (a) könnte man von Synonymen sprechen, während im Fall (b) der englische Term spezifischer ist.
- Im Beispiel (2) weisen die unterschiedlichen Komponenten *responsibility-Unschuld* darauf hin, dass die gesamte lexikalische Struktur unterschiedlich ist, denn auch das offensichtlich gleiche Verb hat in diesem Kontext unterschiedliche semantische Bedeutungen, was wiederum mit den unterschiedlichen Präpositionen zu tun hat.
- Im Beispiel (3) haben wir es mit zwei unterschiedlichen Komposita zu tun, wobei es sich in beiden Fällen um Kohyponyme mit jeweils einer Spezifizierung handelt.
- Besonders interessant ist das Beispiel (4). Bei den Komponenten *fingers-Daumen* handelt es sich im Deutschen um ein Hyponym, im Englischen dagegen um ein Hyperonym. Hier ist zudem auch die bildliche Ebene betroffen, und zwar sowohl durch die unterschiedlichen Finger, die in diesem Kinegramm benutzt werden, als auch durch die semantisch divergenten Verben, *to keep crossed-drücken*. Das Bild selbst weist seinerseits auf kulturelle Unterschiede hin, denn Deutsche wünschen jemandem Glück, indem sie die Daumen drücken, während Engländer, Amerikaner und auch Spanier ihre Zeige- und Mittelfinger kreuzen.
- Das letzte Beispiel (5) enthält in beiden Sprachen die fast identische syntaktische Struktur „etwas aus etwas machen" und „to make something out of something". Aber nur fast, weil man einwenden kann, dass es sich im Deutschen um eine Struktur mit nur einer Präposition, im Englischen dagegen um eine Struktur mit zweigliedriger Präposition handelt. Was die Substantive angeht, stellt man fest, dass die grammatische Struktur nicht übereinstimmt. Im Deutschen ist die Reihenfolge der Ergänzungen (des direkten und des präpositionalen Objekts) umgekehrt im Vergleich zum englischen Satz, denn die Reihenfolge der Substantive im Satz stimmt nicht überein. Hierbei spielt auch der semantische Aspekt eine Rolle, denn die betroffenen lexikalischen Komponenten stimmen in ihrer Wortbedeutung nicht überein, wohl aber in der jeweils übertragenen bzw. metaphorischen Aussage-

kraft. *Elefant* und *mountain* stehen als Träger der Eigenschaft ‚groß', ‚wichtig', und *Mücke* und *molehill* als Träger der Eigenschaft ‚klein', ‚unwichtig'. An diesem Beispiel zeigt sich, dass eine auf den ersten Blick identisch erscheinende Struktur durchaus bestimmte Unterschiede aufweisen kann, die Gefahr läuft, vom Fremdsprachenlernenden nicht ohne Weiteres erkannt zu werden.

Bei den hier aufgeführten Beispielen handelt es sich um Phraseme mit einem hohen Grad an struktureller Äquivalenz, wobei wir zeigen konnten, dass gewisse lexikalische Nuancen ausgemacht werden können. Andererseits sind bedeutungsäquivalente Phraseme mit gleicher syntaktischer Struktur, aber ohne jegliche lexikalische Übereinstimmung nicht nur schwer lokalisierbar, sondern man würde sie auch nicht mehr als Äquivalente ansehen, da die semantische Relation zwischen beiden Phrasemen für Fremdsprachenlernende durch die lexikalische Nulläquivalenz äußerst schwer erkennbar wäre.

3.2 Lexikalische Ähnlichkeiten

In den o. g. Beispielen handelt es sich um Phraseme mit syntaktischen, strukturellen Übereinstimmungen oder Ähnlichkeiten, wobei ein Teil der lexikalischen Struktur Unterschiede aufweist. Bei den folgenden Beispielen handelt es sich um lexikalische Übereinstimmungen, wobei die syntaktische Struktur unter Umständen variieren kann.

(6) engl.: *to have a frog in your throat*   dt.: *einen Frosch im Hals haben*

(7) engl.: *to be caught on the wrong foot*   dt.: *jmdn. auf dem falschen Fuß erwischen*

(8) engl.: *to throw the towel*   dt.: *das Handtuch werfen*

In den Beispielen (6) – (8) stimmen die lexikalischen Komponenten und das Bild, soweit es evoziert wird, überein. Die Strukturen stimmen im Beispiel (6) bis auf das Possessivpronomen im Englischen überein, im Beispiel (7) handelt es sich allerdings im Deutschen um eine Aktivkonstruktion, im Englischen dagegen um eine Passivkonstruktion. Lexikalisch evidente Unterschiede sind nicht erkennbar. Im Beispiel (8) dagegen ist auch die syntaktische Struktur identisch. Es existieren eine Vielzahl Phraseme dieser Art, wobei die Übereinstimmung der lexikalischen Komponenten, vorausgesetzt, dass die Lernenden das Phrasem oder zumindest die Komponenten in der L2 kennen, erheblich zum Memorisieren und auch zur Produktion des Phrasems in der L3 beitragen. Verschiedene Unterrichtsszenarien sind nun möglich, wie z. B.:

a) Das Phrasem, das als Äquivalent präsentiert wird, ist in der L3 bekannt, sowohl in der Form als auch in der Bedeutung. In diesem Fall ist eine positive Transferenz zu erwarten, sowohl in der Rezeption als auch in der Produktion. Möglich sind strukturelle Fehler, die aber keine Auswirkung auf die Bedeutung haben.

b) Das Phrasem ist in der L2 bekannt, aber nicht seine Bedeutung. Somit kann durch das lexikalische Wissen in der L3 das Phrasem in der L2 identifiziert werden. Die Metaphorizität, die sich aus der bildlichen Darstellung ergibt, kann bei der Erschließung der Bedeutung helfen.

c) Das Phrasem ist nicht in der L3 bekannt, wohl aber die Lexik. Ein komplexeres Verfahren, bei dem das kognitive Wissen zu aktivieren ist, wird notwendig. Durch den Hinweis auf die Äquivalenzbeziehung kann zunächst das Bild des Phrasems der L2 erschlossen werden. Danach müssen weitere Strategien zur Erschließung des metaphorischen und bildlichen Gehalts angewendet werden.

In zahlreichen Phrasemen besteht eine lexikalische – und teilweise syntaktische – Äquivalenz, wobei nicht alle Komponenten übereinstimmen. Diese Äquivalenzbeziehungen sind aus didaktischer Sicht besonders interessant, da die Aufmerksamkeit der Lernenden nicht nur auf die Gemeinsamkeiten, sondern vielmehr auf die Unterschiede fokussiert werden sollte, die verschiedenen Ursprungs sein können.

Hier einige Beispiele:

(9) *engl.: Neither fish nor fowl*   *dt.: weder Fisch noch Fleisch*

(10) *engl.: as blind as a bat*   *dt.: blind wie ein Maulwurf*

(11) *engl.: to have a skeleton in the closet*   *dt.: eine Leiche im Keller haben*

Auch hier sollen kurz die Unterschiede erläutert werden:

Im Beispiel (9) stimmen sowohl die syntaktische Struktur als auch die Bedeutung überein, doch was die lexikalische Struktur angeht, handelt es sich im Deutschen (*Fisch*) um ein Hyperonym, im Englischen (*fowl*) um ein Hyponym. Im Fall (10) dagegen haben wir es mit Kohyponymen zu tun, denn *Maulwurf* und *bat* gehören zum Oberbegriff Tier.

Diese Erklärungen erscheinen zwar auf den ersten Blick sehr simpel, sind aber u. E. für die didaktische Anwendung von besonderem Wert, denn die Reflexion über bestimmte regulär auftretende semantische Beziehungen der Unterschiede, die trotz oder innerhalb der Äquivalenz vorhanden sind, sind unseres Wissens bisher noch nicht in didaktische Überlegungen einbezogen worden und könnten einen erheblichen kognitiven Lernfortschritt bewirken. Die semantische Beziehung im Phrasem (11) ist beispielsweise weniger transparent. Auf den ersten Blick könnte man *Leiche* und *skeleton* für Synonyme halten, doch im Deutschen gibt es auch das Wort Skelett, was aber nicht das gleiche wie eine Leiche ist. Auch *closet* und *Keller* stimmen in diesem Fall nicht überein. Zum Zweck einer semantischen Kategorisierung des Unterschieds könnte man sie als Hyperonyme ansehen, zum einen von *Möbelstück*, zum anderen von *Stockwerk* eines Hauses.

In den konkreten Unterrichtssituationen müssen zahlreiche Parameter berücksichtigt werden, so z. B. die allgemeine Sprachkompetenz in der L3, die spezifische Kompetenz einzelner Lernender, die Vertrautheit mit phraseologischen Phänomenen, wenn eventuell schon Phraseologie als Unterrichtsfach – vor allem im universitären Bereich – belegt worden ist, die kognitive Fähigkeit jedes einzelnen Lernenden und eventuell auch Kenntnisse in weiteren Fremdsprachen, die eine solche kognitive Kompetenz erhöhen.

4 Zwischensprachliche Beziehungen

4.1 Arten zwischensprachlicher Beziehungen: reale vs. angenommene Ähnlichkeiten

Was den Bereich der zwischensprachlichen Beziehungen angeht, muss zunächst auf die entsprechende Typologie eingegangen werden. Wie im Falle anderer Klassifizierungen kann die Benutzung von unterschiedlichen Kriterien auch zu unterschiedlichen Taxonomien führen. Im Falle der zwischensprachlichen Beziehungen kann ein Kriterium der Klassifizierung der psycholinguistische Aspekt sein, bei dem nicht nur die Sprache, sondern deren Lernende eine entscheidende Rolle spielen. Durch dieses Kriterium kann festgestellt werden, ob es sich um eine reale, also wirklich existierende zwischensprachliche Beziehung handelt oder eine solche, bei der die Lernenden der L2 oder L3 nur davon ausgehen, dass eine bestimmte Beziehung besteht. Wir sprechen in diesem Fall von *realen* und *angenommenen*[4] zwischensprachlichen Beziehungen (Ringbom & Jarvis 2009).

---

4 Jarvis & Ringbom (2009) sprechen von „assumed relations".

Tatsächlich kann jegliche Art der zwischensprachlichen Beziehung ungeachtet dessen, ob es sich um Ähnlichkeiten oder Unterschiede handelt, zweier Arten sein, insofern man die Wahrnehmung der Sprecher als Kriterium in Betracht zieht. Daraus ergibt sich, dass die Ähnlichkeiten real sein können, also wirklich existieren, oder nur vorausgesetzt werden. Was die Ähnlichkeiten angeht, so beziehen sich die realen auf objektive linguistische Ähnlichkeiten, während die zweiten, die angenommenen, von der Wahrnehmung des Sprechers abhängen. Dies wiederum bedeutet, dass in gewissen Fällen die Wahrnehmung des Sprechers nicht mit der Realität übereinstimmt. Die Konsequenzen dieser Situation spiegeln sich an drei verschiedenen Szenarien wider, die einen direkten Einfluss auf den Lern- und Erwerbsprozess der Sprachen im Allgemeinen und der Phraseologie im Besonderen haben.

(1) Die Sprecher sind nicht dazu in der Lage, alle existierenden Ähnlichkeiten zu erkennen oder wahrzunehmen.

(2) Es kann zu Fehlern in der Wahrnehmung der Ähnlichkeiten kommen, wenn die Lernenden z. B. weder wissen, um welche Art der Ähnlichkeit es sich handelt, noch den Grad oder die Reichweite dieser Beziehung einschätzen können.

(3) Und schließlich besteht die Möglichkeit, dass die Lernenden bestehende Ähnlichkeiten voraussetzen, die in Wirklichkeit nicht existieren.

Einige Studien (vgl. u. a. Odlin 2006) zeigen, dass die Ähnlichkeiten mit dem größten Einfluss auf den Spracherwerbsprozess die angenommenen (oder vorausgesetzten) und nicht die real existierenden sind. Dies bedeutet für den Sprachlernprozess, dass sie ebenso berücksichtigt werden müssen wie die realen Ähnlichkeiten, und zwar sowohl was den Erwerb einer Zweit- als auch einer Drittsprache angeht. In Abhängigkeit davon, ob es sich um eine L2 oder eine L3 handelt, konnten jedoch Unterschiede festgestellt werden, welche die Arten oder Bereiche der Ähnlichkeiten angehen. Ringbom (2007) bestätigt diesbezüglich, dass die Lernenden einer dritten oder vierten Fremdsprache in der Regel davon ausgehen, dass die zu erlernende Sprache pragmatische und semantische Ähnlichkeiten mit ihrer Muttersprache hat, während sie die formalen Ähnlichkeiten eher bei denjenigen Sprachen annehmen, die sie als typologisch näher empfinden, unabhängig davon, ob es sich dabei um eine L1 oder L2 handelt. Im Fall des Englischen (L2) und des Deutschen (L3) würde ein/e spanische/r Muttersprachler/in formale Ähnlichkeiten zwischen den Sprachen Englisch und Deutsch eher annehmen als zwischen dem Spanischen und dem Deutschen. Ähnlich bestätigt auch Singleton (2006), dass unter bestimmten Umständen der Einfluss der L2 auf das Erlernen einer L3 größer ist als der Einfluss der L1. Aspekte wie der Grad der linguistischen Kompetenz in der L2 und die typologische Nähe der jeweiligen Fremdsprachen scheinen eine entscheidende Rolle zu spielen.

Auch was die Fertigkeiten angeht, ist das Verhalten der realen oder linguistischen Ähnlichkeiten im Gegensatz zu den angenommenen unterschiedlich. Die linguistischen Ähnlichkeiten spiegeln sich in den vier Fertigkeiten wider, während die angenommenen Ähnlichkeiten keineswegs nach den gleichen Regeln funktionieren (Ringbom & Jarvis 2009). Die Lernenden nehmen die Ähnlichkeiten während des Verstehensprozesses vor allem dann wahr, wenn es sich um verwandte oder ähnliche Sprachen handelt. Diese Art der Ähnlichkeiten ist in der Regel formaler Natur, d. h. es handelt sich um phonologische, orthographische oder, im Falle der Phraseme, sogar um morphosyntaktische Äquivalenzen. Im folgenden Unterpunkt sollen einige Beispiel veranschaulicht werden.

4.2 Strukturelle Transferenz

Ecke & Hall (2000), die in ihren Untersuchungen zum allgemeinen Lexikonerwerb den Einfluss des Englischen bei spanischsprachigen Deutschlernenden untersuchen, stellen bei der Auswertung der Daten ihrer Studie fest, dass es bei der Sprachproduktion durchaus zu Fehlern kommt, die ausschließlich auf einen fehlerhaft produzierten syntaktischen Rahmen zurückzuführen sind, wobei die semantischen Merkmale hingegen erhalten bleiben. Typische Fehler spanischsprachiger Deutschlernender, die aus unserer Unterrichtspraxis bestätigt werden können, sind z. B. der Gebrauch falscher Präpositionen oder auch die Übernahme von Infinitivstrukturen anstelle des Präsens. Als Beispiel geben die Autoren folgende in der mündlichen Produktion auftauchenden Fehler an:

> *Ich kann warten nicht für meine Reise (Herkunft: I cannot wait for my trip.)*
> *Max ist schlafen (Herkunft: Max is spleeping)*   (Ecke & Hall 2014: 365)

Weitere Fehler aus unserer Unterrichtspraxis betreffen die Übernahme bestimmter Strukturen aus dem Englischen wie z. B. folgende Infinitivstrukturen, in denen zudem die Satzstellung des Englischen übernommen wird:

> *(a) Ich möchte zu spielen die Gitar. (Herkunft: I want to play the guitar.)*
> *(b) Ich will du zu kommen zu mein Haus. (Herkunft: I want you to come to my home.)*[5]

---

5 In diesem Fall stammt (a) aus der mündlichen und (b) aus der schriftlichen Produktion eines Deutschlernenden im 3. Semester des Fachbereichs Anglistik mit Deutsch als Nebenfach.

Ecke und Hall sprechen in diesem Zusammenhang ebenso wie Jarvis und Pavlenko (2010) von parasitären Strategien, wobei dieses Phänomen sowohl auf der syntaktischen als auch auf der lexikalischen Ebene verortet werden kann. Dabei konnte festgestellt werden, dass die Fehler, die den syntaktischen Rahmen betreffen, besonders auffällig sind, wenn eine ähnliche lexikalische Struktur vorliegt. Es ist anzunehmen, dass die Ergebnisse der Untersuchungen dieser Autoren auch auf die Phraseologie zutreffen. d. h., dass bei der Produktion bestimmter phraseologischer Muster auf die Syntax geläufiger und bekannter Phraseologismen des Englischen zurückgegriffen wird. Allerdings ist u. E. zu erwarten, dass dies auch hier besonders bei Ausdrücken mit ähnlichen lexikalischen Komponenten der Fall ist. Würde sich diese Annahme auch für phraseologische Strukturen bestätigen, wäre eine didaktische Konsequenz dieser Theorie, dass bei der Auswahl der Phraseologismen für den Sprachunterricht besonders diejenigen berücksichtigt werden sollten, die eine sehr ähnliche Struktur in der L2, im konkreten Fall also im Englischen, haben.

Für phonologische angenommene Äquivalenz, wenn auch nicht phraseologischer Natur, können wir auf das Beispiel (a) zurückkommen, in dem von einem Studierenden das deutsche Wort *Gitarre* englisch ausgesprochen und auch betont wurde: gi̱tar. Auch die Aussprache des Vokals -u- als a-Laut in Wörtern wie z. B. *Mutter, Butter* oder *und* ist eine Konstante im Unterricht. Dieses Phänomen ist besonders auffällig bei Wörtern mit identischer oder sehr ähnlicher Orthographie.

Im umgekehrten Fall, also bei einer identischen Aussprache, aber unterschiedlicher Orthographie, kommt es oft zu einer Transferenz auf orthographischer Ebene, so z. B. bei den Wörtern *Haus* oder *Maus* mit entsprechender englischer Orthographie. Auch die isolierte graphische Transferenz eines Lautes ohne Übereinstimmung im betroffenen Wort ist möglich. Beispiele hierfür aus unserem Phraseologie-Experiment sind die orthographischen Transferenzen bei den Phrasemen *einen Frosch im Hals haben,* wo *Frosch* durch *Frosh* (in Anlehnung an die englische Schreibweise desselben Phonems) ersetzt wurde. Im Fall *eine Nachteule sein* wurde *Nachteule* durch *Nachteul* (in Anlehnung an das englische *owl*) ersetzt. Das fehlende ‚c' im ersten Fall und das fehlende unbetonte ‚e' im zweiten ist in beiden Fällen u. E. auch hier auf die ähnliche Aussprache der betroffenen graphischen Darstellung zurückzuführen.

Die realen Äquivalenzen in einem bestimmten formalen Bereich werden also in der Produktion auf einen weiteren formalen Bereich übertragen und als real eingeschätzt. Andererseits nehmen die Lernenden diese bei der Produktion nicht wahr, was ein wiederholtes Korrigieren notwendig macht. Stattdessen versuchen sie sich im Falle von nicht vorhandenem Wissen mit Hilfe der angenommenen Ähnlichkeiten zu verständigen. Diesbezüglich nehmen Autoren wie

Cenoz (2003) die Ergebnisse anderer Arbeiten wie die von Hammarberg (2001) auf, die von einem „L2 status" sprechen bzw. von der Bedeutung der L2 für die spontane mündliche Produktion in einer L3.

4.3 Lexikalische Transferenz

Die Untersuchungen von Ecke & Hall (2000) im Bereich der lexikalischen Interaktion ergeben, dass die Ähnlichkeiten dieser Repräsentationsstufe zwischen bestimmten Sprachen durch die „kognitive Disposition" des Sprechers sowohl bei der Bildung als auch beim Abruf von Repräsentationen genutzt werden und damit die Bedeutungskonstruktion erleichtern.

> [Diese Disposition] basiert auf der (meist automatischen) Erkennung und Nutzung von Ähnlichkeit zwischen neuer und schon repräsentierter Information, einer allgemein kognitiven Disposition für das Lernen, das wir metaphorisch als „parasitäre" Strategie bezeichnet haben. (Ecke & Hall 2000: 13)

Dem von den Autoren als „‚parasitäre' Strategie" bezeichneten Phänomen liegt das Prinzip der Sprachökonomie zugrunde, bei dem sowohl die Muttersprache als auch eine bereits erlernte Fremdsprache eine Rolle spielen können. Sie konnten diesbezüglich in ihren Untersuchungen Unterschiede je nach Repräsentationsebene feststellen. So finden die Verarbeitungs- und Transferprozesse im Bereich der „Lexik weit häufiger über vermittelnde L2-Repräsentationen als über L1-Strukturen, besonders auf der Formebene und kombiniert auf der Wortform- und der Bedeutungsebene" (Ecke & Hall 2000: 35) statt. Selbst bei einer bestehenden Ähnlichkeit der lexikalischen Form zwischen L1 und L3 wurde ein stärker ausgeprägter Transfer der Formebene zwischen L2 und L3 festgestellt, was im Allgemeinen auf die bestehende Psychotypologie des Lernenden und vor allem auch auf die Unterschiede im Spracherwerbsprozess zwischen Mutter- und Fremdsprache zurückgeführt wird. Die Tatsache, dass Fremdsprachen – ganz gleich, ob mit der L1 verwandt oder nicht – anders als die L1 gespeichert werden, lässt vermuten, dass diese sich dadurch stärker in der Verarbeitung beeinflussen. Die Ähnlichkeit der Erwerbsprozesse zwischen L2 und L3 wäre demnach ein möglicher Grund dafür, dass bestimmte Elemente oder Strukturen in der L2 bewusster und aktiver vorhanden sind als in der Muttersprache. Betrachtet man dieses Phänomen aus phraseologischer Sicht, so ist zu vermuten, dass bestimmte lexikalische interlinguale Ähnlichkeiten einen Einfluss auf die Produktion der Phraseme haben. Folgende Beispiele können aus der Unterrichtserfahrung genannt werden.

(fehlerhafte) Produktion: *Folgen Sie Ihrer Nase*
Herkunft: *follow your nose*
Zielstruktur: *Folgen Sie Ihrem Instinkt*

Positive Transferenz ist bei Beispielen lexikalischer Äquivalenz zwischen L2 und L3, ohne eine entsprechende Äquivalenz in der Muttersprache, zu erwarten. Auch hier gibt es bereits Erfahrungswerte aus dem universitären phraseologischen Experiment im Sprachunterricht, sowohl im Bereich des Erkennens als auch der Produktion, z. B. im Bereich der Komposita im Deutschen, wie in *eine Nachteule sein,* im Englischen *to be a night owl.* Auffällig ist hier auch, dass die morphosyntaktische Struktur des Englischen übertragen wird, d. h. in diesem Falle die Dekomposition des Nomens, sodass die *Nachteule* zur *Nacht Eule* wird. Dieses Beispiel bestätigt die im Punkt 3.1. geäußerte Annahme, dass die Wahrscheinlichkeit einer strukturellen Transferenz besonders hoch ist, wenn ein hoher Grad an lexikalischer Ähnlichkeit vorliegt. Die didaktische Strategie sollte auch in diesem Fall in einem zweiten Schritt die Bewusstmachung der Unterschiede sein.

Ein Beispiel für negative lexikalische und gleichzeitig semantische Transparenz konnte im Falle des Phrasems *to campare apples with oranges* festgestellt werden, bei dem im Deutschen ein unterschiedliches Lexem verwendet wird. So wurde aus dem deutschen Phrasem *Äpfel mit Birnen vergleichen* durch die negative Transferenz des englischen Phrasems die Form *Äpfel mit Orangen vergleichen.* Im genannten Beispiel handelt es sich um eine partielle Äquivalenz, bei der die syntaktische Struktur und ein Teil der lexikalischen Struktur übereinstimmen. In der Transferenz wird aus der partiellen Äquivalenz eine Volläquivalenz. Hier wäre zu überlegen, wie man die semantische Beziehung der Hyponyme in beiden Fällen didaktisch einbeziehen kann, da es sich in beiden Sprachen um Unterbegriffe des Hyperonyms „Obst" handelt. Eine Möglichkeit wäre die Erstellung von Übungskohorten nach dem gleichen didaktischen Muster.

Bei dem Phrasem *das Kind mit dem Bade ausschütten* (engl.: *to throw the baby out with the bathwater)* wurde das Lexem *Bade* in Anlehnung an das englische *bathwater* zu *Badewasser.* In diesem Fall muss auch hinzugefügt werden, dass bei der Einführung dieses Phrasems das Bild eines Kindes gezeigt wurde, das mit dem Wasser ausgeschüttet wurde. Also scheint hier eventuell auch das Bild an der Transferenz teilgehabt zu haben.

Im Falle des Phrasems *den Gürtel enger schnallen* kam es in einer konkreten Einsetzübung zu den Komposita zu einer erstaunlichen Wortkreation: *Beltlinie.*

Die Beispiele unserer Pilotstudie, die bisher erst in einem sehr geringen Umfang durchgeführt werden konnte, lassen erkennen, dass die lexikalische Transferenz auf der Wortformebene bei phraseologischen Äquivalenten tatsächlich stattfindet, aber durch unterschiedliche Prozesse entsteht. Diese Prozesse genau zu untersuchen und nachzuvollziehen ist ein wichtiger und notwendiger Schritt auf dem Weg zu didaktischen Maßnahmen.

Wie wir bereits in Abschnitt 3 ausgeführt haben, kann die „Semantik des Wortes [...] als Verbindung zwischen lexikalischem Eintrag und konzeptuellen (nichtsprachlichen) Repräsentationen gesehen werden" (Ecke & Hall 2000: 30). In diesem Sinne unterscheiden auch Dobrovol'skij & Piirainen innerhalb der semantischen Ebene zwischen lexikalischer Struktur, lexikalisierter Bedeutung und mentalem Bild. Die Bildkomponente, die als eine Art Brücke zwischen Struktur und Bedeutung fungiert, ist dabei fester Bestandteil der Semantik und wird durch die lexikalische Struktur evoziert (2009:13). Ebenso argumentiert Detry:

> [...] el sintagma fraseológico puede presentar para el hablante no nativo, su comprensión es de gran relevancia puesto que pone en juego algo más que el acceso al sentido formado por una combinación de palabras. Efectivamente, permite la creación de una IL cuya descodificación servirá de soporte a otro tipo de comprensión: la de base figurada. Por lo tanto, las características de esta imagen pueden tener una influencia decisiva sobre el buen desarrollo del procesamiento fraseológico y el aprendizaje en general.
> (2010: 64)

Die bisherigen Erörterungen scheinen zu bestätigen, dass bei einer Einbeziehung der interlingualen Äquivalenzen als didaktische Maßnahmen eine Trennung der Semantik in Lexik und Syntax als Teilbereiche des lexikalischen Eintrags sinnvoll sein könnte. Dabei stellt sich die Frage, welcher Stellenwert den genannten semantischen Ebenen im Spracherwerbsprozess zukommt, und wie diese Differenzierung durchgeführt werden könnte. Eine mögliche Antwort auf diese Fragestellung ist schon deshalb nicht einfach, weil auch die Frage nach der Teilbarkeit bzw. Nicht-Teilbarkeit der Idiombedeutung noch Kontroversen unterliegt und eine grundlegende Fragestellung innerhalb der Phraseologie-Konzeption ist. Sie hängt eng mit der Frage zusammen, ob die Speicherung der Idiome und ihrer Bedeutungen innerhalb des mentalen Lexikons „nichtkompositionell", also als Einheit, oder „dekompositionell", also aufgeteilt in die lexikalischen Konstituenten und ihre Einzelbedeutungen, stattfindet. Dieser Frage gehen Dobrovol'skij & Piirainen (2009) in ihrer Studie zu den kognitiven Aspekten der Phraseologie nach, wobei sie zu dem Schluss kommen, dass keine allgemeingültige Antwort auf diese Fragen möglich ist, sondern eine Differenzierung notwendig sei. Eine mögliche Dekomposition der Idiome, d. h. eine Zuordnung von autonomen Bedeutungen zu den Einzellexemen, ist laut der Autoren bei einigen Idiomen mit einer transparenten Metaphernstruktur möglich und findet in der Regel auf rezeptiver Ebene statt.

Detry (2010) stellt in diesem Zusammenhang folgende Aspekte fest, deren Auftreten die wörtliche Interpretation der Bedeutung eines Phrasems, d. h. eine

Ableitung der globalen Bedeutung durch die Dekomposition der Komponenten, fördern würde.
- Es handelt sich um eine Kombination, deren wörtliche Bedeutung semantisch kompatibel ist.
- Es ist kein Kontext vorhanden bzw. er hilft nicht bei der Bedeutungsentschlüsselung.
- Die lexikalischen Komponenten gehören zu einem bereits erworbenen, einfachen Grundwortschatz.
- Der Lernende hat wenig Erfahrung mit dieser Art sprachlicher Phänomene.

Das Vorhandensein einer oder mehrerer dieser Situationen führt nach Auffassung der Autorin eher zur Aktivierung der wörtlichen Dimension. Geht man zudem davon aus, dass der Grad der interlingualen Übereinstimmungen bestimmter Bilder und deren Bekanntheitsgrad ebenfalls einen Einfluss auf das Erkennen haben, dann kann man davon ausgehen, dass auch diese Aspekte wesentlich am negativen oder positiven Transferprozess teilhaben, wie wir im Beispiel des Phrasems *Äpfel mit Birnen vergleichen* sehen konnten.

Die hier vorgestellten Prozesse hängen selbstverständlich stark von der individuellen Sprecherkompetenz ab, und zwar sowohl was das Kennen und Erkennen der Metaphernstruktur und der universellen Symbolik angeht als auch die Kenntnisse im Bereich des Vokabulars, die notwendig sind, um die Bildkomponente der zugrunde liegenden Metapher zu erkennen. Bereits weiter oben, in Abschnitt 3, hatten wir auf die Beziehung zwischen dem mentalen Bild, der lexikalischen Struktur und dem entsprechenden notwendigen Verstehen der lexikalischen Komponenten durch die Lernenden verwiesen.

Liegt eine Äquivalenzbeziehung zwischen einem in der L2 zu erlernenden Phrasem mit der L3 vor, bei dem die lexikalischen Komponenten und das Bild übereinstimmen, so können diese Übereinstimmung, vorausgesetzt, dass die Lernenden das Phrasem in der L3 kennen, erheblich zum Memorisieren und auch zur Produktion des Phrasems beitragen.

Neben dieser Dichotomie der linguistischen realen bzw. angenommenen Beziehungen, seien es nun Ähnlichkeiten oder Unterschiede, kann eine weitere Kategorisierung auf rein linguistischer Basis vorgenommen werden. Ebenso wichtig wie die Berücksichtigung der von den Sprechern angenommenen Beziehungen ist im Falle des Lehrprozesses die genaue Feststellung, welche Arten der interlinguistischen Relationen unabhängig von der Wahrnehmung durch die Lernenden auftreten können. Es handelt sich hierbei nicht um Untergruppen, sondern um zwei Gruppen, die sich gegenseitig vervollständigen.

5 Grade der zwischensprachlichen Beziehungen

Im folgenden Punkt gehen wir kurz auf die wichtigsten Ausprägungen der zwischensprachlichen Beziehungen ein. Wie schon von Mellado Blanco (2015: 158) ausgeführt, wird innerhalb der Ebene des Sprachsystems generell in der Forschung zwischen drei Stufen oder Graden der Übereinstimmung unterschieden: (Voll-)Äquivalenz, Kontrast[6] oder Nulläquivalenz, wobei diese sowohl innerhalb der realen als auch der angenommenen Ähnlichkeiten auftreten können. Inzwischen besteht weitgehend Einigkeit darüber, dass zwischensprachliche Voll- oder Totaläquivalenzen kaum existieren und eher zur Ausnahme gehören (vgl. auch Hallsteinsdóttir 2016). Es handelt sich sozusagen um Pseudoäquivalente, die zwar aus lexikographischer Sicht übereinstimmen, vor allem aber auf textueller Ebene nicht ohne Weiteres beliebig eingesetzt oder ausgetauscht werden können. Dieses Argument hat im Bereich der Übersetzung einen besonderen Stellenwert. Geck (2002: 1) unterscheidet für dieses Forschungsgebiet auf der Ebene des Sprachsystems sechs unterschiedliche Entsprechungsmöglichkeiten zwischen Redewendungen hinsichtlich der lexikalischen Komponenten und der Struktur:[7] (1) völlige Übereinstimmung, (2) Fast-Entsprechungen, (3) Bildentsprechungen, (4) Verwendung eines anderen Bildes, aber richtige Assoziationen noch möglich, (5) Verwendung eines anderen Bildes und gänzlich andere Struktur, (6) die sog. „Falschen Freunde". In allen von Geck genannten Entsprechungen spielt außer der Lexik und der Struktur auch die assoziierte bildliche Darstellung eine Rolle, die auch u. E. eine Rolle in der Didaktik spielen sollten.

Ähnlichkeiten zwischen den Phrasemen werden also in der Regel auf bestimmten, aber seltener auf allen Ebenen festgemacht, wie wir an den Beispielen zu den lexikalischen und strukturellen Ähnlichkeiten bereits darstellen konnten. Beim Vergleich der Phraseme muss man sich dementsprechend auf die bereits erwähnten verschiedenen Teilbereiche der Idiomstruktur beziehen, namentlich Semantik, Form/Struktur oder Pragmatik, die wiederum mit den bereits erwähnten Parametern von Mellado Blanco (2015: 157–158) übereinstimmen. Dabei hängt der Grad der Ähnlichkeit davon ab, auf wie vielen und auf welchen Ebenen diese festzustellen sind. Abhängig davon, ob es sich um Ähnlichkeiten in nur einem Bereich oder auf mehreren Ebenen handelt, spricht man von totaler, partieller oder Null-Äquivalenz.

---

[6] Von einigen Autoren wird dieser Grad auch als Teiläquivalenz, teilweise oder partielle Äquivalenz bezeichnet. (vgl. Korhonen 2007: 579).
[7] Sie bezieht sich in ihrer Studie auf das Sprachenpaar Deutsch-Spanisch.

Einige Autoren sprechen hinsichtlich der partiellen Ähnlichkeit auch von Kontrasten. Bei einer solchen Beziehung nimmt der Lernende zwar die Unterschiede zwischen den Sprachen wahr, ist aber auch in der Lage, gewisse Ähnlichkeiten zu erkennen. Oft gibt es bestimmte übereinstimmende Komponenten, die dazu beitragen, die Ähnlichkeit zu erkennen, z. B. bei den Ausdrücken *auf großem Fuß leben* und *live like a Lord*, wo die Verben übereinstimmen oder bei *to spring up like mushrooms* und *wie Pilze aus dem Boden schießen*, mit übereinstimmendem Nomen. Im Falle der Nulläquivalenz[8] hingegen handelt es sich um Situationen, in denen der Lernende eine sehr hohe Abstraktionsfähigkeit aufweisen muss, um jegliche Ähnlichkeit mit einer anderen Sprache wahrzunehmen, wie z. B. im Falle des deutschen Phrasems *Ich versteh nur Bahnhof,* das man als funktionales Äquivalent des englischen *It's all Greek to me* verwenden kann.

Im Fall der Phraseme erschwert die Präsenz von Komponenten mit einer hohen kulturrelevanten Last bzw. kulturspezifischen Gebundenheit den Lernenden das Erkennen der Äquivalenz und macht es ihnen fast unmöglich, solche Parallelen zwischen beiden Sprachen aufzustellen. So ist für sie die semantische Ähnlichkeit des Idioms *to carry coals to Newcastle* zum deutschen *Eulen nach Athen tragen* oder zum spanischen *llevar miel al colmenero* nicht ohne weiteres erkennbar. In allen drei Fällen handelt es sich um ein Muster, das folgendermaßen aussehen könnte: etwas (x) an einen bestimmten Ort (y) tragen. Im spanischen Beispiel besteht eine direkte Relation zwischen *miel* und *colmenero*, die eine Erweiterung des Musters erkennen lassen könnte: etwas (x) an einen Ort (y) tragen, an dem bereits viel (x) vorhanden ist. Im Falle des Deutschen und Englischen sind aber weitere kulturspezifische Kenntnisse bezüglich der Herkunft der Phraseme nötig, um das Muster zu vervollständigen. Das ist kein einfaches Unterfangen für den Lernenden. Auch Földes zieht in seiner Arbeit zu kulturellen Aspekten innerhalb der Phraseologie dieses Beispiel heran.

> Die konzeptuelle Grundlage der Phraseologismen der verschiedenen Sprachen stimmt typologisch im Wesentlichen überein, wobei die konkrete lexikalische Füllung etwas Spezifisches darstellt, vgl. dt. Eulen nach Athen tragen vs. ungar. Dunába hord vizet („Wasser in die Donau tragen"). Diese Phraseologismen sind also referenziell nicht identisch, weisen aber offenbar eine „zwischensprachlich-interkulturelle Invarianz" auf, sodass sie sich einem gemeinsamen abstrakten Modell zuordnen lassen. (Földes 2005: 327)

---

8 An dieser Stelle stellt sich die Frage, ob aus didaktischer Sichtweise diejenigen Phraseologismen, die zwar die gleiche semantische Grundlage haben, aber strukturell und lexikalisch voneinander abweichen, als semantische, also Teiläquivalente, oder als Nulläquivalente anzusehen sind.

Die Äquivalenz solcher abstrakter Muster zu erkennen, gehört sicher zu den am höchsten angesiedelten Kompetenzbereichen innerhalb des Fremdsprachenerwerbs.

6 Arten der Transferenz

Bisher haben wir sowohl die verschiedenen Vergleichsebenen der Äquivalenzbeziehungen als auch die bestehenden Ähnlichkeiten auf den Ebenen der Syntax und der Lexik/Semantik besprochen und an einigen Beispielen aufgezeigt. Dabei sind wir auch auf den Einfluss der zwischensprachlichen Beziehungen auf die Wahrnehmung der Ähnlichkeiten eingegangen, der zu positiven Transferenzen bzw. Interferenzen führen kann. Diese konnten wir an konkreten Beispielen aus der Unterrichtspraxis und der durchgeführten Pilotstudie untermauern, an denen auch die Unterscheidung zwischen den Äquivalenzgraden verdeutlicht wurde. Im letzten Schritt werden wir nun versuchen, die im Vorfeld angesprochenen, von den Lernenden vorausgesetzten Ähnlichkeiten näher zu erläutern, wobei wir auf einige der bereits genannten Beispiele zurückgreifen werden.

Nach Ringbom & Jarvis (2009) bekunden sich die von den Lernenden vorausgesetzten Ähnlichkeiten auf drei unterschiedlichen Stufen: (a) die Item-Transferenz, (b) die prozedurale bzw. Systemtransferenz und (c) die vollständige Transferenz. Die Item-Transferenz bezieht sich auf den Gebrauch bestimmter individueller Elemente in der L2 oder L3, d. h. phonetischer Elemente, Morpheme, Satzelemente, fester Phrasen etc. aus der einen oder der anderen Sprache. Bei den lexikalischen Übertragungen unterscheiden sie zwischen der lexematischen Übertragung, die sich auf die Form und damit auf die Phonologie und Rechtschreibung von Wörtern bezieht, und der lemmatischen Übertragung[9], die sich auf die Bedeutung bezieht und die syntaktischen und semantischen Eigenschaften von Wörtern beeinflusst. Da phraseologische Einheiten polylexematische Einheiten sind, können sie beide Arten der Übertragung in größerem Maße widerspiegeln, als dies bei Einheiten der freien Rede der Fall ist. Zu den phraseologischen Einheiten können lexematische Übertragungen gehören, bei denen phonologische und orthographische Eigenschaften in ihren einzelnen Bestandteilen übertragen werden, wie wir bereits an Beispielen festmachen konnten. So hatten wir für die phonetische Transferenz bei der Aussprache lexikalisch (und phonetisch) ähnlicher Wörter das Beispiel Gitarre – guitar und für die graphische Transferenz von phonetischen Ähnlichkeiten das Beispiel *sch – sh* angeführt. Mit Systemtransferenz wird dagegen die Übertragung der syntaktischen und paradig-

---
9 Lammatic transfer (vgl. Jarvis & Pavlenko 2009).

matischen Regeln und Funktionen bezeichnet. Auch dafür hatten wir verschiedene Beispiele angeführt. Allerdings sind hier weitere Studien notwendig, um auch den Kontext einzubeziehen und zu überprüfen, inwieweit auch funktionale Aspekte im Bereich der Phraseologie übertragen werden. Die vollständige Transferenz umfasst schließlich beide zuvor genannten Prozesse.

Ringbom & Jarvis (2009: 111) halten fest, dass „[i]nitially, learning takes place on an item-by-item basis in all areas of language: phonological, morphological, syntactic, lexical and phraseological". Aber auch die Einheit als Ganzes kann das Ergebnis einer Rückverfolgung sein; in diesen Fällen wird die Struktur der phraseologischen Einheit wörtlich in die andere Sprache übersetzt, wie es in dem Beispiel *Das Kind mit dem Badewasser ausschütten* geschehen ist, das in Form einer Rückverfolgung aus dem Englischen „to throw out the baby with the bathwater" übersetzt wird. Auch das o. g. Beispiel *Äpfel mit Orangen vergleichen*, das aus dem englischen *to compare apples and oranges* entstanden ist, weist auf dieses Verfahren hin.

Es ist diese Art von interlinguistischen Beziehungen, durch die das Erlernen der Phraseologie erleichtert und das Lernen in frühere Stadien geschoben werden könnte, selbst wenn die Gefahr einer Fehlerproduktion im Rahmen der angenommenen Ähnlichkeiten besteht. Gerade hinsichtlich der prozeduralen Transferenz muss berücksichtigt werden, dass diese hauptsächlich von der L1 aus geschieht bzw. von einer derjenigen Sprachen ausgeht, die der Lernende bereits mit einer hohen linguistischen Kompetenz beherrscht (Ringbom & Jarvis 2009). Daher ist es notwendig, dass der Lehrende nicht nur das Kompetenzniveau des Lernenden in der L1, sondern auch in der L2 kennt und diese in seine didaktischen Maßnahmen einbezieht, um einerseits die realen Äquivalenzen zu nutzen und andererseits eine Fehlerproduktion durch angenommene Äquivalenzen zu vermeiden.

7 Konsequenzen der linguistischen Beziehungen für den Sprachlernprozess und den Erwerbsprozess der Phraseologie

Die von Jarvis & Pavlenko (2010) aufgegriffene Unterscheidung zwischen semantischem und lexikalischem Wissen bzw. Transfer wurde von Ecke & Hall (2000) in der bereits erwähnten Untersuchung zum translexikalischen Einfluss des Englischen bei spanischsprachigen Deutschlernenden vorgeschlagen. Ecke & Hall machen dabei besonders auf die Relevanz der Entwicklung didaktischer

Konzepte unter Einbeziehung dieser Einflüsse aufmerksam, da diese „auch Indiz für Prozesse des Lexiklernens sein [können], einschließlich der Frage, in welcher Beziehung neue und bekannte Wörter (einer und mehrerer Sprachen) im Lexikon gespeichert werden." (Ecke & Hall 2000: 31). Die Autoren schlagen bezüglich bestehender formaler Ähnlichkeiten folgende pädagogische Konsequenz für den allgemeinen Lexikonerwerb vor:

> Lerner stellen oft automatisch Formverbindungen zwischen L3 und L2 her, auch dann, wenn L1-Strukturen in ihrer Lautform der Zielstruktur ähnlicher sind als L2-Formen. In diesen Fällen könnte es pädagogisch ebenso sinnvoll sein, Gemeinsamkeiten zwischen L1 (hier Spanisch) und L3 (Deutsch) bewusst zu machen, anstatt lediglich die sowieso schon stark wahrgenommene Ähnlichkeit zwischen L2- und L3- Formen zu stärken. (2000: 35)

Trägt man diesem Vorschlag Rechnung, muss hinsichtlich der Phraseologie in besonderem Maße noch ein weiterer, bereits angedeuteter Aspekt verstärkt in Betracht gezogen werden, und zwar die Unterscheidung zwischen rezeptivem und produktivem Erwerbsprozesses. Die Wahrnehmung von Ähnlichkeiten kann, wie wir bereits beschrieben haben, auf realen und angenommenen Ähnlichkeiten beruhen und erfolgt im Falle einer bestehenden Kompetenz in zwei miteinander verwandten Sprachen durch eine Prädisposition des Lernenden. Diese Prädisposition wiederum kann zu einem Übersehen bestehender Ähnlichkeiten zwischen der Fremdsprache und einer weiteren Sprache, sei es die Muttersprache oder eine nicht verwandte L2, führen. Ziel muss also in diesem Falle sein, die rezeptive Ebene der Wahrnehmung der realen Ähnlichkeiten und Unterschiede zu stärken. Die Einbeziehung leicht erkennbarer Ähnlichkeiten zwischen zwei verwandten Sprachen kann als Anreiz dienen, nach weiteren Ähnlichkeiten zwischen verschiedenen Sprachen zu suchen und diese schließlich produktiv einzusetzen.[10]

Ausgehend von der Tatsache, dass Phraseme ein Teil des lexikalischen Repertoires sind, wenn auch mit bestimmten abweichenden Merkmalen gegenüber der Einwortlexik, sind die Studien zum Bereich des lexikalischen Transfers von besonderem Interesse, sodass ihnen auch im Rahmen der Phraseodidaktik besondere Aufmerksamkeit geschenkt werden sollte. In allen hier angesprochenen Studien wurde klar auf zwei wichtige Faktoren hingewiesen: die psycholinguistische Prädisposition des Lernenden und der Verwandtschaftsgrad zwischen der L2 und der L3. Die durch den Lernenden wahrgenommene Distanz zwischen der L3 und der L1 und L2 spielt eine wesentliche Rolle (vgl. auch Grümpel 2014: 284), wobei sich die Lernenden stärker auf eine L2 verlassen werden, wenn diese einen höheren Verwandtschaftsgrad zur L3 als zu ihrer L1 aufweisen. Auch Ham-

---

10 Als Argument sei hier nochmals auf die Studie von Irujo (1993) verwiesen, die den Fertigkeitenbereich der Produktion untersucht.

marberg betont, dass „influence from L2 is favored if L2 is typologically close to L3, especially if L1 is more distant" (2001: 22). Die Strategien und didaktischen Konsequenzen hinsichtlich des Phraseologieerwerbs sollten bezüglich der Einbeziehung der interlingualen Relation ähnliche Grundlagen haben wie die des Lexikerwerbs.

Der Großteil der Beiträge bezüglich zwischensprachlicher Beziehungen innerhalb des Phraseologieerwerbs beschäftigt sich mit der Verarbeitung und Speicherung metaphorischer Einheiten in einer L2 (u. a. Hallsteinsdóttir 2002; Detry 2010). Weitere Studien, wie die von Irujo (1986, 1986b), Abdullah & Jackson (1999), Liontas (2002) und Türker (2016a), untersuchen diese genauer dahingehend, ob die Ähnlichkeiten zwischen L1 und L2 den Erwerbsprozess fördern. Keineswegs erstaunlich sind die Ergebnisse Irujos (1993), die besagen, dass identische Idiome am einfachsten zu verstehen und zu produzieren sind, während ähnliche, aber nicht identische Idiome einen ähnlichen Schwierigkeitsgrad sowohl im Verstehensprozess als auch in der Produktion aufweisen. Allerdings treten innerhalb dieser Prozesse gelegentlich Interferenzen der L1 auf. Schließlich sind es diejenigen Idiome, die keinerlei Ähnlichkeit aufweisen, bei denen der größte Schwierigkeitsgrad und gleichzeitig der geringste Grad an Interferenzen festgestellt werden kann. Abdullah & Jackson (1999) stimmen mit Irujo hinsichtlich der Feststellung überein, dass ähnliche idiomatische Ausdrücke dank der positiven Transferenz am einfachsten zu verstehen und auch produktiv am leichtesten wiederzugeben sind; sie bemerken jedoch, dass die Lernenden in denjenigen Fällen, in denen sich die Ähnlichkeit nur auf die pragmatischen Merkmale beschränkt, diese nicht nutzen, sondern zu anderen Strategien greifen. Die Autoren schließen daraus, dass ungeachtet der Vorteile, welche die Ähnlichkeiten für den Lern- und Erwerbsprozess darstellen, der Äquivalenzgrad nicht immer eine positive Wirkung auf das Verstehen und die Produktion von idiomatischen Wendungen hat. Ebenso müssen interlinguistische Unterschiede zwischen L1 und L2 nicht immer ein Grund für Verständnisprobleme der phraseologischen Einheiten sein. Türker (2016a) führt diesbezüglich zwei neue Variablen ein, und zwar zum einen den bereits von Liontas (2002) untersuchten Kontext, und zum anderen die Frequenz. Ebenso wie Irujo (1986) und Abdullah & Jackson (1999) weist Türker darauf hin, dass die konzeptuelle und lexikalische Äquivalenz den Erwerbsprozess idiomatischer Einheiten erleichtert, betont jedoch, dass dies in der Regel dann zutrifft, wenn kaum oder gar kein Kontext vorhanden ist. Die Frequenz in der L1 wirkt sich ebenfalls positiv auf den Verarbeitungsprozess der L2 aus, wobei auch hier für Türker (2016b: 142) der Kontext die Schlüsselrolle spielt, denn er bestätigt, dass „when L2 idioms are taught in rich context, learners are less likely to rely on L1 lexical and semantic knowledge". Trotz der Ausführungen in dieser Studie muss betont werden, dass die Untersuchung keineswegs die Nützlichkeit der linguistischen Ähnlichkeiten für den Erwerb idiomatischer Sprache widerlegt, sondern dass gezeigt werden soll, welche anderen Faktoren existieren und in welcher Weise sie die unterschiedlichen Erwerbsphasen beeinflussen:

> The study asserts that the L1 effect exists but is neither absolute nor invariable. And while L2 learners sometimes depend heavily on their L1 knowledge, especially at earlier stages, they also make use of other sources such as context, which sometimes prevail over their reliance on L1 knowledge. (Türker 2016b: 142)

Alle erwähnten Studien wurden auf Grundlage der Annahme bestehender Ähnlichkeiten zwischen der Muttersprache und der L2 durchgeführt. Im Falle der Ähnlichkeiten zwischen L2 und L3 existieren nur sehr wenige Arbeiten im Bereich des Phraseologieerwerbs. Einige der neuesten Arbeiten stammen von Grümpel (2016) und wurden im Rahmen eines europäischen Projekts durchgeführt, wodurch der Erwerb einer L3 mittels der interlinguistischen Ähnlichkeiten sowie anderer Hilfsmittel wie z. B. des Einsatzes neuer Medien gefördert werden soll. Es handelt sich dabei um ein virtuell durchgeführtes linguistisches Tandem zwischen spanischsprachigen Deutschlernenden und deutschsprachigen Spanischlernenden, bei dem auch die Phraseologie miteinbezogen wurde. Dabei wurden die Probanden aufgefordert, bestimmte Aspekte idiomatischer Redewendungen wie Häufigkeit, Gebrauch, Kontext, Benutzerprofil etc. mit den Tandempartnern zu diskutieren.

Die Reichweite und Bedeutung dieses Projektes sollte nachhaltige Konsequenzen auf die Situation des Fremdsprachenlernens im Bereich der Phraseologie haben.

8 Ausblick und Vorschläge für das Lehren und Lernen von Phraseologie

Aus unseren Ausführungen ergibt sich, dass interlinguistische Ähnlichkeiten das Erlernen und den komplexen Erwerbsprozess der Phraseologie fördern können. Der Einfluss der L1 auf die L2 ist aus den verschiedenen empirischen Studien, die diesbezüglich durchgeführt worden sind, eindeutig erkennbar geworden. Der Einfluss der L2 auf die L3 hingegen ist bisher noch wesentlich weniger erforscht. Es liegen jedoch genügend Hinweise darauf vor, dass Aspekte wie der typologische Verwandtschaftsgrad der Fremdsprachen, die kognitive Prädisposition der Lernenden, das Sprachniveau in L2 und L3 sowie die Lernetappe im Sprachlernprozess mit ausschlaggebend sind und den Erwerbsprozess der Phraseologie mitbestimmen. In Anbetracht dieser Umstände ist es möglich, einige didaktische

Konsequenzen zu formulieren, durch die eine positive Auswirkung der interlinguistischen Ähnlichkeiten in höchstem Maße erreicht werden kann.

Aufgrund der Tatsache, dass die Äquivalenzen, insbesondere die formalen, zwischen zwei etymologisch nahen Sprachen von den Lernenden in der Regel zur Erarbeitung von Strategien besonders zu Beginn des Sprachlernprozesses genutzt werden, sollten die Dozenten zum einen im Falle einer bestehenden Ähnlichkeit zwischen L2 und L3 auf diese Äquivalenzen besonders deutlich hinweisen und versuchen, sie in den ersten Stufen des Lernprozesses einzusetzen. Dies wiederum setzt voraus, dass die Lernenden bereits von Beginn des phraseologischen Erwerbprozesses an mit solchen phraseologischen Einheiten konfrontiert werden. Offensichtlich ist, dass es zu Beginn des Lehrprozesses notwendig ist, mit solchen Einheiten zu beginnen, die tatsächlich bestehende, und nicht angenommene Ähnlichkeiten aufweisen. Hierbei ist es ratsam, dass der Dozent sowohl die Muttersprache als auch die Fremdsprache seiner Lernenden so gut kennt, dass er in der Lage ist, im Vorfeld zu erkennen, welche angenommenen und welche tatsächlich existenten Ähnlichkeiten die Lernenden möglicherweise feststellen werden. Dieses Vorwissen gibt dem Dozenten die Möglichkeit, die Aufmerksamkeit auf die entsprechenden Unterschiede zu lenken und dadurch negative Transferenzen zu vermeiden. Ein weiterer Aspekt, der nicht unbeachtet bleiben sollte, ist der linguistische Kompetenzgrad, den die Lernenden sowohl in der L2 als auch in der L3 besitzen. Eine geringe Kenntnis der L2 kann dazu führen, dass die Lernenden nicht dazu in der Lage sind, bestimmte Ähnlichkeiten zu erkennen, und dass sie aufgrund dessen keinen Nutzen aus dieser Strategie ziehen können. Im Gegensatz dazu wird ein gehobenes Sprachniveau der L2 die Feststellung von Ähnlichkeiten zwischen L2 und L3 und damit auch den Erwerb der Phraseologie fördern.

Zum anderen muss eng verbunden mit diesen Implikationen auch betont werden, dass der Dozent sich der Tatsache bewusst sein sollte, dass Ähnlichkeiten nicht nur auf semantischer und syntaktischer Ebene auftreten können, sondern auch auf der pragmatischen. Die Unterscheidung dieser verschiedenen Ebenen und deren Einbeziehung in die Unterrichtsplanung erfordert ein hohes Maß an Bereitschaft, sich mit den didaktischen Besonderheiten der Phraseme zu beschäftigen. Weder die Bildkomponente noch die metaphorische Motivation spielen eine vorrangige Rolle innerhalb der lexikographischen und kommunikativen Parameter, wohl aber im Rahmen des Lehrens und Lernens, wo der Gebrauch der Metapher zur Konsolidierung der phraseologischen Kenntnisse beiträgt. Was die von Mellado Blanco (2015) vorgeschlagenen Parameter für Studierende einer L2 oder L3 angeht, kann die Wichtigkeit der Beherrschung sämtlicher Maßstäbe nicht geleugnet werden, allerdings muss dies in Abhängigkeit der Niveaustufen relativiert werden. Jedoch wäre interessant, festzustellen, welche Strategie für Unterrichtszwecke die effektivste ist und ob es angebracht ist, eine Rangordnung in der Auswahl der Phraseologietypen oder bei der Unterscheidung zwischen der rezeptiven und produktiven Ebene aufzustellen (vgl. Strohschen 2016).

In unserer Pilotstudie haben wir gerade diese verschiedenen Aspekte miteinbezogen. In Anlehnung an die Auffassung von Irujo (1986), Abdullah & Jackson (1999) und Türker (2016b), dass die konzeptuelle und lexikalische Äquivalenz den Erwerbsprozess idiomatischer Einheiten auch ohne auftretende Kontexte erleichtert, sollte herausgefunden werden, was die Metapher bzw. die bildliche Darstellung bei volläquivalenten Phrasemen leisten kann, wenn eine geringe oder fehlende kontextuelle Einbettung in der L3 in niedrigen Niveaustufen (A1.2/A2) vorliegt. Der fehlende Kontext liegt darin begründet, dass auf den angegebenen Niveaustufen oft das notwendige Vokabular fehlt, um Phraseme in einen verständlichen Kontext einzubetten, der bei der Bedeutungskonstruktion helfen könnte. Daraus ergibt sich die Hypothese, dass ein Vergleich mit bestimmten volläquivalenten Phrasemen der L3, die der Lernende bereits kennt, die Funktion des Kontextes ersetzen und den Erwerbsprozess vorantreiben könnte.

Die Versuchspersonen unserer Studie waren 40 Studierende der Anglistik im 3. Semester mit Englischkenntnissen auf B2-Niveau und Deutschkenntnissen auf A1.2-Niveau. Mehrere Wochen vor der Durchführung der eigentlichen Studie wurden verschiedene phraseologische Aktivitäten im Englischunterricht durchgeführt, um die Phraseologiekenntnisse der Probanden in der L2 zu überprüfen und die Bekanntheit der für die Studie vorgesehenen Phraseme sicher zustellen und ggf. dieses Wissen zu konsolidieren.

Für das eigentliche Experiment, in dem der Einfluss der Phraseologiekompetenz im Englischen auf den Lernprozess des Deutschen untersucht werden sollte, wurden die Probanden in zwei Gruppen eingeteilt, wobei versucht wurde, deren Heterogenität bezüglich der L2-Kompetenz in Englisch als Variable miteinzubeziehen. Insofern wurde aufgrund spezifischer Leistungen der Studierenden aus dem 1. Studienjahr versucht, die Gruppeneinteilung so zu gestalten, dass eine einheitliche Verteilung der Probanden in Bezug auf die L2-Kompetenz vorlag. Damit sollte vermieden werden, dass sich die Gruppen durch eine hohe Diskrepanz auszeichnen, oder anders ausgedrückt, dass sich in Gruppe A die besonders sprachkompetenten Probanden befinden, in Gruppe B dagegen die weniger kompetenten. Die Aufteilung in zwei Gruppen entsprach dem Prinzip der Erstellung einer Versuchsgruppe und einer Kontrollgruppe.

Im ersten Schritt der Untersuchung wurde im Deutschunterricht ein Pretest durchgeführt, um die spezifischen Phraseologiekenntnisse der Studierenden im Deutschen zu überprüfen. In der Folgewoche nahmen die Probanden der Gruppe A im Englischunterricht an einer „Phraseologie-Schulung" teil, in der englisch-deutsche Volläquivalente behandelt wurden, wobei besonderer Wert auf die bildliche Darstellung und deren kognitive Relevanz gelegt wurde.

In der darauffolgenden Woche schloss sich eine entsprechende Schulung im Deutschunterricht in getrennten Gruppen an, wobei bei der Schulung der Gruppe A ausdrücklich auf die Äquivalenzbeziehung hingewiesen wurde, um die Aufmerksamkeit der Probanden auf diesen Aspekt zu lenken. In der letzten Woche des Experiments wurde in beiden Gruppen gemeinsam ein Posttest durchgeführt, in dem die konkreten Kenntnisse bezüglich der behandelten Phraseme überprüft wurden. Als Abschluss der Studie wurde eine Umfrage bezüglich des Nutzens der Einbeziehung der zweisprachigen Phraseologie in den Fremdsprachenunterricht durchgeführt.

Wichtige Kriterien bei der Erarbeitung der Übungen war nicht nur die Auswahl der Phraseme, sondern auch der Aufgabentypologie. In Anlehnung an die Phasen *Entdecken, Entschlüsseln, Gebrauchen, Festigen* des altbewährten Modells des Drei- bzw. Vierschritts (Kühn 1992; Lüger 1997) handelt es sich in unserem Modell um eine Staffelung der Übungsformen in die Phasen *Entdecken, Rekonstruieren, Verstehen und Produzieren*. Die Typologie wurde dabei an die spezifische Situation der Schulung angepasst, in der die Bedeutungsentschlüsselung durch die Gegenüberstellung der Äquivalente stattfinden sollte. Daher ist der Phase des Verstehens die Phase der Rekonstruierung der Form vorangestellt, da es ja in diesem Experiment gerade um das Erkennen der formalen Äquivalenz geht. Des Weiteren wurde auch besonders darauf geachtet, dass nicht nur die Phraseme, sondern auch die Strukturen der Übungen in den verschiedenen Tests, d. h. Schulung, Pretest, Posttest, übereinstimmten.

Die vollständige Auswertung der Ergebnisse dieses Experiments ist bis dato noch nicht möglich gewesen, so dass hier nur einige spezifische Items der Tests erwähnt werden konnten. Das komplette Ergebnis soll aber in einer zukünftigen Veröffentlichung zur Verfügung gestellt werden. Es konnte in jedem Fall im Allgemeinen ein positiver Einfluss auf die phraseologische Kompetenz im Deutschen festgestellt werden, wobei auch deutlich zu erkennen war, dass der Einfluss am stärksten bei der Gruppe mit spezifischer Schulung war und dass der Unterschied am deutlichsten in den Übungen des Typs Erkennen, Reproduzieren und Verstehen war. Im Bereich des Produzierens konnten die wenigsten Unterschiede zwischen beiden Gruppen festgestellt werden, wobei noch zu klären ist, ob diese Ergebnisse evtl. auf bestimmte Aspekte der Übungsstruktur bzw. des Wortschatzniveaus zurückzuführen sind, die zu einer Überforderung der Lernenden geführt haben könnten.

Im abschließenden Fragebogen wurde von den Probanden die Nützlichkeit der Übungen im Allgemeinen positiv bewertet. Die Studierenden gaben an, sich der Ähnlichkeit der Phraseme nicht bewusst gewesen zu sein und den Sprachvergleich als bereichernd empfunden zu haben, vor allem auch hinsichtlich einer Kompetenzerweiterung des Deutschen.

Als Ausblick kann festgehalten werden, dass der erste Durchlauf dieser Studie sowohl positive Aspekte als auch Probleme bei der Planung, beim Ablauf und bei der Erstellung des Materials zutage gebracht hat, was dementsprechend bei der Planung der zukünftigen Studie korrigiert werden kann.

Literatur

Abdullah, Khaled & Howard Jackson (1999): Idioms and the language learner: contrasting English and Syrian Arabic. *Languages and Contrast* 1 (1), 83–107.
Angelis, Gessica de (2007): *Third or additional language acquisition* (Second language acquisition 24). Clevedon, Buffalo: Multilingual Matters.
Boratyńska-Sumara, Joanna (2014): Lexical transfer in third language acquisition (TLA) – An Overview. *Studia Linguistica Universitatis Iagellonicae Cracoviensis* 131, 137–148.
Burger, Harald (2015): *Phraseologie. Eine Einführung am Beispiel des Deutschen*. 5., neu bearb. Aufl. Berlin: Erich Schmidt.
Cenoz, Jasone (2003): Cross-Linguistic influence in third language acquisition: implications for the organization of the multilingual mental lexicon. *VALS-ASLA* 78, 1–11.
Chrissou, Marios. 2020. Sprachkontrastive Aspekte der Niveauzuordnung für den DaF-Unterricht: Hinweise aus der Unterrichtspraxis. In Florentina Mena Martínez & Carola Strohschen (Hrsg.), *Phraseologie lehren und lernen im 21. Jahrhundert. Herausforderungen für Phraseodidaktik und Phraseoübersetzung* (Studien zur romanischen Sprachwissenschaft und interkulturellen Kommunikation 144), 117–136. Berlin: Peter Lang.
Chrissou, Marios (2012): *Phraseologismen in Deutsch als Fremdsprache. Linguistische Grundlagen und didaktische Umsetzung eines korpusbasierten Ansatzes* (Schriftenreihe Lingua 20). Hamburg: Dr. Kovač.
Corpas Pastor, Gloria (2003): Fraseología y traducción. In Gloria Corpas Pastor (Hrsg.), *Diez años de investigación en fraseología: análisis sintáctico-semánticos, contrastivos y traductológicos*, 245–273. Madrid, Frankfurt a. M.: Vervuert.
Cortina Pérez, Beatriz (2005): Estudio fraseológico sobre la embriaguez: hacia una borrachera universal. In *Language Design* 7, 137–150. http://elies.rediris.es/Language_Design/LD7/cortina_p137-150.pdf (letzter Zugriff 28.03.2022).
Detry, Florence (2010): Estrategias memorísticas y aprendizaje de las expresiones idiomáticas en lengua extranjera: el papel cognitivo de la iconicidad fraseológica. Girona: Universidad de Girona. http://www.tdx.cat/bitstream/handle/10803/7828/tfd.pdf?sequence=1 (letzter Zugriff 28.03.2022).
Dobrovol'skij, Dmitrij O. & Elisabeth Piirainen (2002): *Symbole in Sprache und Kultur. Studien zur Phraseologie aus kultursemiotischer Perspektive* (Studien zur Phraseologie und Parömiologie 8). Unveränd. Neuaufl. Bochum: Brockmeyer.
Dobrovol'skij, Dmitrij O. & Elisabeth Piirainen (2009): *Zur Theorie der Phraseologie. Kognitive und kulturelle Aspekte* (Stauffenburg Linguistik 49). Tübingen: Stauffenburg.
Džapo, Ana (2015): *Cross-linguistic Influence in Croatian-English-Spanish Multilinguals: Evidence from spoken and written production*. Diss. Universität Zagreb.

Ecke, Peter (2015): Parasitic vocabulary acquisition, cross-linguistic influence, and lexical retrieval in multilinguals. *Bilingualism* 18 (2), 145–162.

Ecke, Peter & Christopher J. Hall (2014): The parasitic model of L2 and L3 vocabulary acquisition: evidence from naturalistic and experimental studies. *Fórum Linguístico, Florianópolis* 11 (3), 360–372.

Ecke, Peter & Christopher J. Hall (2000): Lexikalische Fehler in Deutsch als Drittsprache: Translexikalischer Einfluss auf drei Ebenen der mentalen Repräsentation. *Deutsch als Fremdsprache* 37 (1), 30–36. https://dialnet.unirioja.es/ejemplar/175442 (letzter Zugriff 28.03.2022).

Ettinger, Stefan (2010): Phraseologie und Wortschatzerwerb. Anmerkungen zu A. Martin und F. Leray: Les idiotismes et les proverbes de la conversation allemande. Paris 1900. *Fremdsprachen Lehren und Lernen* 39, 88–102.

Europarat (2009): *Referenzrahmen für Plurale Ansätze zu Sprachen und Kulturen (RePA)*. Europäisches Fremdsprachenzentrum Graz.

Farø, Ken Joensen (2016): Feste Wortgruppen/Phraseologie II. In Petra Storjohann & Ulrike Haß (Hrsg.), *Handbuch Wort und Wortschatz*. Berlin, Boston: De Gruyter.

Földes, Csaba (2005): Kulturgeschichte, Kulturwissenschaft und Phraseologie: deutsch-ungarische Beziehungen. In Isolde Hausner, Peter Wiesinger & Katharina Korecky-Kröll (Hrsg.), *Deutsche Wortforschung als Kulturgeschichte. Beiträge des internationalen Symposiums*, 323–346. Wien: Verl. der Österr. Akad. der Wiss.

Geck, Sabine (2002): Die Übersetzung verbaler phraseologischer Einheiten vom Deutschen ins Spanische und viceversa. *Hermēneus. Revista de Traducción e Interpretación* 4, 1–16.

González Rey, Isabel (2014): Creación de un corpus literario paralelo como herramienta didáctica en fraseología bilingüe francés-español: criterios de composición. *Fraseología y paremiología: enfoques y aplicaciones*. Instituto Cervantes, Biblioteca Fraseológica y Paremiológica, série Monografías 5, 153–175.

Grümpel, Claudia, Pamela Stoll & José Luis Ciguentes (2014): L3-Task: Language acquisition in a multilingual context Blended tandems, L3-German/Spanish and a common second language (English). *Revista Española de Lingüística aplicada* 27 (2), 382–404.

Grümpel, Claudia (2016): Third Language (L3) acquisition in the context of telecollaboration and phraseology: negotiation of meaning, feedback and discourse patterns and the use of idiomatic expressions between native and non-native speakers. In Pedro Mogorrón Huerta, Analía Cuadrado Rey, Lucía Navarro Brotons & Iván Martínez Blasco (Hrsg.), *Fraseología, variación y traducción*, 103–119. Frankfurt a. M.: Peter Lang.

Hallsteinsdóttir, Erla (2020): Sprachkontrastive Aspekte der Niveauzuordnung für den DaF-Unterricht: Hinweise aus der Unterrichtspraxis. In Florentina Mena Martínez & Carola Strohschen (Hrsg.), *Phraseologie lehren und lernen im 21. Jahrhundert. Herausforderungen für Phraseodidaktik und Phraseoübersetzung* (Studien zur romanischen Sprachwissenschaft und interkulturellen Kommunikation 144), 137–158. Berlin: Peter Lang.

Hallsteinsdóttir, Erla (2016): Systematische Äquivalenz und funktionale Angemessenheit: ein Entwurf zur Verknüpfung phraseodidaktischer und sprachkritikdidaktischer Ansätze im Fremdsprachenunterricht. *Aptum. Zeitschrift für Sprachkritik und Sprachkultur* 12 (2), 152–171.

Hallsteinsdóttir, Erla (2013): Phraseologie im GER und Deutsch als Fremdsprache: Wieso, weshalb, warum? In Vida Jesenšek & Saša Babič (Hrsg.), *Zwei Köpfe wissen mehr als einer: Phraseologie und Parömiologie im Wörterbuch und im Alltag*, 140–159. Maribor: Institute of Slovenian Ethnology.

Hallsteinsdóttir, Erla, Monika Šajánková & Uwe Quasthoff (2006): Phraseologisches Optimum für Deutsch als Fremdsprache. Ein Vorschlag auf der Basis von Frequenz- und Geläufigkeitsuntersuchungen. *Linguistik online 27* (2), 117–133.

Hallsteinsdóttir, Erla (2001): *Das Verstehen idiomatischer Phraseologismen in der Fremdsprache Deutsch* (Philologia 49). Hamburg: Dr. Kovač.

Hammarberg, Björn (2001): Roles of L1 and L2 in L3 production and acquisition. In Jasone Cenoz, Brita Hufeisen & Ulrike Jessner (Hrsg.), *Cross-linguistic influence in third language acquisition: psycholinguistic perspectives*, 21–41. Clevedon: Multilingual Matters.

Irujo, Suzanne (1993): Steering Clear: Avoidance in the Production of Idioms. *International Review of Applied Linguistics in Language Teaching* XXX (3), 205–219.

Irujo, Suzanne (1986): "Don't Put Your Leg in Your Mouth": Transfer in the Acquisition of Idioms in a Second Language. *TESOL Quarterly* 20 (2), 287–304.

Irujo, Suzanne (1986b): "A piece of cake: Earning and teaching Idioms." *ELT Journal* 40 (3), 236–242.

Jarvis, Scott & Aneta Pavlenko (2010): *Crosslinguistic influence in language and cognition.* London, New York: Routledge.

Jesenšek, Vida (2013): *Phraseologie. Kompendium für germanistische Studien*. Maribor: Univerza v Mariboru; Filozofska fakulteta.

Jesenšek, Vida (2006): Phraseologie und Fremdsprachenlernen. Zur Problematik einer angemessenen phraseodidaktischen Umsetzung. *Linguistik Online* 27 (2), 138–147.

Kahl, Stefanie (2015): *Kontrastive Analyse zu phraseologischen Somatismen im Deutschen und Italienischen.* Diss. Universität Bamberg.

Korhonen, Jarmo (2007): Probleme der kontrastiven Phraseologie. In Harald Burger, Dimitrij Dobrovol'skij, Peter Kühn & Neal R. Norrick (Hrsg.), *Phraseologie. Ein internationales Handbuch der zeitgenössischen Forschung. 1. Halbbd.* (Handbücher zur Sprach und Kommunikationswissenschaft 28), 574–589. Berlin, New York: De Gruyter.

Kühn, Peter (1992): Phraseodidaktik. Entwicklungen, Probleme und Überlegungen für den Muttersprachenunterricht und den Unterricht DaF. *Fremdsprachen Lehren und Lernen*, 21, 169–189.

Lakoff, George & Mark Johnson (2003): *Leben in Metaphern. Konstruktion und Gebrauch von Sprachbildern.* Heidelberg: Carl-Auer.

Levin-Steinmann, Anke (2016): *Deutsche Redewendungen verstehen, üben und anwenden. Ein Übungsbuch für Deutsch-Lernende und Deutsch-Sprechende.* Herne, Westf.: Gabriele Schäfer.

Larreta Zulategui, Juan Pablo (2019): Scheinäquivalente/Potenzielle falsche Freunde im phraseologischen Bereich (am Beispiel des Sprachenpaares Deutsch-Spanisch). In Annelies Häcki Buhofer (Hrsg.), *Yearbook of Phraseology* 10, 113–140. Berlin: De Gruyter.

Liontas, John I. (2002): Context and idiom understanding in second languages. In Susan H. Foster-Cohen, Tanja Ruthenberg & Marie Louise Poschen (Hrsg.), *EUROSLA Yearbook: Annual Conference of the European Second Language Association* 2, 155–185. Amsterdam: John Benjamins.

Lüger, Heinz-Helmut (2020): Was hat der Gemeinsame Europäische Referenzrahmen der Phraseodidaktik zu bieten? In Florentina Mena Martínez & Carola Strohschen (Hrsg.), *Phraseologie lehren und lernen im 21. Jahrhundert* (Studien zur romanischen Sprachwissenschaft und interkulturellen Kommunikation 144), 95–115. Berlin: Peter Lang.

Lüger, Heinz-Helmut (1997): Anregungen zur Phraseodidaktik. *Beiträge zur Fremdsprachenvermittlung* 32, 69–127.

Meisel, Jürgen M (1983): Transfer as a second-language strategy. *Language & Communication* 3 (1), 11–46.
Mellado Blanco, Carmen (2018): Auf der Suche nach Äquivalenz. Lexikalisch geprägte Muster kontrastiv: Deutsch – Spanisch. In Kathrin Steyer (Hrsg.), *Sprachliche Verfestigung. Chunks, Muster, Phrasem-Konstruktionen*, 265–284. Tübingen: Narr Francke Attempto.
Mellado Blanco, Carmen (2015): Parámetros específicos de equivalencia en las unidades fraseológicas (con ejemplos del español y el alemán). *Revista de Filología* 33, 153–174.
Mellado Blanco, Carmen & Nely Iglesias Iglesias (2011): Significado y análisis de corpus en la fraseografía bilingüe español-alemán. In Silvia Roiss et al. (Hrsg.), *En las vertientes de la traducción e interpretación del/al alemán*, 119–133. Berlin: Frank & Timme.
Odlin, Terence (2006): Could a contrastive analysis ever be complete? In Janusz Arabski (Hrsg.), *Cross-linguistic influences in the second language lexicon*, 22–35. Clevedon: Multilingual Matters.
Olza Moreno, Inés & Ramón González Ruíz (2008): Fraseología metafórica de contenido metalingüístico en español: aproximación a las unidades basadas en el plano gráfico. In María Álvarez de la Granja (Hrsg.), *Lenguaje figurado y motivación. Una perspectiva desde la fraseología*, 221–238. Frankfurt a. M.: Peter Lang.
Piirainen, Elisabeth (2012): *Widespread Idioms in Europe and Beyond. Towards a Lexicon of Common Figurative Units*. New York: Peter Lang.
Piirainen, Elisabeth & József Attila Balázsi (2016): *Lexicon of common figurative units. Widespread idioms in Europe and beyond* (International folkloristics 10). New York: Peter Lang.
Putz, Martin & Laura Sicola (Hrsg.) (2010): *Cognitive Processing in Second Language Acquisition. Inside the learner's mind* (Converging Evidence in Language and Communication Research 13). Amsterdam: John Benjamins.
Ringbom, Hakam (2007): *Cross-linguistic Similarity in foreign language learning*. Clevedon: Multilingual Matters.
Ringbom, Hakam & Scott Jarvis (2009): The importance of Cross-Linguistic Similarity in Foreign Language Learning. In Michael H. Long & Catherine J. Doughty (Hrsg.), *The Handbook of Language Teaching*, 106–118. Oxford: Wiley-Blackwell.
Sabban, Annette (2010): Zur Übersetzung von Idiomen im Wörterbuch und im Text: die Rolle von Kontextsensitivität und semantischer Variabilität. *trans-kom* 3 (2), 192–208.
Schemann, Hans et al. (2013): *Idiomatik Deutsch-Spanisch*. Hamburg: Helmut Buske.
Storjohann, Petra & Ulrike Haß (Hrsg.) (2016): *Handbuch Wort und Wortschatz*. Berlin, Boston: De Gruyter.
Strohschen, Carola (2016): *El tratamiento de la fraseología en los manuales de DaF de los niveles B1 y B2: Análisis y propuesta didáctica*. Tesis doctoral Universidad de Murcia.
Singleton, David (2006): Lexical transfer: Interlexical or intralexical? In Janusz Arabski (Hrsg.), *Cross-linguistic influences in the second language lexicon*, 130–143. Clevedon: Multilingual Matters.
Türker, Ebru (2016a): The role of L1 conceptual knowledge and frequency in the acquisition of L2 metaphorical expressions. *Second Language Research* 32 (1), 25–48.
Türker, Ebru (2016b): Idiom acquisition by second Language learners: the influence of cross-linguistic similarity and context. *The Language Learning Journal*, 133–144.
Wotjak, Barbara & Larissa Ginsburg (1987): Zu interlingualen Äquivalenzbeziehungen bei verbalen Phraseolexemen (PL). *Das Wort. Germanistisches Jahrbuch DDR-UDSSR*, 67–78.

Autorinnen und Autoren

Vertr.-Prof. Dr. Wenke Mückel ist derzeit Verwaltungsprofessorin des Lehrstuhls für Deutsche Sprache und ihre Didaktik am Institut für Deutsche Sprache und Literatur und ihre Didaktik an der Universität Lüneburg.

Prof. Dr. Erla Hallsteinsdóttir ist Professorin für deutsche Wirtschaftskommunikation an der Fakultät für Kommunikation und Kultur der Aarhus Universität, Dänemark.

Prof. Dr. Heinz-Helmut Lüger war bis 2011 Professor für Linguistik und Didaktik des Französischen an der Universität Koblenz-Landau.

Prof. Dr. Stephan Stein ist Professor für Germanistische Linguistik am Fachbereich II der Universität Trier.

Prof. Dr. Britta Juska-Bacher ist Professorin am Institut Primarstufe der Pädagogischen Hochschule Bern.

Prof. Dr. Ulrike Preußer ist Professorin für Literaturdidaktik an der Universität Bielefeld.

Dr. habil. Anna Reder ist Dozentin am Germanistischen Institut der Universität Pecs, Ungarn.

Dr. Joanna Targońska ist Oberassistentin am Institut für Sprachwissenschaft der Warmia und Mazury Universität in Olsztyn, Polen.

Dr. Brigita Kacjan ist Dozentin für DaF-Didaktik an der Philosophischen Fakultät der Universität Maribor, Slowenien.

Dr. Milka Enčeva ist Lektorin für DaF an der Philosophischen Fakultät der Universität Maribor, Slowenien.

Ao. Prof. Dr. Saša Jazbec ist Dozentin für DaF-Didaktik an der Philosophischen Fakultät der Universität Maribor, Slowenien.

Prof. Dr. Marios Chrissou ist Professor am Fachbereich für deutsche Sprache und Literatur der Nationalen Kapodistrias-Universität Athen.

Dr. Nils Bernstein ist Wissenschaftlicher Mitarbeiter und Sprecher des Bereichs Deutsch als Fremdsprache am Sprachzentrum der Universität Hamburg.

Dr. habil. Hana Bergerová ist Dozentin für germanistische Linguistik und Leiterin des Instituts für Germanistik an der Jan-Evangelista-Purkyně-Universität in Ústí nad Labem, Tschechien.

Dr. Tamás Kispál ist Wissenschaftlicher Mitarbeiter am Seminar für Deutsche Philologie der Universität Göttingen.

∂ Open Access. © 2023 bei den Autorinnen und Autoren, publiziert von De Gruyter. (cc) BY Dieses Werk ist lizenziert unter der Creative Commons Namensnennung 4.0 International Lizenz.
https://doi.org/10.1515/9783110774375-016

Dr. Hrisztalina Hrisztova-Gotthardt ist Leiterin des Bereichs „Qualitätssicherung und Entwicklung fide-Tests" bei der Geschäftsstelle fide in Bern.

Dr. Florentina Mena Martínez ist Dozentin am Fachbereich Anglistik der Universität Murcia, Spanien.

Dr. Carola Strohschen ist Mitarbeiterin für Wissenschaft und Lehre am Fachbereich Übersetzen und Dolmetschen der Universität Murcia, Spanien.

Register

Adressatenspezifik 242
Aktualisierung 78, 124–125, 130
Antisprichwörter 296–298
Anwendungssituation 65
Äquivalenz 142, 166–168, 208, 246, 251, 303–306, 309–313, 315–317, 319–320, 322–323, 325–328, 330, 332–334
Äquivalenz, partielle 322, 325
Ausdruckstypik 40, 81
Authentizität 74, 193, 245

Bedeutung, idiomatische 66, 68, 79, 251
Bedeutungsentschlüsselung 96–97, 324, 334
Bedeutungspotential 36
Beherrschungsmodus 208–209, 212
Beratungstext 241, 246, 255–257, 261
Bilderbuch 121, 125, 128–130

Chunk-Ansatz 135–136, 140–141, 150, 163
Chunks 27, 135–136, 140–141, 150, 163
Curricula 15, 18, 21, 27, 51, 221

DaF-Lehrwerke 140, 150, 166, 179, 266
DaF-Unterricht 97, 105, 166, 171–172, 177–178, 186, 190, 192, 194, 201, 204, 219–221, 241–242, 244–245, 247, 265
Dephraseologisierung 69, 78
Deutsch als fremde Wissenschaftssprache 265–267
Deutsch als Fremdsprache 18, 21–22, 23, 26–27, 56, 178, 186, 192, 203, 219–221, 232, 241, 285
didaktisches Modell 177–178, 186, 190, 193, 195
Dreischritt, phraseodidaktischer, wortschatzdidaktischer 63–65, 94–95, 140, 160, 179, 181, 227, 295, 304
DSH 265–266, 271–275, 278, 280

EaF-Unterricht 285, 287–288, 290, 292, 299
Einwortmetaphern 223, 231

empirisch-induktive Analyse 241
erstsprachlicher Unterricht 94, 105
Expressivität 73, 139

Fachanforderungen 20, 23
Fertigkeiten 115, 121, 135, 146–147, 150, 170, 227, 241, 261, 272, 319
feste Wortverbindung 22, 43, 129, 135, 139–140, 149, 151, 155, 166, 246, 252, 265
Festigkeit 34, 92, 95, 137–138, 140, 147, 150, 161, 182, 223, 225, 234
Festigung 95–97, 102, 106–107, 163, 169, 183, 207, 222, 227, 252
Fixiertheit 34
formelhafte Sprache 26, 201, 205
formelhafte Wendung 26–28, 81, 201, 203–204, 206–208, 210–212, 215, 266
formorientiertes Lesen 159, 164, 167
Formulierungsadäquatheit 72, 76
Fotoroman 241, 246, 248–252, 254, 261
Fremdsprachenkompetenz 33, 188, 195, 210, 285–286, 297
Fremdsprachenunterricht 16–17, 19, 33, 43, 47, 63, 67, 143, 155, 158, 177–178, 181, 184–187, 192, 194, 196, 201, 207, 219–220, 222–224, 227–228, 232, 237, 285–287, 289, 292, 294, 299, 304, 334
Fremdsprachenvermittlung 33, 179

Gebrauchsbedingungen 34, 40, 44, 46, 53, 69, 252
geflügeltes Wort 27, 37, 130, 223, 227, 286
GERS, GER 24, 56, 178, 187, 190–191, 196, 202–204, 209–212, 219–220, 230, 271, 287–289, 291, 304
Grammatikdidaktik, textsortenbezogene 71–72
Grundwortschatz 26, 46, 202–203, 208, 210, 291, 324

Handlungsorientierung 135, 163, 165

Idiomatizität 34–35, 95, 138–139, 155, 157, 162, 182, 223, 225, 234, 297
Idiombewusstsein 161–162
Idiomstruktur 308–309, 325
interkultureller Ansatz 135–136, 150

Jugendzeitschriften 75–76, 241–242, 244–246, 248, 255, 261

Kinderliteratur 113, 119–120
Kollokationen 17, 20, 27, 33, 35, 41, 43–44, 45, 66, 81–82, 84, 135–139, 141–142, 144–150, 155–160, 162–172, 202, 204, 210, 212, 220, 226, 231, 251–252, 275, 279
Kollokationen, gebräuchliche 137–138
Kollokationen, typische 135, 137–138
Kollokationsbasis 157, 169–171
Kollokationsbewusstsein 155, 158, 161–163, 167–169, 172
Kollokationsbruch 84
Kollokationsdidaktik 135, 139, 155–156, 159, 162–165, 167, 170–172
Kollokationserwerb 159
Kollokationskompetenz 45, 155–156, 158, 163–165, 168, 172
Kollokationslernbewusstsein 169
Kollokationsübungen 155, 169–170
Kollokationswissen 83, 165–166
Kollokator 43–45, 139, 148–149, 157, 166–168, 170–171, 226
Kommunikationsmodalität 37, 39, 46
Kompetenz, phraseologische 34, 36, 47, 61, 66–69, 71, 73, 161, 178, 188, 195, 201–203, 205–207, 209–210, 247, 295, 304, 308, 334
Komplexität 130, 184–185, 205, 212, 214, 230
Kompositionalität 138, 162
Kontamination 83, 119, 124
konzeptionelle Mündlichkeit 241, 245
Korpora 150, 155, 178, 187–188, 288
Korpuslinguistik 155, 303–304

Leerstelle 126, 129, 265, 281
Lehrpläne 15, 20, 22–24, 27, 178, 190–191

Lernbereiche 53, 64–65, 74
Lernmaterialien 26, 56, 136, 178, 183, 191–192, 201–203, 215, 308
Lernschrittprogression 63, 66
Lernziele 22, 48, 51, 63, 66–67, 94, 96, 102, 107, 215, 222, 247
Literarisches Lernen 113–118, 120–121, 125
Literarizität 228, 237
Literaturdidaktik 113–114, 116, 131, 219, 228

Makroebene 177–180, 184, 186, 188, 191
Medien 56, 65, 136, 177–178, 186–187, 255, 270, 276, 331
Mehrsprachigkeitsansatz 135, 142–143, 150
Mehrwert, pragmatischer 39, 47, 56, 109
Mehrwert, semantischer 37–38, 47, 138–139, 141
Mehrwert, semantisch-pragmatischer 47, 56, 67, 76
Memorisierungsprozesse 311
mentales Lexikon 92, 96, 168–171, 186, 206, 211, 213, 281
Metaphorik 73, 149, 246
Mikroebene 177–180, 184
Minimum, phraseologisches 40, 45–46, 63, 67, 187, 193, 203–204, 236
Modifikationen 35–36, 49, 73, 80–81, 113, 119–120, 124–126, 129–131, 222, 234
Musterhaftigkeit 266

Nähesprachlichkeit 241, 245
Niveauzuordnung 201, 203–205, 208, 212–214, 308

Opposition 122, 128
Optimum, phraseologisches 25, 40, 46, 63, 100, 102, 105, 187, 193, 203–204, 211, 215, 219, 221, 236, 285, 288, 299, 304

Phrasemauswahl 142
Phrasembewusstsein 146, 150, 161–162
Phrasemerwerb 91, 136, 141, 143, 145–146, 150, 159, 193
Phrasemgebrauch 33, 35, 45, 66, 121
Phrasemklasse 66, 73, 84, 204, 212, 257

Phrasemverwendung 53, 69, 72–73, 122
phraseologische Bedeutung 49, 92, 101–103, 105–106, 109, 123, 126–127, 213, 225, 311
phraseologische Einheiten 51, 53, 135, 177–196, 203–206, 234, 243, 295–297, 303, 306, 309, 327, 330, 332
phraseologische Klasse 210, 212
Phraseopragmatik 35, 71
Polyfaktorialität 33–34
Polylexikalität 34, 138, 140, 182, 223, 253
Pragmatik 34, 207, 267, 303, 309, 312, 325
Primarschule 91, 93–95, 97–98, 109
produktive Kompetenz 44, 287, 297, 299
Progression 201–206, 210, 212, 214–215

Redemittel 147–148, 232, 265–273, 276–281
Reliteralisierung 78
Remotivierung 125, 223
rezeptive Kompetenz 241, 299
Rhetorisierung 82–83
Routineformeln 17, 27, 33, 41–45, 66, 70, 127, 135, 156, 204, 212, 220, 222 223, 227, 231, 246, 249–250, 252, 254, 257, 266–267, 281

satzwertige Phraseme 33, 37–38, 45, 51, 100, 210, 214, 266, 286
Semantik 19, 25, 79, 208, 210, 303, 307, 309–310, 312, 323, 325, 327
semantisches Bild 310
Semantisierung 80, 94–95, 128, 259
Situationsspezifik 71, 266
Sprachausbildung 15–25, 27–28
Sprachdidaktik, textbasierte 72, 74
Sprache im Fach 25
Spracherwerbsprozess 226, 305–306, 312–313, 318, 321, 323
Sprachhandlungen 210, 212, 215
sprachliche Handlungsformen 267, 271
sprachliche Muster 265, 274
Sprachökonomie 321
Sprachreflexion 53, 95–97, 106–107, 311
Sprachrezeption 96–97

Sprichwörter 20, 27, 46, 49, 77, 99, 181–182, 188–189, 193, 202, 210, 214, 223, 226–227, 285–299
Sprichwörter-Minimum 287
Sprichwort-Optimum 287
Sprichwort-Plattform 181–182, 189, 193, 288, 294
Strategieerwerb 96–97

Textarbeit 52, 144, 149, 160, 166, 208, 215, 242
Textorientierung 33, 35–36, 63, 150, 241
Textproduktion 45, 61–62, 65, 67, 84, 102, 141, 183, 265–266, 271–275, 280
Textproduktionskompetenz 76, 81, 84
Textrezeption 61–62, 84
Textrezeptionskompetenz 76
Textroutine 84
Textsorte 46–47, 64, 67–68, 72–77, 83–84, 103, 190, 221, 241–243, 245–246, 248–249, 255–257, 261, 267–268, 272, 277, 289
Textsortenspezifik 225
Textsortenstil 71
Textsortenwissen 67, 71, 76, 84
Transferenz, lexikalische 321, 323
Transferenz, strukturelle 319, 322

Übersetzbarkeit 309
Unterrichtsstrategien 310

Varianten 35, 47, 53, 75, 105, 166, 251–252, 279–280, 288
Vermittlungsmethoden 63
Vermittlungsschritte 63, 66–67
Vierschritt, phraseodidaktischer 95, 160, 177, 179, 181, 184, 227, 295

Wellerismen 226
Wörterbücher 51, 53, 65, 96, 143, 148, 160, 166, 168, 178, 188–189, 196, 227
wörtliche Bedeutung 92, 101, 103, 106–107, 109, 124, 207–208, 213
Wortschatzarbeit 19, 68, 94, 96, 146, 163, 167–168, 201, 204, 206, 208, 212, 220, 223, 228, 237, 242

Wortschatzdidaktik 15, 21, 24–25, 45, 61, 94, 136, 163–164, 210, 242
Wortschatzförderung 68, 94–95
Wortschatzlerneinheit 157, 169
Wortschatzvermittlung 179, 220, 226, 229, 241–242
Wortverbindungen 27, 34–35, 40, 43–47, 53, 74, 81, 122, 124, 135, 137–140, 147, 149–150, 155, 157, 161, 164–167, 169–170, 225–226, 231, 234, 296, 306

zwischensprachliche Interferenz 208, 303, 308, 312–313, 327, 330
zwischensprachliche Konvergenz 206, 308, 313

www.ingramcontent.com/pod-product-compliance
Lightning Source LLC
Chambersburg PA
CBHW050513170426
43201CB00013B/1942